Dieter Kleine

Wachstumsdifferenzierungen im Dienstleistungsgewerbe

— Bestimmungsgründe, Marktposition und Zukunftsperspektiven —

GÖTTINGER HANDWERKSWIRTSCHAFTLICHE STUDIEN

Herausgegeben von Prof. Dr. Dr. h. c. Abel

BAND 27

Dieter Kleine

Wachstumsdifferenzierungen im Dienstleistungsgewerbe

— Bestimmungsgründe, Marktposition und Zukunftsperspektiven —

VERLAG OTTO SCHWARTZ & CO · GÖTTINGEN 1976

Wachstumsdifferenzierungen im Dienstleistungsgewerbe

— Bestimmungsgründe, Marktposition und Zukunftsperspektiven —

von

Dr. rer. pol. Dieter Kleine

VERLAG OTTO SCHWARTZ & CO · GÖTTINGEN 1976

ISBN 3-509-00980-0

Gedruckt als Veröffentlichung des Seminars für Handwerkswesen an der Universität Göttingen
Forschungsinstitut im Deutschen Handwerksinstitut
 Verlag Otto Schwartz & Co., Göttingen

Inhaltsverzeichnis

Vorwort

Die globale These Fourastié's vom überproportionalen Wachstum des tertiären Sektors hat seit ihrer Aufstellung eine weite Verbreitung gefunden, doch ein hinreichender empirischer Nachweis in quantitativer und qualitativer Hinsicht fehlt bislang. Die vorliegende Untersuchung stellt sich diesem Problem.

Ausgehend von der Entwicklung des Dienstleistungssektors, den grundlegenden Bestimmungsfaktoren und Besonderheiten der tertiären Leistungen in der Volkswirtschaft, wird das *handwerkliche Dienstleistungsgewerbe* nach Struktur und Wachstumsmöglichkeiten einer detaillierten Analyse unterzogen, um daraus Zukunftsperspektiven für die nächsten 10 Jahre zu erarbeiten.

Nach traditioneller Abgrenzung zählen nur sechs der 125 Handwerkszweige zum Dienstleistungsgewerbe. Diese Zuordnung wird dem funktionalen Wandel des Handwerks in den letzten Jahrzehnten nicht mehr gerecht. Eine Neuabgrenzung führt zu dem Ergebnis, daß inzwischen 40 Gewerbezweige überwiegend Dienstleistungsfunktionen wahrnehmen. Ein Trend vom warenproduzierenden zum dienstleistenden Handwerk läßt sich aus dieser Entwicklung ableiten.

Den Mittelpunkt der Untersuchung bildet eine differenzierte Analyse 16 ausgewählter Dienstleistungszweige[1]), die in fünf Gruppen übersichtlich zusammengefaßt sind und 80 v. H. des gesamten handwerklichen Dienstleistungsangebots repräsentieren. Anhand einschlägiger Merkmale werden zunächst die Strukturen und Entwicklungstendenzen aufgezeigt, um anschließend nach den Bestimmungs- und Ursachenfaktoren der Entwicklung zu fragen. Insbesondere werden die Nachfragedeterminanten, der Sättigungsgrad, die Kostenstrukturen, die Ertragssituation, die Wettbewerbsverhältnisse sowie die Marktposition der Dienstleistungsgewerbe ermittelt und ihre Bedeutung für die zukünftige Entwicklung herausgestellt. Ein Aspekt dieser Kausalanalyse sei ausdrücklich hervorgehoben, weil er bislang in der wisenschaftlichen Diskussion über die Entwicklungsmöglichkeiten der Dienstleistungen außer acht gelassen wurde:
Die ökonomische Verknüpfung der warenproduzierenden und dienstleistenden Gewerbe. Es wird nachgewiesen, daß für viele Bereiche eine enge Verflechtung zwischen der sekundären und tertiären Produktion besteht und sich somit große Teile des Dienstleistungsgewerbes in direkter bzw. indirek-

---

[1]) Friseure, Wäscher/Plätter, Färber/Chemischreiniger, Gebäudereiniger, Schornsteinfeger, Gas- und Wasserinstallateure, Zentralheizungs- und Lüftungsbauer, Elektroinstallateure, Landmaschinen-, Büromaschinen- und Kraftfahrzeugmechaniker, Vulkaniseure, Radio- und Fernsehtechniker, Uhrmacher, Schuhmacher und Fotografen.

ter „Entwicklungsabhängigkeit“ vom warenproduzierenden Gewerbe befinden.

Als neue Ergebnisse, die auch für die praktische Wirtschafts- und Arbeitsmarktpolitik Hinweise liefern, sind weiter hervorzuheben: Ein überproportionales Wachstum der Dienstleistungsgewerbe läßt sich allgemeingültig empirisch nicht nachweisen. In einigen Branchen sind Wachstumsgrenzen bereits aufgetreten, die zu Freisetzungen von Arbeitskräften geführt haben. In Zukunft ist mit einer verstärkten Fortsetzung der unterschiedlichen Wachstumstendenzen in den Dienstleistungszweigen zu rechnen. Die Zunahme des Wettbewerbsdrucks durch nicht-handwerkliche Betriebsformen läßt überdies für einige Dienstleistungsgewerbe eine Verschlechterung der Marktstellung erwarten.

Die Untersuchung schließt mit einer übersichtlichen Zusammenstellung der Ergebnisse und weist in einem kurzen Ausblick auf die weiteren Entwicklungsmöglichkeiten des gesamten Dienstleistungssektors hin.

Der Studie liegt umfangreiches statistisches Material zugrunde, das vom Verfasser im Seminar für Handwerkswesen an der Universität Göttingen ausgewertet und durch eigene Berechnungen ergänzt wurde. Zu danken ist Frau J. Streblau und Frau H. Trinks für das unermüdliche Schreiben des Manuskripts sowie Frau R. Pilhar für das Zeichnen der Schaubilder.

Göttingen, im März 1976

Wilhelm Abel

Verzeichnis der Übersichten

Verzeichnis der Schaubilder

Einleitung

A. Problemstellung

Die ökonomische Entwicklung der modernen Volkswirtschaften ist durch ein überproportionales Wachstum des Dienstleistungssektors gekennzeichnet. Der "Trend zur Dienstleistungsgesellschaft" vollzieht sich unaufhaltsam[1]. Diese Thesen FOURASTIÉ'S haben eine weite Verbreitung gefunden und werden in sozio-ökonomisch orientierten Diskussionen über die Zukunftsperspektiven der fortgeschrittenen Industrienationen häufig als Ausgangspunkt gewählt.

Die Grundlage der prognostizierten Entwicklung bildet der Strukturwandel der Wirtschaft in den letzten 150 Jahren. Nach den beiden Merkmalen Erwerbstätigenzahl und Produktionsvolumen hat die relative Bedeutung der Landwirtschaft ständig abgenommen, dagegen konnte sich der warenproduzierende und dienstleistende Bereich kontinuierlich ausdehnen[2].

Diesen von Strukturwandlungen begleiteten Entwicklungsprozeß der Vergangenheit nahm FOURASTIÉ zum Anlaß, für die Zukunft die Dominanz des Dienstleistungsbereichs vorauszusagen. Als Bestätigung dieser These wird auf die Zunahme der Erwerbstätigenzahl insbesondere den hohen Anteil der Dienstleistungsbeschäftigten in den USA hingeweisen, doch eine hinreichende wissenschaftliche Begründung in qualitativer und quantitativer Hinsicht fehlt[3].

---

1) Fourastié, J.: Die große Hoffnung des 20. Jahrhunderts, Köln-Deutz 1954, S. 106
2) Ebenda, S. 112
3) Auf diese Tatsache weisen Decker und Dähne ausdrücklich hin. Dähne führt dazu aus, daß die Ursachen für den hohen Anteil der tertiär Beschäftigten in den USA "aus den besonderen Bedingungen der historischen Entwicklung der USA, ihren spezifischen sozialgeographischen und sozio-ökonomischen Strukturen sowie aus ihrer gegenwärtigen Funktion als ökonomischer und politischer Führungsmacht eines Teils der Welt resultieren". Analogieschlüsse aus der Beschäftigtenstruktur der USA für die BRD seien deshalb abzulehnen. Vgl. Dähne, E.: Die Bedeutung der Dienstleistungswirtschaft für die Arbeitsmarktentwicklung in der BRD, RKW-Schriftenreihe Technischer Fortschritt und struktureller Wandel, Frankfurt 1974, S. 74 f.; Decker, F.: Struktur der Dienstleistungsunternehmen, in: Betriebswirtschaftliche Forschung und Praxis, 24. Jg., Heft 7/8, Herne/Berlin 1972, S. 405

Insbesondere werden in der Diskussion über die Wachstumstendenzen des Dienstleistungssektors zumeist die ökonomischen Interdependenzen zwischen den dienstleistenden und den warenproduzierenden Branchen infolge der zunehmenden Verflechtungen im arbeitsteiligen Wirtschaftsprozeß vernachlässigt. So schreibt DÄHNE: "Mir ist keine Arbeit bekannt geworden, in der versucht worden wäre, die Entwicklung des tertiären Sektors aus den ökonomischen und sozialen Strukturen dieses Bereichs und seiner Verknüpfung mit den übrigen wirtschaftlichen Aktivitäten abzuleiten"[1].

Das Ziel der vorliegenden Untersuchung besteht darin, unter Berücksichtigung des Verflechtungsaspekts für einen Teilbereich des Dienstleistungssektors die These FOURASTIÉ'S empirisch zu prüfen. Dazu soll das Dienstleistungshandwerk ausgewählt und einer differenzierten Analyse unterzogen werden. Die Untersuchung dieses vorwiegend kleinbetrieblich strukturierten Wirtschaftsbereichs scheint von besonderem Interesse, da in der Literatur häufig die Auffassung vertreten wird, daß gerade die kleinen und mittleren Unternehmungen - vor allem des Handwerks - auf den Dienstleistungsmärkten eine gute Existenzchance besitzen[2].

1) Dähne, E.: Die Bedeutung der Dienstleistungswirtschaft für die Arbeitsmarktentwicklung in der BRD, a.a.O., S. 31. Einschränkend ist anzumerken, daß mit der Verwendung des "Basic-Nonbasic-Konzepts" in der regionalwissenschaftlichen Forschung versucht wird, den Verflechtungen zwischen den verschiedenen Wirtschaftszweigen Rechnung zu tragen. Allerdings entspricht die Zuordnung der Wirtschaftszweige auf die beiden Bereiche Grundleistung (basic) und Folgeleistung (nonbasic) nicht genau der Unterteilung in warenproduzierende und dienstleistende Zweige. Vgl. Specht, K.G., Lenort, N.J. und Otto, K.: Das Verhältnis zwischen primären und sekundären Erwerbszweigen und seine Bedeutung für Wirtschaftspolitik und Landesplanung, Forschungsberichte des Landes Nordrhein-Westfalen Nr. 1055, Köln und Opladen 1962, S. 17 ff.

2) Vgl. Landesentwicklungsprogramm Niedersachsen 1985, hrsg. vom Niedersächsischen Ministerpräsidenten, Stand Sommer 1973, Hannover 1973, S. 293; Hax, K.: Die Entwicklungsmöglichkeiten kleiner und mittlerer Unternehmungen: Betriebswirtschaftliche Grundlagen und Probleme, in: Internationales Gewerbearchiv, 10. Jg., o.O. 1962, S. 1 ff.; Eick, J.: Dienstleistung, Artikel, in: Handwörterbuch der Sozialwissenschaften (HdSW), Bd. 12, Stuttgart, Tübingen, Göttingen 1965, S. 558; Wörner, H.: Die Anpassung des Handwerks an die industrialisierte Wirtschaft unter besonderer Berücksichtigung der zwischenbetrieblichen Kooperation, Diss., o.O.1969, S. 31; Schlaghecken, A.: Der ökonomische Differenzierungsprozeß im heutigen Handwerk. Schriftenreihe des Rheinisch-Westfälischen Instituts für Wirtschaftsforschung Essen, Heft 29, N.F., Berlin 1969, S. 20

Im einzelnen behandelt die Arbeit folgende Fragestellungen:

- Wie hat sich der gesamte tertiäre Sektor sowie der ausgewählte Dienstleistungsbereich von 1950 bis 1972 entwickelt?
- Welche Bestimmungsfaktoren auf der Angebots- und Nachfrageseite haben die Entwicklung der Dienstleistungshandwerke beeinflußt?
- Wie sind die ökonomischen Beziehungen zwischen dem dienstleistenden Handwerk und dem warenproduzierenden Gewerbe zu charakterisieren und welche Bedeutung kommt ihnen für die Entwicklung der Dienstleistungszweige zu?
- Durch welche Strukturen sind die relevanten Dienstleistungsmärkte gekennzeichnet und wie hat sich die Marktstellung der Dienstleistungshandwerke verändert?
- Mit welchen zukünftigen Entwicklungsperspektiven bis ungefähr 1985 können die Dienstleistungshandwerke rechnen?
- Welche Folgerungen lassen sich aus den Untersuchungsergebnissen für die Struktur und Entwicklung des gesamten tertiären Sektors ableiten?

Für die praktische Wirtschafts- und Arbeitsmarktpolitik, die sich zum Ziel gesetzt hat, ökonomische Ungleichgewichte auf den verschiedenen Märkten zu vermindern und wenn möglich zu beseitigen, sind genaue Kenntnisse über sektorale Tendenzen in der Gesamtwirtschaft sowie in einzelnen Wirtschaftszweigen Voraussetzung. Die vorliegende Studie soll hierzu für das handwerkliche Dienstleistungsgewerbe einen Beitrag leisten.

B. Aufbau, Ablauf und Material der Untersuchung

Die Untersuchung umfaßt zwei Hauptkapitel und einen Schlußabschnitt. Im ersten Hauptteil werden die Grundlagen dargestellt und der Rahmen abgesteckt. Dabei mußte den Abgrenzungsfragen und der begrifflichen Klärung ein größerer Raum gegeben werden, denn zum einen existiert bislang keine allgemein anerkannte Definition der Dienstleistungen sowie es keine empirisch verwertbaren Abgrenzungskriterien zwischen dem warenproduzierenden und dienstleistenden Bereich gibt[1]. Zum anderen betrachtet die amtliche Handwerksstatistik lediglich sechs Zweige als Dienstleistungshandwerk[2] und wird damit dem Funktionswandel vieler Handwerkszweige nicht mehr gerecht, so daß nach Tätigkeitsschwerpunkten geordnet eine neue Abgrenzung zwischen den warenproduzierenden und dienstleistenden Zweigen notwendig war.
Im anschließenden Abschnitt werden die grundlegenden Produktions- und Absatzbedingungen des Dienstleistungsgewerbes herausgearbeitet. Eine kurze gesamtwirtschaftlich orientierte Rahmenanalyse des tertiären Sektors folgt, um überleitend zum zentralen zweiten Kapitel der Arbeit eine Vorstellung von der quantitativen Bedeutung des handwerklichen Dienstleistungsgewerbes im tertiären Sektor[3] sowie im Gesamthandwerk gewinnen zu können.

Den Mittelpunkt des zweiten Hauptteils bildet eine Struktur- und Entwicklungsanalyse 16 ausgewählter Dienstleistungshandwerke, die zu fünf Gruppen zusammengefaßt sind. Anhand einer weitgehend übereinstimmenden Gliederungssystematik wird jede Gruppe in einem gesonderten Abschnitt differenziert untersucht. Mit Hilfe verschiedener Merkmale und Kennziffern (Betriebe, Beschäftigte, Umsätze, Arbeitsproduktivität, Kapitalintensität, Betriebsgröße etc.) werden zunächst die Strukturveränderungen und Entwicklungstendenzen in den Dienstleistungszweigen von 1955 bis 1972 dargestellt. Daran schließt sich jeweils eine Untersuchung der Bestimmungsfaktoren

1) Vgl. Dähne, E.: Die Bedeutung der Dienstleistungswirtschaft für die Arbeitsmarktentwicklung der BRD, a.a.O., S. 18
2) Schornsteinfeger, Friseure, Färber/Chemischreiniger, Wäscher/Plätter, Gebäudereiniger und Fotografen.
3) Die Begriffe tertiäre Leistungen und Dienstleistungen werden in dieser Studie synonym verwendet.

und Nachfragedeterminanten an. Dabei liegt das Schwergewicht der Analyse sowohl auf den Absatzstrukturen und Nachfragedeterminanten als auch auf den Kostenstrukturen, der Ertragslage und den Wettbewerbsverhältnissen. In einem abschließenden Abschnitt werden jeweils für die einzelnen Dienstleistungshandwerke die Untersuchungsergebnisse zusammengefaßt und zukünftige Entwicklungsperspektiven abgeleitet.

Im Schlußkapitel werden zunächst für die Referenzperiode die wichtigsten Ergebnisse - gegliedert nach vier Wachstumstypen - zusammengefaßt. Darauf aufbauend stellt der nachfolgende Abschnitt die voraussichtliche Entwicklung der 16 ausgewählten Dienstleistungshandwerke bis 1985 zusammen. Vor dem Hintergrund der Untersuchungsergebnisse schließt die Arbeit mit einem kurzen Ausblick auf die Entwicklungstendenzen des gesamten tertiären Sektors.

Als empirisches Material liegen der Studie neben eigenen Berechnungen folgende amtliche Statistiken zugrunde:
Ergebnisse der vier Handwerkszählungen[1], Vierteljährliche Handwerksberichterstattung, Ergebnisse der Umsatzsteuerstatistik, Kostenstruktur-, Industrie-, Sozialprodukt- und Bevölkerungsstatistik, Wirtschaftsrechnungen privater Haushalte und Arbeitsstättenzählungen. Ergänzend sind ferner als unveröffentlichtes Primärmaterial eigene Auswertungen von 535 Anmeldungen zum Dienstleistungskatalog - Elektrotechnik 1974/75 verwendet worden.

Das statistische Grundmaterial wird im Anhang der Untersuchung veröffentlicht, während im Text Schaubilder und zumeist kurze Übersichten zum leichteren Verständnis der quantitativen Analyse eingefügt sind.

1) Nach dem 2. Weltkrieg wurden 1949, 1956, 1963 und 1968 Handwerkszählungen im Bundesgebiet durchgeführt.

1. Kapitel

Abgrenzungen, Produktionsbedingungen und Entwicklungsrahmen des Dienstleistungsgewerbes in der Volkswirtschaft

A. Begriffe und Abgrenzungen

I. Zum Begriff der Dienstleistungen

Eine in der wirtschaftswissenschaftlichen Literatur allgemein anerkannte Definition der Dienstleistungen besteht bislang nicht. Die Ursache dafür ist hauptsächlich in zwei Gründen zu sehen:
1.) Unter den Klassikern der Nationalökonomie war der Gutscharakter der Dienstleistungen längere Zeit umstritten. Nach A. SMITH und T.R. MALTHUS waren nur Sachgüter zur Befriedigung der Bedürfnisse geeignet[1]. Erst durch J.B. SAY wurde den Dienstleistungen die Fähigkeit zuerkannt, produktive Beiträge zum Sozialprodukt zu leisten[2].

2.) Die vielseitigen Dienstleistungsarten müssen als Schwierigkeit für eine allgemeingültige Begriffsbestimmung angesehen werden.

Folgende Abgrenzungskriterien der Dienstleistungen von den Sachgütern werden in der Literatur am häufigsten verwendet[3]:

---

1) Vgl. Wessels, Th.: Zur Problematik des tertiären Sektors in der modernen Volkswirtschaft, in: Gestaltungsprobleme der Weltwirtschaft. Festschrift für A. Predöhl, hrsg. von H. Jürgensen, Göttingen 1964, S. 306. Dieser Band ist gleichzeitig Heft 3 des "Jahrbuchs für Sozialwissenschaften", Bd. 14, 1963
2) Mit dieser Anerkennung der Dienstleistungen als Wirtschaftsgüter waren gleichzeitig die Voraussetzungen geschaffen, die volkswirtschaftliche Gesamtrechnung sowie die moderne Kreislauftheorie zu entwickeln. Vgl. Eick, J.: Dienstleistungen, a.a.O., S. 551
3) Vgl. Fisher, A.G.B.: A Note on Tertiary Production, in: The Economic Journal, Vol. 62 (1952), S. 820 ff.; Wolfe, M.: The Concept of Economic Sectors, in: Quaterly Journal of Economics, Bd. 69, (1955), S. 402 ff.; Fourastié, J.: Die große Hoffnung des 20. Jahrhunderts, a.a.O., S. 80; Beckmann, E.: Bestimmungsgründe, Möglichkeiten und Grenzen des Wachstums der "tertiären Produktion" im Rahmen der langfristigen Entwicklung der Wirtschaft, Diss. Münster 1954, S. 51; Klatt, S.: Zur Theorie der Industrialisierung, Köln und Opladen 1959, S. 25 ff.

- Geringe Steigerungsrate der Arbeitsproduktivität
- Hohe Arbeitsintensität
- Hohe Einkommenselastizität
- Immaterialität der Leistung
- Nichtlagerfähigkeit.

Unter dem formallogischen Anspruch der Allgemeingültigkeit sind alle fünf Merkmale nur mit Einschränkung verwertbar[1]. Die Einwände lassen sich in sechs Punkten zusammenfassen:

1. Für die drei Kriterien Arbeitsproduktivität, -intensität sowie Einkommenselastizität ist kennzeichnend, daß sie sich im Zeitablauf ständig verändern und insofern für längerfristige Betrachtungen empirisch nicht operational sind.
2. Die Einführung technischer Innovationen führt auch bei der Erstellung von Dienstleistungen zu einer Verschiebung des Faktoreinsatzverhältnisses. FRICKE u.a. haben bei den Untersuchungen von fünf Dienstleistungsbranchen ermittelt, daß der Kapitaleinsatz erheblich stärker als die Beschäftigtenzahl gestiegen ist[2]. Die Arbeitsintensität ist mithin gesunken.
3. Durch den Einsatz technischer Neuerungen ergeben sich zugleich Verschiebungen in der Leistungsfähigkeit der Produktionsfaktoren. So sind in vielen Dienstleistungsbereichen (Handel, Verkehrs- und Nachrichtenwesen, Banken, Versicherungen etc.) hohe Steigerungen der Arbeitsproduktivität feststellbar[3].
4. Im Zuge des Wirtschaftswachstums durchläuft mit zunehmendem Einkommen die Einkommenselastizität der Nachfrage nach Dienstleistungen ebenso wie bei den Sachgütern Werte vom elastischen bis zum unelastischen Bereich[4].

Eine hohe Einkommenselastizität läßt sich für Luxusgüter wie Schmuck, Pelzmäntel etc. ermitteln; umgekehrt ergibt sich eine

1) Vgl. Dähne, E.: Die Bedeutung der Dienstleistungswirtschaft für die Arbeitsmarktentwicklung in der BRD, a.a.O., S. 10 ff., insbesondere S. 16-18
2) Vgl. Fricke, W., Lindner, H., Mohr, H., Stümpfig, G., Thelen, B., Weimer, K.-H.: Auf dem Wege zur Dienstleistungsindustrie? Bd. 4, Forschungsprojekt des Rationalisierungs-Kuratoriums der deutschen Wirtschaft (RKW), Wirtschaftliche und soziale Aspekte des technischen Wandels in der Bundesrepublik Deutschland, Frankfurt 1971, S. 65
(Fortsetzung der Fußnoten s.S.8)

niedrige Einkommenselastizität für Dienstleistungen des Handels und Verkehrs[1]. Eine hohe Einkommenselastizität kann somit allgemeingültig als keine Besonderheit der Dienstleistungen angesehen werden.

5. Die Immaterialität der Dienstleistungen gilt allgemein als entscheidendes Charakteristikum und prägnantester Unterschied zu den Sachgütern[2]. In seiner absoluten Form kann auch dieses Merkmal nicht akzeptiert werden, denn zur Übertragung der Dienstleistung ist in vielen Fällen eine Materialisierung notwendig. Die Entwicklung von Träger- und Speichermedien wie Schallplatten, Tonbänder, Filme, Papier, elektronische Speicher etc., hat eine Überführung vieler Dienstleistungen in materielle Güter ermöglicht. So können beispielsweise Forschungsergebnisse (Dienstleistungen) erst durch den Erwerb eines Buches (Sachgut) genutzt werden. Als Trägermedien sind ebenfalls diejenigen Sachgüter anzusehen, an denen Dienstleistungen wie Wartung, Instandhaltung, Reinigung etc. vollzogen werden[3]. Der immaterielle Charakter der Leistungen bleibt aber trotz der engen Verbindung mit den materiellen Gütern erhalten, da die unstoffliche Leistung als wertbestimmender Faktor wirkt. Als Abgrenzungskriterium eignet sich die Immaterialität der Dienstleistungen somit nur in weiter Fassung.

6. Durch die Materialisierung der Dienstleistungen in Trägermedien sind gleichzeitig die Voraussetzungen zur Lagerfähigkeit der Dienstleistungen geschaffen, so daß auch die "Nichtlagerfähigkeit" als kein allgemeingültiges Kennzeichen der Dienstleistungen betrachtet werden kann.

(Fortsetzung der Fußnoten von S.7)

3) Vgl. Maleri, R.: Grundzüge der Dienstleistungsproduktion, Berlin, Heidelberg, New York 1973, S. 12; Hirsch, R. und Meier-Haitz, D.: Die Dienstleistungsbereiche in Baden-Württemberg, in: Jahrbücher für Statistik und Landeskunde von Baden-Württemberg, 18. Jg., Heft 1, Stuttgart 1973, S. 11

4) Vgl. Schmucker, H.: Die langfristigen Strukturwandlungen des Verbrauchs der privaten Haushalte in ihrer Interdependenz mit den übrigen Bereichen einer wachsenden Wirtschaft, in: Strukturwandlungen einer wachsenden Wirtschaft, Schriften des Vereins für Socialpolitik, N.F.Bd.30/I, hrsg. von F.Neumark, Berlin 1964, S. 129

---

1) Vgl. Bauer, P.T. und Yamey, B.S.: Economic Progress and Occupational Distribution, in: The Economic Journal, Vol. 61, (1951), S. 798; Pohl, H.J.: Kritik der Drei-Sektoren-Theorie, in: Mitteilungen aus Arbeitsmarkt und Berufsforschung, 3. Jg., Nr. 4,

(Fortsetzung der Fußnoten s.S. 9)

Die Diskussion dieser verschiedenen Einwände hat gezeigt, daß lediglich das Merkmal der "Immaterialität" in seiner weiten Auslegung geeignet ist, die Dienstleistungen zu kennzeichnen. In der vorliegenden Studie werden deshalb alle Leistungen, die unstofflich (immateriell) sind, unter dem Begriff Dienstleistungen zusammengefaßt, unabhängig davon, ob das Ergebnis des Leistungsprozesses nur in Verbindung mit einem Sachgut erworben werden kann. Als Grundlage dient somit der inhaltliche Leistungsschwerpunkt.

Aus dieser funktionalen Bestimmung geht hervor, daß in allen Bereichen des volkswirtschaftlichen Produktionsprozesses Dienstleistungen benötigt werden. Verwaltungstätigkeiten, kaufmännische und organisatorische Arbeiten sind auch bei der Erstellung von Sachgütern unerläßliche Dienstleistungen, deshalb werden in dieser Arbeit einschränkend nur solche immateriellen Leistungen betrachtet, die am Markt als selbständige Dienstleistungen für den Absatz angeboten werden. Mit anderen Worten: Nicht Dienstleistungsberufe, sondern -branchen sind Ausgangspunkt und Gegenstand der Untersuchung.

Ein weiteres Kennzeichen der Dienstleistungen ist darin zu sehen, daß tertiäre Leistungen nicht für einen anonymen Markt angeboten werden können. Zwischen den Abnehmern bzw. Auftraggebern und den Dienstleistungsanbietern besteht eine weitestgehende Abhängigkeit, womit nicht die allgemeine marktmäßige Abhängigkeit (Nachfrageabhängigkeit) zu verstehen, sondern eine darüber hinausgehende quasi "technologische" Verbindung gemeint ist[1]. Denn die

(Fortsetzung der Fußnoten von S.8)
Stuttgart, Berlin, Köln, Mainz 1970, S. 314; Klatt, S.: Zur Theorie der Industrialisierung, a.a.O., S. 25

2) Vgl. Berekoven, L.: Der Begriff "Dienstleistung" und seine Bedeutung für eine Analyse der Dienstleistungsbetriebe, in: Jahrbuch der Absatz- und Verbrauchsforschung, 12. Jg., Nürnberg 1966, S. 321; Maleri, R.: Grundzüge der Dienstleistungsproduktion, a.a.O., S. 33 f.

3) Maleri, ebenda, S. 20 f. und S. 38

1) Vgl. Berekoven, L.: Der Dienstleistungsbetrieb, a.a.O., S. 37. Auch im Bereich der Sachgüterproduktion gibt es Branchen, die vorwiegend nicht für einen anonymen Markt produzieren. Zum Beispiel leisten Werften fast nur im Auftrag, aber damit kann der Bau von Schiffen nicht als eine Dienstleistung angesehen werden. Da hierzu vor allem das konstitutive Merkmal die "Unkörperlichkeit" der Leistung fehlt. Auftragsproduktion allein ist mithin kein hinreichendes Kennzeichen der Dienstleistungsproduktion.

Erstellung von Dienstleistungen ist ohne den Einsatz zusätzlicher nicht im Betrieb vorhandener Faktoren ("externer Faktor") nicht durchführbar. Zwar müssen auch andere betriebliche Produktionsfaktoren über Beschaffungsmärkte erworben werden, der entscheidende Unterschied liegt jedoch darin, daß der "externe Faktor" mit seinen für die Produktion spezifischen Eigenschaften nicht vom Hersteller beschafft werden kann, weil darüber nur der Abnehmer der Dienstleistung verfügt[1].

Das bedeutet technisch gesehen, daß der jeweilige Betrieb den Produktionsprozeß nicht autonom disponieren kann. Während der Hersteller eines Sachgutes sein Produkt zunächst unabhängig vom späteren Käufer produzieren kann, ist der Dienstleistungsbetrieb bereits bei der technischen Erstellung seiner Leistung auf die aktive oder passive Mitwirkung des Abnehmers bzw. auf die Einbringung eines Leistungsobjekts des Abnehmers angewiesen[2]. Beispielsweise kann der Friseur ohne die Präsenz der Kunden ebensowenig wie der Reparaturbetrieb ohne die instandzusetzende oder zu wartende Maschine seine Leistung erbringen.

Aus der Tatsache, daß für die Produktion von Dienstleistungen neben dem Einsatz i n t e r n e r Produktionsfaktoren noch zusätzlich e x t e r n e Faktoren[3] zwingend erforderlich sind, ist

---

1) Vgl. Maleri, R.: Grundzüge der Dienstleistungsproduktion, a.a.O., S. 76
2) Vgl. ebenda, S. 69
3) Das bislang von der Betriebswirtschaft entwickelte Produktionsfaktorensystem reicht zur Erklärung der Dienstleistungsproduktion nicht aus, deshalb ist eine Erweiterung des Faktorsystems um den "externen Faktor" notwendig. In Anlehnung an Krelle sind als Produktionsfaktoren diejenigen Faktoren zu fassen, die auf den Produktionsprozeß Einfluß haben oder für ihn benötigt werden unabhängig davon, ob sie einen Preis haben. Unter den i n t e r n e n Produktionsfaktoren sind bei Zugrundelegung der Einteilung Gutenberg's die drei betrieblichen Elementarfaktoren (menschliche Arbeitsleistung, Betriebsmittel und Werkstoffe) sowie der dispositive Faktor (Geschäfts- und Betriebsleitung) zu verstehen, während mit e x t e r n e m Produktionsfaktor der Leistungsabnehmer oder sein Verfügungsobjekt gemeint ist. Erst die Kombination von internen und externen Faktoren macht die Produktion von Dienstleistungen möglich. Vgl. Krelle, W.: Produktionstheorie, Teil 1, Der Preistheorie, 2. Aufl., Tübingen 1969, S. 2 f.; Gutenberg, E.: Grundlagen der Betriebswirtschaftslehre, 1. Band, Die Produktion, 12. Aufl., Berlin, Heidelberg, New York 1966, S. 8; Maleri, R.: Grundzüge der Dienstleistungsproduktion, a.a.O., S. 67 ff.

als ein zentraler Unterscheidungspunkt gegenüber der Sachgüterproduktion zu begreifen.

In der vorliegenden Studie wird mithin zusammenfassend folgende Merkmalsbeschreibung zur Kennzeichnung der Dienstleistungen zugrunde gelegt:

> Dienstleistungen sind "immaterielle" Leistungen (in weiter Fassung), die als selbständige Leistungen unter Einsatz von zusätzlichen "externen" Faktoren für den Absatz auf nicht anonymen Märkten angeboten werden.

II. Funktionale und institutionelle Abgrenzung des Dienstleistungssektors in der Gesamtwirtschaft

Die Frage nach den Entwicklungsmöglichkeiten und der Wettbewerbslage kleiner und mittlerer Unternehmungen auf den Dienstleistungsmärkten macht neben der begrifflichen auch eine sektorale Abgrenzung der Dienstleistungen in der Volkswirtschaft notwendig, um den Rahmen des Untersuchungsbereichs abstecken zu können.

In der nationalökonomischen Literatur hat die Einteilung der gesamtwirtschaftlichen Produktionsstruktur in einen primären, sekundären und tertiären Sektor weite Verbreitung gefunden. Diese Aufteilung geht auf A.G.B. FISHER und C. CLARK zurück[1] und ist von WOLFE sowie FOURASTIÈ wieder aufgenommen worden[2]. Obgleich diese Autoren analog der Abgrenzung der Dienstleistungen unterschiedliche

1) Vgl. Fisher, A.G.B.: The Class of Progress and Security, London 1935; Clark, C.: The Conditions of Economic Progress, 3. Aufl., London 1957. A. Schwarz weist allerdings darauf hin, daß bereits die schweizerische Berufsstatistik von 1888 eine sektorale Dreiteilung der Produktionsstruktur in "Gewinnung der Naturerzeugnisse", "Veredelung der Natur- und Arbeitserzeugnisse" und "Handel, Verkehr und persönliche Dienste" vorgenommen hat. Vgl. Schwarz, A.: Neuere Auffassungen über die Umschichtung der Berufe, in: Schweizerische Zeitschrift für Volkswirtschaft und Statistik, 94. Jg., Bern 1958, S. 68

2) Vgl. Fourastié, J.: Die große Hoffnung des 20. Jahrhunderts, a.a.O., S.30; Wolfe, M.: The Concept of Economic Sectors, a.a.O., S. 402 ff.

Kriterien zugrunde legen[1], stimmen sie in der Zuordnung der einzelnen Branchen auf die drei Sektoren weitgehend überein.

In Schema 1 sind unter Verwendung der Systematik der amtlichen Statistik die Wirtschaftszweige auf die drei Sektoren aufgeteilt[2]. Die Zuweisung der Abteilungen 4 bis 9 zum Dienstleistungssektor[3] entspricht sowohl der Einteilung CLARKS als auch der heute allgemein in der empirisch orientierten Nationalökonomie gebräuchlichen sektoralen Gliederung[4]. Die vorliegende Untersuchung geht deshalb von dieser institutionellen Aufteilung aus, zumal das amtliche statistische Material ebenfalls nicht funktional, sondern institutionell aufbereitet ist.

Die im Vergleich zu den beiden anderen Wirtschaftssektoren stärker ausgeprägte Heterogenität des tertiären Sektors macht eine weitere Unterteilung in Teilbereiche notwendig. Als Kriterium sollen die Funktionen der Dienstleistungsbranchen im Wirtschaftsprozeß dienen.

Zwei Leistungsgruppen können unterschieden werden:

a) Leistungen, die unmittelbar auf den Bedarf der Menschen bezogen sind, kurz personenbezogene Dienstleistungen (Gesundheit, Körperpflege, Bildung, Erholung etc.).

---

1) Fisher, A.G.B.: Einkommenselastizität der Nachfrage; Fourastié, J.: Arbeitsproduktivität bzw.Grad des technischen Fortschritts; Wolfe: Dominanz des Produktionsfaktors; Clark: Institutionelle Zuordnung der Branchen. Vgl. Klatt, S.: Theorie der Industrialisierung, a.a.O., S. 27 f.. Die kritischen Hinweise über die Brauchbarkeit der Kriterien im vorigen Abschnitt treffen ebenfalls auf ihre Anwendung als sektorale Abgrenzungsmerkmale zu.
2) Statistisches Jahrbuch für die BRD 1973, hrsg. vom Statistischen Bundesamt Wiesbaden, Stuttgart 1973, S. 192 ff.
3) In dieser Untersuchung werden synonym für primärer, sekundärer und tertiärer Sektor die Bezeichnungen landwirtschaftlicher, warenproduzierender und dienstleistender Sektor verwendet.
4) Vgl. Dähne, E.: Die Bedeutung der Dienstleistungswirtschaft für die Arbeitsmarktentwicklung in der BRD, a.a.O., S. 18; Schüller, A.: Dienstleistungsmärkte in der Bundesrepublik Deutschland, Abhandlungen zur Mittelstandsforschung, Nr. 25, Köln und Opladen 1967, S. 27

b) Leistungen, die der Mobilität, der Vermittlung und der Verfügbarkeit der Produktionsfaktoren sowie der Verteilung und Erhaltung der Produktionsergebnisse gelten, kurz sachbezogene Dienstleistungen (Transport-, Bank-, Handels-, Reparatur-, Reinigungsleistungen etc.).

Diese in Anlehnung an TRIANTIS[1] gebildeten beiden Funktionsbereiche sollen entsprechend der in der Literatur gebräuchlichen Begriffe als einkommens- (a) und produktionsabhängige (b) Dienstleistungsbereiche bezeichnet werden[2].

Die einkommensabhängigen Dienstleistungszweige erhalten ihre Nachfrageimpulse unmittelbar vom Endverbraucher. Ihr Leistungsangebot dient zur Befriedigung eines eigenständigen Bedürfnisses, so daß die Dienstleistungsbetriebe nicht in einem direkten Abhängigkeits- bzw. Komplementaritätsverhältnis zu anderen Branchen stehen. Insofern ist auch der Terminus "autonom" gerechtfertigt. Die Nachfrage hängt vom "freien" Entschluß der Konsumenten ab und wird nicht durch den Kauf eines Sachgutes induziert. Das verfügbare

---

1) Triantis unterscheidet insgesamt zwischen drei Teilbereichen, da er die öffentlichen Dienstleistungen einem gesonderten tertiären Teilbereich zuweist. Dies erscheint durch die Tatsache gerechtfertigt, daß im öffentlichen Bereich einerseits Entscheidungen getroffen werden, die nicht immer den Kreislaufgesichtspunkt berücksichtigen, sondern häufig politischen Erfordernissen Rechnung tragen, und andererseits das statistische Material nicht ausreichend differenziert ist, um die öffentlichen Dienstleistungen auf die beiden tertiären Teilbereiche zuzuordnen. Vgl. Triantis, S.G.: Economic Progress Occupational Redistribution and International Terms of Trade, in: The Economic Journal, Vol. 63 (LXIII), London 1953, S. 628

2) Vgl. Klatt, S.: Zur Theorie der Industrialisierung, a.a.O.,S.250 f.; Hoffmann, W.G.: Dienstleistungen als "neue Industrien"?, in: Volkswirtschaftliche Korrespondenz der Adolf-Weber-Stiftung, 8. Jg., Nr. 1, Frankfurt 1969, S. 1; Pohl, H.-J.: Kritik der Drei-Sektoren-Theorie, a.a.O., S. 324. Einige Autoren sprechen auch stattdessen von autonom (a) und induzierten (b) Dienstleistungsbereichen. Beide Begriffsbezeichnungen werden inhaltlich für die gleichen Sachverhalte verwendet. Vgl. Graf, A.G.: Der Einfluß des Einkommens auf die Struktur des Dienstleistungssektors. Export- und Marktwirtschaftliche Studien, Bd. 8, Diss., Zürich und St. Gallen 1968, S. 19; Beckmann, E.: Bestimmungsgründe, Möglichkeiten und Grenzen des Wachstums der "tertiären Produktion" im Rahmen der langfristigen Entwicklung in der Wirtschaft, a.a.O., S. 40 f.

Einkommen der Verbraucher sowie seine Veränderungen müssen als wesentliche Bestimmungsfaktoren für die Entwicklung dieser Dienstleistungsnachfrage angesehen werden[1]. Beispiele für einkommensabhängige Dienstleistungszweige sind:
Gaststätten- und Beherbergungsgewerbe; Friseur- und Körperpflegegewerbe; Bildung, Erziehung und Sport; Kunst, Theater und Film; Literatur- und Pressewesen; Gesundheitswesen und Rechtsberatung (vgl. Schema 1).

Im Gegensatz zu den autonomen tertiären Zweigen stehen die produktionsabhängigen oder induzierten Dienstleistungsanbieter in enger Beziehung zur Sachgüterproduktion des primären und insbesondere sekundären Sektors. Sie erbringen keine selbständig konsumierbare Leistung. Ihre Leistungen erhalten nur im Zusammenhand mit Sachgütern einen Sinn. Für sich alleingenommen sind die induzierten Dienstleistungen deshalb "völlig nutz- und wertlos"[2]. Die produktionsabhängigen Dienstleistungen bilden in der Regel mit dem Sachgut eine Wert- bzw. Leistungseinheit, so daß auch von komplementärer anstatt produktionsabhängiger Dienstleistung gesprochen werden kann. Ihre Nachfrage tritt zumeist "zwangsläudig" mit der Entscheidung über den Erwerb eines Sachgutes auf[3].

1) Auf weitere Bestimmungsfaktoren wird im Rahmen der Strukturanalyse eingegangen. Die Abhängigkeit der Nachfrage vom Einkommen ist kein Widerspruch zu der Aussage, daß die Nachfrage "autonom" sei. Mit "autonom" ist gemeint, daß die Ursache der Nachfrage "außerhalb der Immanenz der Kreislaufmechanik" liegt, d.h. auf der Entscheidung der Verbraucher beruht, im Gegensatz zu der "induzierten" tertiären Nachfrage. Vgl. Beckmann, E.: Bestimmungsgründe, Möglichkeiten und Grenzen des Wachstums "tertiärer Produktion" im Rahmen der langfristigen Entwicklung der Wirtschaft, a.a.O., S. 76, insbesondere Fußnote 1).
2) Menz, L.: Der tertiäre Sektor, Veröffentlichung der Hochschule St. Gallen für Wirtschafts- und Sozialwissenschaften, Volkswirtschaftlich-wirtschaftsgeographische Reihe, Bd. 4, Diss., Zürich und St. Gallen 1965, S. 26
3) Vgl. Schüller, A.: Dienstleistungsmärkte in der BRD, a.a.O., S.50 f.

Schema 1

Zuordnung der Wirtschaftszweige auf die drei Sektoren der Volkswirtschaft

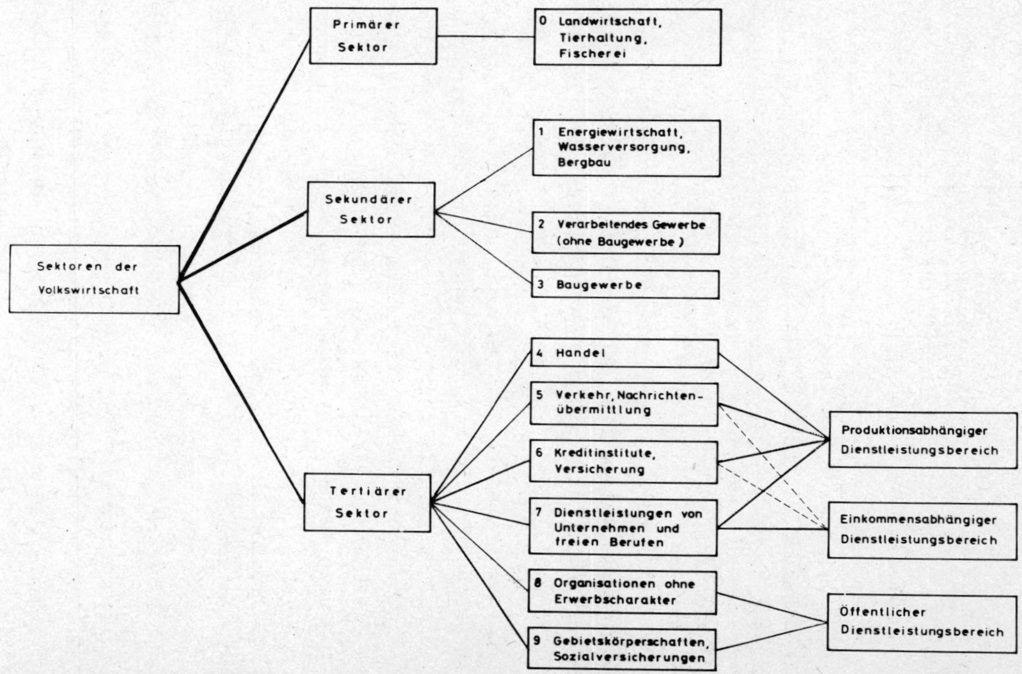

Während die einkommensabhängigen Dienstleistungszweige ihre Wachstumsimpulse direkt vom Einkommen der Konsumenten erhalten, wird die Nachfrage nach produktionsabhängigen Dienstleistungen nur indirekt vom Einkommen beeinflußt. Aufgrund der engen Leistungsverflechtung mit dem warenproduzierenden Bereich muß als wesentlicher Bestimmungsgrund für die Entwicklung der produktionsabhängigen Dienstleistungen die Ausdehnung der materiellen Produktion angesehen werden. Das Wachstum des primären und insbesondere sekundären Sektors ist somit Voraussetzung sowie Bedingung für das Wachstum der Nachfrage nach produktionsabhängigen Dienstleistungen.

Folgende Wirtschaftszweige sind zu diesem tertiären Teilbereich zu rechnen:
Handel; Verkehr und Nachrichtenübermittlung; Kredit- und Versicherungsgewerbe; Installations- und Reinigungsgewerbe; Unternehmensberatung und Wirtschaftsprüfung; Architektur- und Ingenieurberufe (vgl. Schema 1).

Einige dieser Zweige leisten nicht ausschließlich produktionsabhängige Dienste. Z.B. wenn die Banken als Vermögensanlageberater oder als Testamentsvollstrecker von Privaten fungieren. Ebenso erbringt das Transportgewerbe Leistungen für den unmittelbar persönlichen Bedarf, wenn beispielsweise eine Busfahrt allein deshalb angetreten wird, um durch eine schöne Landschaft zu fahren. Aus diesen Gründen sind auch in Schema 1 von den Abteilungen 5 und 6 gestrichelte Linien zu dem einkommensabhängigen Dienstleistungsbereich gezogen worden. Da jedoch die Leistungen dieser Wirtschaftszweige zum überwiegenden Teil in engem Zusammenhang mit dem Sachgüterbereich stehen, werden sie dem produktionsabhängigen Dienstleistungsbereich zugeordnet.

Mit diesen sektoralen Abgrenzungen sowie der Funktionsbestimmung und -unterteilung des Dienstleistungssektors sind die begrifflichen Voraussetzungen geschaffen, um im folgenden Abschnitt das handwerkliche Dienstleistungsgewerbe als zentralen Untersuchungsgegenstand in diesen Rahmen einzuordnen.

III. Abgrenzung der Dienstleistungshandwerke

1. Leistungsbereich des Handwerks

Über die sektorale Zuordnung des Handwerks besteht in der Literatur keine einheitliche Meinung. Sowohl CLARK als auch WOLFE und KLATT ordnen das gesamte Handwerk dem tertiären Sektor zu[1], während die amtliche Statistik eine Aufteilung des Handwerksbereichs vornimmt. Sie rechnet den überwiegenden Teil der 125 Handwerkszweige zum sekundären Sektor und erfaßt lediglich sechs Zweige als Dienstleistungshandwerke beim tertiären Sektor[2]. Angesichts dieser Unsicherheiten über die Zuordnung der Handwerkszweige ist eine funktionale Durchleuchtung des Gesamthandwerks notwendig, um zu einer auch unter statistischen Gesichtspunkten eindeutigen Abgrenzung zwischen warenproduzierenden und dienstleistenden Handwerkszweigen zu gelangen.

a) Handwerksleistungen

Das Leistungsbild des Handwerks[3] ist vielschichtig und kann grob in einen rein handwerklichen und einen händlerischen Bereich eingeteilt werden.

Die rein handwerkliche Funktionsstruktur setzt sich aus fünf Aufgaben zusammen: Neuherstellung, Installation, Montage, Reparatur und Dienstleistungen i.e.S. (Labor-, Reinigungs- und Friseurleistungen). Unter Zugrundelegung des weiter oben entwickelten Dienstleistungsbegriffs müssen bis auf die Funktionsgröße Neuherstellung die vier übrigen handwerklichen Leistungsarten als Dienst-

---

1) Vgl. Wessels, Th.: Zur Problematik des tertiären Sektors in der modernen Volkswirtschaft, in: Gestaltungsprobleme der Weltwirtschaft, Festschrift für A. Predöhl, hrsg.von H.Jürgensen, Göttingen 1964, S. 304; Wolfe, M.: The Concept of Economic Sectors, a.a.O., S.402 ff.; Klatt, S.: Zur Theorie der Industrialisierung, a.a.O., S. 30

2) Die sechs Dienstleistungszweige sind: Schornsteinfeger, Friseure, Färber/Chemischreiniger, Wäscher/Plätter, Gebäudereiniger und Fotografen. Handwerkszählung 1968, Heft 1, Fachserie D, Industrie und Handwerk, hrsg. vom Statistischen Bundesamt Wiesbaden 1972, S.7

3) Eine allgemein anerkannte Definition des Handwerks besteht bislang nicht, so daß in dieser Untersuchung die Abgrenzung der Handwerksordnung in der Fassung vom 28.12.1965 zugrunde gelegt (Fortsetzung der Fußnote s.S. 18)

leistungsfunktionen i.w.S. angesehen werden, da ihre Aufgaben in der Herstellung und Erhaltung der Gebrauchsfähigkeit industriell produzierter Sachgüter (Installation, Montage, Reparatur) sowie in der Erbringung von Reinigungs-, Labor- und Körperpflegeleistungen (Dienstleistungen i.e.S.) bestehen (vgl. Schema 2).

In zwei Gruppen lassen sich die Dienstleistungsfunktionen einteilen:

1. Dienstleistungsarten, die mit der Anschaffung von technischen und anderen Gütern früher oder später nachgefragt werden (sachbezogen), und
2. Dienstleistungsarten, die auf den unmittelbar persönlichen Bedarf (personenbezogen) ausgerichtet sind.

Zur ersten Gruppe zählen die Leistungsarten Installation, Montage, Wartung, Reparatur, Kundendienst und Reinigung. Der Bedarf dieser Funktionen, der als Folgebedarf bezeichnet werden kann, tritt mehr oder weniger zwangsläufig im Zusammenhang mit dem Erwerb von dauerhaften Sachgütern (Haushaltsmaschinen, Autos, Bekleidung, Gebäude etc.) auf. Mit der fortschreitenden technischen Entwicklung werden die Gebrauchsgüter immer vollkommener aber gleichzeitig auch komplizierter, so daß eine fachgerechte Bedienung, Wartung und Reinigung unerläßlich wird.

Aus der Sicht der Benutzer technischer Gebrauchsgüter werden die handwerklichen Dienstleistungen wie Reparatur, Wartung etc. zwar als notwendig betrachtet, aber jede Verbesserung, die zu einer Senkung der Inanspruchnahme dieser Leistungen führt, wird begrüßt. Die Substitutionswilligkeit, wie SCHÜLLER schreibt, ist groß, die Substitutionsfähigkeit dagegen ist bislang nur in einem begrenzten Rahmen möglich[1].

(Fortsetzung der Fußnote 3) v.S. 17)
und entsprechend die in den Handwerksrollen eingetragenen Gewerbebetriebe als Handwerksbetriebe angesehen werden. Vgl. Gesetz zur Ordnung des Handwerks (Handwerksordnung) in der Fassung vom 28.12.1965.

1) Vgl. Schüller, A.: Dienstleistungsmärkte in der Bundesrepublik Deutschland, a.a.O., S. 143

Schema 2

Gliederung des handwerklichen Leistungsangebots

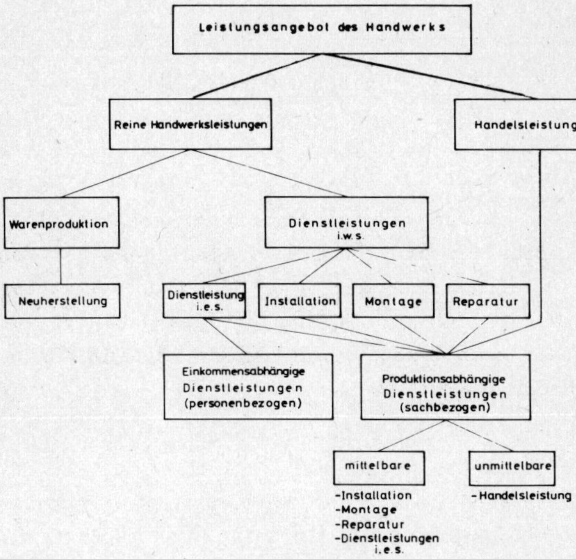

Analog der früher getroffenen Einteilung lassen sich diese Dienstleistungsarten als produktionsabhängige Dienstleistungen einordnen (Schema 2). Da die Nachfrage nach Installations-, Wartungs-, Reparatur- und Reinigungsleistungen etc. nicht eine direkte Einheit mit dem Sachgut bilden, sind sie als m i t t e l b a r produktionsabhängige Dienstleistungen anzusehen[1].

Die zweite Gruppe der handwerklichen Dienstleistungen besteht aus Leistungen der Körperpflege, die unmittelbar auf den Menschen bezogen ist. Für sie ist kennzeichnend, daß die Nachfrage weder im direkten noch im indirekten Verhältnis zur Sachgüterproduktion

---

1) Vgl. auch Decker, F.: Struktur der Dienstleistungsunternehmen, in: Betriebswirtschaftliche Forschung und Praxis, 24. Jg., Heft 7/8, Herne, Berlin 1972, S. 408

steht. Diese Dienstleistungsart kann somit für sich alleingenommen konsumiert werden und ist deshalb als einkommensabhängige Dienstleistung zu betrachten (Schema 2).

b) Einzelhandelsleistungen

Neben den rein handwerklichen Dienstleistungen nimmt das Handwerk auch einzelhändlerische Funktionen wahr. Langfristig betrachtet ist diese Tatsache keine Selbstverständlichkeit. Erst mit Beginn des Industrialisierungsprozesses im vorigen Jahrhundert ist zu den eigentlichen Handwerksaufgaben (Neuherstellung, Installation, Reparatur, Dienstleistungen i.e.S. etc.) noch die Handelstätigkeit hinzugetreten. Im Anschluß an SCHMOLLER weist TUCHTFELDT darauf hin, daß bis in das 19. Jahrhundert das Handwerk fast nur seine selbstproduzierten Güter verkaufte und es eine Ausnahme blieb, fremderstellte Produkte zu veräußern[1].

Als die wichtigsten Komponenten der Handelsfunktionen des Handwerks können hervorgehoben werden[2]:

1. Der räumliche Ausgleich zwischen dem Herstellungsort der Waren und dem Ort der Konsumtion.
2. Der zeitliche Ausgleich zwischen den Herstellungs- und Verwendungszeiten.
3. Der qualitative Ausgleich zwischen der produktionsorientierten Warenzusammenstellung der Hersteller und der an den Interessen der Verbraucher orientierten Sortimentszusammenstellung. Hierzu zählen auch Manipulationen und Veredelungen (mischen, umpacken, sortieren, malen, rösten), die die Verkaufsfähigkeit der Waren verbessern, aber nicht die Qualität der Produkte verändern.

---

1) Vgl. Tuchtfeldt, E.: Strukturwandlungen im Handwerk, in: Wandlungen der Wirtschaftsstruktur in der Bundesrepublik Deutschland, hrsg. von H. König. Schriften des Vereins für Socialpolitik, N.F., Bd. 26, Berlin 1962, S. 487. Auch Kaufhold kommt zu dem Ergebnis, daß im Handwerk der Verkauf eigener Produkte im 18. Jahrhundert überwog, wenn auch in einigen Zweigen der Handel mit fremderstellten Waren an Gewicht zunahm. Vgl. Kaufhold,K.H.: Das Handwerk der Stadt Hildesheim im 18. Jahrhundert. Göttinger Handwerkswirtschaftliche Studien,Bd.13,hrsg.von W.Abel, Göttingen 1968, S. 183 f.

2) Vgl. Kleinen, H.: Die Einzelhandelstätigkeit des Handwerks, Abhandlungen zur Mittelstandsforschung, Nr. 8, Köln und Opladen 1963, S. 36 ff.

4. Der quantitative Ausgleich zwischen dem Großeinkauf und dem Verkauf in kleinen Mengen.
5. Die Information über das Sortimentsangebot in Breite und Tiefe sowie über neue Produkte.
6. Die Beratung über bestimmte Eigenschaften und Gebrauchsfähigkeiten der Waren.

Von diesen sechs Hauptfunktionen ist für das Verhältnis von handwerklichen und händlerischen Leistungen die dritte Funktion von besonderem Interesse, da zwischen den handelsüblichen Manipulationen und den handwerklichen Leistungen wie Wartung, Installation und Reparatur keine scharfe Trennung möglich ist.

Mit Blick auf die technischen Güter schließt SUNDHOFF neben der Installations- auch die Wartungsfunktion und die Ersatzteillagerung, die Pflege- und Reparaturleistungen als Einzelhandelsaufgabe nicht aus. Diese handwerklichen Funktionen werden erfüllt, "um die Voraussetzung für den Wareneinsatz zu schaffen, so daß es sich zwar formal, aber nicht materiell um eine separate Leistung handelt"[1].

Folgt man dieser Auffassung, so kann festgestellt werden: Zwischen den Handels- und einigen Handwerksleistungen (Installation, Montage, Wartung, Reparatur) besteht eine enge Verbindung. Damit wird zwar die Handelsfunktion keine spezifisch handwerkliche Aufgabe, aber in der Praxis haben viele Handwerkszweige - insbesondere technische Zweige - die Handelsaufgabe mit fremderstellten Gütern in ihr Tätigkeitsfeld aufgenommen.

Die Handelsfunktion als immaterielle Leistung muß zu den Dienstleistungen gerechnet werden. Sie wird untrennbar mit der Sachgüternachfrage beansprucht und befriedigt für sich allein kein Konsumentenbedürfnis[2], so daß die Handelsfunktion als u n m i t t e l b a r produktionsabhängige Dienstleistung einzuordnen ist (vgl. Schema 2).

---

1) Sundhoff, E.: Handel, Art. im Handwörterbuch der Sozialwissenschaften (HdSW) Bd. 4, Stuttgart, Tübingen, Göttingen 1965, S. 766
2) Vgl. Schüller, A.: Dienstleistungsmärkte in der Bundesrepublik Deutschland, a.a.O., S. 51

2. Bestimmung und Gliederung der Dienstleistungshandwerke

a) Dienstleistungshandwerke nach dem Schwerpunktprinzip

Nach traditioneller Einteilung der amtlichen Statistik zählen lediglich sechs der 125 Handwerkszweige zum Dienstleistungsbereich, d.h. der größte Teil der Handwerkszweige wird zum warenproduzierenden Sektor gerechnet. Diese Zuordnung entspricht ebensowenig wie der Vorschlag von CLARK, KLATT und WOLFE, das gesamte Handwerk zum tertiären Sektor zu rechnen[1], dem tatsächlichen Leistungsangebot sowie den Strukturwandlungen im Handwerk, die sich unter anderem in Funktionsverlagerungen ausdrücken.

Für das Gesamthandwerk ist kennzeichnend, daß es sowohl auf den Sachgüter- als auf den Dienstleistungsmärkten als Anbieter auftritt. Eine pauschale Zuweisung des Handwerks zum tertiären Sektor abstrahiert somit von der Tatsache, daß eine Reihe von Handwerkszweigen ausschließlich materielle Güter herstellen und deshalb zum warenproduzierenden Bereich gezählt werden müssen[2].

Umgekehrt berücksichtigt eine Zuordnung der überwiegenden Zahl der Handwerkszweige (119) zum Warenproduzierenden Gewerbe nicht die Funktionsverschiebungen infolge der industriellen Massenproduktion.

Es ist deshalb notwendig, die Dienstleistungshandwerke neu zu bestimmen und von den warenproduzierenden Zweigen abzugrenzen.

Als Einteilungskriterium soll das Schwerpunktprinzip angewendet werden. Danach sind die Handwerkszweige, deren Umsatzvolumen sich zu mehr als 50 v.H. aus den Dienstleistungsfunktionen Installation und Montage, Reparatur, Reinigung, Dienstleistungen i.e.S. und Handel zusammensetzt, als Dienstleistungshandwerke zu betrach-

1) Vgl. S. 17 der vorliegenden Studie
2) Wörner kommt zu der gleichen Ansicht. Vgl. Wörner, H.: Die Anpassung des Handwerks an die industrialisierte Wirtschaft unter besonderer Berücksichtigung der zwischenbetrieblichen Kooperation, Diss. o.O., S. 31

ten. Die amtlichen Handwerkszählungen weisen die funktionalen Anteile des Umsatzes gesondert aus, so daß dieser Abgrenzungsmethode auch vom statistischen Material aus gesehen keine praktischen Anwendungsschwierigkeiten entgegenstehen.

Für die Mehrzahl der Handwerkszweige gilt, daß sie eine Kombination verschiedener Funktionen anbieten. Am häufigsten ist die Leistungsverbindung mit der Handelsfunktion anzutreffen, beispielsweise Handel und Reparatur oder Handel und Installation.

Bei einer längerfristigen Betrachtung muß allerdings beachtet werden, daß sich die Zusammensetzung des handwerklichen Dienstleistungsbereichs durch Aufgabenverlagerungen in den einzelnen Zweigen ändern kann.
Drei Fälle sind denkbar:

1. Der Leistungsschwerpunkt eines Zweiges verlagert sich vom Dienstleistungsangebot zur Sachgüterherstellung.
2. Der Leistungsschwerpunkt eines Zweiges verändert sich umgekehrt von der Sachgüterherstellung zugunsten des Dienstleistungsangebots.
3. Der Leistungsschwerpunkt eines Zweiges fluktuiert zwischen Sachgüterherstellung und Dienstleistungsangebot.

Im Untersuchungszeitraum ist der zweite Fall die Regel. Lediglich bei den Geigenbauern ist der erste Fall und bei den Elektromaschinenbauern und den Sattlern der letzte Fall eingetreten (vgl. Liste 1).

Insgesamt ist die Zahl der Handwerkszweige mit Schwerpunkt bei den Dienstleistungen in der Zeit von 1949 bis 1968 von 33 auf 40 Zweige gestiegen. Diese zunehmende Tendenz in der Zahl der Dienstleistungszweige muß als Zeichen für die anhaltenden Funktionsverlagerungen im Handwerk gewertet werden. Eine geänderte Gewichtsverteilung zwischen der Sachgüter- und Dienstleistungsproduktion kann allerdings aus diesen Verschiebungen nicht abgeleitet werden. Solche Aussagen sind erst im Anschluß an die quantitative Analyse im nächsten Abschnitt möglich.

Liste 1: Dienstleistungshandwerke nach dem Schwerpunktrinzip[1)]

Gewerbezweige[2)]	1949	1956	1963	1968[3)]
I. Bau- und Ausbaugewerbe				
Schornsteinfeger	+	+	+	+
II. Metallgewerbe				
Schmiede	+	+	+	+
Fahrrad- und Nähmaschinenmechaniker	+	+	+	+
Büromaschinenmechaniker	+	+	+	+
Kraftfahrzeugmechaniker	+	+	+	+
Kraftfahrzeugelektriker	+	+	+	+
Landmaschinenmechaniker	+	+	+	+
Büchsenmacher	+	+	+	+
Klempner	+	+	+	+
Gas- und Wasserinstallateure	+	+	+	+
Zentralheizungs- und Lüftungsbauer	+	+	+	+
Elektroinstallateure	+	+	+	+
Elektromaschinenbauer	+	-	+	+
Radio- und Fernsehtechniker	+	+	+	+
Uhrmacher	+	+	+	+
Messerschmiede	+	+	+	+
Goldschmiede	+	+	+	+
III. Holzgewerbe				
Schirmmacher	+	+	+	+
Böttcherei	-	+	+	+
IV. Bekleidungs-, Textil- und Ledergewerbe				
Modist (Putzmacher)	+	+	+	+
Seiler	-	-	+	+
Hut- und Mützenmacher	+	+	+	+
Schuhmacher	+	+	+	+
Orthopädieschuhmacher	+	+	+	+
Sattler	+	-	+	+
V. Nahrungsmittelgewerbe				
Müller	-	-	+	+
Weinküfer	-	+	+	+

Gewerbezweige[2]	1949	1956	1963	1968[3]
VI. Gewerbe für Gesundheits- und Körperpflege sowie chemische und Reinigungsgewerbe				
Bandagisten	-	+	+	+
Orthopädiemechaniker	-	-	+	+
Friseure	+	+	+	+
Färber und Chemischreiniger	+	+	+	+
Wachszieher und Seifensieder	-	+	+	+
Wäscher und Plätter	+	+	+	+
Gebäudereiniger	+	+	+	+
VII. Glas-, Papier-, keramische und sonstige Gewerbe				
Feinoptiker	-	-	+	+
Fotografen	+	+	+	+
Orgel- und Harmoniumbauer	+	+	+	+
Klavier- und Cembalobauer	+	+	+	+
Geigenbauer	+	-	-	-
Metallblasinstrumenten- und Schlagzeugmacher	+	+	+	+
Vulkaniseure	+	+	+	+
Summe: 41 Gewerbezweige	33	34	40	40

Anmerkungen:

1) Handwerkszweige, deren Umsatzanteile aus den Dienstleistungsfunktionen Installation, Reparatur, Dienstleistungen i.e.S. und Handel zusammen mehr als 50 v.H. betragen. Pluszeichen bedeutet, daß in dem jeweiligen Jahr der Dienstleistungsumsatzanteil über 50 v.H. lag. Minuszeichen besagt, daß sich der Dienstleistungsanteil unter 50 v.H. befand.

2) Bei den Gewerbezweigen ist berücksichtigt, daß nach der Handwerksordnung von 1953 in der Fassung von 1965 einige Zweige nicht mehr zum Handwerk zählen und andere zusammengefaßt worden sind. Statt der ursprünglich 140 werden nur noch 125 Zweige amtlich geführt.

3) In der Handwerkszählung 1968 sind die Umsatzarten nur nach Wirtschafts- nicht aber Gewerbezweigen ausgewiesen. Deshalb ist im Zweifelsfall die Auswahl nach den Ergebnissen der Handwerkszählung 1963 in Verbindung mit der vierteljährlichen Handwerksberichterstattung 1968 getroffen worden.

Quellen: Handwerkszählung 1949, Bd. 4, a.a.O., S. 112 ff.
Handwerkszählung 1956, Sonderheft, a.a.O., S. 38 ff.
Handwerkszählung 1963, Heft 5, a.a.O., S. 18
Handwerkszählung 1968, Heft 1, a.a.O., S. 32 ff.

Von den 125 Zweigen des Handwerks sind somit ein knappes Drittel (40 Zweige) als Dienstleistungshandwerke anzusehen. Davon wiesen 75 v.H. der Zweige (absolut 30 Zweige) über den gesamten Zeitraum ein Schwergewicht bei den Dienstleistungen auf, während sich das restliche Viertel (absolut 10 Zweige) erst im Laufe der Zeit durch Änderung ihres Leistungsprogramms zu Dienstleistungshandwerken entwickelt haben.

Eine Aufschlüsselung der Dienstleistungshandwerke nach den sieben Gewerbegruppen zeigt, daß sich 75 v.H. aller Dienstleistungszweige aus den drei Gruppen

- "Metallgewerbe" (16 Zweige),
- "Gewerbe für Gesundheits- und Körperpflege sowie chemische und Reinigungsgewerbe" (7 Zweige) und
- "Bekleidungs-, Textil- und Ledergewerbe" (6 Zweige)

rekrutieren (vgl. Liste 1).
Damit zählen knapp zwei Drittel (63,6 v.H.) aller Zweige der Gruppe "Gewerbe für Gesundheits- und Körperpflege..." sowie knapp die Hälfte aller Zweige des handwerklichen Metallgewerbes zum Dienstleistungsbereich.

b) Einteilung der Dienstleistungshandwerke in einkommens- und produktionsabhängige Zweige

Die Heterogenität des Dienstleistungsbereichs macht eine weitere Untergliederung notwendig. Ein Blick auf die Liste 1 der Dienstleistungshandwerke zeigt, daß bis auf die Friseure alle Zweige sachbezogene Dienstleistungen anbieten. Analog der bereits durchgeführten Begriffsbestimmung muß deshalb die überwiegende Zahl der Dienstleistungshandwerke (39 Zweige) zu den produktionsabhängigen Zweigen gezählt werden.

Kennzeichnend für diese Zweige ist, daß sie nicht eine, sondern mehrere Dienstleistungsfunktionen zugleich ausführen, wobei allerdings zumeist eine Aufgabe dominiert. Geht man jeweils von der gewichtigsten Funktionsausübung aus, so sind von den 39 Zweigen 31 zu den unmittelbar produktionsabhängigen Dienstleistungshandwerken zu rechnen, da ihr Schwerpunkt bei der Handelsfunktion liegt. Die restlichen 8 Zweige[1] sind als m i t t e l b a r produktionsabhängige Dienstleistungshandwerke anzusehen, denn das Hauptgewicht ihrer Tätigkeit befindet sich bei den Funktionen Reinigung bzw. Installation.

Von den insgesamt 40 Dienstleistungshandwerken ist als einziger Zweig das Friseurgewerbe den einkommensabhängigen Dienstleistungsbranchen zuzuordnen. Sein Berufsbild ist durch eine personenbezogene und damit auf den direkten Bedarf der Menschen ausgerichtete Beschäftigung geprägt. Für die Friseurnachfrage ist chrakteristisch, daß sie nicht in Verbindung mit einem Sachgut auftritt.

Zusammenfassend bleibt als Ergebnis für den weiteren Gang der Untersuchung festzuhalten:

1. Der Kreis der Dienstleistungshandwerke muß wesentlich größer gefaßt werden, als es die amtliche Statistik tut[2]. Unter Berücksichtigung der Funktionsverlagerungen im Handwerk ist von 40 statt sechs Dienstleistungshandwerken nach traditioneller Abgrenzung auszugehen.

2. Nach Funktionen im Wirtschaftsprozeß untergliedert, kann der tertiäre Handwerksbereich in zwei Gruppen aufgeteilt werden:
- In produktionsabhängige Dienstleistungshandwerke (mit 39 Zweigen die überwiegende Zahl) und
- in einkommensabhängige Dienstleistungshandwerke (nur ein Zweig).

---

1) Sie setzen sich aus den vier Reinigungshandwerken (Schornsteinfeger, Färber/Chemischreiniger, Wäscher/Plätter, Gebäudereiniger) und den vier Installationshandwerken (Klempner, Gas- und Wasserinstallateure, Zentralheizungs- und Lüftungsbauer, Elektroinstallateure) zusammen.

2) Zu dieser Auffassung kommen ebenfalls zwei Mitarbeiter des Statistischen Landesamtes Baden-Württemberg, ohne jedoch eine systematische Abgrenzung durchzuführen. Vgl. Hirsch, R. und Meyer-Haitz, D.: Die Dienstleistungsbereiche in Baden-Württemberg, hrsg. vom Statistischen Landesamt Baden-Württemberg, 18. Jg., Heft 1, Stuttgart 1973, S. 33

IV. Abgrenzung der untersuchungsrelevanten Dienstleistungsmärkte

Eine isolierte Betrachtung des Dienstleistungshandwerks läuft Gefahr, die ökonomischen Abhängigkeiten und Interdependenzen, die in einer arbeitsteilig wirtschaftenden Gesellschaft entstehen, zu vernachlässigen[1], so daß Verflechtungen und Konkurrenzbeziehungen zu anderen Wirtschaftsbereichen in die Untersuchung einbezogen werden müssen.

Aus der Abgrenzung des Dienstleistungssektors ist bereits deutlich geworden, daß unter dem Begriff Dienstleistungen sehr inhomogene Leistungen zusammengefaßt sind. Entsprechend kann auch nicht von e i n e m homogenen Dienstleistungsmarkt ausgegangen werden, vielmehr bestehen nebeneinander eine Vielzahl tertiärer Teilmärkte.

Für das dienstleistende Handwerk scheiden aufgrund seines Leistungsangebots die Dienstleistungsmärkte für Verkehr und Nachrichtenübermittlung, Kredit- und Versicherungswesen, Organisationen ohne Erwerbscharakter sowie Gebietskörperschaften und Sozialversicherungen aus[2]. Dagegen sind die Einzelhandelsmärkte sowie die Märkte für Installationen und Reinigungen als relevante Teilmärkte für das Dienstleistungshandwerk anzusehen. Es werden mithin aus den Abteilungen 4 und 7 ergänzt um die Installationsbereiche aus den Abteilungen 2 und 3 der amtlichen Wirtschaftszweigsystematik diejenigen Märkte ausgewählt und analysiert, auf denen das Dienstleistungshandwerk als Anbieter auftritt.

Im Bereich des Handels hat sich zwischen dem Handwerk und dem institutionellen Einzelhandel aufgrund der Leistungsüberschneidungen ein Wettbewerbsverhältnis entwickelt, dessen Intensität um so größer ist, je weniger die Güter einer technischen Ergän-

---

1) Vgl. Abel, W.: Vorwort, in: Klein- und Mittelbetriebe in der wachsenden Wirtschaft, Göttinger Handwerkswirtschaftliche Studien, Bd. 21, hrsg.v.W.Abel, Göttingen 1972, S. V
2) Vgl. die Abtlg. 5,6 und 8,9 der amtlichen Systematik der Wirtschaftszweige, Schema 1 dieser Arbeit.

zungsleistung bedürfen[1].

Im Zuge des technisch industriellen Fortschritts sind in der zweiten Hälfte des vorigen Jahrhunderts eine Reihe neuer vorwiegend technischer Gewerbe entstanden wie z.B. die Elektroinstallateure, Radio- und Fernsehtechniker, Büromaschinen- und Kraftfahrzeugmechaniker sowie Vulkaniseure[2]. Diese Zweige sind "bewußt als Folgehandwerke" bestimmter Industrien gegründet worden[3]. Ihr Tätigkeitsschwerpunkt liegt bei den Handels-, Installations-, Reparatur- und Kundendienstleistungen, womit sie in Konkurrenzbeziehung zum Einzelhandel stehen.

Empirisch ist ermittelt worden, daß sich im Reparaturfall die Käufer technischer Güter an den Betrieb wenden, von dem sie das betreffende Gut gekauft haben[4]. Bei technischen Gütern mithin ist der Kunden- und Reparaturdienst als Ergänzung zur Handelsleistung ein wichtiger Wettbewerbsfaktor, so daß der Einzelhandel handwerkliche Dienstleistungsfunktionen in das Tätigkeitsfeld wie umgekehrt die betrefffenden Handwerkszweige Handelsaufgaben in ihr Leistungsprogramm aufgenommen haben.

Einer Eingliederung der Handelstätigkeit mit fremderstellten Gütern im Handwerk stehen heute auch von der juristisch-institutionellen Seite aus betrachtet keine Hemmnisse mehr entgegen. Nach der "Verordnung über den Nachweis der Sachkunde für den Einzelhandel" von 1960 gilt laut § 1, daß mit der Ablegung der "Meisterprüfung

1) Vgl. Herrmann, D.L.: Existenzfähigkeit und Optimalität der Handwerksbetriebe, Gutachten im Auftrage des Ministers für Wirtschaft, Mittelstand und Verkehr des Landes Nordrhein-Westfalen, erstellt im Rheinisch-Westfälischen Institut für Wirtschaftsforschung Essen, Handwerksabteilung, o.O., 1969, S. 19
2) Vgl. Abel, W.: Zur Ortsbestimmung des Handwerks vor dem Hintergrund seiner Geschichte, in: Das Handwerk in der modernen Wirtschaft und Gesellschaft, hrsg. vom Deutschen Handwerksinstitut e.V. München (DHI), Bad Wörishofen 1966, S. 79
3) Piest, H.: Die Technisierung der Landwirtschaft und ihre Auswirkungen auf einzelne Landhandwerke, Stuttgart 1953, S. 43
4) Vgl. Beckermann, Th.: Handwerkshandel und Einzelhandel mit technischen Gütern, Schriftenreihe des Rheinisch-Westfälischen Instituts für Wirtschaftsforschung Essen, N.F., Heft 21, Essen 1963, S. 12

in einem Handwerk, mit dem notwendiger- oder üblicherweise der Verkauf von Waren verbunden ist", der Nachweis über die Sachkunde als erbracht[1]. Somit steht heute auch aus rechtlicher Sicht einer Einzelhandelstätigkeit des Handwerks nichts mehr entgegen.

Anders sieht jedoch die Situation aus der Perspektive des institutionellen Einzelhandels aus. Der Einzelhändler darf nur dann handwerkliche Tätigkeiten ausführen, wenn er die entsprechende Meisterprüfung abgelegt oder sich einen handwerklichen Nebenbetrieb angegliedert hat, der von einem Handwerksmeister geführt wird[2].

Zu dieser formal-juristischen Schranke für den Einzelhandel tritt noch das Finanzierungsproblem für die Errichtung eines handwerklichen Nebenbetriebes hinzu. Dies trifft besonders für die Zweige zu, die aufgrund der technischen Erfordernisse hohe Investitionen für eine Werkstatteinrichtung benötigen[3]. Die Kapitalausstattung eines Arbeitsplatzes lag beispielsweise 1965 in einem Kraftfahrzeughandwerksbetrieb bereits zwischen 35.000 und 45.000 DM[4]

---

1) Kleinen, H.: Einzelhandelstätigkeit des Handwerks, a.a.O., S.134. Vor dieser Verordnung galt nach dem "Gesetz zum Schutz des Einzelhandels" von 1933, daß dem Handwerksbetrieb nur der Handel mit Zubehör erlaubt war. Fremderstellte Waren durften dagegen ohne den für Einzelhändler gesetzlich vorgeschriebenen Sachkundenachweis nicht verkauft werden. D.h., der Handwerker mußte auch Kaufmann sein, um mit branchennahen Fremderzeugnissen Handel treiben zu können. Die Neufassung des Gesetzes zum Einzelhandelsschutz von 1957 - "Gesetz über die Berufsausübung im Einzelhandel" - räumte keine neuen Möglichkeiten zur Erweiterung der Einzelhandelstätigkeit ein. In der Wirtschaftspraxis allerdings wurde auf die Sachkundeprüfung verzichtet, wenn der Handwerksbetrieb branchenübliche Waren verkaufte. Vgl. das Rundschreiben über die Berufsausübung im Einzelhandel, Nr. 28/59 der Handwerkskammer Frankfurt an die Handwerksorganisationen des Handwerkskammerbezirks Frankfurt vom 23.12.1959, S. 2, zitiert nach Kleinen, H.: Einzelhandelstätigkeit des Handwerks, a.a.O., S. 134. Durch die oben zitierte Verordnung von 1960 ist dieser Komplex zugunsten des Handwerkshandels grundsätzlich neu geregelt worden.

2) Vgl. Beckermann, Th.: Handwerkshandel und Einzelhandel mit technischen Gütern, a.a.O., S. 10

3) Vgl. Heiland, H.: Absatzzusammenhänge zwischen Einzelhandels- und Handwerksleistungen und ihre Wirkung auf die Unternehmung,Diss., Hamburg 1968, S. 53 f.

4) Vgl. Fritz, E. und Mitarbeiter: Der Einfluß der Technik auf die Aufgaben der handwerklichen Berufe, in: Das Handwerk in der modernen Wirtschaft und Gesellschaft, a.a.O., S. 144

und in einem Schuhmacherbetrieb 1972/73 bei 25.000 DM[1]. Deshalb werden nur mittlere und größere Einzelhandelsbetriebe in der Lage sein, sich einen handwerklichen Nebenbetrieb anzugliedern.

Neben den Konkurrenzbeziehungen zwischen Einzelhandel und Handwerk befinden sich die Dienstleistungshandwerke auch auf den Reinigungs- und Installationsmärkten in Wettbewerbsverhältnissen mit nicht-handwerklichen Betriebsformen[2].

Zusammenfassend kann gesagt werden: Die Dienstleistungshandwerke treten auf den meisten Märkten nicht als Alleinanbieter auf, deshalb sind in der vorliegenden Analyse die einschlägigen Einzelhandels-, Reinigungs- und Installationsmärkte als untersuchungsrelevante Dienstleistungsmärkte zu betrachten. Unter dem Aspekt der Marktstellung und der zukünftigen Entwicklungsperspektive der einzelnen Dienstleistungshandwerke ist der Blick auf den jeweiligen Gesamtmarkt einer Branche zu öffnen.

---

1) Vgl. Beckermann, Th.: Das Handwerk im Wachstum der Wirtschaft, Schriftenreihe des Rheinisch-Westfälischen Instituts für Wirtschaftsforschung Essen, N.F., H. 34, Berlin 1974, S. 93
2) Teilweise hat es langwieriger gerichtlicher Prozesse bedurft, um in einigen Handwerkszweigen auch nicht-handwerkliche Betriebe (ohne Befähigungsnachweis) zuzulassen, beispielsweise Expreßreinigungen. Vgl. Schlaghecken, A.: Der ökonomische Differenzierungsprozeß im heutigen Handwerk, Schriftenreihe des Rheinisch-Westfälischen Instituts für Wirtschaftsforschung Essen, N.F., Heft 29, Berlin 1969, S. 117. Durch das "Gesetz zur Änderung der Handwerksordnung vom 9.9.1965" ist neben dem Verzeichnis der Gewerbe, die als Handwerk betrieben werden können (Positivliste, Anl. A) erstmals noch ein zweites Verzeichnis aufgenommen worden, in dem die handwerksähnlichen Gewerbe aufgeführt sind (Anl. B). Vgl. Gesetz zur Ordnung des Handwerks (Handwerksordnung), a.a.O., S. 49 ff.

B. Grundlegende Bestimmungsfaktoren und Besonderheiten des Dienstleistungsgewerbes

I. Angebotsbedingungen und -besonderheiten der Dienstleistungsunternehmungen

Grundsätzlich ist davon auszugehen, daß Dienstleistungen ebenso "produziert" werden wie Sachgüter. Zu ihrer Erstellung müssen Produktionsfaktoren eingesetzt und kombiniert werden, so daß unter formalen Gesichtspunkten keine Unterschiede zwischen der materiellen und immateriellen Güterproduktion bestehen. Diese hier im Anschluß an KRELLE[1] vertretene Meinung wird zwar nicht von allen Autoren akzeptiert, ist jedoch als herrschende Auffassung in der Literatur anzusehen[2].

Alle Übereinstimmungen zwischen der Sachgüter- und Dienstleistungsproduktion auf genereller Ebene kann nicht darüber hinwegtäuschen, daß einige grundlegende Unterschiede bei der Erstellung der Dienstleistungen gegenüber den Sachgütern bestehen.

Wie bereits bei der Begriffsbestimmung herausgestellt wurde, können Dienstleistungen ohne "externen" Faktor, über den der Auftraggeber bzw. Abnehmer der Dienstleistung allein verfügt, nicht erstellt werden. Das bedeutet, daß der Arbeitsanfall (ökonomisch u n d technisch) sowie sein Zeitpunkt fremdbestimmt wird. Mit anderen Worten: Die Produktion einer Dienstleistung hängt nicht nur von der Nachfrage ab, sondern kann erst erfolgen, wenn der Auftraggeber den "externen" Faktor für die Leistungserstellung einbringt.

Ein Friseur kann beispielsweise erst dann arbeiten, wenn ein Kunde ihn aufsucht. Aus dieser unmittelbaren Abhängigkeit erhält das Problem der Leer- oder Bereitschaftszeiten mit seinen Auswirkungen auf die Kosten ein besonderes Gewicht[3]. Im Rahmen eines Betriebsvergleichs konnte z.B. für Friseure ermittelt werden, daß

---

1) Vgl. Krelle, W.: Produktionstheorie, a.a.O., S. 2

2) Vgl. Maleri, R.: Grundzüge der Dienstleistungsproduktion, a.a.O., S. 65

3) Vgl. Berekoven, L.: Der Begriff "Dienstleistung" und seine Bedeutung für eine Analyse der Dienstleistungsbetriebe, in: Jahrbuch für Absatz- und Verbrauchsforschung, 12.Jg., Nürnberg 1966, S. 325

in den untersuchten Betrieben Leerlaufzeiten zwischen 10 bis 40 v.H. auftraten[1].

Dienstleistungsbetriebe können somit autonom lediglich ihre Leistungsbereitschaft herstellen, während ein Sachgüterproduzent technisch sowohl die Leistungsbereitschaft als auch den Produktionsprozeß zunächst unabhängig von dem späteren Abnehmer disponieren und durchführen kann[2].

Diese für alle Dienstleistungen gültige Tatsache betrifft in verstärktem Maße die Anbieter von nichtlagerfähigen Dienstleistungen. Denn Wäschereien oder Reparaturbetriebe können zwar ebenso wie Friseure ihre Leistungen wegen der Fremdbestimmtheit nicht auf Vorrat produzieren, aber im Gegensatz zu der Friseurleistung können die reparierten Gegenstände und die gereinigte Wäsche technisch gelagert werden[3].

Eng mit diesem Problem verbunden ist ferner, daß der Dienstleistungsbetrieb sein Produktionsprogramm nicht exakt abgrenzen und standardisieren kann. Da er kein Fertigprodukt für den anonymen Markt produziert, kann er sich bei der Gestaltung seines Leistungsprogramms lediglich darauf beschränken, festzulegen, welche Dienstleistungsart (Installation, Reparatur, Friseurleistung etc.) er anbietet[4]. Als Konsequenz ergibt sich für viele Dienstleistungszweige, daß einer Arbeitsteilung mit ihren Kostenvorteilen enge Grenzen gesetzt sind.

Als Voraussetzung für die Einführung einer tieferen Arbeitsteilung gilt, daß der Produktionsprozeß in verschiedene ständig wiederholbare Teilleistungen zerlegbar ist. Zum anderen ist eine Arbeitsteilung erst dann sinnvoll, wenn der Absatzmarkt eine größere Zahl eines Produktes oder Leistung aufnehmen kann. Beide Bedingun-

1) Vgl. Jahresbericht 1972 des Zentralverbandes des deutschen Friseurhandwerks, Köln o.J., (1973), S. 39
2) Vgl. Maleri, R.: Grundzüge der Dienstleistungsproduktion, a.a.O., S. 77 und S. 105
3) Vgl. Berekoven ,L.: Der Dienstleistungsbetrieb, a.a.O.,S.62
4) Vgl. Maleri, R.: Grundzüge der Dienstleistungsproduktion, a.a.O., S. 71

gen erfüllen die meisten Dienstleistungen nicht.

Hierin ist gleichzeitig auch der Hauptgrund für die größere Arbeitsintensität einiger Dienstleistungszweige zu sehen. Dies gilt vor allem für einkommensabhängige Dienstleistungsbranchen. Denn die Abnehmer dieser Leistungen legen häufig auf eine individuelle Bedienung und eine persönliche Atmosphäre großen Wert. Eine Standardisierung der Leistungen ist folglich nur begrenzt möglich, zumal auch der Arbeitsanfall ständig wechselt, so daß für Rationalisierungsmaßnahmen mit Hilfe von vermehrtem Kapitaleinsatz nur wenig Raum bleibt[1].

Für den gesamten Dienstleistungsbereich ist unter produktionstechnischen Gesichtspunkten davon auszugehen, daß in der Tendenz eine nicht so enge Koppelung des Faktoreinsatzverhältnisses von Arbeit und Kapital besteht wie im warenproduzierenden Sektor, wo in vielen Fällen eine linear-limitationale Produktionsfunktion zugrunde liegt[2]. Die Ursache für diesen Unterschied in der Produktionsfunktion ist darin zu sehen, daß im Durchschnitt der Arbeitseinsatz in den Dienstleistungsbranchen höher liegt. Wenn auch eine hohe Arbeitsintensität als kein allgemeingültiges Kriterium der Dienstleistungsbetriebe gelten kann[3], da die Spanne vom vollautomatisierten Fernmeldewesen (Selbstwählverkehr) bis zum Friseurgewerbe reicht, in dem der Einsatz menschlicher Arbeit dominiert und nur wenige technische Apparate angewendet werden können, so wirkt in vielen Dienstleistungsbranchen der Faktor Arbeit bei der

---

1) Vgl. Meyer, A.: Bedeutung und Besonderheiten der Dienstleistungsbetriebe, in: Industrielle Organisation, Schweizerische Zeitschrift für Betriebswirtschaft, 37. Jg., Zürich 1968, S. 120. Diese Aussage steht nicht im Widerspruch zu der im Rahmen der Begriffsbestimmung getroffenen Feststellung, daß eine hohe Arbeitsintensität kein allgemeingültiges Merkmal zur Bestimmung der Dienstleistungen ist. Das schließt jedoch nicht aus, daß einige Dienstleistungsbranchen arbeitsintensiv sind.

2) Vgl. Schneider, E.: Einführung in die Wirtschaftstheorie, 2. Teil, 7. verb. Aufl., Tübingen 1961, S. 165 und 214 f.

3) Vgl. den Abschnitt: Zum Begriff der Dienstleistungen

Leistungserstellung in stärkerem Maße mit. Nach SCHÜLLER liegt in solchen Fällen "die Koppelung der Produktionsfaktoren qualitativ und quantitativ weniger streng fest", so daß von einer Substituierbarkeit der Faktoren im Produktionsprozeß ausgegangen werden kann[1]. Als Folge derartiger Substitutionen besteht die Tendenz zur Zunahme der Kapitalintensität und damit zu einer langfristigen Angleichung in den Produktionsmethoden zwischen warenproduzierendem und dienstleistendem Bereich[2].

Die höhere Standortgebundenheit von Dienstleistungsbetrieben ist als eine weitere Besonderheit hervorzuheben. Wenn dieses Problem auch nicht mit gleicher Intensität für alle Dienstleistungszweige gilt, so kann doch gesagt werden, daß Dienstleistungsbetriebe tendenziell stärker standortabhängig sind und entsprechend ihren Standort absatzorientiert zu wählen haben. Im Gegensatz zu den meisten Sachgüterproduzenten, für die die Entfernung zu dem Abnehmer lediglich als ein Problem der Transportkosten und -zeit existiert, ist der Dienstleistungsbetrieb auf die räumliche Nähe zum Kunden direkt angewiesen[3].

Drei Gründe sind hierfür ausschlaggebend:

1. Für viele Dienstleistungen, insbesondere einkommensabhängige gilt, daß Leistung und Nutzung nur gleichzeitig vollziehbar ist, z.B. bei der Leistung der Friseure.

2. Dienstleistungen können ohne den "externen Faktor" nicht erstellt werden, so daß entscheidend ist, welche Entfernung der potentielle Kunde zurückzulegen bereit ist. Der lokale Absatzbereich hat aus diesen Gründen große Bedeutung. Ebenso wie der Import bzw. Export von Dienstleistungen weitgehend ausscheidet[4].

3. Dienstleistungen werden in der Regel nicht täglich, sondern periodisch nachgefragt, so daß das Einzugsgebiet für den einzelnen

---

1) Schüller, A.: Dienstleistungsmärkte in der BRD, a.a.O., S. 41

2) Diese generelle Aussage schließt jedoch nicht aus, daß innerhalb der verschiedenen Dienstleistungsbranchen die Rationalisierungsmöglichkeiten durch technischen Fortschritt und damit in der Regel höheren Kapitaleinsatz erheblich differieren. Die folgende Struktur- und Entwicklungsanalyse in ausgewählten Dienstleistungszweigen wird die unterschiedlichen Produktionsbedingungen herauszuarbeiten haben. Vgl. auch Decker,F.: Struktur der (Fortsetzung der Fußnoten s.S.36)

Dienstleistungsbetrieb groß genug sein muß, will er nicht längere Leerlaufzeiten mit ihren Rückwirkungen auf die Ertragssituation in Kauf nehmen. Bevölkerungsdichte und Verkehrslage spielen deshalb für diese Betriebe eine besondere Rolle[1].

Aus dieser Standortabhängigkeit folgt, daß die Dienstleistungsbetriebe in besonderem Maße standortmobil sein müssen. Wenn beispielsweise durch Wanderungen der Bevölkerung (aus der Innenstadt zu den Randzonen der Städte) das Nachfragepotential für eine Existenzfähigkeit nicht mehr ausreicht, bleiben nur die beiden Möglichkeiten:
- Betriebsverkleinerung oder
- Betriebsschließung, um an einem anderen Standort eine Neueröffnung des Betriebes vorzunehmen[2].

Als letzter Punkt ist noch auf die Frage der Betriebsgröße und ihre Struktur im Dienstleistungsgewerbe einzugehen. Abgesehen davon, daß die Messung der Betriebsgröße angesichts der Vielfalt der betrieblichen Erscheinungsformen in einzelnen Wirtschaftsbereichen bislang auf Schwierigkeiten stößt[3], und deshalb die empirisch orientierte Wirtschaftsforschung gezwungen ist, auf die beiden Abgrenzungskriterien "Beschäftigte je Betrieb" und "Umsätze je Betrieb" zurückzugreifen, kann festgestellt werden, daß die Unterschiede zwischen warenproduzierendem und dienstleistendem Gewerbe nicht so gravierend sind.

In beiden Bereichen existieren nebeneinander sehr große, mittlere und kleine Betriebe. So gibt es beispielsweise im Einzelhandel neben den Warenhauskonzernen sog. Tante-Emma-Läden. Aber auch in anderen Dienstleistungszweigen wie Banken, Versicherungen, Ver-

(Fortsetzung der Fußnoten von S. 35)
Dienstleistungsunternehmen, a.a.O., S. 416; Maleri, R.: Grundzüge der Dienstleistungsproduktion, a.a.O., S. 58 ff.
3) Vgl. Berekoven, L.: Dienstleistungsbetrieb, a.a.O., S. 50
4) Vgl. Eick, J.: Dienstleistungen, a.a.O., S. 555

1) Vgl. Stäbler, W.: Der betriebliche Standort im Friseurhandwerk, a.a.O., S. 34
2) Vgl. ebenda, S. 45
3) Vgl. Bergmann,U.H.: Unternehmensgröße und technischer Fortschritt, Schriften zur Mittelstandsforschung, hrsg. vom Institut für Mittelstandsforschung, Band 59, Köln 1972, S. 55 ff.

kehr besteht ein ähnliches Bild[1]. Ebenso läßt die Betrachtung der Betriebsgrößenstruktur keine größeren Differenzen zwischen dem dienstleistungs- und warenproduzierenden Gewerbe erkennen[2].

Die Betriebsgröße kann deshalb nicht als ein repräsentatives Unterscheidungsmerkmal zwischen der Sachgüterproduktion und der Erstellung von Dienstleistungen auf der Angebotsseite angesehen werden[3].

Als Angebotsbedingungen und -besonderheiten des Dienstleistungsbereiches gegenüber dem warenproduzierenden Gewerbe lassen sich abschließend herausstellen:

1) Dienstleistungen können ohne "externe Faktoren" nicht produziert werden.
2) Daraus folgt:
   - Auch der technische Arbeitsanfall ist fremdbestimmt.
   - Autonom kann nur die Leistungsbereitschaft disponiert werden.
   - Das Problem der Leerzeiten erhält insbesondere unter Kostengesichtspunkten Gewicht.
3) Dienstleistungsbetriebe können nur die anzubietende Dienstleistungsart bestimmen, nicht aber das Leistungsprogramm exakt abgrenzen und standardisieren.
4) Dienstleistungsbetriebe sind standortabhängig.

---

1) Vgl. Eick, J.: Dienstleistungen, a.a.O., S. 557 f.

2) Die Verteilung der Unternehmen auf die Größenklassen klein, mittel und groß - gemessen in "Beschäftigte je Betrieb" - sah 1970 folgendermaßen aus:
Produzierendes Gewerbe
94,7 v.H. kleine; 4,8 v.H. mittlere; 0,5 v.H. große Betriebe;
Dienstleistungsgewerbe
93,0 v.H. kleine; 6,7 v.H. mittlere; 0,3 v.H. große Betriebe.
Abgrenzung der Unter- und Obergrenze der mittleren Klasse nach Beschäftigtenzahl:
Produzierendes Gewerbe 50-499, Handel 10-99, Übrige 10-199.
Vgl. Knöchel, D.: Zur Entwicklung der Unternehmensgrößenstruktur in der Wirtschaft. Institut für Mittelstandsforschung, hrsg. vom Bundesministerium für Wirtschaft, Studie - Reihe 4, o.O., o.J. (1972), S. 5

3) Damit ist nicht ausgeschlossen, daß in einzelnen Dienstleistungszweigen eine bestimmte Betriebsgröße als Besonderheit auf der Angebotsseite zu beachten ist.

II. Nachfragedeterminanten der Dienstleistungen

Die Nachfrage nach Dienstleistungen hängt in der Hauptsache vom verfügbaren Einkommen, den Preisen und der Bedarfsstruktur ab. Darüber hinaus beeinflussen noch die Höhe und Verteilungsstruktur des Einkommens, das Vermögen, soziale und demographische Faktoren (Bevölkerungs- und Haushaltsgröße, Alter, Geschlecht, Familienstand etc.), sozialpsychologische Motive (Bandwagon-, Snob- und Veblen-Effekt[1]) sowie die Werbung die Höhe und Zusammensetzung der Verbrauchsausgaben.

Wenngleich viele dieser Faktoren nicht quantifizierbar sind, haben sie dennoch mengen- und intensitätsmäßig Einwirkungen auf die Nachfrage und ihre Entwicklung.

Die Einflüsse des Einkommens und der Preise als zwei gewichtige Bestimmungsgründe lassen sich allerdings mit Hilfe der Einkommens- und Preiselastizität der Nachfrage näherungsweise berechnen[2]. Dabei drückt der Elastizitätskoeffizient den Zusammenhang zwischen der prozentualen Nachfrageveränderung und der sie bewirkenden prozentualen Preis- bzw. Einkommensänderung aus. Ist beispielsweise der Koeffizient der Einkommenselastizität größer als eins, liegt eine elastische Nachfrage vor, d.h. gegenüber der Einkommenssteigerung erhöht sich die Nachfrage für ein Gut überproportional. Umgekehrt wachsen bei einer unelastischen Nachfrage (Koeffizient kleiner als eins) die Verbrauchsausgaben für ein bestimmtes Gut nur unterproportional.

Neben diesen Hauptdeterminanten der Nachfrage, die ebenso für den Bereich der Dienstleistungs- wie der Sachgüternachfrage gelten, sollen im folgenden einige weitere Faktoren, die speziell in

---

1) Vgl. Leibenstein, H.: Bandwagon-, Snob- und Veblen-Effekt in der Theorie der Konsumentennachfrage, in: Konsum- und Nachfrage, hrsg. von E. und M. Streissler, Neue Wissenschaftliche Bibliothek,Band 13, Köln und Berlin 1966, S. 231 ff.

2) Eine exakte Berechnung ist wegen des statistischen Datenmaterials nicht möglich, da den Definitionen der Einkommens- und Preiselastizität sehr restriktive Annahmen (insbesondere die "Ceteris-paribus-Klausel") zugrundeliegen. Im empirischen Teil der vorliegenden Untersuchung werden für einige Dienstleistungen Elastizitätskoeffizienten ermittelt.

Zusammenhang mit der Dienstleistungsnachfrage von Interesse sind, diskutiert werden.

So findet sich in der Literatur die These, daß in der Frage der Sättigung ein wesentlicher Unterscheidungspunkt zwischen der Dienstleistungs- und Sachgüternachfrage besteht. Während die Sachgüternachfrage Sättigungsgrenzen aufweise, sei der Bedarf an Dienstleistungen schrankenlos. "Eine Sättigung der Nachfrage wird hier überhaupt n i e in Betracht gezogen werden können"[1]. Mit anderen Worten, der Verbrauch einzelner Dienstleistungen würde immer hochelastisch bleiben.

Diese Behauptung hält einer kritischen Prüfung nicht stand. Beispielsweise müßten im Zeitablauf die Intervalle zwischen zwei Friseurbesuchen immer kürzer werden, bis man schließlich nur noch zum Friseur geht, oder man tritt immer häufiger eine Reise an, bis man sich ständig auf Reisen befindet[2]. Die Beispiele beweisen, daß von einer Unersättlichkeit der Nachfrage nach einzelnen Dienstleistungen nicht ausgegangen werden kann. Für Dienstleistungen gibt es folglich ähnlich wie für Sachgüter eine Lebenskurve mit folgenden fünf Phasen: Markteinführung, Expansion, Ausreifung, Sättigung und Rückbildung[3]. Das Bild dieser Kurve sieht in etwa wie ein auf den Kopf gestelltes "U" aus.
Unter den Dienstleistungsarten bestehen jedoch Unterschiede:
- Die einkommensabhängigen Dienstleistungen besitzen ebenso wie die Sachgüter eine eigenständige Lebenskurve.
- Die unmittelbar produktionsabhängigen Dienstleistungen sind direkt an die Entwicklung der einschlägigen Gütergruppe gekop-

1) Menz, L.: Der tertiäre Sektor, a.a.O., S. 136. Hervorhebung vom Verfasser.
2) Vgl. Kneschaurek, F.: Konsumprognosen in der Schweiz. Probleme, Methoden, konkrete Anwendungsmöglichkeiten und erste Ergebnisse, in: Schweizerische Zeitschrift für Volkswirtschaft und Statistik, 102. Jg., Bern 1966, S. 329
3) Vgl. Brauchli, M.: Die Entwicklung der Nachfrage als begrenzender Faktor des Branchenwachstums, Winterthur 1971, S. 124

pelt[1]. Befindet sich ein Dienstleistungszweig auf dem fallenden Ast der Lebenskurve, bleibt unter dem Ziel der Existenzerhaltung nur die Verlagerung auf eine andere Produktgruppe übrig.

- Die mittelbar produktionsabhängigen Dienstleistungen dagegen stehen nur in einer indirekten Beziehung zur entsprechenden Produktgruppe, d.h. der Zusammenhang ist nicht so straff und folglich verläuft ihre Lebenskurve auch nicht exakt phasenidentisch mit der Kurve der einschlägigen Sachgüter.

Analog dieser Lebenskurven entwickelt sich auch die Einkommenselastizität der Nachfrage nach Dienstleistungen sowie nach Sachgütern. Anfangs befindet sie sich im hochelastischen Bereich und mit zunehmender Sättigung der Nachfrage wird sie immer unelastischer[2], d.h. die nachgefragte Dienstleistung oder auch das Produkt wandeln sich im Zeitablauf von einem Luxusgut zu einem "notwendigen" Gut[3].

Somit ist festzuhalten: Der Grad der Sättigung bestimmt die Intensität der Nachfrage. In der Tendenz strebt die Nachfrage nach Dienstleistungen grundsätzlich ebenso auf eine Sättigungsgrenze zu wie die Nachfrage nach Sachgütern. Das bedeutet für die Dienstleistungsanbieter, daß sie sich ebenso wie die Sachgüterhersteller auf einen ständigen Strukturwandel der Nachfrage einstellen müssen.

---

1) Beispielsweise ist der Schuhhandel an die Produktgruppe Schuhe gebunden. Liegt eine Sättigung der Nachfrage nach diesen Gütern vor, findet in etwa parallel eine Schrumpfung der Schuhindustrie - sieht man von der Exportmöglichkeit einmal ab - und des Schuhhandels statt. Im zweiten Kapitel der Untersuchung wird diese verbale Aussage anhand von empirischem Datenmaterial bewiesen.

2) Vgl. Schmucker, H.: Die langfristigen Strukturwandlungen des Verbrauchs der privaten Haushalte in ihrer Interdependenz mit den übrigen Bereiche einer wachsenden Wirtschaft, in: Strukturwandlungen einer wachsenden Wirtschaft, Schriften des Vereins für Socialpolitik, N.F. Bd. 30/I, hrsg. von F. Neumark, Berlin 1964, S. 129

3) Vgl. Graf, H.-G.: Der Einfluß des Einkommens auf die Struktur des Dienstleistungssektors, a.a.O., S. 48

Gleichzeitig ist es für die produktionsabhängigen Dienstleistungsunternehmungen von Bedeutung, daß ihre Nachfrage direkt bzw. indirekt von der jeweiligen Entwicklung der warenproduzierenden Industrie abhängt. Dagegen erhalten die einkommensabhängigen Dienstleistungsanbieter ihre Nachfrageimpulse unmittelbar vom Endverbraucher; ihre Nachfrage trägt somit eigenständigen Charakter.

Für die Dienstleistungsnachfrage ist ferner die räumliche Entfernung zwischen Anbieter und Abnehmer der Leistungen von Bedeutung. Wie bereits ausgeführt, ist die Erstellung von Dienstleistungen ohne den Einsatz eines "externen Faktors", über den allein der Nachfrager verfügt, nicht möglich. Insbesondere wenn das Leistungsobjekt, wie z.B. die zu reinigende Bekleidung oder das zu reparierende Auto zum Dienstleistungsbetrieb hingebracht und wieder abgeholt werden muß, spielt der Standort des Dienstleistungsanbieters für die Nachfrage eine wesentliche Rolle. Einige Dienstleistungsbranchen wie der Einzelhandel, die Banken, die Versicherungen, die Wäschereien und Reinigungen, die Schuhmacher etc. haben deshalb ein Filialnetz aufgebaut oder Annahmestellen eröffnet, um dadurch den regionalen Kontakt zum Kunden herzustellen.

Auch die Veränderung im Verhältnis von Arbeits- und Freizeit muß als eine Einflußgröße der Dienstleistungsnachfrage angesehen werden. Zwischen 1961 und 1974 sank die tarifliche Wochenarbeitszeit um 8,5 v.H.[1] und entsprechend hat sich die Freizeit erhöht[2].

Für die Dienstleistungsnachfrage ergeben sich aus der gestiegenen Freizeit sowohl Chancen als auch Risiken. Die Chancen sind darin zu sehen, daß in der freien Zeit zusätzliche Bedürfnisse anfallen, die zu einer Nachfrageerhöhung bei den Dienstleistungen führen können, z.B. im Bereich des Gaststättenwesens und des Tourismus.

1) Berechnet aus: Statistisches Jahrbuch für die BRD 1975, hrsg. v. Statistischen Bundesamt Wiesbaden, Stuttgart und Mainz 1975, S. 477
2) Sieht man davon ab, daß durch längere Anfahrtzeiten zur Arbeits- und Einkaufsstelle sowie durch überfüllte Straßen der Rückgang der Arbeitszeit möglicherweise kompensiert wird.

Diese zusätzliche Nachfrage kann jedoch durch einen verstärkten Übergang zur eigenwirtschaftlichen Betätigung der privaten Haushalte kompensiert werden. Die Gründe für das "Do-it-yourself" sind vielfältig und können einerseits durch rein ökonomische Überlegungen motiviert sein, wonach eine vermehrte Bedürfnisbefriedigung bei gegebenem Einkommen nur durch Eigenbetätigung zu erreichen ist, oder aber andererseits aus dem Wunsch entspringen, etwas selbständig nach eigenen Vorstellungen herzustellen. Durch die eigenwirtschaftliche Tätigkeit sind insbesondere handwerkliche Dienstleistungen wie Installation, Reparatur, Reinigung etc. betroffen.

Die "Do-it-yourself-Bewegung" hat neben einer Verminderung der Dienstleistungsnachfrage gleichzeitig zu einer Ausweitung der Nachfrage im Handelsbereich bei sog. Hobbygeschäften geführt. Vor allem Werkzeuge, Kleinmaschinen und Verarbeitungsmaterial werden verstärkt gekauft.

Insgesamt hat somit die erhöhte Freizeit Verlagerungen in der Verbrauchsstruktur veranlaßt, wobei auf den verschiedenen Dienstleistungsmärkten unterschiedliche Nachfragebewegungen auftreten. Die Wirkung der gestiegenen Freizeit auf die Dienstleistungsnachfrage kann deshalb nicht pauschal angegeben werden, sondern muß für jede Dienstleistungsbranche gesondert geprüft werden.

Als ein weiterer Bestimmungsfaktor mit nachhaltigen Auswirkungen auf die Dienstleistungsnachfrage müssen die Veränderungen der privaten Haushaltsgrößen angesehen werden. Zwischen 1950 und 1974 nahm insgesamt der Anteil der Ein- und Zwei-Personen-Haushalte von 44,7 v.H. auf 55,6 v.H. zu. Dagegen fiel der Anteil der Haushalte mit drei und mehr Personen entsprechend[1].

Für die Dienstleistungsnachfrage sind diese Verlagerungen der Anteilsquoten insofern bedeutsam, als in der Nachfragestruktur zwischen kleinen und großen Haushalten erhebliche Unterschiede bestehen. In der Tendenz kann gesagt werden, daß die kleinen Haushalte relativ mehr Dienstleistungen über den Markt beziehen, während

1) Berechnet aus: Statistisches Jahrbuch für die BRD 1975, a.a.O., S. 63

die größeren privaten Haushalte relativ mehr Dienstleistungen selbst erbringen. Zur Stützung dieser Aussage lassen sich vier Punkte anführen:

1. Die Ausstattung der Haushalte mit technischen Gebrauchsgütern für die Haushaltsführung liegt in den Haushalten mit fünf und mehr Personen erheblich über dem Ausstattungsniveau der Zwei-Personen-Haushalte[1]. Mit Hilfe dieser Haushaltsmaschinen wird der Marktbezug vieler Dienstleistungen durch Herstellung im Haushalt substituiert.
2. In einem Mehr-Personen-Haushalt ist der Aufwand (zeit- und kostenmäßig) für die Eigenherstellung der Dienstleistungen relativ niedriger[2].
3. Der Anteil der weiblichen Beschäftigten an der Gesamtbeschäftigtenzahl hat sich von 1950 bis 1970 von 27,5 v.H. auf 34,5 v.H. erhöht[3]. Mit der verstärkten Berufstätigkeit der Frau geht in der Regel ein wachsender Marktbezug von Dienstleistungen einher, um die Doppelbelastung von Haushalt und Berufstätigkeit der Frau zu vermindern[4].

---

1) Ausstattung privater Haushalte mit ausgewählten Gebrauchsgütern für die Haushaltsführung 1973 in v.H.:

Gebrauchsgüter	5-Pers.-Haushalt	2 Pers.-Haushalt
Tiefkühltruhe, -schrank	54,8	23,2
Geschirrspülmaschine	17,2	3,9
Elektrische Nähmaschine	49,1	32,9
Elektrischer Heimbügler	19,6	8,3
Elektrische Waschmaschine mit eingebauter Schleuder	77,3	59,4

Quelle: Statistisches Jahrbuch für die BRD 1975,a.a.O.,S.488

2) Neben dem Zeitaufwand (oportunity cost) und den Betriebsmitteln (z.B. Waschmittel, Strom, Wasser) müssen für eine Vergleichsrechnung auch die Anschaffungskosten der Maschinen (Abschreibung) sowie die Wartungs- und Reparaturkosten berücksichtigt werden. Insbesondere die beiden letzten Kostenpositionen haben mit steigender Personenzahl der Haushalte einen degressiven Verlauf. Vgl. Schüller, A.: Dienstleistungsmärkte in der BRD, a.a.O., S. 59 f.

3) Berechnet aus Arbeitsstättenzählung 1970, H. 9, a.a.O., S. 124 f.

4) Es werden nicht nur gewerbliche Dienstleistungen verstärkt nachgefragt, sondern auch Dienstleistungen aus dem Sozialbereich wie Erziehung, Ausbildung, Versorgung kranker und alter Menschen. Vgl. Schüller, A.: Dienstleistungsmärkte in der BRD, a.a.O., S. 64

4. Die Mobilität der Haushalte steigt mit abnehmender Haushaltsgröße und damit ergeben sich erhöhte Nachfragemöglichkeiten für Dienstleistungen des Gaststätten-, Beherbergungs-, Kultur- und Verkehrswesens etc.[1].

Für die Nachfragestruktur der Dienstleistungen läßt sich daraus ableiten:
- Die größeren Haushalte fragen in stärkerem Maße produktionsabhängige Dienstleistungen aus dem Handwerksbereich wie Installation, Wartung, Reparatur und Handelsleistungen nach.
- Die kleineren Haushalte beanspruchen dagegen neben produktionsabhängigen Dienstleistungen wie Reinigung, Reparatur und Verkehrsleistungen insbesondere einkommensabhängige Dienstleistungen aus dem Bereich der Gesundheits- und Körperpflege, der Erholung, dem Gaststätten- und Hotelgewerbe, dem Reisedienst und der Kultur.

Diese unterschiedliche Verbrauchsstruktur muß allerdings vor dem Hintergrund der Verschiebungen unter den Haushaltsgrößen sowie der Gewichtsverteilung der Haushalte gesehen werden. Wie bereits ausgeführt, besteht ein deutlicher Trend zu den Kleinhaushalten (Ein- und Zwei-Personen-Haushalt), die inzwischen mehr als die Hälfte aller Haushalte (55,6 v.H.) ausmachen.

Bei einer Fortsetzung des Strukturwandels unter den Haushaltsgrößen ist insgesamt mit einem Ansteigen der Dienstleistungsnachfrage zu rechnen. Die Verlagerung zu kleineren Haushaltsgrößen wird langfristig zu einer erhöhten Nachfrage nach nichthandwerklichen einkommensabhängigen Dienstleistungen führen. Darüber hinaus werden durch die zunehmende Berufstätigkeit der Frauen verstärkt arbeits- und zeitsparende Haushaltsmaschinen sowie die komplementären handwerklichen Dienstleistungen (Installation, Reparatur, Kundendienst) nachgefragt. Einschränkend müssen hierbei allerdings berücksichtigt werden:
- Der Rückgang der Anteile der privaten Großhaushalte bedeutet, daß nicht mehr so viele technische Gebrauchsgüter für die Haus-

1) Vgl. Schüller, A.: Dienstleistungsmärkte in der BRD, a.a.O., S. 62

haltsführung nachgefragt und demzufolge die Handelsleistungen sowie die handwerklichen Folgeleistungen wie Installation, Reperatur und Kundendienst weniger stark steigen werden.
- Die im Vergleich zu den Sachgütern stärkeren Preissteigerungen der Dienstleistungen wirken dämpfend auf die Dienstleistungsnachfrage[1].

Festzuhalten bleibt somit, daß die Dienstleistungsnachfrage weiterhin Wachstumsimpulse erhält, die jedoch vor allem durch Preissteigerungen gemildert werden.

Ähnliche Auswirkungen auf die Dienstleistungsnachfrage ergeben sich auch aus der regionalen Verteilungsstruktur der privaten Haushalte und ihren Verlagerungen. Allgemein kann die Entwicklung der industrialisierten Volkswirtschaft durch einen langfristigen Prozeß der Verstädterung gekennzeichnet werden. Die Wanderungsbewegung der Bevölkerung findet vom Land in die mittleren und grösseren Städte statt[2].

Für die jüngere Zeit läßt sich allerdings feststellen, daß sich der Agglomerationsprozeß deutlich abgeschwächt hat. Zwar hat die Zahl der privaten Haushalte in der unteren Gemeindegrößenklasse bis 20.000 Einwohner von 45,2 v.H. auf 40,4 v.H. zwischen 1961 und 1974 weiterhin abgenommen, aber der relative Zuwachs der privaten Haushalte vollzog sich nicht mehr in den großen Gemeinden über 100.000 Einwohner - hier ist ein leichter Anteilsrückgang zu bemerken -, sondern in der mittleren Gemeindegrößenklasse von 20.000 bis 100.000 Einwohner. Ihr Anteil stieg um + 37 v.H. auf insgesamt 22,6 v.H. aller Haushalte an[3].

---

1) Vgl. Decker, F.: Struktur der Dienstleistungsunternehmungen, a.a.O., S. 417; Wessels, Th.: Zur Problematik des tertiären Sektors in der modernen Volkswirtschaft, a.a.O., S. 307 f.; Tabelle 7a und b im Anhang
2) Vgl. Bahrdt, H.P.: Wege zur Soziologie, München 1966, S. 54
3) Berechnet aus: Statistisches Jahrbuch für die BRD 1961, hrsg.vom Statistischen Bundesamt Wiesbaden, Stuttgart und Mainz 1961,S.49; Statistisches Jahrbuch für die BRD 1975, a.a.O., S.63. In den Großgemeinden über 100.000 Einwohner ist der Anteil der privaten Haushalte von 38,3 v.H. auf 37,0 v.H. gefallen.

Diese Entwicklungstendenz ist für die Dienstleistungsnachfrage insofern von Bedeutung, als sich die Verbrauchsstruktur der privaten Haushalte in Stadt und Land unterscheidet. Veränderungen in der Siedlungsstruktur der privaten Haushalte haben deshalb auf die Nachfrage nach Dienstleistungen in Höhe und Zusammensetzung Einfluß.

Das Ausstattungsniveau der privaten Haushalte mit Gebrauchsgütern für die Haushaltsführung zeigt in den verschiedenen Gemeindegrößenklassen signifikante Unterschiede auf, ganz im Gegensatz zu den Gebrauchsgütern für Bildung und Unterhaltung, wo nur geringe Differenzen bestehen[1].

Die Haushalte in den kleinen Gemeinden bis 20.000 Einwohner sind im Durchschnitt besser mit langlebigen Gebrauchsgütern ausgestattet als die Haushalte der Großgemeinden mit 100.000 Einwohnern und mehr[2].

In der Tendenz kann gesagt werden: Mit zunehmender Gemeindegröße sinkt das Ausstattungsniveau mit Gebrauchsgütern für die Haushaltsführung.

Dieses Ergebnis korrespondiert mit dem Resultat, daß die kleinen Haushalte relativ weniger Haushaltsgeräte besitzen als die größeren Haushalte, denn in den Großgemeinden betrug 1974 der Anteil der Ein- und Zwei-Personen-Haushalte 66,1 v.H., dagegen in den Kleingemeinden nur 46,5 v.H.[3].

---

1) Vgl. Euler, M.: Die Ausstattung privater Haushalte mit ausgewählten langlebigen Gebrauchsgütern im Januar 1973, in: Wirtschaft und Statistik, hrsg. vom Statistischen Bundesamt Wiesbaden, Stuttgart und Mainz 1974, S. 479

2) Ausstattung privater Haushalte mit ausgewählten Gebrauchsgütern für die Haushaltsführung 1973 nach Gemeindegrößenklassen in v.H.:

Gebrauchsgüter	Gemeindegrößen in Einwohner		
	unter 20.000	20.000 bis unter 100.000	100.000 und mehr
Tiefkühltruhe, -schrank	41	24	17
Mechanische Nähmaschine	36	28	22
Elektrische Waschmaschine mit eingebauter Schleuder	63	62	51
Elektrische Wäscheschleuder	40	30	25

Quelle: Euler, M., ebenda, S. 479

3) Statistisches Jahrbuch für die BRD 1975, a.a.O., S. 63

Mit anderen Worten: In den Großgemeinden überwiegen die kleinen Haushalte mit einer geringeren Ausstattung und umgekehrt in den Kleingemeinden sind die privaten Haushalte im Durchschnitt größer und besser mit langlebigen Gebrauchsgütern für die Haushaltsführung ausgestattet.

Als Konsequenz ergibt sich daraus für die Dienstleistungsnachfrage: Mit zunehmender Gemeindegröße steigt der Marktbezug von Dienstleistungen durch die Haushalte, d.h. mit der Wanderung der Bevölkerung aus den kleinen Gemeinden in die mittleren und größeren Verdichtungsräume wandelt sich die Ausgabenstruktur der Haushalte zu einer tendenziell vermehrten Dienstleistungsnachfrage[1)].

Als letzter Bestimmungsgrund der Dienstleistungsnachfrage sollen noch die Wandlungen in der Produktionstechnik und der damit einhergehenden Zunahme des Kapitaleinsatzes herausgestellt werden.

Die steigende Mechanisierung und Automatisierung der Produktionsprozesse führt dazu, daß bei der Güterherstellung die unmittelbaren Produktionstätigkeiten gegenüber den Instandsetzungsarbeiten relativ abnehmen[2)].

Der wachsende Fixkostenanteil bei fortschreitender Anwendung kapitalintensiver Produktionstechniken erfordert, daß die Stillstandzeiten der Anlagen im Reparaturfalle gering gehalten werden. Damit gewinnt die Nachfrage nach handwerklichen Dienstleistungsfunktionen wie Wartung, Installation, Reparatur, Instandhaltung, Kundendienst für den Produktionsprozeß ebenso wie für die Betriebsbereitschaft an Gewicht. Allerdings bedeutet das "nicht zwangsläufig",

---

1) Dabei sind selbstverständlich die beiden weiter oben im Zusammenhang mit der Veränderung der Haushaltsgröße erwähnten Einschränkungen zu berücksichtigen (S.44/45)

2) Eine empirische Studie über die technischen Umstellungen im Produktionsbereich hat ergeben, daß in den meisten untersuchten Fällen die Zahl der Produktionsarbeiter abgenommen hat und die Zahl der Instandsetzungsarbeiter gestiegen ist. Vgl. Koch, G.A., Luxem, E., Meyer, F.W., Roos, L.A., Sanfleber, H. und Uphus, P.: Veränderung der Produktions- und Instandhaltungstätigkeiten in der industriellen Produktion. Forschungsprojekt des RKW e.V., Wirtschaftliche und soziale Aspekte des technischen Wandels in der Bundesrepublik Deutschland, Bd. 6, Frankfurt 1971, S. 47

daß der Anteil der Instandhaltungsarbeiter steigt, da inzwischen auch in diesem Bereich Rationalisierungsanstrengungen mit dem Ziel der Arbeitskräfteeinsparung erste Erfolge zeigen[1].

Der wachsende Kapitaleinsatz verlangt gleichzeitig eine erhöhte Konzentration der Produktionsbetriebe auf den Prozeß der Güterherstellung. Im Wege einer Vertiefung der Arbeitsteilung werden deshalb zunehmend Funktionen auf Spezialbetriebe ausgelagert, die aufgrund ihrer maschinellen Ausstattung und Qualifikation in der Regel mit höherer Produktivität und damit geringeren Kosten diese Aufgaben erfüllen können. Für eine solche Delegation eignen sich insbesondere handwerkliche Dienstleistungen der Reinigung, Installation, Reparatur, Kundendienst etc.

Die steigende Technisierung des Produktionsprozesses ist somit als Einflußgröße für eine verstärkte Dienstleistungsnachfrage zu betrachten, wobei tendenziell mit einer Erweiterung der Nachfragespielräume sowohl bei den unmittelbar als auch mittelbar produktionsabhängigen Dienstleistungen zu rechnen ist.

Zusammenfassend sind bei der nachfolgenden empirischen Analyse neben den allgemeinen Bestimmungsgrößen (Einkommen, Preise, Bedarfsstruktur) der Dienstleistungsnachfrage vor allem folgende speziellle Faktoren zu berücksichtigen:
- Grad der Sättigung der Dienstleistungsnachfrage
- Grad der Koppelung zwischen Dienstleistungen und Sachgütern
- Standort der Dienstleistungsbetriebe
- Veränderung des Verhältnisses von Arbeits- und Freizeit
- Veränderung der privaten Haushaltsgröße
- Regionale Verteilung der privaten Haushalte
- Wandlung der Produktionstechnik.

1) Vgl. ebenda, S. 96

C. Struktur und Entwicklung des Dienstleistungsgewerbes in der Volkswirtschaft

I. Wandlungen der gesamtwirtschaftlichen Produktionsstruktur

Die Entwicklung des Dienstleistungshandwerks vollzieht sich im Bereich des tertiären Sektors. Deshalb soll zunächst auf gesamtwirtschaftlicher Ebene geprüft werden, wie sich die quantitative Stellung des Dienstleistungssektors in der volkswirtschaftlichen Produktionsstruktur verändert hat. Gleichzeitig dient diese Betrachtung dazu, den Entwicklungsrahmen der kleinen und mittleren Unternehmungen auf den Dienstleistungsmärkten abzustecken.

Ganz allgemein besteht der Zweck des Wirtschaftens in der optimalen Deckung des Bedarfs an Gütern und Dienstleistungen bei Knappheit der Ressourcen. Somit gilt dem Ergebnis des Kombinationsprozesses von Arbeit, Kapital und Boden ein besonderes Interesse. Aus diesem Grund soll der gesamtwirtschaftliche Strukturwandel zwischen dem primären, sekundären und tertiären Sektor mit Hilfe der beiden Merkmale Erwerbstätigenstruktur und Beiträgen zum Bruttoinlandsprodukt dargestellt werden. Dadurch ist es möglich, gleichzeitig die unterschiedlichen Produktivitätsverhältnisse in den Sektoren und die Zusammensetzung des Bruttoinlandsprodukts mit Gütern und Dienstleistungen zu berücksichtigen.

1. Entwicklung der Erwerbstätigenstruktur

Die Zahl der Erwerbstätigen ist zwischen 1950 und 1972 insgesamt um 30 v.H. gestiegen[1]. Dieser Gesamtzuwachs war begleitet von tiefgreifenden Strukturverschiebungen in den einzelnen Wirtschaftsbereichen.

Im Landwirtschaftssektor (primär) hat sich die Beschäftigtenzahl absolut und relativ vermindert, während sie im warenproduzierenden (sekundären) und dienstleistenden (tertiären) Sektor gewachsen ist. Aus Übersicht 1 kann entnommen werden, daß der sekundäre Sektor mit einem Anteil von 48,5 v.H. Beschäftigten 1972 eine domi-

1) Siehe Quelle der Tabelle 1 im Anhang.

nierende Rolle in der Volkswirtschaft einnimmt.

Übersicht 1

Anteile der Erwerbstätigen nach Wirtschaftssektoren[1] in der BRD

(in v.H.)

Jahr	Primärer Sektor	Sekundärer Sektor	Tertiärer Sektor
1950	24,8	42,6	32,6
1955	18,6	46,7	34,7
1960[2]	13,6	47,6	38,7
1965	10,7	48,9	40,5
1970	8,5	48,8	42,7
1972	7,4	48,5	44,1

1) Die Abgrenzung der drei Sektoren entspricht der in dieser Untersuchung zugrunde gelegten Zuordnung der Wirtschaftszweige
2) Ab 1960 mit Saarland und Berlin

Quelle: Eigene Berechnung auf der Grundlage des Jahresgutachten 1973 des Sachverständigenrates zur Begutachtung der gesamtwirtschaftlichen Entwicklung, a.a.O., S. 207

Verfolgt man die Zeitreihen von 1950 bis 1972, so zeigt sich, daß der Anteil des Dienstleistungssektors kontinuierlich gewachsen ist und sich immer mehr dem warenproduzierenden Bereich angenähert hat. Dagegen sind im primären Bereich Arbeitskräfte freigesetzt worden. Ein Prozeß, der seinen Anfang bereits 1850 nahm. Über die Hälfte aller Erwerbstätigen waren zu diesem Zeitpunkt in der Landwirtschaft, Fischerei und Forstwirtschaft beschäftigt[1], während 1972 der Anteil nur noch 7,4 v.H. betrug (Übersicht 1).

Für die Beurteilung der Entwicklungstendenzen ist die Beobachtung jährlicher Veränderungsraten zweckmäßig, weil daraus der Bewegungstrend der Beschäftigtenzahlen sichtbar wird. Die auf der

1) Hoffmann, W.G. unter Mitarbeit von Grumbach, F. und Hesse, H.: Das Wachstum der deutschen Wirtschaft seit der Mitte des 19. Jahrhunderts, Berlin, Heidelberg, New York 1965, S. 35

Schaubild 1

Durchschnittliche jährliche Veränderungsraten der Erwerbstätigen der BRD von 1950 bis 1970

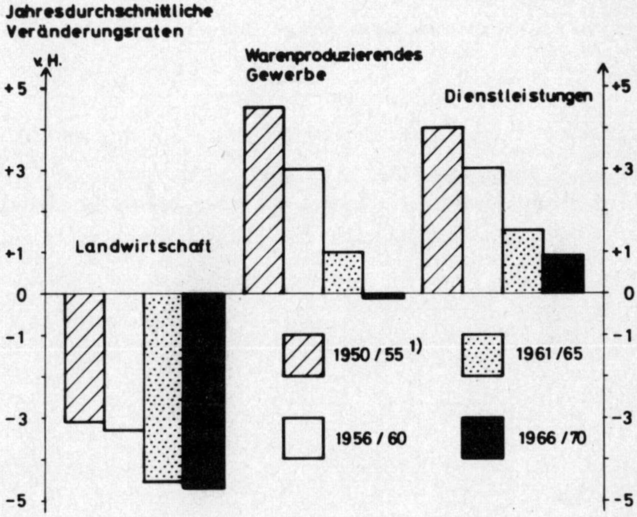

1) Ohne Berlin
Quelle: Tabelle 1 im Anhang

Basis von Fünfjahresdurchschnitten gebildeten jährlichen Veränderungen lassen im primären Sektor eine im Zeitablauf beschleunigte Freisetzung von Erwerbstätigen erkennen (vgl. Schaubild 1). Aufnahme fanden diese Arbeitskräfte sowohl im sekundären als auch im tertiären Sektor. Seit 1966 zeigt sich jedoch, daß der warenproduzierende Bereich seinen Bedarf an Arbeitskräften weitgehend gesättigt hat und selbst Erwerbstätige entläßt.

Der Dienstleistungssektor ist somit der einzige Bereich, der in der Referenzperiode von 1950 bis 1972 seinen Beschäftigtenbestand ständig erhöht hat[1]. Allerdings werden auch im tertiären Sektor zunehmend Sättigungserscheinungen spürbar, worauf drei Erscheinungen hinweisen:

1) Die durchschnittlichen Zuwachsraten zeigen im Zeitablauf eine deutlich sinkende Tendenz (Schaubild 1).
2) In einigen Teilbereichen wie z.B. Handel und Verkehr setzen Dienstleistungszweige bereits selbst Arbeitskräfte frei[2].
3) Erstmals in den vergangenen 25 Jahren hat die absolute Erwerbstätigenzahl im Dienstleistungssektor 1974 gegenüber 1973 abgenommen[3].

Insgesamt kann somit für die Entwicklung in der BRD gesagt werden, daß die von FOURASTIÉ prognostizierte Dominanz der im Dienstleistungssektor beschäftigten Erwerbstätigen bisher nicht eingetreten ist. Es zeichnet sich vielmehr die Tendenz ab, daß der tertiäre Sektor nicht länger als ein Aufnahmebecken für freigesetzte Arbeitskräfte betrachtet werden kann. Die Aufnahmekapazität des Dienstleistungssektors für Erwerbstätige aus den beiden anderen Sektoren läßt Grenzen erkennen.

2. Entwicklung der sektoralen Beiträge zum Bruttoinlandsprodukt

Im Gegensatz zur Erwerbstätigenstruktur, die durch die Beschäftigtenzahl unmittelbar ausgedrückt werden kann, stellen die Beiträge zum Bruttoinlandsprodukt eine mit Preisen gewichtete Wertgröße dar. Da die Preise für die einzelnen Güter und Dienstleistungen im Zeitablauf mit unterschiedlichen Raten schwanken, kann

1) Vgl. Tabelle 1 im Anhang
2) Statistisches Jahrbuch 1975 für die BRD, a.a.O., S. 150; vgl. auch Dähne, E.: Die Bedeutung der Dienstleistungswirtschaft für die Arbeitsmarktentwicklung in der BRD, a.a.O., S. 75
3) 1973 waren 11,928 Mill. und 1974 noch 11,893 Mill. Erwerbstätige im Dienstleistungssektor beschäftigt. Statistisches Jahrbuch für die BRD 1975, a.a.O., S. 150.
Wenn auch bei der Beurteilung dieser Abnahme die 1974 beginnende Rezession berücksichtigt werden muß, so ist festzustellen, daß in der Rezession 1966/68 die Erwerbstätigenzahl im tertiären Sektor nicht gesunken ist; vgl. Tabelle 1 im Anhang.

langfristig in jeweiligen Preisen berechnet der Beitrag eines Wirtschaftsbereichs zum Bruttoinlandsprodukt steigen, ohne daß real (mengenmäßig) ein Zuwachs an Gütern oder Dienstleistungen stattgefunden hat. Um diese Fehlerquelle auszuschalten, wird mit Hilfe von Preisindices, die auf einen konstanten Warenkorb eines Basisjahres bezogen sind, eine Deflationierung der nominalen Werte durchgeführt.

Diese Methode weist noch verschiedene Mängel auf, insbesondere werden
- die Veränderungen in der Produktqualität,
- die Veränderungen der Lieferbedingungen und
- die Verschiebungen in der Zusammensetzung des Warenkorbes mit Gütern und Dienstleistungen

nicht berücksichtigt[1]. Dennoch ist ihre Anwendung für einen längeren Zeitvergleich sinnvoll, weil dadurch die Leistungssteigerung der Wirtschaftsbereiche besser als in nominalen Werten ausgedrückt werden kann.

Ein weiteres Problem, das speziell bei der Quantifizierung der Dienstleistungen erschwerend hervortritt, ist in der Frage der Bewertung und Messung der Dienstleistungen zu sehen. Während Sachgüter gezählt, gemessen, gewogen etc. werden können, lassen sich die Dienstleistungen beispielsweise eines Lehrers, Rechtsanwaltes, Museumswärters etc. nur bedingt erfassen und in addierfähige Wertgrössen umsetzen[2]. Die Statistik hilft sich dadurch, daß sie als Näherungsgröße das Faktoreinkommen als Beitrag zum Sozialprodukt einsetzt.

Wenn auch in der vorliegenden Studie quantitative Werte Verwendung finden, sollen damit die Messungsprobleme nicht unterbewertet werden, aber für die Erarbeitung von Entwicklungstrends und deren Bestimmungsgründe im Dienstleistungsgewerbe ist eine quanti-

1) Vgl. Krengel, R.: Wirtschaftswachstum und Preisentwicklung - Anforderungen der Wirtschaftswissenschaften an die Preisstatistik, in: Allgemeines Statistisches Archiv, 55. Bd., Göttingen 1971, S. 2
2) Vgl. Maleri, R.: Grundzüge der Dienstleistungsproduktion, a.a.O., S. 43 f.

tative Analyse unerläßlich.

In Schaubild 2 ist zu sehen, daß sich der reale Anteil des primären Sektors am Bruttoinlandsprodukt vermindert hat, während der sekundäre Sektor seine Stellung zum absolut vorherrschenden Wirtschaftsbereich ausbauen konnte. Dagegen tendieren

Schaubild 2

Anteile der drei Wirtschaftssektoren am Bruttoinlandsprodukt 1950, 1960 und 1972 in Preisen von 1962

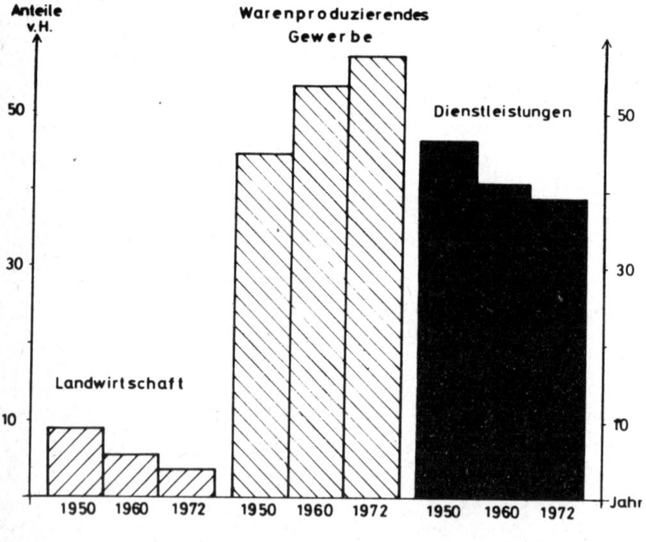

Quelle: Tabelle 2 im Anhang

im Dienstleistungssektor die nominalen und realen Werte gegenläufig. Nominal hat sich das Strukturgewicht des tertiären Sektors erhöht und real ist es gesunken[1]. Mit anderen Worten, die nomi-

1) Von 1950 bis 1972 ist der nominale Beitrag des Dienstleistungssektors von 40,2 v.H. auf 44,5 v.H. gestiegen und real von 46,6 v.H. auf 38,9 v.H. gesunken. Vgl. Tabelle 2 im Anhang und Schaubild 2

nalen Ausgaben für Dienstleistungen sind in der Referenzperiode zwar gewachsen, aber mengenmäßig ging ihr Anteil am Bruttoinlandsprodukt zurück, d.h. die Nachfrage nach Dienstleistungen ist real nur unterproportional gestiegen[1].

Ein Vergleich der Arbeitsproduktivität in den drei Sektoren läßt in Übersicht 2 erkennen, daß das absolute Niveau im sekundären Sektor am höchsten liegt, daß aber die durchschnittlichen jährlichen Veränderungsraten in den beiden Zeitintervallen von 1950 bis 1960 und von 1960 bis 1972 im landwirtschaftlichen Sektor bei steigender Tendenz am höchsten[2] und im Dienstleistungssektor am niedrigsten war. Im warenproduzierenden Bereich dagegen nahm die durchschnittliche jährliche Wachstumsrate der Produktivität ab. Wenn sie auch in der zweiten Zeitperiode noch fast doppelt so hoch wie im tertiären Sektor war, so zeichnet sich doch eine Annäherung in den durchschnittlichen Steigerungsraten der Produktivität zwischen dem sekundären und tertiären Sektor ab.

Faßt man die nach den beiden Merkmalen Erwerbstätige und Anteil am Bruttoinlandsprodukt getrennt durchgeführte Betrachtung zusammen, so ergaben sich für den Dienstleistungsbereich zwei divergierende Ergebnisse: Die Erwerbstätigenzahl erhöhte sich, aber der reale Anteil am Bruttoinlandsprodukt sank von 1950 bis 1972. Die Ursache für diese Diskrepanz scheint in dem vergleichsweise geringen

---

1) Das reale Bruttoinlandsprodukt wuchs von 1950 bis 1972 um + 291 v.H., der Beitrag des Dienstleistungssektors dagegen nahm nur knapp um + 228 v.H. zu, während der Beitrag des warenproduzierenden Gewerbes um + 403 v.H. stieg. Vgl. Tabelle 2 im Anhang.

2) Die Grundannahme Fourastiés, daß der Produktivitätsfortschritt im sekundären Sektor am stärksten sei, hat somit für die BRD keine Gültigkeit. Vgl. Fourastié, J.: Die große Hoffnung des 20. Jahrhunderts, a.a.O., S. 30. Zum gleichen Ergebnis wie der Verfasser gelangen auch Uhlmann, L. und Hubner, G.: Technischer und struktureller Wandel in der wachsenden Wirtschaft. Forschungsbericht des Rationalisierungs-Kuratoriums der deutschen Wirtschaft (RKW) e.V., Wirtschaftliche und soziale Aspekte des technischen Wandels in der BRD, Bd. 2, Frankfurt 1971, S. 66

Übersicht 2

Arbeitsproduktivität[1] und durchschnittliche jährliche Wachstumsraten der Arbeitsproduktivität in den drei Wirtschaftssektoren

Sektoren	1950	1960[2]	1972	1950/60	1960/72
	in DM			in v.H.	
Primärer	2 609,5	5 015,2	10 732,2	+ 9,2	+ 9,5
Sekundärer	7 347,5	14 066,9	25 036,2	+ 9,1	+ 6,5
Tertiärer	9 998,9	13 292,1	18 685,0	+ 3,3	+ 3,4
insgesamt	7 040,7	12 517,7	21 177,1	+ 7,8	+ 5,8

1) Bruttoinlandsprodukt in Preisen von 1962 je Erwerbstätigen
2) Ab 1960 mit Saarland und Berlin

Quellen: Eigene Berechnungen auf der Grundlage der Tabellen 1 und 2 im Anhang

Produktivitätsfortschritt zu liegen[1]. Allerdings bahnt sich in diesem Punkt eine Änderung an. Vor einigen Jahren noch ging man davon aus, daß im Dienstleistungsbereich nur geringe Chancen für die Einführung des technischen Fortschritts bestehen, aber durch die elektronische Datenverarbeitung (EDV) und elektronisch gesteuerte Produktionsaggregate etc. haben sich erhebliche Rationalisierungsmöglichkeiten auch im Dienstleistungssektor eröffnet, so daß in Zukunft mit weiteren Produktivitätssteigerungen zu rechnen ist, zumal bei den einzelnen Dienstleistungsbetrieben aus Wettbewerbsgründen ein Interesse unterstellt werden kann, den relativ hohen Lohnkostenanteil bei der Dienstleistungserstellung zu senken[2].

---

1) Vgl. Übersicht 2. Die gleiche Auffassung vertritt auch Bombach, G.: Quantitative und monetäre Aspekte des Wirtschaftswachstums, in: Finanz- und währungspolitische Bedingungen stetigen Wirtschaftswachstums, hrsg.von W.G. Hoffmann, Schriften des Vereins für Socialpolitik, N.F., Bd. 15, Berlin 1959, S. 199
2) Im tertiären Sektor erwirtschafteten 1972 rund 44 v.H. der gesamten Erwerbstätigen knapp 39 v.H. des realen Bruttoinlandsprodukts, dagegen erarbeiteten im warenproduzierenden Bereich 48,5 v.H. der Erwerbstätigen 57 v.H. des Bruttoinlandsprodukts. Vgl. Übersicht 1 und Schaubild 2. Das Ifo-Institut geht nach der (Fortsetzung der Fußnote s.S. 57)

Insgesamt bleibt für die weiteren Untersuchungen festzuhalten:

1) Der warenproduzierende Sektor konnte seine reale Position in der Referenzperiode zu Lasten des primären und tertiären Bereichs weiter ausbauen. Das bedeutet, der Bedarf an Gütern des sekundären Sektors ist bislang in der BRD noch nicht gesättigt.
2) Im Dienstleistungssektor ist zwar der Erwerbstätigenanteil gestiegen, aber die abnehmenden Zuwachsraten weisen auf eine Tendenz zur Stagnation hin.
3) Der reale Beitrag des Dienstleistungssektors zum Bruttoinlandsprodukt ist nur unterproportional gewachsen.
4) FOURASTIÉ'S globale These vom überdurchschnittlichen Wachstum des Dienstleistungssektors läßt sich somit für die BRD quantitativ bislang nicht stützen[1].

Damit ist der gesamtwirtschaftliche Entwicklungsrahmen für den ausgewählten Teilbereich des Dienstleistungsgewerbes abgesteckt. Die Aufgabe der nun folgenden Untersuchungen besteht darin, die Wachstumsmöglichkeiten der Dienstleistungshandwerke herauszuarbeiten und nach den Bestimmungsgründen für die Wachstumschancen und -grenzen zu fragen.

(Fortsetzung der Fußnote 2) von S. 56)
Untersuchung von Uhlmann, L. und Huber, G. ebenfalls davon aus, daß im Dienstleistungssektor im Gegensatz zu den beiden anderen Sektoren die zukünftige Produktivität schneller steigen wird als in der Vergangenheit. Vgl. Uhlmann, L. und Huber, G.: Technischer und struktureller Wandel in der wachsenden Wirtschaft, a.a.O., S. 63 f.

1) Dieses Ergebnis bleibt auch gültig, wenn die Exportüberschüsse der westdeutschen Wirtschaft berücksichtigt werden. Vgl. Hoffmann, W.G. unter Mitarbeit von Grumbach, F. und Hesse, H.: Das Wachstum der deutschen Wirtschaft seit der Mitte des 19. Jahrhunderts, Berlin, Heidelberg, New York 1965, S. 32; Uhlmann, L. und Huber, D.: Technischer und struktureller Wandel in der wachsenden Wirtschaft, a.a.O., S. 66 f.

II. Strukturwandlungen, Stellung und Entwicklung des Gesamtbereichs der handwerklichen Dienstleistungsgewerbe

1) Gesamtwirtschaftliche Funktionsstruktur des Handwerks

a) Funktionswandlungen: Vom warenproduzierenden zum dienstleistenden Handwerk

Bis zum Anfang des vorigen Jahrhunderts befriedigte das Handwerk fast ausschließlich den volkswirtschaftlichen Bedarf an Gebrauchs- und Verbrauchsgütern sowie an Produktionsmitteln. Der Schwerpunkt der Tätigkeit lag somit auf der Neuherstellung von Sachgütern.

Das beschleunigte Tempo des technischen Fortschritts sowie die beginnende Industrialisierung vor mehr als 100 Jahren haben in der Folge eine nachhaltige Wirkung auf die tradierten Produktionsstrukturen, -methoden sowie -organisationen ausgeübt. In vielen Bereichen verdrängte die maschinelle Massenproduktion die handwerkliche Fertigung. Das Handwerk stand unter dem Zwang der Anpassung, wollte es seine Existenzbasis nicht verlieren.

Von diesem Entwicklungsprozeß waren die einzelnen Zweige in unterschiedlicher Weise betroffen. Zur Kennzeichnung der Strukturwandlungen im Handwerk bietet sich in Anlehnung an PIEST eine Aufgliederung der Zweige in drei Gruppen an: Primär-, Sekundär- und Monopolhandwerke. Als Einteilungskriterium werden die unterschiedlichen Auswirkungen der Technisierung auf die Handwerke zugrunde gelegt[1].

1) Die Primärhandwerke deckten bis zur Industrialisierung zu Beginn des 19. Jahrhunderts fast ausschließlich den Sachgüterbedarf der Volkswirtschaft. Im Zuge der technischen Entwicklung erwuchsen aus diesen Primärhandwerken Folgeindustrien, zwischen denen ein

---

1) Vgl. Piest, H.: Die Technisierung der Landwirtschaft, Stuttgart 1953, S. 43 f.; Oehler, W.: Die Wandlungen des funktionellen Leistungsbildes des Handwerks unter besonderer Berücksichtigung des Technisierungsprozesses, Arbeitsbericht, als Manuskript gedruckt, Hannover 1954, S. 2 f.

unmittelbares Konkurrenzverhältnis entstand, das in einigen Handwerkszweigen eine "Welle der Kontraktion"[1] auslöste.
Zu den Primärhandwerken sind beispielsweise das Bau-, Schmiede-, Uhrmacher-, Tischler-, Bäcker- und Schuhmacherhandwerk, die Wäscher/Plätter und die Fotografen zu zählen.

2) Die Sekundärhandwerke verdanken ihre Existenz dem technischen Fortschritt. "Sie sind bewußt als Folgehandwerke entweder in Ergänzung zu bestimmten Industrien oder als Ausdruck des technischen Zeitalters entstanden"[2]. Ihre Funktionen bestehen nicht in der Neuherstellung von Sachgütern, sondern in dem Handel, der Installation und Reparatur von Industrieerzeugnissen, sowie in der Übernahme von Kundendienstleistungen. Mit diesen Aufgabenschwerpunkten führen die Sekundärhandwerke fast ausschließlich Dienstleistungsfunktionen aus, so daß sie abweichend von der amtlichen Statistik als Dienstleistungshandwerke zu betrachten sind. Zur Industrie befinden sie sich in einem Komplementaritätsverhältnis, während sie zum Facheinzelhandel in Konkurrenzbeziehung stehen.
Die Mehrzahl der Sekundärhandwerke gehören zum Metallbereich, wie beispielsweise das Kraftfahrzeug-, Landmaschinenmechaniker-, Elektroinstallations- sowie Radio- und Fernsehtechnikerhandwerk. Neben diesen neu entstandenen Handwerkszweigen haben sich andere, bereits vorhandene Zweige, den neuen technischen und ökonomischen Bedingungen angepaßt und vom Primär- zum Sekundärhandwerk entwickelt, wie z.B. das Uhr- und Schuhmacherhandwerk.

3) Als letzte Gruppe sind noch die Monopolhandwerke anzuführen. Für sie ist kennzeichnend, daß die Produktionsweise und die Leistungsanforderungen nur wenig Raum für technische Rationalisierungen bieten. Die handwerkliche Fertigung herrscht vor, weil die Einsatzmöglichkeiten von Maschinen begrenzt sind. Der Terminus "Monopol" ist in diesem Zusammenhang nicht unter ökonomischen, sondern technischen Gesichtspunkten verwendet. Zwar stehen die Betriebe innerhalb eines Monopolhandwerks in Wettbewerbsbeziehung, nicht aber mit anderen Anbietergruppen. Führen die Betriebe der Monopolhand-

---

1) Abel, W.: Zur Ortsbestimmung des Handwerks vor dem Hintergrund seiner Geschichte, a.a.O., S. 78
2) Piest, H.: Die Technisierung der Landwirtschaft, a.a.O., S. 43

werke Handelstätigkeiten aus, dann muß diese Aussage eingeschränkt werden.
Als typische Monopolzweige sind die beiden Dienstleistungshandwerke Friseure und Schornsteinfeger anzusehen.

Aus den langfristigen Wandlungen der funktionalen Rolle des Handwerks im gesamtwirtschaftlichen Produktionsprozeß lassen sich für das Verhältnis von warenproduzierenden und dienstleistenden Handwerken folgende Tendenzen ableiten:

1. Die ursprüngliche fast ausschließliche Konzentration der handwerklichen Tätigkeiten auf die Neuherstellung und Reparatur von Sachgütern hat sich durch den Industrialisierungsprozeß verlagert. Die Industrie hat das Handwerk (Primärhandwerk) im warenproduzierenden Bereich verdrängt bzw. den Existenzspielraum eingeschränkt.

2. Als Begleiterscheinungen der Technisierung sind neue Handwerkszweige (Sekundärhandwerke) als Folgehandwerke der industriellen Massenproduktion entstanden. Ihr Tätigkeitsschwerpunkt liegt bei den Dienstleistungsfunktionen Installation, Reparatur, Reinigung und Handel.

3. Einige bislang warenproduzierende Handwerkszweige haben sich den veränderten Produktionsbedindungen angepaßt, indem sie die Neuherstellung weitgehend aufgegeben und dafür die Dienstleistungsfunktionen der Verteilung und Reparatur fremderstellter Waren übernommen haben.

4. Kein Wandel trat bei einigen traditionellen Dienstleistungshandwerken ein, da die Art des Leistungsprozesses nur eine begrenzte Einführung technischer Neuerungen zuläßt (Monopolhandwerke).

Im Gesamtbereich des Handwerks haben somit langfristig die dienstleistenden gegenüber den warenproduzierenden Handwerken an Bedeutung gewonnen, so daß heute rund ein Drittel der Handwerkszweige als Dienstleistungsgewerbe anzusehen sind[1].

---

1) Vgl. Liste 1, S. 24 f. dieser Untersuchung

b) Funktionsstruktur und -entwicklung im Handwerk

Aus der Aufgabenbestimmung des Handwerks im Wirtschaftsprozeß fällt das breite Bündel an Dienstleistungsfunktionen i.w.S. auf, so daß ein Überblick über den quantitativen Stellenwert der einzelnen Dienstleistungen im Handwerk notwendig erscheint[1].

In Schaubild 3 sind die Umsatzanteile aus der Sachgüterproduktion im Handwerk den Anteilsquoten aus handwerklichen Dienstleistungen und Handelsleistungen gegenübergestellt. Es zeigt sich, daß das Verhältnis von Waren- und Dienstleistungsproduktion im Handwerk mit 60 : 40 relativ konstant zwischen 1949 und 1967 geblieben ist[2].

Verfolgt man die Anteilsentwicklung der Handelsleistung weiter bis 1972, so wird deutlich, daß der Handels- gegenüber dem Handwerksumsatz eine steigende Tendenz aufweist[3].

Mit der Ausdehnung des Handels dringt das Handwerk zunehmend in den Funktionsbereich des institutionellen Einzelhandels ein. Nach Ermittlungen des Ifo-Instituts betrug der Anteil des Handwerkshandels am gesamten Einzelhandelsumsatz 1935 erst rund 4 v.H. und

---

1) Im Gegensatz zu den Statistiken der anderen Wirtschaftsbereiche ist in den amtlichen Handwerkszählungen eine funktionale Aufgliederung der Umsatzarten durchgeführt worden. Die Funktionen Neuherstellung sowie Installation und Montage werden dabei zusammen ausgewiesen, so daß der Verfasser näherungsweise die Installations- und Montageanteile gesondert berechnet hat, um die handwerklichen Dienstleistungen möglichst vollständig zu erfassen.

2) Hierbei muß allerdings berücksichtigt werden, daß die wirtschaftlichen Bedingungen 1949 noch stark von den Auswirkungen des 2. Weltkrieges geprägt waren, was sich z.B. an dem relativ hohen Reparaturanteil ablesen läßt. Ferner ist zu beachten, daß sich 1967 die Wirtschaft in der BRD in der ersten größeren Rezession befand. Der vergleichsweise niedrige Handelsanteil ist darauf ursächlich zurückzuführen. Werden diese Anmerkungen berücksichtigt, so hat sich vermutlich langfristig der Anteil der Dienstleistungen i.w.S. erhöht.

3) 1972 betrug der Anteil des Handelsumsatzes 25,4 v.H. und entsprechend ging der Handwerksumsatz (Gesamtumsatz - Handelsumsatz) zurück. Berechnet aus dem Statistischen Jahrbuch für die BRD 1974, hrsg. vom Statistischen Bundesamt Wiesbaden, Stuttgart und Mainz 1974, S. 256. Für die handwerklichen Dienstleistungen können über 1967 hinaus keine Werte ermittelt werden, da das statistische Material nicht nach Funktionen tiefer untergliedert ist.

ist bis 1957 auf 17 v.H. gestiegen[1]. Eigene Berechnungen des Verfassers haben für 1972 eine weitere Anteilserhöhung des Handwerkshandels am gesamten Einzelhandelsumsatz auf 20,2 v.H. ergeben[2].

Schaubild 3

Funktionale Aufteilung des Gesamtumsatzes nach Umsatzarten im Handwerk von 1949 bis 1967

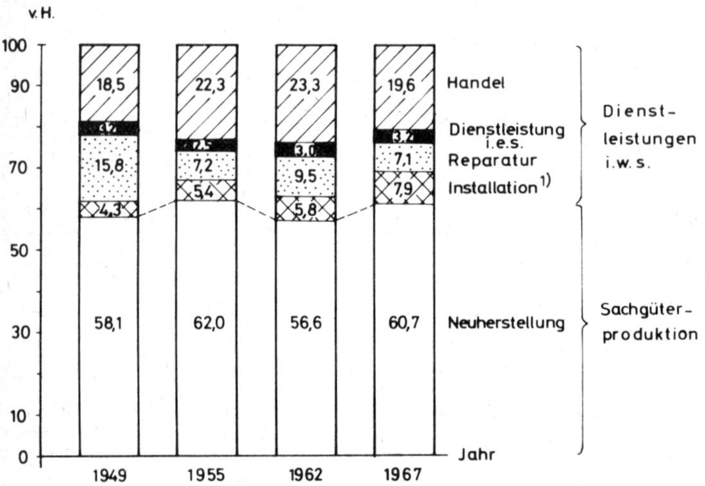

1) Siehe Anmerkung 1 der Tabelle 3 im Anhang
Quelle: Tabelle 3 im Anhang

1) Vgl. Batzer, E. und Laumer, H.: Das Handwerk als Konkurrent des Einzelhandels. Schriftenreihe des Ifo-Instituts für Wirtschaftsforschung, Nr. 34, Berlin und München 1958, S. 10. Die Autoren weisen darauf hin, daß eine gewisse Doppelzählung vorliegt, da die Umsatzsteuererhebung beim Einzelhandel auch Ladenumsätze der Handwerksbetriebe mit erfaßt, sofern die Handwerksbetriebe überwiegend Handel treiben. "An der Vergleichbarkeit der Entwicklung der Handelsumsätze des Handwerks und der institutionellen Einzelhandelsumsätze ändert dieser Tatbestand jedoch wenig. Lediglich der Gesamtbetrag..., wird dadurch etwas überhöht". Ebenda, Fußnote 1, S. 10
2) Nach gleicher Methode wie das Ifo-Institut hat der Verfasser für 1972 den Handelsumsatz des Handwerks (52,5 Mill. DM) und (Fortsetzung der Fußnote 2) s.S. 63)

Innerhalb des Funktionsbereiches der reinen handwerklichen Dienstleistungen i.w.S. (Reparatur, Installation, Dienstleistungen i.e.S.), deren Umsatzquote zusammengenommen weniger als 20 v.H. ausmacht und damit kleiner als der Umsatzanteil aus Handelsleistung ist, zeichnet sich als Tendenz eine Abnahme der Reparaturleistungen und eine Zunahme der Installations- und Montageleistungen ab, während die Dienstleistungen i.e.S. (Friseur-, Reinigungs- und Laborleistungen) ungefähr konstant geblieben sind (Schaubild 3). Es ist zu vermuten, daß sich dieser Trend auch über 1967 hinaus fortgesetzt hat. Denn einerseits ist mit steigender Handelstätigkeit zumeist eine Erhöhung der Nachfrage nach Installations- und Montageleistungen verbunden[1] und andererseits sind die Rationalisierungsmöglichkeiten im Reparatursektor relativ begrenzt, so daß Preissteigerungen aufgrund von Kostenerhöhungen nur bedingt aufgefangen werden können. Bei größeren Reparaturen stellt sich deshalb häufig die Alternative, entweder den Einbau eines Ersatzteils gegenüber der Reparatur den Vorzug zu geben oder ein neues Sachgut zu erwerben. Aus beiden Möglichkeiten erfolgt tendenziell eine Erhöhung des Anteils der Handelsleistungen und eine Verringerung des Reparaturanteils am Gesamtumsatz.

Zusammenfassend kann über die Gewichtsverteilung der Funktion im Handwerk gesagt werden:
- Die Herstellung von Sachgütern umfaßt mehr als die Hälfte des Gesamtumsatzes des Handwerks.
- Von den Dienstleistungsfunktionen dominiert die Handelsleistung mit rund 25 v.H. des Gesamtumsatzes.
- Die reinen handwerklichen Dienstleistungen i.w.S. haben einen Umsatzanteil von knapp 20 v.H.
- Unter den Dienstleistungsfunktionen findet eine Verlagerung von Reparatur- zur Installations- und Handelsleistung statt.

(Fortsetzung Fußnote 2) von Seite 62)
des institutionellen Einzelhandels (207,7 Mrd.DM) zusammengefaßt und den prozentualen Anteil des Handwerkshandels berechnet. Die Zahlenwerte aus: Statistisches Jahrbuch für die BRD 1974, a.a.O., S. 256 und S.419

1) Vgl. Kleinen, H.: Die Einzelhandelstätigkeit des Handels, a.a.O., S. 91

- Die handwerklichen Dienstleistungen i.e.S. haben mit rund 3 v.H. nur einen geringen Umsatzanteil und sind insgesamt konstant geblieben.

2. Gesamtwirtschaftliche Stellung der Dienstleistungshandwerke

a) Anteil und Entwicklung der Dienstleistungshandwerke im gesamten tertiären Sektor

Die Bedeutung der Dienstleistungshandwerke im Rahmen des tertiären Sektors läßt sich anhand der Kennziffern Betriebe, Beschäftigte und Umsätze herausstellen. Für die nach dem Schwerpunktprinzip abgegrenzten Dienstleistungshandwerke können Gewicht und Entwicklung zwischen 1949 und 1968 mit Hilfe der in diesen beiden Jahren durchgeführten Handwerkszählungen ermittelt werden[1].

Schaubild 4 zeigt, daß der Anteil der Betriebe der Dienstleistungshandwerke am gesamten tertiären Sektor zwischen 1949 und 1968 von 19,1 v.H. auf 17,7 v.H. gefallen ist[2]. Bei einer insgesamt

1) Für den Gesamtbereich der Dienstleistungshandwerke kann die Betrachtung nur bis 1968 durchgeführt werden, da jüngere Daten lediglich für einige Handwerkszweige im Rahmen der vierteljährlichen Handwerksberichterstattung publiziert werden. Bei der nachfolgenden Strukturanalyse ausgewählte Dienstleistungshandwerke wird die Referenzperiode bis 1972 ausgedehnt werden können.

2) Zur Berechnung ist anzumerken: Die Zusammenfassung der Werte des tertiären Sektors aus der Umsatzsteuerstatistik und des Dienstleistungshandwerks aus der Handwerkszählung in Tabelle 4 im Anhang ist notwendig, da der amtlichen Statistik die traditionelle Abgrenzung der Dienstleistungshandwerke zugrunde liegt. Gewisse Doppelzählungen lassen sich allerdings nicht vermeiden, deren Beseitigung aus statistischen Gründen nicht möglich ist. Das Ifo-Institut hat früher nach gleicher Methode Berechnungen durchgeführt und kommt zu dem Schluß, daß die Doppelzählung an der Vergleichbarkeit der Entwicklung wenig ändert, lediglich die Gesamtsumme etwas überhöht ausgewiesen wird. Vgl. Batzer, E. und Laumer, H.: Das Handwerk als Konkurrent des Einzelhandels, a.a.O., S. 10, Fußn.1).

Schaubild 4

Anteile der Dienstleistungshandwerke am gesamten tertiären Sektor gemessen in Betrieben, Beschäftigten und Umsätzen (in jeweiligen Preisen) 1949 und 1968

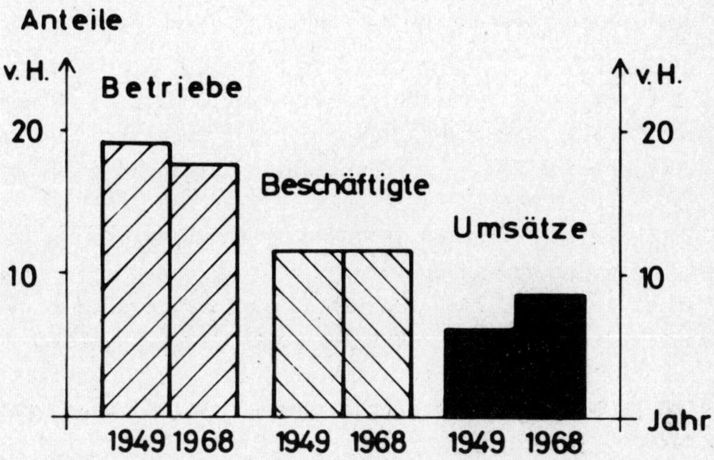

Quelle: Tabelle 4 im Anhang

abnehmenden Zahl der Dienstleistungsbetriebe im tertiären Sektor[1] bedeutet das, daß im Dienstleistungshandwerk die Anzahl der Betriebe überproportional gesunken ist. Gleichzeitig ist der Beschäftigtenanteil konstant und der Umsatzanteil des Dienstleistungshandwerks am gesamten tertiären Sektor gestiegen (vgl. Schaubild 4).

1) Vgl. Tabelle 4 im Anhang. Jährlich ist im Durchschnitt zwischen 1950 und 1968 die Zahl der Betriebe absolut um 5330 zurückgegangen. Diese Schrumpfungsquote hat sich in der jüngsten Zeit noch erhöht. Zwischen 1968 und 1972 betrug die durchschnittliche jährliche Abnahmerate 7.750 Betriebe. Berechnet aus den Daten der Tabelle 4 im Anhang und der Umsatzsteuer 1972, Reihe 7, Fachserie 11, hrsg. vom Statistischen Bundesamt Wiesbaden, Stuttgart und Mainz 1974, S. 14

Aus der Konstanz der Beschäftigten - bei abnehmendem Betriebsanteil - kann auf eine Tendenz zu größeren Betriebseinheiten im Dienstleistungshandwerk geschlossen werden. Allerdings weist die Diskrepanz zwischen der Beschäftigten- und Umsatzquote einerseits und dem wesentlich höheren Betriebsanteil andererseits (vgl. Schaubild 4) deutlich auf eine niedrigere durchschnittliche Betriebsgröße im Dienstleistungshandwerk gegenüber dem gesamten tertiären Sektor hin[1].

Aus der Entwicklung der verschiedenen Strukturanteile kann insgesamt festgestellt werden, daß zwar für das Dienstleistungshandwerk relativ kleine Betriebseinheiten kennzeichnend sind, daß aber der Gesamtbereich des tertiären Handwerks seine Stellung auf dem Dienstleistungsmarkt zwischen 1949 und 1968 verbessern konnte. Mit einem Umsatzanteil von knapp 10 v.H. 1968 wird deutlich, daß die quantitative Bedeutung des Dienstleistungshandwerks im Rahmen des gesamten tertiären Sektors nicht sehr groß ist, wenngleich von dieser relativ geringen Quote aus kein Schluß auf die volkswirtschaftliche Relevanz der handwerklichen Dienstleistungen gezogen werden darf.

b) Strukturgewicht und Entwicklung der Dienstleistungshandwerke im Gesamthandwerk

Vor dem Hintergrund der gesamtwirtschaftlichen Einordnung kann nun die Entwicklung und Stellung der Dienstleistungshandwerke aufgezeigt und diskutiert werden.

Wenn der Handwerksbereich in warenproduzierende und dienstleistende Handwerke aufgeteilt wird, so läßt sich für beide Teilbereiche ebenso wie für den gesamten sekundären und tertiären

1) 1968 betrug die durchschnittliche Betriebsgröße im Dienstleistungshandwerk 6 Beschäftigte je Betrieb und im gesamten tertiären Bereich 9 Beschäftigte je Betrieb. Berechnet aus Tabelle 4 im Anhang.

Sektor[1] eine konzentrative Tendenz feststellen.

Schaubild 5

Betriebe und Beschäftigte im warenproduzierenden und dienstleistenden Handwerk von 1949 bis 1968

(1949 = 100)

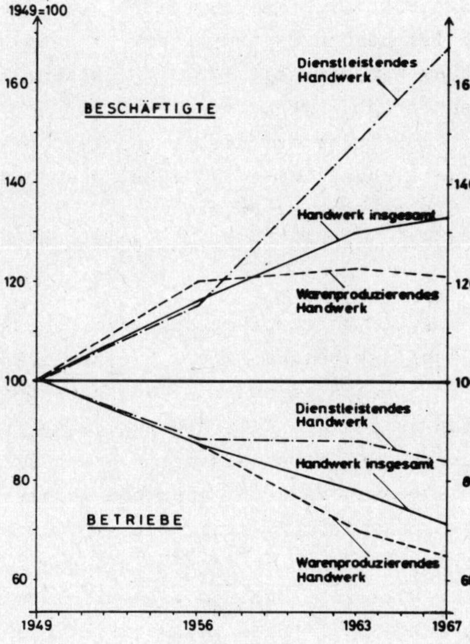

Quelle: Tabelle 5 im Anhang

1) Auf die Abnahme der Betriebe bei steigender Beschäftigtenzahl im gesamten tertiären Sektor ist bereits hingewiesen worden. Auch im verarbeitenden Gewerbe läßt sich die gleiche Entwicklung erkennen. Die Zahl der Unternehmen des verarbeitenden Gewerbes nahm von 1961 bis 1970 um knapp 24 v.H. (von 546.868 auf 417.456) ab. Vgl. Arbeitsstättenzählung vom 27. Mai 1970, Heft 9, a.a.O., S. 86

Wie in Schaubild 5 erkennbar ist, haben die Betriebe des warenproduzierenden Handwerks überdurchschnittlich und des dienstleistenden Handwerks unterdurchschnittlich im Vergleich zum Gesamthandwerk abgenommen. Während im warenproduzierenden Handwerk zwischen 1949 und 1968 die Betriebszahl kontinuierlich sank, hat sich die Schrumpfungsrate im dienstleistenden Handwerk seit 1956 abgeflacht (vgl. Schaubild 5).

Die Beschäftigtenentwicklung dagegen ist von einer allgemeinen Zunahme im Gesamthandwerk sowie in den beiden Teilbereichen gekennzeichnet. Dabei ist besonders bemerkenswert, daß der Zuwachs im warenproduzierenden Handwerk mit + 21 v.H. wesentlich geringer als im dienstleistenden Handwerk mit + 68 v.H. in der Referenzperiode ausfällt. Seit 1956 tendiert die Beschäftigtenzahl im warenproduzierenden Handwerk sogar zur Stagnation, wie Schaubild 5 zeigt, so daß die weitere Steigerung der Erwerbstätigen im Handwerk fast ausschließlich durch die Zunahme im Dienstleistungshandwerk verursacht ist.

Als Konsequenz aus der Schrumpfung der Betriebszahlen bei gleichzeitiger Erhöhung der Beschäftigten ergibt sich eine Steigerung der durchschnittlichen Betriebsgröße. Absolut gesehen lag mit 7,1 Beschäftigten je Betrieb 1968 die Betriebsgröße im warenproduzierenden Handwerk zwar höher als mit 6 Beschäftigten pro Betrieb im Dienstleistungshandwerk[1], aber ein Vergleich der prozentualen Steigerung im Zeitablauf zeigt eine Angleichung zwischen beiden Handwerksbereichen. Denn im Dienstleistungshandwerk nahm die durchschnittliche Betriebsgröße von 1949 bis 1968 um + 100 v.H. und im warenproduzierenden Handwerk hingegen nur um knapp + 87 v.H. zu[2].

Als drittes und letztes Merkmal soll die Entwicklung anhand der Veränderungen des Umsatzes betrachtet werden. Im Gegensatz zur Analyse der Betriebs- und Beschäftigtenzahlen, die nur über

1) Berechnet aus Tabelle 5 im Anhang
2) Im warenproduzierenden Handwerk betrug 1949 die durchschnittliche Betriebsgröße 3,8 Beschäftigte und im dienstleistenden Handwerk 3,0 Beschäftigte. Berechnet aus Tabelle 5 im Anhang.

strukturelle Entwicklungen Auskunft geben, ermöglicht die Behandlung der Umsatzwerte näherungsweise einen Einblick in die Leistungsfähigkeit der untersuchten Wirtschaftsbereiche[1]. Zu berücksichtigen gilt ferner, daß es sich beim Umsatz um eine mit Preisen bewertete Größe handelt. Zur Ausschaltung von Verzerrungen durch unterschiedliche Preisbewegungen in den einzelnen Bereichen ist deshalb die Betrachtung der Umsatzentwicklungen in nominalen und realen Werten notwendig[2].

Übersicht 3

Umsätze in jeweiligen Preisen (nominal) und in Preisen von 1962 (real[1]) des warenproduzierenden und dienstleistenden Handwerks von 1949 bis 1967
(1949 = 100)

Jahr	Handwerk insgesamt		Warenproduzierendes Handwerk		Dienstleistendes Handwerk	
	nominal	real	nominal	real	nominal	real
1949	100	100	100	100	100	100
1955	246	223	246	236	245	197
1962	506	395	471	399	592	388
1967	733	513	678	525	872	490

1) Berechnet mit den Preisindices der Tabelle 7a im Anhang
Quelle: Tabelle 6 im Anhang

---

1) Eine geeignetere Größe wäre der um die Vorleistungen bereinigte Umsatz (Nettoproduktionswert). Aufgrund des fehlenden Datenmaterials für alle Zweige des Handwerks muß auf die Hilfsgröße "Umsatz" zurückgegriffen werden. In der nachfolgenden Analyse ausgewählter Dienstleistungshandwerke wird die Leistungsfähigkeit anhand der Nettoproduktionswerte gemessen.

2) Da für den Handwerksbereich keine Preisindices vom Statistischen Bundesamt veröffentlicht werden, hat der Verf. näherungsweise Indices rekursiv aus den nominal und real ausgewiesenen Beiträgen der Wirtschaftsabteilungen berechnet. Für das warenproduzierende Handwerk sind die Abteilung 2 (Verarbeitendes Gewerbe), für das produktionsabhängige Dienstleistungshandwerk die Abteilungen 4 und 5 (Handel und Verkehr) und für das einkommensabhängige Dienstleistungshandwerk die Abteilung 7 (Dienstleistungen von Unternehmen nach freien Berufen) genommen worden. In Tabelle 7a im Anhang sind die Preisindices sowie noch weitere Anmerkungen zur Berechnung enthalten.

Aus Übersicht 3 kann entnommen werden, daß sich das Umsatzvolumen im Gesamthandwerk sowie in seinen Teilbereichen zu jeweiligen und Preisen von 1962 beträchtlich erhöht hat. Dabei fallen neben den unterschiedlichen Wachstumsraten besonders die gegenläufigen Tendenzen zwischen den betrachteten Bereichen in nominalen und realen Werten auf. Denn im Vergleich zum Gesamthandwerk ist zwischen 1949 und 1967 der Umsatz des dienstleistenden Handwerks in jeweiligen Preisen überdurchschnittlich und des warenproduzierenden Handwerks unterdurchschnittlich gestiegen. In Preisen von 1962 nahm dagegen der Umsatz des warenproduzierenden Handwerks überproportional und des dienstleistenden Handwerks unterproportional zu[1]. Das Dienstleistungshandwerk hat somit real gesehen gegenüber dem warenproduzierenden Handwerk an Position verloren.

Eine Gegenüberstellung der Strukturquoten nach den Merkmalen Betriebe, Beschäftigten und Umsätze, die in Schaubild 6 zusammengestellt sind, zeigt für das gesamte dienstleistende Handwerk im Vergleich zum warenproduzierenden Handwerk folgendes Bild:
Der Anteil der Betriebe und Beschäftigten ist zwischen 1949 und 1968 gestiegen, während der Anteil des realen Umsatzes im gleichen Zeitraum etwas gefallen ist. So betrug 1968 die Betriebsquote des Dienstleistungshandwerks am Gesamthandwerk 39,3 v.H., die Beschäftigtenquote 35,2 v.H. und die reale Umsatzquote 32 v.H. (vgl. Schaubild 6). Das bedeutet: Mit einer relativ größeren Beschäftigten- und Betriebszahl hat das Dienstleistungshandwerk einen relativ geringeren Umsatz erwirtschaftet. Damit ist der Umsatz je Betrieb und Beschäftigten geringer als im warenproduzierenden Handwerk und die Arbeitsintensität der Dienstleistungshandwerke insgesamt höher.

1) Hauptursache für das Auseinanderfallen zwischen den nominalen und realen Umsatzwerten im tertiären Handwerksbereich liegt weniger daran, daß die Nachfrage nach Dienstleistungen das Angebot übersteigt, sondern daran, daß aus Konkurrenzgründen auf dem Arbeitsmarkt für die Beschäftigten höhere Löhne gezahlt werden müssen, als es dem Produktivitätszuwachs entspricht. Vgl. Eick, J.: Dienstleistungen, a.a.O., S. 555. Die Kostensteigerungen sind mithin in den Preisen für Dienstleistungen weitergegeben worden, was durch Nachfrageerhöhungen möglich wurde.

Schaubild 6

Strukturgewichte des warenproduzierenden und dienstleistenden Handwerks nach Betrieben, Beschäftigten und Umsätzen in Preisen von 1962 für 1949 und 1968

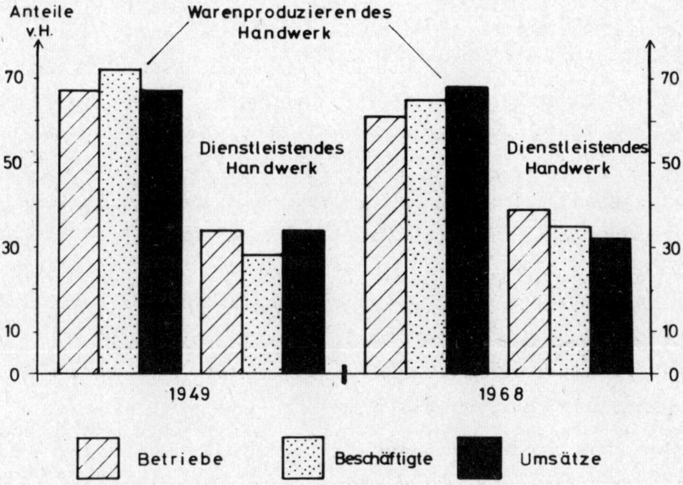

Quellen: Tabelle 5 und 6 im Anhang

Festzuhalten bleibt somit:

- Das Strukturgewicht des gesamten Dienstleistungshandwerks liegt bei den Betriebs- und Beschäftigtenzahlen über einem Drittel und beim realen Umsatz etwas unter einem Drittel des Gesamthandwerks.
- Im Zeitablauf konnte das tertiäre Handwerk seine Stellung gegenüber dem warenproduzierenden Handwerk nach den Merkmalen Betriebe und Beschäftigten etwas ausbauen, dagegen mußte es in realen Umsätzen gemessen einen leichten Positionsverlust hinnehmen.
- Die Arbeitsintensität ist im Durchschnitt in den Dienstleistungshandwerken höher als in den warenproduzierenden Handwerken.

c) Umfang und Entwicklung des einkommens- und produktionsabhängigen Dienstleistungshandwerks

Eine tiefere Aufschlüsselung des Dienstleistungshandwerks entsprechend der bereits getroffenen Abgrenzung in produktions- und einkommensabhängige Dienstleistungszweige ermöglicht eine weitere Differenzierung der Entwicklungstendenzen im handwerklichen Dienstleistungsbereich.

Entgegen dem allgemeinen Trend im Handwerk kann für das einkommensabhängige Dienstleistungshandwerk eine Zunahme der Betriebszahlen zwischen 1949 und 1968 ermittelt werden, wenngleich auch - wie Schaubild 7 zeigt - seit 1963 eine leichte Abnahme zu bemerken ist. Dagegen schrumpft im produktionsabhängigen Dienstleistungshandwerk die Betriebszahl. Die unterdurchschnittliche Betriebsabnahme des gesamten Dienstleistungshandwerks gegenüber dem Gesamthandwerk (vgl. Schaubild 5) hat somit in der Hauptsache ihre Ursache in der gestiegenen Betriebszahl des einkommensabhängigen Dienstleistungshandwerks.

Die gleiche Aussage - wenn auch mit umgekehrten Vorzeichen - läßt sich aus der Entwicklung der Beschäftigtenzahl nach Schaubild 7 ableiten. Von den beiden Dienstleistungsteilbereichen hat sich die Erwerbstätigenzahl des einkommensabhängigen Dienstleistungshandwerks mit Abstand am stärksten erhöht, so daß das überdurchschnittliche Wachstum der Beschäftigten im Dienstleistungshandwerk (vgl. Schaubild 5) zu wesentlichen Teilen auf den einkommensabhängigen Bereich zurückgeht.

Die Betrachtung der realen Umsatzwerte ergibt ein entgegengesetztes Bild. Schaubild 8 zeigt, daß das produktionsabhängige Dienstleistungshandwerk im Vergleich zum einkommensabhängigen Teilbereich ein größeres Wachstum zu verzeichnen hat. Gegenüber dem warenproduzierenden Handwerk nahm allerdings der reale Umsatz des produktionsabhängigen Dienstleistungshandwerks nur unterdurchschnittlich zu. Aber der relativ geringe Wachstumsunterschied zwischen beiden Teilbereichen insbesondere im Verhältnis zum einkommensabhängigen Dienstleistungshandwerk (vgl. Schaubild 8) gibt

Schaubild 7

Entwicklung der Betriebs- und Beschäftigtenzahlen der produktions- und einkommensabhängigen Dienstleistungshandwerke von 1949 bis 1968
(1949 = 100)

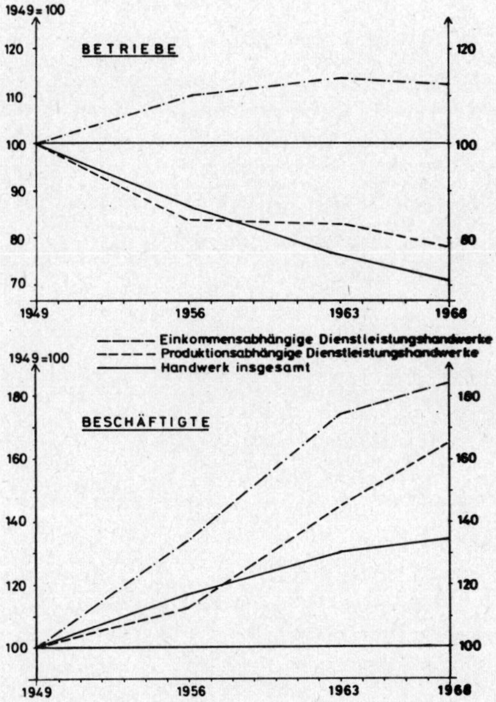

Quellen: Tabelle 5 und 8 im Anhang

Grund zu der Vermutung, daß zwischen dem warenproduzierenden Bereich und dem produktionsabhängigen Dienstleistungshandwerk eine Entwicklungsbeziehung besteht. Diese Vermutung findet ihre Stütze in der bereits getroffenen Feststellung, daß in der BRD bislang

Schaubild 8

Entwicklung der Umsätze des warenproduzierenden und dienstleistenden Handwerks von 1949 bis 1967 in Preisen von 1962

(1949 = 100)

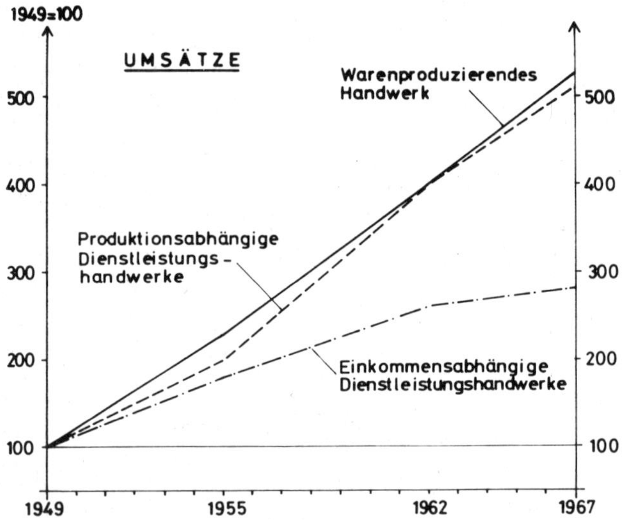

Quellen: Tabelle 6 und 9 im Anhang

die Nachfrage nach Gütern des sekundären Sektors noch nicht gesättigt ist. Die nachfolgende Struktur- und Entwicklungsanalyse wird diesem Aspekt anhand ausgewählter Dienstleistungszweige noch intensiver nachzugehen haben.

In Schaubild 9 ist erkennbar, daß das produktionsabhängige Dienstleistungshandwerk den dominierenden Teilbereich innerhalb des gesamten Dienstleistungshandwerks darstellt. Der zeitliche Vergleich der Betriebs-, Beschäftigten- und Umsatzanteile von 1949 und 1968 zeigt:

Schaubild 9

Strukturgewichte der produktions- und einkommensabhängigen Dienstleistungshandwerke nach Betrieben, Beschäftigten und Umsätzen in Preisen von 1962 für 1949 und 1968

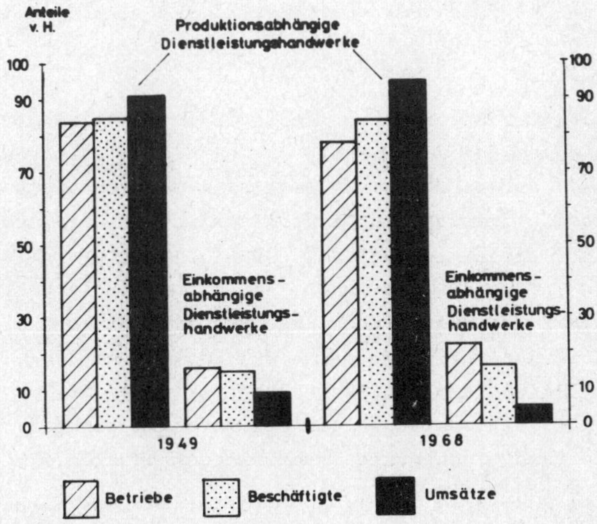

Quellen: Tabelle 8 und 9 im Anhang

- Das produktionsabhängige Dienstleistungshandwerk hat gemessen in Betriebs- und Beschäftigtenzahlen etwas an Gewicht eingebüßt, aber gemessen in realen Umsätzen seine Stellung weiter ausgebaut.
- Im einkommensabhängigen Dienstleistungshandwerk besteht eine bemerkenswerte Diskrepanz zwischen den Strukturquoten Beschäftigten und Umsätzen, die sich zwischen 1949 und 1968 noch erhöht hat. So erwirtschafteten 1968 16 v.H. der Beschäftigten lediglich 5 v.H. des gesamten handwerklichen Dienstleistungsumsatzes.

Aus diesen Zahlenverhältnissen läßt sich deutlich die höhere Arbeitsintensität der einkommens- gegenüber den produktionsabhängigen Dienstleistungshandwerken ablesen, das 1968 mit einem Erwerbstätigenanteil von 84 v.H. gut 95 v.H. des gesamten handwerklichen Dienstleistungsumsatzes erzielte (vgl. Schaubild 9).

Die unterschiedliche Ergiebigkeit der eingesetzten Arbeitskräfte weist nachdrücklich darauf hin, daß innerhalb des Dienstleistungshandwerks beträchtliche Differenzen in den Produktionsbedingungen und -methoden bestehen.

Als letztes Untersuchungsmerkmal dieses Abschnitts soll noch die Verteilung des Umsatzes nach Absatzrichtungen diskutiert werden, weil daraus der Grad der Lieferverflechtungen des Dienstleistungshandwerks mit den übrigen Wirtschaftsbereichen abgelesen werden kann. Die Frage nach der Abnehmerstruktur gewinnt zusätzlich dadurch an Interesse, als in der Literatur häufig die These vertreten wird, daß mit steigendem Einkommen eine Differenzierung und Individualisierung der Bedürfnisse der Endkonsumenten einhergehen und diese Entwicklungstendenz ihren Ausdruck in einer wachsenden Nachfrage nach Dienstleistungen findet, wovon insbesondere die kleinen und mittleren Unternehmungen profitieren würden[1].

Wenn in Schaubild 10 die Anteile der beiden Abnehmergruppen private Haushalte einerseits sowie gewerbliche und öffentliche Wirtschaft andererseits gegenübergestellt werden, so zeigt sich für 1962, daß der Abnehmerschwerpunkt des produktionsabhängigen Dienstleistungshandwerks mit gut 60 v.H. des Umsatzes bei der gewerblichen und öffentlichen Wirtschaft lag und lediglich knapp 40 v.H. an die privaten Haushalte abgesetzt wurden[2].

1) Vgl. Schlaghecken, A.: Der ökonomische Differenzierungsprozeß im heutigen Handwerk, a.a.O., S. 19 f.; Gutersohn, A.: Wohlstandsgesellschaft und gewerbliche Wirtschaft, in: Internationales Gewerbearchiv, 18. Jg., Berlin, München, St. Gallen 1970, S. 143

2) Die Absatzrichtungen wurden erstmals in der Handwerkszählung 1963 erhoben. In der Handwerkszählung 1968 sind die Abnehmerbereiche zwar wieder erfragt, aber durch die Umstellung von der Gewerbezweig- auf die Wirtschaftszweigsystematik ist ein Vergleich beider Ergebnisse ausgeschlossen, so daß nur Daten für das Jahr 1963 verwertet werden konnten.

Schaubild 10

Umsatz nach Absatzrichtungen des warenproduzierenden und dienstleistenden Handwerks 1962

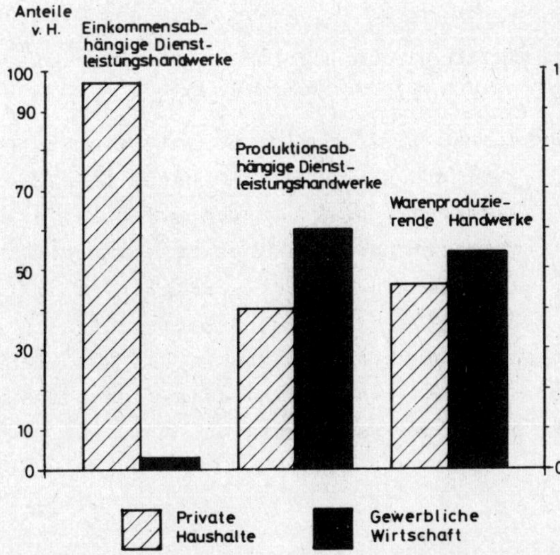

Quelle: Tabelle 10 im Anhang

Damit leisten die produktionsabhängigen Dienstleistungszweige relativ weniger an die privaten Haushalte als das warenproduzierende Handwerk, das zu über 45 v.H. an die privaten Endverbraucher liefert. Dagegen versorgt das einkommensabhängige Dienstleistungshandwerk mit knapp 97 v.H. ganz überwiegend die privaten Haushalte mit Leistungen[1].

Nach den vorliegenden Berechnungen läßt sich somit zumindest für das produktionsabhängige Dienstleistungshandwerk die zitierte These nicht aufrechterhalten, denn mit 60 v.H. seines Umsatzes

1) Ein Resultat, das auch nicht anders zu erwarten war, da laut Definition die Leistungen dieses Teilbereichs auf den unmittelbar persönlichen Bedarf der Bevölkerung ausgerichtet sind.

befriedigt es überwiegend die Nachfrage von Staat und gewerblichen Unternehmungen und nicht den individuellen Bedarf der privaten Konsumenten. Damit ist das produktionsabhängige Dienstleistungshandwerk mehr noch als das warenproduzierende Handwerk, dessen Absatz nur zu gut 54 v.H. auf die private und öffentliche Wirtschaft ausgerichtet ist, von allen drei Teilbereichen des Handwerks am stärksten in die intersektorale Arbeitsteilung der Gesamtwirtschaft integriert[1].

Dieses Ergebnis impliziert gleichzeitig ein weiteres Beweisstück für die Vermutung, daß das Wachstum des produktionsabhängigen Dienstleistungshandwerks zu wesentlichen Teilen von der Entwicklung des Verarbeitenden Gewerbes bestimmt wird. Denn die starke Leistungsverflechtung mit der gewerblichen Wirtschaft und der öffentlichen Hand läßt erwarten, daß ein Rückgang der Marktnachfrage bei den Abnehmerbranchen handwerklicher Dienstleistungen auch zu einer Verminderung der Nachfrage nach handwerklichen Dienstleistungen führt und vice versa.

1) Die Widerlegung der These für das produktionsabhängige Dienstleistungshandwerk insgesamt schließt nicht aus, daß in einzelnen Dienstleistungszweigen eine zunehmende Individualisierung der Nachfrage spürbar wird, ebenso wie in nicht-handwerklichen Dienstleistungsbereichen die These Gültigkeit besitzen kann. Es wird an dieser Stelle lediglich nachgewiesen, daß die These global für das produktionsabhängige Dienstleistungshandwerk nicht aufrecht erhalten werden kann.

III. Zusammenfassung der Ergebnisse

Als Entwicklungsrahmen für das handwerkliche Dienstleistungsgewerbe müssen folgende Ergebnisse festgehalten werden:

1) Die Erwerbstätigen des tertiären Sektors nehmen nur noch mit abnehmender Rate zu. Eine Tendenz zur Stagnation zeichnet sich ab.
2) Die realen Beiträge des Dienstleistungssektors zum Bruttoinlandsprodukt steigen unterproportional.
3) Die durchschnittlichen Zuwachsraten der Arbeitsproduktivität zeigen im tertiären Sektor eine steigende und im sekundären Sektor eine fallende Tendenz. Für den Dienstleistungsbereich ist in Zukunft mit einer weiteren Erhöhung der Produktivitätsrate zu rechnen.
4) Der Anteil des Dienstleistungshandwerks am gesamten tertiären Sektor ist gemessen in nominalen Umsatzwerten auf knapp 10 v.H. gestiegen.
5) Der Anteil des Dienstleistungshandwerks am Gesamthandwerk ist gemessen in realen Umsatzwerten auf etwas unter ein Drittel gefallen.
6) Die Zunahme der Beschäftigtenzahl im Handwerk vollzog sich seit 1956 fast ausschließlich in den Dienstleistungshandwerken.
7) Der reale Umsatz stieg im warenproduzierenden Handwerk überproportional und im dienstleistenden Handwerk unterproportional an.
8) Innerhalb des Dienstleistungshandwerks dominieren die produktionsabhängigen Dienstleistungshandwerke, die ihre Position auf einen Umsatzanteil von über 90 v.H. ausbauen konnten.
9) Im Vergleich zum warenproduzierenden Handwerk sind die Leistungsverflechtungen der produktionsabhängigen Dienstleistungshandwerke mit der öffentlichen und gewerblichen Wirtschaft intensiver. Das einkommensabhängige Dienstleistungshandwerk leistet dagegen ganz überwiegend an private Haushalte.

10) Die produktionsabhängigen Dienstleistungshandwerke hängen damit in starkem Maße von der Entwicklung des Verarbeitenden Gewerbes ab, während die Entwicklung des einkommensabhängigen Dienstleistungshandwerks von den Ausgaben der privaten Haushalte direkt bestimmt wird.

Die globale These FOURASTIÉ'S vom überdurchschnittlichen Wachstum des Dienstleistungsbereiches läßt sich somit in der BRD bislang weder für den tertiären Sektor noch für das gesamte Dienstleistungshandwerk quantitativ nachweisen.

2. Kapitel

Struktur- und Entwicklungsanalyse ausgewählter handwerklicher Dienstleistungsgewerbe

A. Die ausgewählten handwerklichen Dienstleistungsgewerbe

Die Vielfalt und Heterogenität des Arbeitsfeldes der Dienstleistungsgewerbe (fotografische Industriereportage, Schornsteinfegen, Haarschneiden, Kraftfahrzeugreparatur etc.) verlangt neben einer gesamtwirtschaftlich orientierten Analyse, die zum Abstecken des Wachstumsrahmens notwendig ist, eine differenzierte branchenbezogene Strukturuntersuchung zur Vertiefung. Zwar ermöglicht die Unterteilung in einkommens- und produktionsabhängige Dienstleistungshandwerke bereits spezifizierte Aussagen, doch erst auf Zweigbasis lassen sich konkret Wachstumschancen und -grenzen einer Branche aufzeigen sowie künftige Entwicklungsperspektiven ableiten.

Zu diesem Zweck werden von den 40 nach dem Schwerpunktprinzip abgegrenzten Dienstleistungshandwerken 16 Zweige ausgewählt und analysiert[1]. Damit sind zwar weniger als die Hälfte aller Dienstleistungszweige (40 v.H.) aber rund 80 v.H. der gesamten handwerklichen Dienstleistungsbetriebe, -beschäftigten und -umsätze erfaßt[2]. Daraus kann gefolgert werden, daß mit den 16 Zweigen nicht nur der überwiegende Teil des handwerklichen Dienstleistungsbereichs untersucht wird, sondern auch, daß sich das Dienstleistungsangebot schwerpunktmäßig auf wenige Handwerkszweige konzentriert.

Im einzelnen werden das Friseurhandwerk als einkommensabhängiger Dienstleistungszweig[3] sowie 15 Handwerke aus dem produktionsabhängigen Dienstleistungsbereich analysiert. Diese 15 Zweige können nach ihren Hauptfunktionen in 4 Gruppen unterteilt werden:

---

1) Neben der Übersichtlichkeit war für die Auswahl der einzelnen Zweige ausschlaggebend, ob genügend statistisches Datenmaterial für die jüngere Zeit (bis 1972) zur Verfügung stand.
2) Die 16 Zweige vereinigen 79,0 v.H. der Betriebe, 78,8 v.H. der Beschäftigten, 80,6 v.H. der nominalen und 85,2 v.H. der realen Umsätze des gesamten Dienstleistungshandwerks 1968 auf sich.
3) Die Friseure stellen im Handwerksbereich den einzigen einkommensabhängigen Dienstleistungszweig dar.

1. Reinigungshandwerke (Wäscher/Plätter, Chemischreiniger/ Färber, Gebäudereiniger und Schornsteinfeger),
2. Installationshandwerke (Gas- und Wasserinstallateure, Zentralheizungs- und Lüftungsbauer, Elektroinstallateure),
3. Handelshandwerke mit dem Abnehmerschwerpunkt gewerbliche und öffentliche Wirtschaft (Büromaschinen-, Landmaschinen-, Kraftfahrzeugmechaniker und Vulkaniseure) und
4. Handelshandwerke mit dem Abnehmerschwerpunkt private Haushalte (Radio- und Fernsehtechniker, Uhrmacher, Schuhmacher und Fotografen).

In den Gruppen 2 bis 4 befinden sich - abgesehen von den Fotografen - ausschließlich Zweige, die offiziell als warenproduzierende Handwerke eingeordnet werden, obwohl sie überwiegend Dienstleistungsfunktionen ausführen und deshalb in dieser Untersuchung als Dienstleistungshandwerke betrachtet werden. Die Reinigungshandwerke der ersten Gruppe dagegen werden auch von der amtlichen Statistik als Dienstleistungsbranchen angesehen.

Anhand einer weitgehend einheitlichen Gliederungssystematik werden im folgenden für die 16 ausgewählten Zweige typische Struktur- und Entwicklungstendenzen und deren Bestimmungsgründe - insbesondere die Nachfragedeterminanten, die Ertragssituation und die Marktstellung - analysiert sowie nach den Zukunftsperspektiven der einzelnen Zweige gefragt.

B. Einkommensabhängige Dienstleistungsbranche

I. Das Friseurgewerbe unter Anpassungsdruck

1. Struktur und Entwicklungstendenzen

a) Funktionscharakterisierung

Im Unterschied zu der überwiegenden Zahl der handwerklichen Dienstleistungsgewerbe zeichnet sich das Friseurgewerbe als eines der ältesten Handwerke durch ein relativ konstantes Berufsbild aus. Sieht man davon ab, daß historisch die Friseure auch Funktionen als Bader, Wundarzt etc.[1] wahrgenommen haben, so kann festgestellt werden, daß das Aufgabenfeld lediglich durch die Ausübung der Handelsfunktion mit Haar- und Körperpflegemitteln im Laufe der Zeit ergänzt worden ist.

Als einkommensabhängiges und damit unmittelbar auf die Bedürfnisse der Menschen ausgerichteter Dienstleistungszweig besteht die Haupttätigkeit im Haarschneiden, -pflegen und -legen. Diese Funktionen bieten wenig Möglichkeiten zur Mechanisierung bzw. zum verstärkten Einsatz von Maschinen, so daß die Art der Leistungserstellung im Friseurhandwerk gleichfalls keine tiefgreifenden Wandlungen erfahren hat. Hierin ist vermutlich auch der wesentliche Grund zu suchen, daß die Friseure bislang durch keine andere Betriebsform außerhalb des Handwerks eine Konkurrenz erhalten haben, so daß die Kennzeichnung als Monopolhandwerk im technischen Sinne zu Recht erfolgt ist[2].

b) Betriebe und Beschäftigte

Die Entwicklung im Friseurhandwerk ist seit einigen Jahren rückläufig. Diese Tendenz zeigt sich bei allen für die Entwicklung wesentlichen Merkmalen. Betrachtet man den Betriebsbestand in der Zeit von 1956 bis 1973, so läßt sich erkennen, daß nach anfänglicher Zunahme der Betriebszahlen seit 1969 eine Abnahme zu verzeichnen ist, während im Gesamthandwerk über den gesamten Referenzzeitraum von 1956 bis 1973 die Betriebszahlen sanken (vgl. Schaubild 11).

Wird die gesamte Betriebszahl im Friseurhandwerk nach den drei Betriebsarten Damen-, Herren- sowie Damen- und Herrenfriseure aufgeschlüsselt, so hat sich die Zahl der Betriebe bei den Herrenfriseuren in der Zeit von 1956 bis 1973 um mehr als die Hälfte vermindert, entsprechend sank auch der Strukturanteil der Herrenfriseure

1) Vgl. Stäbler, W.: Der betriebliche Standort im Friseurhandwerk, a.a.O., S. 15
2) Vgl. Oehler, W.: Die Wandlungen des funktionellen Leistungsbildes des Handwerks, a.a.O., S. 28. Die Schwarzarbeit als "indirekte Konkurrenz" ist hierbei außer Betracht gelassen.

von 30,6 v.H. auf 14 v.H.[1]. Dagegen nahm die Zahl der Betriebe und der Strukturanteil bei den Damen-, sowie den kombinierten Damen- und Herrenfriseuren zu, allerdings muß für Damen- und Herrenfriseure einschränkend angemerkt werden, daß seit 1967 auch hier ein rückläufiger Trend erkennbar ist[2].

Bei der Beschäftigtenentwicklung zeigt sich eine ähnliche Tendenz. Seit 1967 nimmt die Zahl der Beschäftigten im Friseurhandwerk kontinuierlich ab, während sie im Gesamthandwerk zunahm, wie in Schaubild 11 zu sehen ist. Die Betrachtung der durchschnittlichen Betriebsgröße gemessen in Beschäftigten ergibt das bemerkenswerte Ergebnis, daß entgegen der allgemeinen Tendenz wachsender Betriebsgrößen im Friseurhandwerk seit 1963 die Betriebsgröße mit gut 4 Beschäftigten je Betrieb in etwa konstant geblieben ist (vgl. Übersicht 4). Eine Aufgliederung der Betriebe nach Beschäftigtengrößenklassen macht deutlich, daß seit 1955 die Ein- und Zweimannbetriebe und seit 1968 ebenfalls die Betriebe mit 5 und mehr Beschäftigten abgenommen haben[3].

Übersicht 4

Beschäftigte je Betrieb im Friseur- und Gesamthandwerk von 1956 bis 1973
(absolut)

Zweige	1956	1963	1967	1969	1972	1973
Friseure	3,5	4,1	4,3	4,3	4,1	4,2
Handwerk insgesamt	4,7	5,4	5,9	6,3	7,2	7,2

Quelle: Tabelle 11 im Anhang

Insgesamt läßt die Analyse nach den beiden Merkmalen Betriebe und Beschäftigte erkennen, daß im Friseurgewerbe seit 1969

1) Vgl. Tabelle 12 im Anhang
2) Vgl. Tabelle 12 im Anhang
3) Vgl. Tabelle 13 im Anhang

Schaubild 11

Entwicklung der Betriebs- und Beschäftigtenzahlen im Friseur- und Gesamthandwerk von 1956 bis 1973
(1956 = 100)

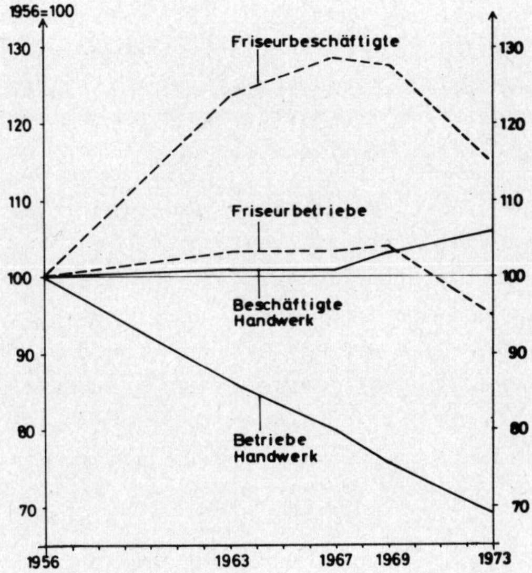

Quelle: Tabelle 11 im Anhang

Schrumpfungstendenzen aufgetreten sind, die insbesondere bei den Herrenfriseuren sehr ausgeprägt sind.

c) Umsatz und Arbeitsproduktivität

Der Umsatz der Friseure ist sowohl nominal als auch real langsamer gestiegen als im gesamten Handwerk. Zwischen 1955 und 1972 ergibt sich für das Gesamthandwerk ein kontinuierlich aufwärts gerichteter Trend, während im Friseurgewerbe seit 1967 der reale Umsatz abgenommen hat, wie aus Übersicht 5 zu entnehmen ist.

Eine Aufschlüsselung des Gesamtumsatzes der Friseure in Handwerks- und Handelsumsatz ergibt - entgegen der Aussage von TIETZ - eine tendenzielle Abnahme des Handelsanteils[1]. Daraus kann abgeleitet werden, daß im Handelsbereich der Konkurrenzdruck durch Parfümerien, Drogerien und Kosmetikabteilungen der Käufhäuser zugenommen und bei den Friseuren zu einer verstärkten Konzentration auf die rein handwerklichen Dienstleistungen geführt hat.

Die Berechnung des durchschnittlichen Umsatzes je Betrieb zeigt gegenüber dem Gesamtumsatz der Friseure nominal und real einen in etwa parallelen Verlauf. In realen Werten ergibt sich somit bei den Friseuren auch nach diesem Merkmal ein rückläufiger Trend seit 1967. Allerdings treten Unterschiede in den Veränderungsraten auf. Nach Übersicht 5 nimmt der reale Gesamtumsatz stärker als der Umsatz je Betrieb ab. Eine Tendenz, die auch für die Entwicklung des Gesamthandwerks zutrifft, denn sowohl nominal als auch real steigt der Umsatz je Betrieb stärker als der jeweilige Gesamtumsatz an (vgl. Übersicht 5).

Aus der Entwicklung kann gefolgert werden, daß eine Anpassung durch Ausscheiden bei den kleineren Betriebsgrößen stattgefunden hat. Dies bestätigt auch die Verschiebungen in den prozentualen Anteilen der Betriebe nach Umsatzgrößenklassen. Seit 1955 hat im Friseurhandwerk der Anteil der Betriebe mit einem Jahresumsatz bis 20.000 DM kontinuierlich abgenommen[2]. Mit der nächstgrößeren Umsatzgrößenklasse zusammengefaßt haben im Jahre 1972 immerhin

1) Vgl. Tabelle 14 im Anhang; Tietz, B.: Konsument und Einzelhandel, Strukturwandlungen in der Bundesrepublik Deutschland von 1960 - 1985, Bd. 1,2. neubearb.und erw.Auflage, Frankfurt 1973, S. 625
2) Vgl. Tabelle 15 im Anhang

Übersicht 5

Entwicklung der Umsätze und Umsätze je Betrieb
im Friseur- und Gesamthandwerk von 1955 bis 1972
(1955 = 100)

Jahr	Friseure		Handwerk insges.	
	nominal[1]	real[1]	nominal[1]	real[1]
a) Umsatz				
1955	100	100	100	100
1963	213	139	207	162
1967	283	151	260	182
1972	353	128	427	233
b) Umsatz je Betrieb				
1955	100	100	100	100
1963	206	135	236	185
1967	274	146	325	228
1972	362	131	610	332

1) In jeweiligen Preisen
2) In Preisen von 1962

Quelle: Tabelle 14 im Anhang

noch 53 v.H. aller Friseurbetriebe einen jährlichen Umsatz von weniger als 50.000 DM. Ob die Betriebe dieser Größenordnung dauerhaft existenzfähig sind, wird noch in einem nachfolgenden Abschnitt untersucht werden.

Für Aussagen über die Leistungskraft einer Branche ist der um die Vorleistungen bereinigte Nettoproduktionswert aussagekräftiger als die Umsatzwerte. Der Anteil des Nettoproduktionswertes am Umsatz beträgt bei den Friseuren ungefähr 75 v.H. und im Gesamthandwerk 55 v.H.[1]. Aus diesen unterschiedlichen Anteilsquoten wird

1) Vgl. Tabelle 14 und 16 im Anhang

deutlich, daß im Friseurgewerbe die Eigenleistung vorherrscht, was auf eine hohe Arbeitsintensität bei den Friseuren hinweist.

Die reale Wachstumsrate des Nettoproduktionswertes tendiert zwischen 1962 und 1972 zur Stagnation. Seit 1967 hat der reale Nettoproduktionswert des Friseurgewerbes sogar abgenommen[1]. Damit ist parallel zum Betriebs- und Beschäftigtenschwund der jüngsten Zeit auch der reale Leistungsbeitrag des Friseurgewerbes zurückgegangen.

Die Arbeitsproduktivität, die Auskunft über die Leistungen je Erwerbstätigen in einem Jahr gibt, ist weniger in ihrer absoluten Höhe interessant, da hierbei die unterschiedlichen Produktionsbedingungen in den verschiedenen Branchen unberücksichtigt bleiben, als vielmehr in ihren Zuwachsraten.

Schaubild 12 zeigt, daß der Produktivitätszuwachs im Friseurhandwerk von 1955 bis 1972 wesentlich geringer ausgefallen ist als in der gesamten Volkswirtschaft und auch im Gesamthandwerk[2]. Seit 1963 hat sich bei den Friseuren der Anstieg der Produktivität merklich verlangsamt, ganz im Gegensatz zum Gesamthandwerk.

Aus dieser Produktivitätsentwicklung ist zu folgern, daß sich der Spielraum für Produktivitätszuwächse im Friseurgewerbe immer mehr verengt hat. Die Möglichkeit, Kostensteigerungen beim Material und insbesondere den Löhnen durch Produktivitätserhöhungen aufzufangen, wird zunehmend geringer, so daß im Friseurgewerbe weitere Preissteigerungen mit ihren dämpfenden Wirkungen auf die Nachfrage zu erwarten sind.

---

1) Vgl. Tabelle 16 im Anhang
2) Bemerkenswert ist, daß im gesamten Handwerk der Produktivitätszuwachs höher als in der Gesamtwirtschaft liegt.

Schaubild 12

Entwicklung der Arbeitsproduktivität und Kapitalintensität im Friseur- und Gesamthandwerk sowie in der Gesamtwirtschaft von 1955 bis 1972 in Preisen von 1962

(1955 = 100)

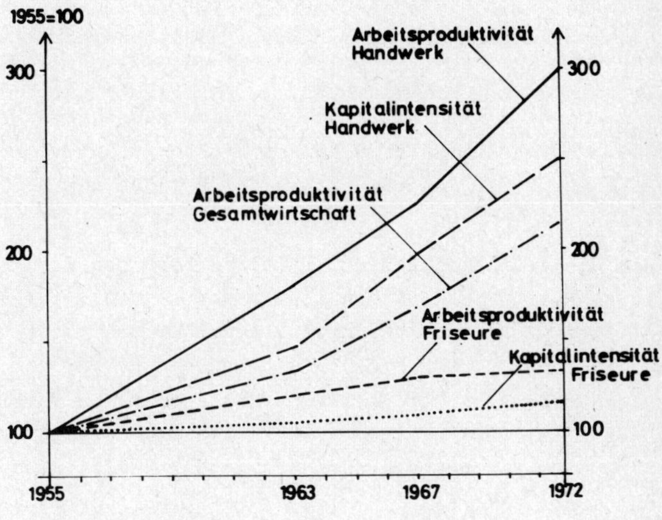

Quellen: Tabelle 16 und 17 im Anhang; Jahresgutachten 1974 des Sachverständigenrates zur Begutachtung der gesamtwirtschaftlichen Entwicklung, a.a.O., S. 231

d) Investitionen, Kapitalstock und Kapitalintensität

Die Entwicklung der Produktivität wird in starkem Maße von dem Kapitaleinsatz bestimmt. Dabei muß zwischen den kurzfristigen, unter konjunkturellen Gesichtspunkten bedeutsamen Wirkungen und den hier besonders interessierenden, längerfristigen, auf die Kapazität ausgerichteten Effekten unterschieden werden.

Ein wesentlicher Bestimmungsfaktor für die Investitionen ist in den Ertragserwartungen zu sehen. Es ist deshalb nicht überraschend, daß angesichts der Schrumpfungstendenzen im Friseurhandwerk die Investitionen insgesamt sowie je Betrieb zwischen 1955 und 1972 abgenommen haben, während das Gesamthandwerk eine beträchtliche Erhöhung zu verzeichnen hat.

Aus Übersicht 6 wird deutlich, daß die Investitionen je Betrieb etwas weniger gesunken sind als die Gesamtinvestitionen. Die Ursache für diese Tendenz ist in der Abnahme der Betriebszahlen zu sehen.

Werden die Investitionen der Friseure nach den Verwendungsarten Erweiterung, Rationalisierung und Ersatzbeschaffung aufgeschlüsselt, so zeigt sich, daß 1969 drei Viertel der Investitionen für Ersatzbeschaffung, 23 v.H. für Erweiterungen und nur 2 v.H. - mit weitem Abstand der absolut geringste Prozentsatz im Vergleich mit allen anderen Handwerkszweigen - für Rationalisierungen ausgegeben wurden[1]. Dieser geringe Prozentsatz für Rationalisierungsinvestitionen unterstreicht, daß im Friseurgewerbe nur begrenzte Möglichkeiten für produktivitätserhöhende Maßnahmen existieren.

Auch eine andere Aufteilung der Investitionen bestätigt diese Aussage. So wendeten die befragten Friseurgeschäfte für Einrichtungen knapp 50 v.H. der Investitionen auf, während 31 v.H. für

1) Im Gesamthandwerk wurden 1969 für Ersatzbeschaffung 48 v.H., für Erweiterung 23 v.H. und für Rationalisierungen 29 v.H. der Investitionen verwendet. Vgl. Investitionen und Kapitalstruktur im Handwerk 1969, hrsg. vom Institut für gewerbliche Strukturforschung, o.O., o.J., Tabelle 30

Übersicht 6

Entwicklung der Investitionen und des Bruttoanlagevermögens im Friseur- und Gesamthandwerk von 1955 bis 1972 in Preisen von 1962
(1955 = 100)

Jahr	Friseurhandwerk		Gesamthandwerk	
	insgesamt	je Betrieb	insgesamt	je Betrieb
a) Investitionen				
1955	100	100	100	100
1962	111	109	215	246
1967	81	80	193	242
1972	82	85	335	474
b) Bruttoanlagevermögen				
1955	100	100	100	100
1962	127	125	149	171
1967	138	136	198	247
1972	138	143	265	375

Quelle: Tabelle 17 im Anhang

für Bauten und Grundstücke, 5 v.H. für Fahrzeuge und die restlichen 16 v.H. bei fallender Tendenz zwischen 1955 und 1969 für Maschinen und Werkzeuge ausgegeben wurden[1]. Mit dieser Investitionsstruktur weicht das Friseurgewerbe deutlich vom Gesamthandwerk ab, wo 34 bzw. 35 v.H. der Investitionsanteile für Maschinen und Werkzeuge bzw. Bauten und Betriebsgrundstücke, 19 v.H. für Fahrzeuge und nur 12 v.H. für Einrichtungen ausgegeben wurden[2].

1) Vgl. ebenda, Tabelle 24
2) Vgl. ebenda, Tabelle 3

Wenn auch die Investitionssumme im Friseurhandwerk rückläufig war, so hat sich dennoch der Kapitalstock (Bruttoanlagevermögen) erhöht. Allerdings zeichnet sich in jüngster Zeit auch hier eine Stagnation ab, denn zwischen 1967 und 1972 fand kein Zuwachs des Kapitalstocks mehr statt. Wie Übersicht 6 jedoch zu entnehmen ist, stieg der Kapitaleinsatz je Betrieb weiter an.

Ein Vergleich mit dem Gesamthandwerk macht deutlich, nicht nur die Wachstumsraten des Kapitalstocks insgesamt sowie je Betrieb blieben im Friseurhandwerk erheblich zurück, sondern auch das absolute Niveau des Kapitalstocks je Betrieb ist wesentlich niedriger.

Wenn die Kapitalintensität als das Verhältnis von Kapitalstock zu Beschwäftigtenzahl berechnet wird, so bestätigt sich nachdrücklich, daß im Friseurgewerbe mit hoher Arbeitsintensität gewirtschaftet wird. Gegenüber dem Gesamthandwerk belief sich der Kapitaleinsatz je Beschäftigten auf weniger als ein Drittel (30,0 v.H.)[1], obwohl auch im Friseurhandwerk die Kapitalintensität steigt, wie Schaubild 12 zeigt, und die Ausstattungskosten für einen Arbeitsplatz in einem Friseurbetrieb mittlerer Größe 1972/73 auf 15.000 DM gewachsen sind[2]. Der unterproportionale Kapitalzuwachs bei den Friseuren läßt jedoch insgesamt die Differenz in der Kapitalintensität zwischen dem Friseur- und Gesamthandwerk immer größer werden (vgl. Schaubild 12).

Eine abschließende Gegenüberstellung des Wachstums der Kapitalintensität und der Arbeitsproduktivität weist auf einen Zusammenhang beider Größen hin, wenn auch die Korrelation nicht sehr eng ist. Sowohl im Gesamt- als im Friseurhandwerk ist die Kapitalintensität zwischen 1955 und 1972 weniger stark gestiegen als die Arbeitsproduktivität, wie ein Blick auf Schaubild 12 zeigt.

---

1) Vgl. Tabelle 17 im Anhang
2) 1957/58 betrugen die Kosten für einen Arbeitsplatz noch 4.000 bis 5.000 DM. In den meisten anderen Handwerkszweigen belaufen sie sich auf mehr als das Doppelte. Vgl. Beckermann Th.: Das Handwerk in der wachsenden Wirtschaft, a.a.O., S.93

Die Schrumpfung der Betriebs- und Beschäftigtenzahl einerseits und die stärkere Steigerung der Arbeitsproduktivität gegenüber der Kapitalintensität andererseits deuten auf eine Tendenz zum Abbau der Übersetzungen im Friseurgewerbe hin. Die Erhöhung der Arbeitsproduktivität ist vermutlich durch eine verbesserte Arbeitsorganisation und eine steigende Kapazitätsauslastung aufgrund der Betriebsabnahmen erzielt worden.

2. Bestimmungsfaktoren der Entwicklung

a) Nachfrage nach Friseurleistungen

aa) Privater Verbrauch und Ausgaben für Körper- und Gesundheitspflege

Auf der Suche nach Erklärungsgründen für die rückläufige Entwicklung im Friseurhandwerk - eines Zweiges, der von FOURASTIÉ als typisches Beispiel für das überproportionale Wachstum des Dienstleistungssektors häufig zitiert wird[1] - sollen zunächst die nachfragerelevanten Faktoren und anschließend die Angebotsbedingungen untersucht werden. Die getrennte Behandlung beider Marktseiten geschieht aus analytischen Gründen, um die Besonderheiten und Einflußfaktoren herauszuarbeiten. Die wechselseitige Bedingtheit von Angebot und Nachfrage soll damit keinesfalls in Frage gestellt, sondern deutlicher sichtbar gemacht werden.

Als wesentliche Bestimmungskomponente der Nachfrage nach Friseurleistungen sind zu betrachten:
- die Veränderungen des verfügbaren Einkommens,
- die Verbrauchsausgaben,
- die Preise und
- das Verhalten der Verbraucher.

Ein Vergleich zwischen der Entwicklung des verfügbaren Einkommens und des privaten Verbrauchs zeigt, daß in der Untersuchungsperiode von 1955 bis 1972 beide Größen etwa parallel angestiegen

---

1) Vgl. Fourastié, J.: Die große Hoffnung des 20. Jahrhunderts, a.a.O., S. 138 f.

sind. Das verfügbare Einkommen erhöhte sich um + 335 v.H. und die Verbrauchsausgaben um + 325 v.H. in der gleichen Zeit[1].

Schaubild 13

Durchschnittliche jährliche Veränderungsraten des Privaten Verbrauchs, der Ausgaben für Körper- und Gesundheitspflege und des Friseurumsatzes von 1955 bis 1972 in Preisen von 1962

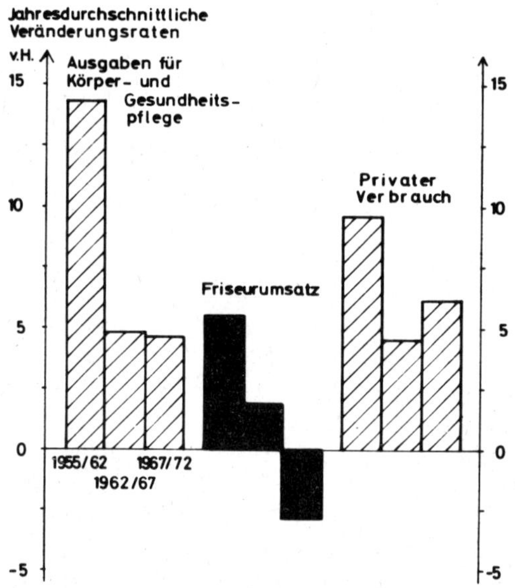

Quellen: Tabelle 14 und 18 im Anhang

1) Vgl. Jahresgutachten 1974 des Sachverständigenrates zur Begutachtung der gesamtwirtschaftlichen Entwicklung, a.a.O., S.238; Tabelle 18 im Anhang

Für die Nachfrage nach Leistungen des Friseurhandwerks sind die Ausgaben privater Haushalte für Waren und Dienstleistungen der Körper- und Gesundheitspflege ausschlaggebend. Wird der betrachtete Zeitraum in drei Perioden unterteilt, lagen die durchschnittlichen jährlichen Steigerungsraten für Ausgaben der Körper- und Gesundheitspflege bis auf die letzte Periode von 1967 bis 1972 stets über denen des privaten Verbrauchs, wie in Schaubild 13 zu erkennen ist. Zwischen 1955 und 1967 wuchsen somit die realen Ausgaben für Körper- und Gesundheitspflege stärker als die gesamten Verbrauchsausgaben, während in jüngster Zeit eine Umkehrung in den Veränderungsraten beider Ausgabenkategorien eingetreten ist. Nach Schaubild 13 war in der letzten Periode 1967/72 der Anstieg des gesamten realen privaten Verbrauchs wesentlich stärker. Entsprechend haben sich auch die Anteile der Körper- und Gesundheitspflegeausgaben am gesamten privaten Verbrauch entwickelt. Nach anfänglicher stärkerer Anteilszunahme von 3,3 v.H. auf 4,0 v.H. ist seit 1967 ein Rückgang des realen Anteils auf 3,7 v.H. 1972 festzustellen[1].

Diese Entwicklungstendenz der Ausgaben für Waren und Dienstleistungen der Körper- und Gesundheitspflege spiegelt bereits den bisher entwickelten rückläufigen Trend des Friseurhandwerks seit 1967 wider.

In Schaubild 13 sind für die drei Perioden die durchschnittlichen Steigerungsraten des Friseurumsatzes den Ausgaben für Körper- und Gesundheitspflege gegenübergestellt. Es zeigt sich, daß die Zuwächse im Friseurhandwerk von Periode zu Periode immer mehr hinter den Ausgaben der privaten Haushalte für Körper- und Gesundheitspflege zurückgeblieben sind. In der letzten Periode sind sie sogar negativ.

Als Folge ist der Anteil des Friseurumsatzes an den Ausgaben für Waren- und Dienstleistungen der Körper- und Gesundheitspflege zwischen 1955 und 1972 sowohl in nominalen und noch stärker in rea-

1) Vgl. Jahresgutachten 1966 des Sachverständigenrates zur Begutachtung der gesamtwirtschaftlichen Entwicklung, a.a.O., S.237; Jahresgutachten 1974 des Sachverständigenrates zur Begutachtung der gesamtwirtschaftlichen Entwicklung, a.a.O., S. 241

len Werten zurückgegangen (vgl. Schaubild 14). Für die Zeit von 1950 bis 1964 ermittelte SCHÜLLER dagegen eine Zunahme des Umsatzanteils der Friseure an den Ausgaben für Körper- und Gesundheitspflege. Die vorliegende Untersuchung wird deshalb, ohne vorgreifen zu wollen, auch über die weiteren Entwicklungschancen der Friseure zu einem anderen Ergebnis als SCHÜLLER kommen[1].

Schaubild 14

Anteile des Friseurumsatzes an den Ausgaben der privaten Haushalte für Körper- und Gesundheitspflege von 1955 bis 1972

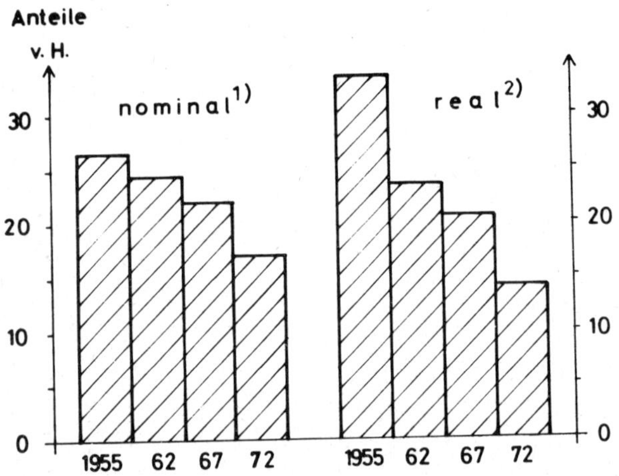

1) In jeweiligen Preisen
2) In Preisen von 1962

Quellen: Tabelle 14 und 18 im Anhang

1) Schüller kam zu dem Ergebnis, daß "günstige Existenz- und Entwicklungsmöglichkeiten" für das Friseurgewerbe bestehen. Schüller, A.: Dienstleistungsmärkte in der Bundesrepublik Deutschland, a.a.O., S. 230 und S. 237. Wie sich bereits abzeichnet, wird diese Studie zu einem weniger positiven Ergebnis kommen.

Bei einem insgesamt zur Stagnation tendierenden Anteil der Ausgaben für Körper- und Gesundheitspflege am gesamten privaten Verbrauch nimmt der Umsatzanteil des Friseurgewerbes an den Körper- und Gesundheitspflegeausgaben überproportional ab (Schaubild 14). Aus dieser Entwicklung kann der Schluß gezogen werden, daß in zunehmendem Maße die Nachfrage und damit die Ausgaben der privaten Haushalte für Waren und Dienstleistungen der Körper- und Gesundheitspflege am Friseurhandwerk vorbeilaufen. Da die eigentlichen Dienstleistungen der Friseure wie Haarschneiden, Frisurenlegen etc. nur vom Friseurhandwerk angeboten werden, kann gefolgert werden, daß die Nachfrage nach Haarpflege-, Kosmetik-, Körperpflege- und Parfümeriewaren in wachsendem Umfang durch Drogerien, Lebensmittelgeschäfte, Verbrauchermärkte, Kaufhäuser etc. befriedigt wird, d.h. der Marktanteil des Friseurgewerbes ist im Handelsbereich zurückgegangen[1].

ab) Dienstleistungsausgaben für Körperpflege ausgewählter privater Haushalte

Für die Nachfrage des Friseurgewerbes sind insbesondere die Ausgaben privater Haushalte für D i e n s t l e i s t u n g e n der Körperpflege und weniger für W a r e n von Interesse. Eine Unterteilung der privaten Haushalte in drei Haushaltstypen[2] zeigt in der Verbrauchsstruktur ein differenziertes Bild.

---

1) Dieses Ergebnis wird durch verschiedene Angaben in der Literatur bestätigt. Vgl. Herrmann, D.L.: Existenzfähigkeit und Optimalität der Handwerksbetriebe, a.a.O., S. 184; Jahresbericht 1971 des Zentralverbands des deutschen Friseurhandwerks, Köln o.J., S.11; Konjunkturberichte über das Handwerk, hrsg. vom Rheinisch-Westfälischen Institut für Wirtschaftsforschung Essen, Berlin 1968; S. 66; Konjunkturberichte über das Handwerk 1970, a.a.O., S. 64

2) Haushaltstyp I : 2-Personen-Haushalte von Renten- und Sozialhilfeempfängern mit geringem Einkommen
Haushaltstyp II : 4-Personen-Arbeitnehmerhaushalte mit mittlerem Einkommen
Haushaltstyp III: 4-Personen-Haushalte von Beamten und Angestellten mit höherem Einkommen

Je nach sozialer Schicht unterscheidet sich die Ausgabenhöhe und -entwicklung. Wenn es sich auch bei den drei Haushaltstypen um ausgewählte private Haushalte handelt und damit nicht auf die Gesamtheit aller privaten Haushalte ohne weiteres geschlossen werden darf, so lassen sich dennoch Tendenzen aus den Angaben ableiten, da es sich für die BRD um typische Haushalte handelt.

Bei einer beträchtlichen Zunahme des nominalen Nettoeinkommens aller drei Haushaltstypen haben die Dienstleistungsausgaben für Körperpflege des 2-Personen-Haushalts mit geringem Einkommen (Haushaltstyp I) von 1962 bis 1972 kontinuierlich zugenommen. Die Ausgaben der 4-Personen-Haushalte mit mittlerem und höherem Einkommen (Haushaltstyp II und III) sind dagegen zunächst bis 1965 bzw. 1966 angestiegen, um dann bis 1972 wieder mit Schwankungen leicht zu fallen[1)].

Mit anderen Worten, bei den privaten Haushalten mit niedrigem Einkommen nahmen die Dienstleistungsausgaben für Körperpflege ständig zu, während bei den Haushalten mit mittlerem und höherem Einkommen die Nachfrage ab 1965 stagnierte.

Interessant und aufschlußreich für die Suche nach den Ursachen der rückläufigen Entwicklung bei den Friseuren ist ebenso die Betrachtung der unterschiedlichen Ausgabenhöhe zwischen den sozialen Schichten. So gaben 1972 die Haushalte mit hohem Einkommen absolut mehr als doppelt soviel für Dienstleistungen der Körperpflege aus, wie die Haushalte der Rentner und Sozialhilfeempfänger mit niedrigem Einkommen. Aber auch die Haushalte mit mittlerem Einkommen lagen mit ihren Ausgaben beträchtlich unter den Beamten- und Angestelltenhaushalten mit höherem Einkommen[2)].

Die Untersuchung der Nachfrage der privaten Haushalte nach Dienstleistungen der Körperpflege zeigt deutlich die direkte Einkommens- und Ausgabenabhängigkeit des Friseurgewerbes von den privaten Haushalten. Die rückläufige Tendenz im Friseurgewerbe setzte gerade zu dem Zeitpunkt ein, als auch die Ausgaben der

1) Vgl. Tabelle 19 im Anhang
2) Vgl. Tabelle 19 im Anhang

privaten Haushalte, vornehmlich der Haushalte mit höherem aber auch mit mittlerem Einkommen stagnierten bzw. sogar zurückgingen.

Übersicht 7

Einkommenselastizität der Nachfrage nach Dienstleistungen der Körperpflege[1] ausgewählter Haushaltstypen 1964/65 und 1971/72

Haushaltstypen	Elastizitätskoeffizienten	
	1964/65	1971/72
I[2]	1,43	0,77
II[3]	0,69	0,79
III[4]	1,61	0,28[5]

1) Enthält fast ausschließlich Friseurleistungen
2) 2-Personen-Haushalte von Renten- und Sozialhilfeempfängern mit geringem Einkommen
3) 4-Personen-Arbeitnehmerhaushalte mit mittlerem Einkommen
4) 4-Personen-Haushalte von Beamten und Angestellten mit höherem Einkommen
5) Für 1970/71

Quellen: Eigene Berechnungen auf der Grundlage der Tabelle 19 im Anhang

Die Berechnung der Einkommenselastizität der Nachfrage als Verhältnis von relativer Ausgabenveränderung für Dienstleistungen der Körperpflege zu relativen Nettoeinkommensveränderungen der privaten Haushalte bestätigt dieses Ergebnis in vollem Umfang. Wie aus Übersicht 7 zu entnehmen ist, lag der Elastizitätskoeffizient 1964/65 bei zwei der drei Haushaltstypen noch über eins, d.h. im elastischen Bereich, während er 1971/72 für alle drei Haushaltstypen kleiner als eins war. Das bedeutet, daß die Nachfrage nach Friseurleistungen in bezug auf das Einkommen unelastisch geworden ist[1] und sich somit die Ausgaben für Dienstleistungen der Körperpflege unterproportional zu den Einkommenssteigerungen verändert haben. Es lassen sich daraus zumindest für die mittleren und höheren Einkommensschichten gewisse Sättigungserscheinungen erkennen, was auch aus der Konstanz der absoluten Ausgabenbeträge abzuleiten ist. Vermutlich wird bei weiterer Zunahme des Einkommens der unteren Schichten ebenfalls eine Stagnation der Ausgaben eintreten[2].

Wenn sich auch die errechneten Elastizitätskoeffizienten jeweils nur auf einen bestimmten Zeitpunkt beziehen, so kann im Zusammenhang mit den anderen untersuchten Indikatoren bereits gesagt werden, daß die rückläufige Entwicklung des Friseurhandwerks ursächlich von der abgeschwächten Nachfrage bestimmt wurde.

ac) Substitution der Marktnachfrage

Neben dem Einkommen und den Ausgaben kommen vor allem noch die Preise als Bestimmungsfaktor der Nachfrage nach Friseurleistungen in Betracht. Wie ein Blick auf die Entwicklung der Preisindices für einkommensabhängige Dienstleistungen im Vergleich zu den Indexreihen der Lebenshaltung und anderer Wirtschaftsbereiche zeigt, sind die Preise für Friseurleistungen am stärksten gestiegen[3], so daß zu vermuten ist, daß auch die Preisentwicklung dämpfend auf die Nachfrage gewirkt hat.

Die Ursachen für die Preiserhöhungen liegen im wesentlichen bei der aufgezeigten hohen Arbeitsintensität und den geringen Rationalisierungsmöglichkeiten im Friseurgewerbe. Hinzu kommt noch die

1) Die generelle Aussage von Menz, daß die Einkommenselastizität der Nachfrage nach Dienstleistungen "prinzipiell groß ist", kann nicht aufrechterhalten werden. Vgl. Menz, L.: Der tertiäre Sektor, a.a.O., S. 117
2) Vgl. Graf, H.G.: Der Einfluß des Einkommens auf die Struktur des Dienstleistungssektors, a.a.O., S. 118
3) Vgl. Tabelle 7a im Anhang, der Preisindex für einkommensabhängige Dienstleistungen gilt gleichzeitig als Preisindex für Friseurleistungen; Statistisches Jahrbuch 1973 für die BRD, a.a.O., S. 464

1968 eingeführte Mehrwertsteuer, die besonders arbeitsintensive Betriebe stärker belastet.

In der wirtschaftstheoretischen und -politischen Literatur wird ziemlich einhellig die Ansicht vertreten, daß der Einfluß der Preise auf den Konsum bedeutsam ist, daß er jedoch empirisch exakt nur schwer erfaßt werden kann[1]. Trotz dieser Schwierigkeiten soll mit Hilfe der Preiselastizität der Nachfrage der Versuch unternommen werden, den Zusammenhang zwischen Preis- und Nachfrageänderung statistisch annäherungsweise aufzuzeigen.

Die Preiselastizität ist definiert als das Verhältnis von relativer Änderung der mengenmäßigen Nachfrage zu relativer Änderung des Preises. Statt der mengenmäßigen Nachfrageänderung muß aus erhebungstechnischen Gründen die wertmäßige Ausgabenänderung verwendet werden.

In Übersicht 8 wird die Preiselastizität der Nachfrage für die drei Haushaltstypen zu zwei verschiedenen Zeitpunkten für Herrenhaarschnitte und Frisieren von Damen (waschen und legen) gegenübergestellt. Wie die errechneten Elastizitätskoeffizienten zeigen, hat die Preiselastizität 1971/72 gegenüber 1964/65 sowohl bei den Herren- als auch bei den Damenfriseurleistungen abgenommen. Dies bedeutet, daß die relativen Preissteigerungen größer waren als die relativen Ausgabenveränderungen. Diese Tatsache läßt bereits erkennen, daß die Preiserhöhungen ebenfalls dämpfend auf die Nachfrage gewirkt haben müssen.

Darüber hinaus sind zwei Dinge besonders bemerkenswert:
- Die Preiselastizität ist in allen Fällen positiv, während sie im Regelfall negativ ist.
- Die Preiselastizität fiel wesentlich stärker im Damen- als im Herrenfach.

---

1) Vgl. Schneider, E.: Einführung in die Wirtschaftstheorie, 2. Teil, 7. verb. Aufl., Tübingen 1961, S. 27 ff.; Graf, H.G.: Der Einfluß des Einkommens auf die Struktur des Dienstleistungssektors, a.a.O., S. 36

Übersicht 8

Preiselastizität der Nachfrage nach Friseurleistungen[1] ausgewählter Haushaltstypen 1964/65 und 1971/72

Haushaltstyp[2]	Elastizitätskoeffizient			
	1964/65		1971/72	
	Damen	Herren	Damen	Herren
I	2,6	1,5	1,1	1,1
II	1,4	0,8	0,1	0,1
III	1,1	0,6	0,4	0,4[3]

1) Die Preisangaben beziehen sich bei den Damen auf Waschen und Legen und bei den Herren auf einen Haarschnitt.
2) Vgl. die Anmerkungen 2 - 4 der Übersicht 7
3) Für 1970/71

Quellen: Eigene Berechnungen auf der Grundlage der Tabelle 19; Statistisches Jahrbuch 1968 für die BRD, a.a.O., S. 447; Statistisches Jahrbuch 1973 für die BRD, a.a.O., S. 467

Daß die Preiselastizität entgegen dem Regelfall positiv ist, hat seine Ursache darin, daß die Ausgaben in den betrachteten Zeitpunkten trotz Preiserhöhungen leicht gestiegen waren. Bei längerfristiger Betrachtung ergibt sich allerdings, wie bereits gezeigt werden konnte, daß die mittleren und höheren Einkommensschichten ihre Ausgaben für Dienstleistungen der Körperpflege in den letzten Jahren nicht mehr erhöht haben und lediglich bei den unteren Einkommensbeziehern noch eine Zunahme zu verzeichnen ist.

Das von BEREKOVEN beobachtete Phänomen, daß bei Dienstleistungen, die von den Verbrauchern nicht selbst ausgeführt werden können oder nur schwer substituierbar sind, Preissteigerungen in Kauf genommen werden müssen[1], trifft auf das Friseurgewerbe nicht

1) Vgl. Berekoven, L.: Der Dienstleistungsbetrieb, a.a.O., S. 87 f.

zu. Die erheblichen Preissteigerungen für Friseurleistungen[1] haben eine ständig wachsende Heimbehandlung der Haare durch die Konsumenten hervorgerufen. Parallel zu der seit der Mitte der sechziger Jahre rückläufigen Nachfrage nach Damenfriseurleistungen, die wegen ihres besonderen Gewichts die Entwicklung des gesamten Friseurgewerbes erheblich beeinflußt, war ein starkes Anwachsen des "Do-it-yourself" festzustellen[2].

Die Ursache für diese Substitution der Marktnachfrage liegt hauptsächlich bei den Preissteigerungen für Friseurleistungen[3]. Der Rückgang der Elastizitätskoeffizienten insbesondere bei den Damenfriseuren beweist diese kausale Beziehung zwischen Preiserhöhung und sinkender Nachfrage. Wenn auch nur verbal bestätigen sowohl SCHLAGHECKEN als auch WESSELS diese Aussage, wobei letzterer noch auf eine interessante Konsequenz aus der Verteuerung der Dienstleistungen hinweist:"Inmitten hochentwickelter Volkswirtschaften (ergibt sich) eine merkwürdige Rückbildung zu einer hauswirtschaftlichen Erzeugung"[4].

Die Substitution der Marktnachfrage nach Friseurleistungen wird durch vier weitere Faktoren verstärkt:

---

1) Vgl. Statistisches Jahrbuch für die BRD 1973, a.a.O., S. 467
2) Vgl. Konjunkturberichte über das Handwerk 1966, a.a.O., S. 48. In allen späteren Konjunkturberichten über das Handwerk des RWI wird eine Stagnation bzw. Rückgang im Damenfach festgestellt und gleichzeitig auf das Anwachsen der Heimbehandlung hingewiesen. Auch Tietz macht auf den Trend zur Heimbehandlung aufmerksam. Vgl. Tietz, B.: Konsument und Einzelhandel, Bd. 1, a.a.O., S. 468 und S. 626
3) Eine Umfrage auf der Hausfrauenmesse ergab, "daß 65 v.H. der Befragten die Heimbehandlung dem Friseurbesuch vorziehen, weil sie die Friseurleistung für zu teuer halten". Konjunkturberichte über das Handwerk 1970, a.a.O., S. 65
4) Wessels, Th.: Zur Problematik des tertiären Sektors in der modernen Volkswirtschaft, a.a.O., S. 307 f.; vgl. auch Schlaghecken, A.: Dienstleistungen und induvidueller Bedarf - Entwicklungschancen des Handwerks? in: Mitteilungen des RWI Essen, Heft 3, Berlin 1968, S.213

1. Die kosmetische Industrie aber auch die Elektroindustrie hat recht früh den Trend zur Heimbehandlung erkannt und ihn durch gesonderte Werbekampagnen sowie durch die Herstellung von Spezialpräparaten und Elektrogeräten bekräftigt.
2. Die langfristig wachsende Freizeit ermöglicht eine verstärkte eigenwirtschaftliche Betätigung. Eine Verbesserung der Lebenssituation bei gegebenem Einkommen einerseits und steigenden Preisen für Dienstleistungen aber auch Gütern andererseits läßt sich nur durch erhöhte Eigenherstellung von Leistungen in den privaten Haushalten erreichen[1].
3. Die Schwarzarbeit von Friseurleistungen hat in den letzten Jahren zugenommen[2]. Steigende Preise für Friseurleistungen und das Interesse an zusätzlichem Einkommen begünstigen die Schwarzarbeit. Hinzu kommt, daß der Anteil der weiblichen Arbeitskräfte mit über 80 v.H.[3] im Friseurgewerbe sehr hoch liegt. Da weibliche Arbeitskräfte zumeist aus familiären Gründen (Heirat, Kinder etc.) ihren Beruf kürzer ausüben, bestehen günstige Voraussetzungen zur Schaffung eines Nebenverdienstes. Die von der Elektro- und kosmetischen Industrie relativ preisgünstig angebotenen Geräte und Präparate dienen hierfür als Unterstützung.
4. Der Absatz von Perücken ist gestiegen. Vor allem das pflegeleichte Kunsthaar ist als Konkurrenz für die Friseure anzusehen, zumal auch das Handelsgeschäft mit Perücken weitgehend über Parfümerien, Kaufhäuser, Haarstudios etc. läuft, da die Friseure anfangs teilweise aus Furcht vor Umsatzausfällen den Verkauf von Perücken ablehnten. In jüngster Zeit hat sich aller-

1) Vgl. 1. Kapitel Abschnitt B, II. dieser Arbeit. Die gleiche Ansicht wird auch von Schlaghecken und Schüller vertreten. Vgl. Schlaghecken, A.: Dienstleistungen und individueller Bedarf - Entwicklungschancen des Handwerks? a.a.O., S. 212 f. und Schüller, A.: Dienstleistungsmärkte in der BRD, a.a.O., S. 56 f.
2) Hierauf wird insbesondere in den Konjunkturberichten des Handwerks 1969, a.a.O., S. 67; 1973, a.a.O., S. 57; 1974, a.a.O., S. 68 hingewiesen. Vgl. auch Beckermann, Th.: Das Handwerk im Wachstum der Wirtschaft, a.a.O., S. 76
3) Vgl. Herrmann, D.L.: Strukturdaten des Handwerks unter besonderer Berücksichtigung des Betriebsgrößenproblems, Diss., Köln 1972, S. 225

dings der Nachfrageanstieg nach Perücken verlangsamt[1].

Aus diesen Entwicklungstendenzen zeichnet sich eine Nachfragespaltung im Bereich des Friseurgewerbes ab. Die relativ problemlosen Behandlungen wie Waschen, Tönen, Föhnen etc. werden durch "Do-it-yourself" von den privaten Haushalten erstellt, während bei den Arbeiten, die Fachkenntnisse erfordern, beispielsweise Formwellen, Haarschneiden, die gewerblichen Friseure weiterhin ein Tätigkeitsfeld mit Marktchancen besitzen.

Zusammenfassend kann als Ursachenfaktor für die Schrumpfungstendenzen des Friseurgewerbes seit der zweiten Hälfte der sechziger Jahre von der Nachfrageseite aus festgestellt werden:

- Die gesunkene Einkommenselastizität der Nachfrage in den unelastischen Bereich als Ausdruck einer tendenziellen Sättigung.
- Die Preissteigerungen für Friseurleistungen (fallende Preiselastizität der Nachfrage), die eine Substitution der Marktnachfrage durch Heimbehandlung, Schwarzarbeit und Perücken gefördert hat.

Für die Zukunft ergibt sich daraus, daß die Nachfrage nach Friseurleistungen auf reduzierter Basis fortbestehen wird. Die Arbeitsleistungen, die Fachkenntnisse und -können voraussetzen, werden auch weiterhin Absatzmöglichkeiten haben.

b) Angebotsbedingungen des Friseurgewerbes

ba) Besonderheiten des Angebots

Auf der Angebotsseite ist für die Betriebe des Friseurgewerbes kennzeichnend, daß ihre Leistungen nicht lagerfähig sind. Herstellung und Nutzung der Leistung durch die Konsumenten findet in einem Akt statt. Die Präsenz des Kunden ("externer Faktor") ist mithin unerläßliche Voraussetzung für die Leistungserbringung. Daraus erwächst für die Friseurbetriebe das Problem der Leer- und Bereitschaftszeiten mit ihren Folgen für die Kostenbelastung im besonderen Maße.

---

1) Vgl. Konjunkturberichte über das Handwerk 1970, a.a.O., S. 64; Konjunkturberichte über das Handwerk 1974, a.a.O., S. 69

In enger Verbindung mit diesem Problem sind die Standortabhängigkeit sowie -mobilität zu sehen. Friseurleistungen werden nicht täglich, sondern periodisch nachgefragt. Für die Existenzfähigkeit der Betriebe ergibt sich daraus, daß das Einzugsgebiet groß genug sein muß. In Stadtrandgebieten und ländlichen Regionen ist für die Friseure ermittelt worden, daß die Kapazitäten tagsüber bis zu 30 v.H. unbenutzt blieben[1].

Die Abhängigkeit von einem lokal begrenzten Nachfragepotential drückt sich auch in der hohen Standortmobilität aus. In einer empirischen Studie über die Fluktuation von Handwerksbetrieben ist festgestellt worden, daß von allen untersuchten Handwerkszweigen im Friseurgewerbe eine Standortverlagerung aus wirtschaftlichen Gründen als meistgenannte Ursache anzutreffen war[2].

Für die Kosten- und Ertragssituation des Friseurhandwerks ist vor allem von Bedeutung, daß nur in begrenztem Umfang die Vorteile der Arbeitsteilung genutzt werden können. Abgesehen davon, daß die Arbeitsanforderungen nur wenig Raum für eine tiefere Arbeitszerlegung sowie einen verstärkten Einsatz technischer Hilfsmittel lassen, steht als durchschlagendes Hemmnis für weitergehende Rationalisierungsmaßnahmen die Befürchtung der Kunden, daß eine höhere Technisierung des Arbeitsprozesses zu einem Verzicht auf Leistungsindividualität sowie persönliche Atmospähre führt.

Die aufgezeigte Verwendungsstruktur der Investitionen im Friseurgewerbe - hohe Aufwendungen für die Salonausstattung und geringe Ausgaben für Rationalisierungen - spiegelt diese Tatsache deutlich wider.

Aus dem gleichen Grund dominiert im Friseurgewerbe der Kleinbetrieb mit durchschnittlich vier Beschäftigten je Betrieb. Entgegen dem allgemeinen Trend zu größeren Betriebseinheiten ist im Friseurgewerbe seit 1963 die durchschnittliche Betriebsgröße konstant

1) Vgl. Zöllner, W.-D.: Figaros klagen über lange Haare und Selbstbedienung, in: Frankfurter Rundschau vom 10.2.1973, S. 3
2) Vgl. Flick, R.: Die Fluktuation im Handwerk, Göttinger Handwerkswirtschaftliche Studien, Bd. 24, hrsg. von W. Abel, Göttingen 1974, S. 168

geblieben. Aus Angst vor dem Verlust der Individualität der Leistung scheidet mithin eine Betriebsvergrößerung durch Filialgründungen ebenso wie durch mutative Anpassung aus.

Das Friseurgewerbe kann folglich die Vorteile der Kostendegression bei steigender Beschäftigung (economies of large scale), die dadurch entstehen, daß ein unvollkommeneres Produktionsverfahren durch ein vollkommeneres ersetzt wird, für sich nicht nutzen. Ein Betriebsgrößenwachstum läßt sich nur über multiple Anpassung erreichen. Da hierbei jedoch die fixen und variablen Kostenanteile in etwa parallel steigen, kommt es nicht zur Abflachung der Kostenkurven und somit ergeben sich unter dem Gesichtspunkt der Kostenrechnung keine zusätzlichen Vorteile aus der Betriebsgrößenvariation[1].

HERRMANN bestätigt diese mehr theoretisch orientierte Argumentation aufgrund von empirischen Ermittlungen für die Friseure: "Arbeitstechnisch steht der Kleinbetrieb gleichberechtigt neben den größeren Betrieben"[2].

Als letzte Angebotsbesonderheit ist noch die Marktsituation des Friseurgewerbes hervorzuheben. Während die handwerklichen Friseurleistungen ohne Konkurrenz durch Betriebsformen außerhalb des Handwerks angeboten werden, sieht die Situation im Handelsbereich anders aus, denn hier befindet sich das Friseurhandwerk in Wettbewerbsbeziehung mit dem institutionellen Einzelhandel (Kaufhäuser, Parfümerien, Drogerien, Haarstudios etc.). Da jedoch mit knapp einem Fünftel des Gesamtumsatzes der Handelsanteil ohne größere Bedeutung ist, stehen die handwerklichen Friseurbetriebe im wesentlichen untereinander in Konkurrenz und somit kann von einer relativ homogenen Wettbewerbsstruktur auf dem Friseurmarkt ausgegangen werden.

Als typische Angebotsbedingungen des Friseurgewerbes sind insgesamt festzuhalten:

---

1) Vgl. Lücke, W.: Produktions- und Kostentheorie, Würzburg, Wien 1969, S. 127 ff.; Berekoven, L.: Der Dienstleistungsbetrieb, a.a.O., S. 54 f.
2) Herrmann, D.L.: Strukturdaten des Handwerks unter besonderer Berücksichtigung des Betriebsgrößenproblems, a.a.O., S. 226

- Nicht-Lagerfähigkeit der Leistungen
- Hohe Standortabhängigkeit
- Geringe Rationalisierungsmöglichkeiten
- Kleine Betriebsgrößen
- Relativ homogene Wettbewerbsstruktur.

Wenn sich auch diese Besonderheiten nicht exakt quantifizieren lassen, so haben sie dennoch Einfluß auf die Existenzsituation der Friseurbetriebe und sind bei der Analyse der Kostenstruktur und Ertragslage sowie bei den Überlegungen über die zukünftigen Entwicklungsperspektiven zu berücksichtigen.

bb) Kostenstruktur und Ertragssituation

Für die Entscheidung und das Verhalten der Anbieter sind die Entwicklungen der Kosten und Erträge neben den Nachfragedaten die ausschlaggebenden Bestimmungsfaktoren. Eine Analyse der Kostenstruktur und der Ertragssituation sind somit eine Voraussetzung zur Beantwortung der Frage, ob die rückläufige Entwicklung des Friseurhandwerks seit der Mitte der sechziger Jahre auch ursächlich von der Angebotsseite beeinflußt wurde.

Die Kostenstrukturen der drei Betriebstypen Damenfriseure, Herrenfriseure und kombinierte Friseurbetriebe (Damen- und Herrenfriseure) ist dadurch gekennzeichnet, daß drei Positionen, die zusammen rund 80 v.H. der Gesamtkosten darstellen, strukturbestimmend sind. Nach ihrem Gewicht sind es in der Reihenfolge die Personalkosten, die Kosten des Material- und Wareneinsatzes sowie die Miet- und Pachtkosten[1]. Während der Anteil der Personalkosten (ohne kalkulatorischen Unternehmerlohn) 1962 und 1970 mit wachsender Grössenklasse zunimmt, sinkt umgekehrt der Anteil der Miet- und Pachtkosten mit steigender Größenklasse. Bei den Kosten des Material- und Wareneinsatzes ergibt sich für die drei Betriebstypen eine nicht ganz einheitliche Tendenz, obwohl im Trend eine leichte Zu-

1) Vgl. Tabelle 20a. und 21a im Anhang

nahme mit wachsender Betriebsgröße feststellbar ist[1].

Ein Vergleich zwischen der Kostenstruktur 1962 und 1970 führt zu dem Ergebnis, daß sich das Gewicht der Personalkosten sowie der Mieten und Pachten in den jeweiligen Größenklassen 1970 gegenüber 1962 weiter verstärkt hat[2].

Für den im Friseurgewerbe vorherrschenden Betriebstyp Damen- und Herrenfriseure ist in Schaubild 15 der kalkulatorische Unternehmerlohn in der Kostenposition Löhne und Gehälter miterfaßt. Stellen 1962 diese gesamten Personalkosten im Durchschnitt etwas mehr als 50 v.H. der Gesamtproduktion dar, so erhöhte sich dieser Anteil bis 1970 auf über 60 v.H. Die hohe Arbeitsintensität und die geringen Rationalisierungsmöglichkeiten durch vermehrten Kapitaleinsatz finden in diesen Zahlen ihren Ausdruck[3]. Die Abnahme des Anteils der Löhne und Gehälter mit wachsender Betriebsgröße kommt dadurch zustande, daß der kalkulatorische Unternehmerlohn bei den kleinen Betriebsgrößen stärker ins Gewicht fällt.

Eine Betrachtung der Gesamtkosten einschließlich des kalkulatorischen Unternehmerlohns und der kalkulatorischen Zinsen auf das Eigenkapital[4] als prozentualer Anteil an der Gesamtproduktion (Umsatz) gibt gleichzeitig Auskunft über die Ertragslage in den jeweiligen Betriebsgrößenklassen.

---

1) Vgl. Tabelle 20a und 21a im Anhang. Ausnahmen stellen die Damenfriseure 1962 und die Herrenfriseure 1970 dar. In diesen beiden Fällen fielen die Kosten für Material- und Wareneinsatz mit steigender Betriebsgröße. Vgl. Tabelle 21a im Anhang.

2) Die Miet- und Pachtkosten der beiden Betriebstypen Damenfriseure und Herrenfriseure sind diesem Trend nicht so eindeutig gefolgt. Vgl. Tabelle 21a im Anhang

3) Für die mithelfenden Familienangehörigen ist kein Lohn in Ansatz gebracht, da die meisten Betriebsinhaber ihren mithelfenden Familienangehörigen ein Gehalt zahlen. Vgl. Betriebsvergleich im Friseurhandwerk des Bundesgebietes, hrsg. vom Institut für Handwerkswirtschaft München, a.a.O., S. 58. In Tabelle 20b ist ein kalkulatorischer Lohn für mithelfende Familienmitglieder gesondert ausgewiesen, der in den Fällen, in denen kein Lohn gezahlt wird, bei einer betriebswirtschaftlichen Kalkulation mit als Kosten berechnet werden müßte.

4) In Tabelle 20b im Anhang sind die vom Verfasser berechneten kalkulatorischen Kosten enthalten. Die Werte für den kalkulatorischen Unternehmerlohn sind bewußt niedrig angesetzt, um dem Argument vorzubeugen, durch einen zu hohen Ansatz des kalkulatori-
(Fortsetzung der Fußnote s.S. 111)

Schaubild 15

Kostenstruktur und Ertragssituation der Damen- und Herrenfriseure 1962 und 1970

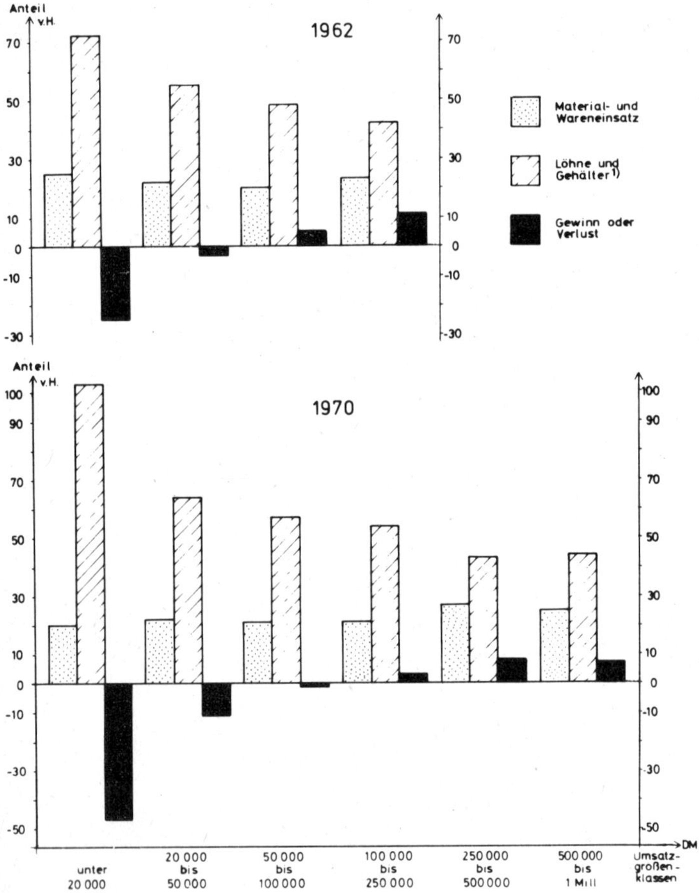

1) Einschließlich des kalkulatorischen Unternehmerlohns
Quelle: Tabelle 20a und 20b im Anhang

Die Differenzierung der Ergebnisse nach Betriebsgrößen legt den Versuch nahe, eine "optimale Betriebsgröße" für das Friseurgewerbe zu bestimmen. Aus drei Gründen wird davon jedoch Abstand genommen[1]:

1. Begriff "optimale Betriebsgröße" ist umstritten und bislang nicht hinreichend geklärt. In der Volkswirtschaftslehre geht man allgemein davon aus, daß die optimale Betriebsgröße erreicht ist, wenn die totalen Stückkosten im Minimum sind, während die Betriebswirtschaftslehre in der Regel die optimale Betriebsgröße im gewinnmaximalen Punkt erkennt.
2. Neben dem Stückkostenminimum oder dem Gewinnmaximum existieren noch andere Zielgrößen für unternehmerisches Handeln wie Selbständigkeit, Marktbeherrschung etc. Diese Zielgrößen entziehen sich jedoch einer exakten Quantifizierung, so daß entsprechend auch keine optimale Betriebsgröße bestimmt werden kann.
3. Die optimale Betriebsgröße ist zeitpunktbezogen, d.h. sie trägt statischen Charakter und wird den dynamischen Entwicklungsprozessen nicht gerecht. Bei Änderung von Betriebs- und Marktdaten tritt auch ein Wandel der optimalen Betriebsgröße ein.

Statt einer optimalen Betriebsgröße soll deshalb ein Mindestgrößenbereich abgesteckt werden, der für die Existenzfähigkeit eines Betriebes notwendig ist, wobei ein Betrieb als existenzfähig gilt, wenn er die Gesamtkosten einschließlich des kalkulatorischen

---

(Fortsetzung der Fußnote von Seite 109)
schen Unternehmerlohns würden als Ergebnis zu viele Betriebe einen Verlust erwirtschaften. Als Vergleich: Ein männlicher Vollgeselle im Handwerk hat 1970 einen Bruttojahreslohn von 14.000 DM bezogen. Vgl. Arbeitsverdienste im Handwerk, Fachserie M, Preise, Löhne, Wirtschaftsrechnungen, Reihe 16, hrsg. vom Statistischen Bundesamt Wiesbaden, Wiesbaden 1972, S. 5

1) Damit sind nicht alle Argumente gegen die Bestimmung einer optimalen Betriebsgröße genannt, aber für den Untersuchungszweck dieser Studie mögen die drei Einwände genügen. Weitere Argumente finden sich in: Bergmann, U.: Unternehmensgröße und technischer Fortschritt, a.a.O., S. 15 ff.; Herrmann, D.L.: Strukturdaten des Handwerks unter besonderer Berücksichtigung des Betriebsgrössenproblems, a.a.O., S. 41 ff.

Unternehmerlohns[1] erwirtschaftet.

Schaubild 15 zeigt, daß 1962 Betriebe mit einem Umsatz von mehr als 50.000 DM und 1970 ab einem Jahresumsatz von 100.000 DM kostendeckend gearbeitet und darüber hinaus einen Gewinn erwirtschaftet haben. Diese für den gemischten Betriebstyp ermittelten Schwellenwerte gelten ebenfalls für die Damenfriseure, während die Herrenfriseure im Durchschnitt auch 1970 bereits bei einem Jahresumsatz von 50.000 DM existenzfähig sind[2].

Bei den Betrieben, die unter diesen Umsatzgrenzen liegen, hat der Umsatz nicht ausgereicht, um alle Kosten (einschließlich der kalkulatorischen Kosten) voll zu decken. Unter Berücksichtigung, daß die unmittelbar unter dem Schwellenwert liegenden Betriebe ebenfalls zumindest kostendeckend gearbeitet haben, sind 1962 rund 75 v.H. und 1970 sogar 80 v.H. aller Friseurbetriebe nach betriebswirtschaftlicher Kalkulation nicht existenzfähig gewesen, d.h. die Ertragslage im Friseurhandwerk hat sich in der Zeit von 1962 bis 1970 weiter verschlechtert[3].

Vor diesem Hintergrund kann es nicht überraschen, daß seit der Mitte der sechziger Jahre die Betriebszahlen bei den Friseuren abgenommen haben. Erstaunlich hoch ist allerdings der Prozentsatz der unter betriebswirtschaftlichen Aspekten nicht kostendeckend arbeitenden Betriebe, so daß zu vermuten ist, daß sich der Schrumpfungsprozeß noch fortsetzen wird. Die intensive Betriebsfluktuation im Friseurgewerbe ebenso wie der hohe Anteil wirtschaftlich bedingter Abgänge[4] sind Ausdruck dieser schlechten Ertragslage und machen

1) Als Richtschnur für die Höhe des kalkulatorischen Unternehmerlohns soll der Lohn einer vergleichbaren Arbeitskraft in unselbständiger Tätigkeit gelten.
2) Vgl. Tabelle 20a und 21a im Anhang
3) Berechnet aufgrund der Tabellen 12,15,20a und 21a im Anhang. Der Betriebsvergleich im Friseurhandwerk des Instituts für Handwerkswirtschaft München kommt zwischen 1958 und 1969 zu einem ähnlichen Resultat. Von 16 untersuchten Betrieben verschlechterte sich bei 14 Betrieben die Ertragslage in der genannten Zeit. Vgl. Betriebsvergleich im Friseurhandwerk des Bundesgebiets, a.a.O., S. 98 und S. 104. Herrmann hat für 1963 ebenfalls errechnet, daß rund 70 v.H. der Friseurbetriebe nur Nebenerwerbscharakter tragen bzw.unter. kaufmännischen Gesichtspunkten nicht existenzfähig sind. Vgl. Herrmann, D.L.: Strukturdaten des Handwerks..., a.a.O., S. 254 f.
4) Vgl. Flick, R.: Die Fluktuation im Handwerk, a.a.O., S. 165

eine Ursachenanalyse notwendig.

Eine Gegenüberstellung der Steigerungsraten des Umsatzes einerseits und der drei wichtigsten Kostenpositionen andererseits zeigt, daß vor allem die anteilsmäßig ausschlaggebenden Lohnkosten aber auch die Kosten für Mieten und Pachten von 1962 bis 1970 stärker gestiegen sind als der Umsatz. Während der Umsatz nur um + 51 v.H. zugenommen hat, erhöhten sich die Löhne um + 76 v.H. und die Mieten um + 63 v.H. im gleichen Zeitraum[1]. Beide Kostenpositionen zusammen machen mehr als die Hälfte der Gesamtkosten eines Friseurbetriebes aus, so daß auf den ersten Blick das überproportionale Ansteigen der Löhne und Mieten gemessen am Umsatzzuwachs für die Verschlechterung der Ertragslage verantwortlich zu machen sind. Zieht man jedoch die gleichzeitig vorgenommenen Preiserhöhungen für Friseurleistungen von + 85 v.H. und für Materialkosten von nur + 13 v.H.[2] mit ins Kalkül, ergibt sich ein anderes Bild. Zum einen ist der größte Teil der Lohn- und Mietsteigerungen in den Friseurpreisen weitergegeben worden und zum anderen wirken die relativ niedrigen Materialkostensteigerungen, die Materialkosten schlagen immerhin mit einem Kostenanteil von rund 20 v.H. zu Buche, dämpfend auf die Gesamtkostensteigerungen. Insgesamt kann somit die Zunahme der Kosten nicht als alleinige Ursache für die schlechte Ertragslage angesehen werden[3].

Als weitere Einflußgrößen der negativen Ertragssituation sind deshalb folgende drei Punkte noch zu berücksichtigen:

---

1) Vgl. Statistisches Jahrbuch für die BRD 1965, a.a.O., S. 276; Statistisches Jahrbuch für die BRD 1973, a.a.O., S.265 und S. 464; Arbeitsverdienste im Handwerk, a.a.O., S. 5. Von der amtlichen Statistik wird kein Lohn für die Friseure ausgewiesen, deshalb ist der Bruttoarbeitsverdienst eines Vollgesellen im Handwerk zugrundegelegt worden.
Ebenfalls sind keine Mietpreise für Friseurgeschäfte oder vergleichbare Geschäfte ausgewiesen, so daß für die Berechnung die Wohnungsmieten verwendet wurden. Da es hier nicht auf absolute Werte, sondern nur auf Steigerungsraten ankommt, sind diese Daten näherungsweise verwertbar.
2) Vgl. Tabelle 7a im Anhang; Statistisches Jahrbuch für die BRD 1973, a.a.O., S. 464
3) In dem bereits zitierten Betriebsvergleich werden vor allem die gestiegenen Personalkosten für die Verschlechterung der Ertragssituation verantwortlich gemacht. Dieser monokausalen Begrün-
(Fortsetzung der Fußnote s.S. 114)

1. Die bereits aufgezeigte stagnierende Nachfrageentwicklung aufgrund der in den unelastischen Bereich abgesunkenen Einkommenselastizität.
2. Das gesamte Nachfragevolumen ist bei der gegebenen Betriebszahl zu gering, um allen Friseurbetrieben eine Existenzbasis zu bieten.
3. Die Leer- und Bereitschaftszeiten mit ihren kurzfristig nicht abbaubaren Kosten sind zu lang[1].

Anhand einer einfachen Modellrechnung soll annäherungsweise ermittelt werden, wieviel Friseurbetriebe bei dem gegebenen Gesamtumsatz und der errechneten Gewinnschwelle von 100.000 DM Jahresumsatz, die für die Herrenfriseure korrigiert werden muß, sowie unter der Annahme, daß der Umsatz nur unterproportional steigt (unelastische Nachfrage) noch existieren können.

Die Untersuchung der Ertragslage hatte zu dem Ergebnis geführt, daß 1970 rund 80 v.H. der Friseurbetriebe, das sind absolut 41.000 Betriebe, nach betriebswirtschaftlicher Kalkulation unrentabel arbeiten. Geht man nun von einem Gesamtumsatz von 2,8 Mrd. DM aus, so reicht dieses Volumen für die Existenz von rund 30.000 Friseurbetrieben aus, d.h. es brauchen nach diesen Berechnungen nicht 41.000, sondern nur 20.000 Betriebe ausscheiden, die immerhin noch rund 40 v.H. des gesamten Betriebsbestandes im Friseurgewerbe ausmachen[2].

(Fortsetzung der Fußnote 3) v.S. 113)
dung kann nicht zugestimmt werden, da sie die Kostenentwicklung der anderen Positionen sowie die Preise für Friseurleistungen außer acht läßt. Vgl. Betriebsvergleich im Friseurhandwerk des Bundesgebietes, a.a.O., S. 98.

1) Für 1970 ist empirisch ermittelt worden, daß im Durchschnitt der untersuchten Friseurbetriebe mehr als ein Viertel der Gesamtarbeitszeit unbeschäftigt waren. Vgl. Betriebsvergleich Friseurhandwerk, Schleswig-Holstein 1970, a.a.O., S. 3

2) Die Zahl ist auf folgende Weise ermittelt worden: Der Gesamtumsatz ist durch den Schwellenwert von 100.000 DM dividiert und um 2.000 Betriebe nach oben korrigiert worden, weil im Herrenfach die Schwelle bei 50.000 DM Umsatz liegt.

Dieses Ergebnis ist insofern realistisch, als sich mit jedem ausscheidenden Betrieb das gegebene Umsatzpotential auf eine kleinere Zahl von Betrieben verteilt. Es wäre mithin falsch, davon auszugehen, daß die gesamten 80 v.H. der Verlustbetriebe (absolut 41.000 Betriebe) aus dem Markt ausscheiden müßten.

Der Spielraum für Ansatzpunkte zur Ertragsverbesserung und damit zur Existenzsicherung der Friseurbetriebe ist eng.

- Kostensenkung durch vermehrten Kapitaleinsatz scheidet wegen der dargestellten Rationalisierungswiderstände aus.
- Weitere Preissteigerungen der Friseurleistungen wirken dämpfend auf die Nachfrage.
- Mit einer überproportionalen Zunahme der Nachfrage ist aufgrund der niedrigen Einkommenselastizität nicht zu rechnen.

Als Konsequenz bleibt somit lediglich eine Reduktion der Leerzeiten durch einen Abbau der Betriebszahl übrig.

Auf ein Problem ist abschließend noch hinzuweisen. Ein Ausscheiden von 20.000 Betrieben würde für die Bevölkerung eine Verschlechterung der Versorgung mit Friseurleistungen bedeuten. So müßten beispielsweise längere Wege sowie vermutlich häufiger größere Wartezeiten in Kauf genommen werden. Hier zeigt sich ein Widerspruch zwischen den Versorgungsinteressen der Bevölkerung auf der einen Seite und dem Rentabilitätsdenken, auf dem die Berechnungen fußen, auf der anderen Seite. Eine generelle Lösung dieses Problems scheint es ebenso wenig zu geben, wie auch globale Vorschläge nicht sinnvoll sind, verschärfen sie doch nur den Interessenkonflikt. Deshalb ist es erforderlich, jeweils für begrenzte Regionen Fallstudien zu erarbeiten, die zunächst von dem Bedarf und der Verhaltensweise der Bevölkerung auszugehen haben, um auf dieser Basis Vorschläge für konkrete Anpassungsmaßnahmen vor allem im Hinblick auf die Standorte und die Zahl der Betriebe zu entwickeln.

II. Zusammenfassung der Ergebnisse und Folgerungen

Zu den einkommensabhängigen Dienstleistungsbranchen zählt aus dem Bereich des Handwerks allein das Friseurgewerbe. Als entscheidendes Ergebnis der vorstehenden Analyse ist das Erreichen von Wachstumsgrenzen der Friseure hervorzuheben. Entgegen der verbreiteten Ansicht über die Entwicklungschancen von Dienstleistungsbranchen sind bei der Nachfrage nach Friseurleistungen Sättigungserscheinungen erkennbar geworden, die seit einigen Jahren Schrumpfungstendenzen in den Vordergrund haben treten lassen. Sowohl auf der Nachfrage als auf der Angebotsseite deuten alle analysierten Indikatoren auf einen abwärts gerichteten Trend hin, der keinen vorübergehenden Charakter trägt.

Im einzelnen hat die Untersuchung des Friseurhandwerks zu folgenden Ergebnissen geführt:

1. Die Beschäftigten- und Betriebszahlen sind seit der zweiten Hälfte der sechziger Jahre gefallen, wobei insbesondere die Herrenfriseure abgenommen haben.
2. Die durchschnittliche Betriebsgröße ist in den letzten zehn Jahren mit vier Beschäftigten je Betrieb konstant geblieben.
3. Der Umsatz un der Nettoproduktionswert sind nominal im Vergleich zum gesamten Handwerk unterproportional gestiegen, dagegen real seit 1967 gefallen.
4. Die Arbeitsproduktivität ist nominal und real wesentlich geringer gewachsen als im gesamten Handwerk. Bemerkenswert ist dabei, daß die Steigerungsraten von Periode zu Periode zurückgegangen sind, so daß der Spielraum für weitere Produktivitätszuwächse immer geringer geworden ist.
5. Die Investitionen sind rückläufig, dagegen hat das Bruttoanlagevermögen (Kapitalstock) etwas zugenommen.
6. Die Kapitalintensität ist geringfügig gestiegen, liegt jedoch erheblich unter der des Gesamthandwerks. Entsprechend hoch ist die Arbeitsintensität.
7. Der Anteil des Friseurgewerbes an den Ausgaben der privaten Haushalte für Waren und Dienstleistungen der Körper- und Gesundheitspflege ging stark zurück.

8. Die Einkommenselastizität der Nachfrage nach Dienstleistungen der Körperpflege ist in den unelastischen Bereich kleiner als eins gefallen. Das bedeutet, daß bei Einkommenssteigerungen die Nachfrage nach Dienstleistungen der Friseure nur unterproportional zunimmt.
9. Die Preiselastizität der Nachfrage hat abgenommen. Die Preissteigerungen haben mithin dämpfend auf die Nachfrage nach Friseurleistungen gewirkt.
10. Die Marktnachfrage wird in wachsendem Maße durch do-it-yourself, Schwarzarbeit und Perücken substituiert.
11. Rund drei Viertel aller Friseurbetriebe arbeiten nach betriebswirtschaftlicher Kalkulation mit Verlust. Die Ertragslage hat sich in der Zeit von 1962 bis 1970 verschlechtert.
12. Die Ursachen für die Verschlechterung der Ertragslage liegen sowohl im Kostenanstieg als auch in dem insgesamt zu geringen Nachfragevolumen bei gegebener Betriebszahl.
13. Das gesamte Umsatzpotential bietet nach einer einfachen Modellrechnung nur rund 30.000 Betrieben eine Existenzbasis. D.h. es ist mit einem Ausscheiden von weiteren Betrieben zu rechnen.
14. Für Anpassungsmaßnahmen sind regionale Fallstudien durchzuführen, um Versorgungslücken zu vermeiden.

Für das Friseurgewerbe besteht somit in Zukunft die Notwenigkeit, seine Angebotskapazitäten auf die unterproportiol wachsende Nachfrage einzustellen.

C. Produktionsabhängige Dienstleistungsbranchen

I. Die handwerklichen Reinigungsgewerbe zwischen Expansion und Kontraktion

1. Struktur und Entwicklungstendenzen

a) Funktionscharakterisierung

Zu den produktionsabhängigen Dienstleistungsbranchen des Reinigungsgewerbes zählen aus dem Bereich des Handwerks vier Zweige: Die Textilreinigungsgewerbe Wäscher/Plätter[1] und Färber/Chemischreiniger[1] sowie die baubezogenen Gewerbezweige Gebäudereiniger und Schornsteinfeger.

Die funktionalen Gemeinsamkeiten der vier Reinigungsgewerbe im Wirtschaftsprozeß sind darin zu sehen, daß ihre Dienstleistungen m i t t e l b a r produktionsabhängigen Charakter tragen, während die unmittelbar produktionsabhängigen Dienstleistungen eine direkte Verkaufseinheit mit dem materiellen Gut bilden - beispielsweise die Handelsleistung mit einer Ware - haben die mittelbar produktionsabhängigen Dienstleistungen die Aufgabe, materielle Güter nach ihrem Erwerb gebrauchsfähig zu halten oder zu machen. Die Art dieses Leistungsbedarfs läßt sich als Folgebedarf kennzeichnen, der in der Regel nur im Zusammenhang mit längerlebigen Sachgütern auftritt. Die Häufigkeit der Inanspruchnahme der Reinigungsleistungen kann nicht generell bestimmt werden, da sie von der Nutzungsintensität der Reinigungsobjekte, dem Wetter, der Luftverschmutzung etc. abhängig ist.

Das Funktionsbild der vier Reinigungsgewerbe hat sich in den letzten Jahrzehnten nicht grundsätzlich gewandelt. Veränderungen sind lediglich in Form einer Aufgabenerweiterung festzustellen. So haben die beiden T e x t i l r e i n i g u n g s g e w e r b e zusätzlich zu ihrem bestehenden Leistungsprogramm der Bekleidungsreinigung noch

---

1) Die Wäscher/Plätter und Färber/Chemischreiniger gelten jeweils als ein Gewerbezweig, deshalb wird nachfolgend häufig nur kurz von Wäschern und Chemischreinigern gesprochen.

- die Reinigung von Polstermöbeln und Gardinen,
- Teppichen und Teppichböden,
- Pelzen und Lederwaren sowie
- die Autoinnenreinigung übernommen[1].

Das Aufgabenfeld der Gebäudereiniger - als eines der jüngsten Handwerkszweige[2] - ist vielfältig. Ursprünglich lag der Tätigkeitsschwerpunkt bei der Außenreinigung (Fassaden- und Glasreinigung). Durch die ansteigende Zahl der verwendeten Baustoffe (Metall, Kunststoff, Glas etc.) sowie durch neue Bauformen im Hochbau mit häufig feststehenden Fensterelementen wurden die Gebäudereinigerbetriebe vor immer neue Anforderungen gestellt. Daneben gewinnt in jüngerer Zeit zunehmend die Innen- und Unterhaltsreinigung von

- Verwaltungsgebäuden der privaten Wirtschaft und der öffentlichen Hand,
- Krankenhäusern einschließlich der Desinfektion,
- Neubauten unmittelbar nach ihrer Fertigstellung (Verwaltungs- und Industriebauten, Theater, Kongreßzentren, Hallenbäder aber auch Wohnungsbauten etc.) und
- Produktionsstätten (Entstaubung von Fabrikanlagen und Maschinen, Staubdeckenreinigung etc.)

an Bedeutung[3].

Auch das Schornsteinfegerhandwerk hat eine Funktionserweiterung erfahren. Zwar liegt das Schwergewicht der Tätigkeiten auf der Reinigung von Schornsteinen, der im fünfjährigen Turnus durchzuführenden Feuerstättenschau und der Rohbau- und Gebäudeabnahme von Schornsteinen, aber darüber hinaus sind Aufgaben

---

1) Vgl. Tietz, B.: Konsument und Einzelhandel, Bd. 1, a.a.O., S. 662
2) Die historischen Wurzeln der Gebäudereiniger gehen bis in die Zeit nach dem 3ojährigen Krieg zurück, wo sie als "Wandwäscher" in Erscheinung traten aber nicht als Handwerk anerkannt waren. Erst mit der Aufnahme in das Gewerbeverzeichnis 1934/35 ist die Anerkennung als selbständiges Handwerk erfolgt, vgl. Dohrn, M.J.: Das Gebäudereinigerhandwerk, Bonn, o.J. (1972), S. 6 ff.
3) Vgl. ebenda, S. 9 f.

- der feuertechnischen Sicherheit,
- der Funktionsprüfung und -kontrolle von Feuerungsstätten,
- der heizungstechnischen Beratung und
- neue Funktionen im Zusammenhang mit dem Emissionsschutz

hinzugetreten[1].

Als Besonderheit unter den Reinigungshandwerken muß der Status des Schornsteinfegerhandwerks hervorgehoben werden. Durch den gesetzlich angeordneten Kehrzwang, durch das behördlich festgelegte Kehrmonopol sowie durch die staatlich festgesetzten Kehrgebühren fehlen für eine privatwirtschaftliche Ausübung dieses Handwerks die wesentlichen Merkmale und Voraussetzungen. Die Sonderstellung des Schornsteinfegerhandwerks schließt mithin eine direkte vergleichende Betrachtung mit den übrigen Reinigungshandwerken unter ökonomischen Aspekten aus.

b) Betriebe und Beschäftigte

Die Entwicklung der Reinigungshandwerke verläuft durchaus nicht gleichläufig. Anhand der Merkmale Betriebe und Beschäftigte zeigen sich bereits die unterschiedlichen Tendenzen. Während die Zahl der Betriebe im Textilreinigungshandwerk kontinuierlich abnimmt, und zwar wesentlich stärker als im Gesamthandwerk, steigt die Betriebszahl bei den Gebäudereinigern und den Schornsteinfegern. Allerdings läßt sich für die Gebäudereiniger in jüngster Zeit (von 1968-1972) ebenfalls ein Rückgang in der Betriebszahl erkennen, wie in Schaubild 16 zu sehen ist.

Schlüsselt man die Textilreinigungsgewerbe nach den beiden Handwerkszweigen Wäscher/Plätter und Färber/Chemischreiniger auf[2], so zeigt sich, daß innerhalb der Textilreinigungshandwerke die Abnahme der Betriebszahlen ausschließlich auf das Konto der Wäscher/Plätter geht, dagegen die Färber/Chemischreiniger steigende Be-

1) Vgl. Schüller, A.: Dienstleistungsmärkte in der BRD, a.a.O., S.199; Herrmann, D.L.: Struktudaten des Handwerks unter besonderer Berücksichtigung des Betriebsgrößenproblems, a.a.O., S. 238
2) Leider läßt sich dies nur bis 1968 mit Hilfe der Handwerkszählungen durchführen.

triebszahlen aufweisen[1].

Ähnlich verhält es sich auch bei der Entwicklung der Beschäftigtenzahlen. Bei einer insgesamt abnehmenden Tendenz im Textilreinigungshandwerk (vgl. Schaubild 16) ist der Rückgang wiederum in der Hauptsache auf die Wäscher/Plätter zurückzuführen. Die Beschäftigten bei den Färbern/Chemischreinigern stiegen zunächst, um zwischen 1963 und 1968 minimal zu schrumpfen[2].

Im Gegensatz zu den Textilreinigungsgewerben zeigen die Gebäudereiniger und Schornsteinfeger eine überproportionale Zunahme bei der Beschäftigtenzahl im Vergleich zum Gesamthandwerk. Allein in der Zeit von 1968 bis 1972 hat sich die Zahl der Beschäftigten im Gebäudereinigergewerbe fast verdoppelt[3].

Diese starke Erhöhung der Beschäftigtenzahlen bei den Gebäudereinigerhandwerken findet entsprechend ihren Niederschlag in der Ausweitung der durchschnittlichen Betriebsgrößen. Wie Übersicht 9 zeigt, liegen die Gebäudereiniger mit rund 97 Beschäftigten je Betrieb ganz erheblich über der durchschnittlichen Betriebsgröße im Gesamthandwerk. Auch die Textilreinigungsgewerbe befinden sich mit 14 Beschäftigten je Betrieb weit über dem Durchschnitt. Dagegen weisen die Schornsteinfeger mit knapp drei Beschäftigten eine unterdurchschnittliche Betriebsgröße auf, die darüber hinaus im Zeitablauf weitgehend konstant geblieben ist, im Unterschied zu den drei Reinigungszweigen, für die sich ein Trend zur Erhöhung der durchschnittlichen Betriebsgröße registrieren läßt[4].

Wenn auch bei den Gebäudereinigern berücksichtigt werden muß, daß bei den Beschäftigtenangaben die Teil- wie Vollzeitbeschäftigten gezählt werden[5] und damit die Betriebsgröße de facto zu groß

---

1) Vgl. Tabelle 23 im Anhang
2) Vgl. ebenda
3) Vgl. Schaubild 16 und Tabelle 22 im Anhang
4) Vgl. Übersicht 9 und Tabelle 23 im Anhang
5) Im Gebäudereinigerhandwerk müssen viele Leistungen, vor allem die Innenreinigung, nach Büro- und Geschäftsschluß außerhalb der üblichen Arbeitszeit erbracht werden. Deshalb eignet sich der Zweig für Teilzeitbeschäftigungsverhältnisse. Mengenmässige Angaben über die Relationen sind nicht möglich, da die amtliche Statistik die Teilzeitbeschäftigten nicht gesondert ausweist.

Schaubild 16

Betriebs- und Beschäftigtenentwicklung
der Reinigungshandwerke von 1956 bis 1972
(1956 = 100)

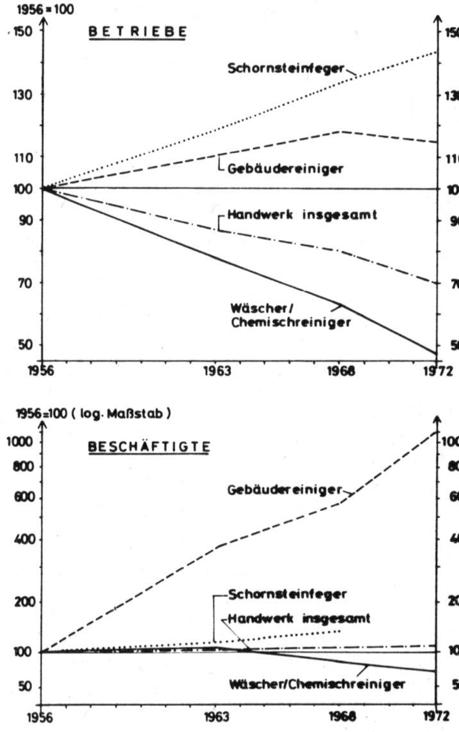

Quellen: Tabelle 22 im Anhang

ausgewiesen ist, bleibt festzuhalten, daß in drei der vier Reinigungsgewerben die durchschnittliche Betriebsgröße höher als im Gesamthandwerk liegt. Ein Phänomen, das der Auffassung zuwiderläuft, daß Dienstleistungsbetriebe überwiegend sehr

Übersicht 9

Beschäftigte je Betrieb in den handwerklichen Reinigungsgewerben und im Gesamthandwerk von 1956 bis 1972

(absolut)

Jahr	Wäscher/Chemischreiniger	Gebäudereiniger	Schornsteinfeger	Gesamthandwerk
1956	9,6	10,1	2,6	4,7
1963	12,6	33,9	2,6	5,4
1968	13,1	49,7	2,7	5,9
1972	14,1	96,9	-	7,2

Quellen: Tabelle 22 im Anhang

klein sind[1].

Abschließend sind noch zwei Abweichungen in der Beschäftigtenstruktur der Reinigungszweige gegenüber dem Gesamthandwerk hervorzuheben[2]:

1) Das Verhältnis zwischen Facharbeitern[3] zu an- und ungelernten Arbeitern beträgt im Durchschnitt in den drei Reinigungshandwerken 1:6 und im Gesamthandwerk 3:1[4].
2) Der Anteil der weiblichen Beschäftigten, die überwiegend keine Facharbeiter sind, an der gesamten Beschäftigtenzahl der drei Reinigungshandwerke beläuft sich auf 77 v.H., während im Gesamthandwerk nur 22 v.H. aller Arbeitskräfte weiblich sind[5].

---

1) Zu überlegen wäre allerdings, ob das Merkmal Beschäftigte je Betrieb ein geeignetes Kriterium für einen Vergleich zwischen verschiedenen Wirtschaftszweigen darstellt, insbesondere, wenn die Kombinationsverhältnisse der Produktionsfaktoren in den Zweigen stark voneinander abweichen.
2) Von den Schornsteinfegern wird in diesem Zusammenhang abgesehen, da in diesem Zweig fast ausschließlich männliche Facharbeiter beschäftigt sind.
3) Kaufmännische und technische Angestellte, Gesellen und sonstige Facharbeiter (ohne Lehrlinge).
4) Vgl. Handwerkszählung 1968, Heft 1, a.a.O., S. 26 ff.
5) Vgl. ebenda

Aus dieser Beschäftigtenstruktur ist zu folgern, daß die handwerklichen Qualifikationsanforderungen im Reinigungsgewerbe gering sind, so daß vermutet werden kann, daß die handwerklichen Reinigungsbetriebe mit nicht-handwerklichen Betriebsformen in Konkurrenzbeziehung stehen.

c) Umsatz und Arbeitsproduktivität

Der Umsatz der vier Reinigungshandwerke setzt sich fast ausschließlich aus Reinigungsdienstleistungen zusammen. Handelsleistungen werden dagegen im Unterschied zu den meisten anderen Handwerkszweigen in keinem nennenswerten Umfang erbracht.

Vergleicht man die nominale Umsatzentwicklung der vier Reinigungshandwerke mit dem Umsatzwachstum des Gesamthandwerks von 1955 bis 1972, so ergeben sich folgende Tendenzen:
- Die Textilreinigungszweige wachsen unterproportional,
- Die Schornsteinfeger etwas überproportional und
- Die Gebäudereiniger stark überproportional.

Für die Textilreinigungszweige zeigt sich wiederum, daß im wesentlichen der Umsatz der Färber/Chemischreiniger gestiegen ist, während die Wäscher/Plätter nach anfänglichem Wachstum ab 1963 zur Stagnation bis Kontraktion tendieren[1].

Wie Übersicht 10 zeigt, ist die Kluft zwischen dem realen und dem nominalen Umsatzwachstum in den Reinigungshandwerken wesentlich größer als im Gesamthandwerk. Als Ursache für diese unterschiedlichen Entwicklungen müssen die höheren Preissteigerungen der Reinigungsdienstleistungen gegenüber den gesamten Handwerksleistungen angesehen werden[2].

Im Wäscherei- und Chemischreinigerhandwerk ist real der Umsatz seit 1963 nicht mehr ge-

---

1) Vgl. Tabelle 23 im Anhang. Auch nach den Ergebnissen der vierteljährlichen Handwerksberichterstattung zeigt sich, daß der Umsatz der Wäscher/Plätter bis in die jüngste Zeit schwankt. Beispielsweise nahm er 1972 gegenüber 1971 ab. Vgl. Statistisches Jahrbuch für die BRD 1974, a.a.O., S. 256
2) Vgl. die Entwicklung der Preisindices vom Gesamthandwerk und den Wäschereien und Reinigungen in Tabelle 7a und 7b im Anhang

wachsen und lag 1972 sogar unter dem Niveau von 1955 (vgl. Übersicht 10).

Wenn die Veränderungen der Betriebszahlen in die Betrachtung einbezogen werden, ergibt sich für die Textilreinigungszweige ein günstigeres Bild. Zwar liegen die Steigerungsraten weiterhin niedriger als im Gesamthandwerk, aber die Textilreinigungsgewerbe haben nun ebenfalls einen realen Umsatzzuwachs je Betrieb für den Zeitraum von 1955 bis 1972 zu verzeichnen (Übersicht 10). Ähnlich ist auch die Entwicklung im Schornsteinfegergewerbe verlaufen. Sowohl nominal als auch real lag die Steigerung des betrieblichen Umsatzes unter der Zunahme des Gesamthandwerks. Dagegen konnten die Betriebe des Gebäudereinigerhandwerks nominal und real eine überdurchschnittliche Umsatzausweitung erzielen (Übersicht 10).

Aus der Tatsache, daß der Umsatz je Betrieb im Zeitablauf zugenommen hat, kann eine Konzentrationsbewegung auf größere Betriebsgrößen gemessen nach Umsatzgrößenklassen gefolgert werden. Die reale Entwicklung bestätigt diese Vermutung. In der Zeit von 1955 bis 1967 haben sowohl im Gesamthandwerk als auch bei den Reinigungshandwerken die Zahl der Betriebe in den unteren Größenklassen bis 50.000 DM Umsatz erheblich abgenommen[1], während in den Größenklassen über 50.000 DM Umsatz die Anteile kontinuierlich gestiegen sind. Die Färber/Chemischreiniger bilden hier allerdings eine Ausnahme, denn die Schrumpfung ihrer Betriebszahlen setzte sich bis zu einem Jahresumsatz von 100.000 DM fort.

Im Jahre 1967 befanden sich bei allen Reinigungshandwerken im Durchschnitt etwas weniger als ein Drittel der Betriebe in den unteren Betriebsgrößenklassen bis 50.000 DM, während es 1955 noch über 80 v.H. waren[2]. Insgesamt ist der Trend zu höheren Umsatzgrößenklassen im Reinigungshandwerk stärker ausgeprägt als im Gesamthandwerk.

1) Vgl. Tabelle 25 im Anhang
2) Bei den Chemischreinigern hat sich der Konzentrationsprozeß ähnlich vollzogen, nur lag der betriebliche Schwerpunkt bereits 1955 bei den höheren Größenklassen, so daß in der Zeit von 1955 bis 1967 der Anteil der Betriebe in der Größenklasse bis 50.000 DM Umsatz von knapp 50 v.H. auf 17 v.H. gesunken ist. Vgl.Tabelle 25 im Anhang

Übersicht 10

Entwicklung der Umsätze und Umsätze je Betrieb im handwerklichen Reinigungsgewerbe und im Gesamthandwerk von 1955 bis 1972 in jeweiligen Preisen (nominal) und Preisen von 1962 (real)
(1955 = 100)

Jahr	Wäscher/ Chemischreiniger		Gebäudereiniger		Schornsteinfeger		Gesamthandwerk	
	nominal	real	nominal	real	nominal	real	nominal	real
a) Umsatz								
1955	100	100	100	100	100	100	100	100
1963	188	117	577	357	206 [1)]	128 [1)]	196 [1)]	158 [1)]
1967	203	105	1230	633	317	163	260	182
1972	252	93	2813	1038	490	181	427	232
b) Umsatz je Betrieb								
1955	100	100	100	100	100	100	100	100
1963	241	150	223	325	174 [1)]	108 [1)]	225 [1)]	181 [1)]
1967	322	166	1045	538	236	121	324	228
1972	529	196	2443	902	342	126	610	332

1) Für 1962

Quellen: Tabelle 24 im Anhang

Aussagekräftiger als das Umsatzvolumen einer Branche ist der um die Vorleistungen verminderte Nettoproduktionswert. Im Vergleich zum Gesamthandwerk ist bei den Reinigungsgewerben die Differenz zwischen dem Umsatz und dem Nettoproduktionswert geringfügig und entsprechend haben sich beide Größen parallel entwickelt[1].

Aus den minimalen Abweichungen zwischen dem Umsatz und dem Nettoproduktionswert im Reinigungshandwerk ist zu folgern, daß diese Zweige nur in begrenztem Umfang Vorleistungen anderer Branchen für die Erstellung der Reinigungsleistungen benötigen.

Die Steigerungsraten der Arbeitsproduktivität als das Verhältnis von Nettoproduktionswert je Beschäftigten zeigen bei allen Reinigungshandwerken gegenüber dem Gesamthandwerk einen unterproportionalen Zuwachs. Wie aus Schaubild 17 zu entnehmen ist, weisen innerhalb der Reinigungsgewerbe die Textilreinigungshandwerke den höchsten und die Gebäudereiniger den geringsten Produktivitätsanstieg auf. Die reale Arbeitsproduktivität der Gebäudereiniger lag 1972 sogar niedriger als 1955 (Schaubild 17). Hierbei muß allerdings berücksichtigt werden, daß die Teilzeitbeschäftigten als volle Arbeitskräfte behandelt wurden[2], so daß vermutlich die Produktivität im Referenzzeitraum nicht abgenommen hat, sondern konstant geblieben ist.

Die insgesamt niedrigere Arbeitsproduktivität der Reinigungshandwerke gegenüber dem Gesamthandwerk, und zwar absolut und in ihren Steigerungen, deutet auf die geringeren Möglichkeiten, technische Neuerungen zum Zweck der Rationalisierung und Produktionssteigerung zu verwenden, hin. Der höhere Produktivitätszuwachs der Textilreinigungshandwerke läßt vermuten, daß in diesem Bereich am ehesten Maschinen zur Effizienzsteigerung eingesetzt werden können.

---

1) Vgl. Tabelle 24 und 26 im Anhang
2) Wie bereits erwähnt, gibt es keine Angaben über das quantitative Verhältnis von Teil- und Vollzeitbeschäftigten im Gebäudereinigerhandwerk.

Schaubild 17

Entwicklung der Arbeitsproduktivität in den Reinigungshandwerken von 1955 bis 1972 in Preisen von 1962
(1955 = 100)

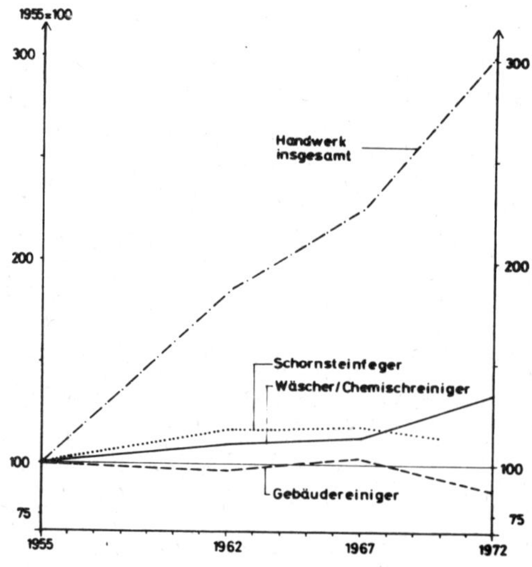

Quellen: Tabelle 26 im Anhang

d) Investitionen

In welchem Umfang Kapital im Produktionsprozeß eingesetzt wird, läßt sich an der Höhe des Bruttoanlagevermögens eines Zweiges ermessen. Leider liegt für die Reinigungshandwerke kein Material vor, so daß als Hilfsgröße die Investitionen herangezogen werden müssen. Nach den in den letzten beiden Handwerkszählungen ausgewiesenen Daten haben die Investitionen bei den Textilreinigungshandwerken und den Schornsteinfegern abgenommen, während sie bei den Gebäudereinigern gestiegen sind (Übersicht 11).

Für einen Vergleich zwischen verschiedenen Branchen ist die Kennziffer Investitionen je Beschäftigten geeigneter, denn dadurch können die Verzerrungen aufgrund unterschiedlicher Branchengrößen ausgeschaltet werden. Es zeigt sich, daß sowohl die beiden Textil- als auch die beiden baubezogenen Reinigungszweige pro Beschäftigten 1962 und 1967 weniger investiert haben als das Gesamthandwerk, wobei die Gebäudereiniger mit Abstand die niedrigste Summe je Beschäftigten aufgewendet haben.

Die Vermutung, daß im Gebäudereinigerhandwerk die Einsatzmöglichkeiten von Kapital gering sind, bestätigt sich somit. Ein Umsatzwachstum in diesem Zweig läßt sich folglich nur über eine Ausweitung der Beschäftigten erreichen. Die überproportionale Zunahme der Beschäftigten wird vor diesem Hintergrund verständlich, so daß die Gebäudereiniger als arbeitsintensiv zu kennzeichnend sind.

Die Investitionen der Schornsteinfeger liegen in ihrem absoluten Niveau ebenfalls deutlich unter dem Gesamthandwerk, so daß auch dieser Zweig als arbeitsintensiv zu betrachten ist.

Die Investitionen je Beschäftigten der Textilreinigungshandwerke befinden sich dagegen nur knapp unter dem errechneten Investitionswert des Gesamthandwerks (vgl. Übersicht 11). Die Möglichkeiten der Textilreinigungsgewerbe, Kapital im Leistungsprozeß einzusetzen, sind somit wesentlich grösser als in den beiden anderen Reinigungsgewerben.

Übersicht 11

Investitionen und Investitionen je Beschäftigten im Reinigungs- und Gesamthandwerk von 1962 und 1967 in jeweiligen Preisen

Jahr	Wäscherei/Chemischreiniger	Gebäudereiniger	Schornsteinfeger	Gesamthandwerk
a) Investitionen in Mill. DM				
1962	69,6	10,4	12,8	4 935,9
1967	54,3	20,4	6,0	4 804,4
1962/67 v.H.	- 22,0	+ 96,2	- 53,1	- 2,7
b) Investitionen je Beschäftigten in DM				
1962	1 201	195	1 133	1 325
1967	1 118	243	447	1 286
1962/67 v.H.	- 6,9	+ 25,0	- 60,6	- 2,9

Quellen: Handwerkszählung 1963, Heft 7, a.a.O., S. 142 ff.; Handwerkszählung 1968, Heft 1, a.a.O., S. 50 ff.

Eine Aufschlüsselung der Investitionen nach Verwendungsarten erhärtet die Vermutung, daß die Textilreinigungshandwerke maschinenintensiver sind. Von 1955 bis 1969 wendeten die Wäscher und Chemischreiniger jeweils mehr als die Hälfte der Gesamtinvestitionen allein für Maschinen und Werkzeuge auf[1]. Aufschlußreich ist ferner, daß beide Zweige mit rund 38 v.H. 1969 einen überdurchschnittlich hohen Prozentsatz für Rationsalisierungsmaßnahmen im Vergleich zum Gesamthandwerk (29 v.H.) aufwendeten[2].

Die unterschiedliche Einschätzung über die weitere Entwicklung in beiden Textilreinigungshandwerken drückt sich darin aus, daß die Chemischreiniger 1969 für Erweiterungsinvestitionen

1) Investitionen und Kapitalstruktur im Handwerk, a.a.O., Tabelle 27 und 28
2) Investitionen und Kapitalstruktur im Handwerk, a.a.O., Tabelle 30

21 v.H. der Gesamtinvestitionen ausgaben und die Wäscher nur 5 v.H., während umgekehrt für Ersatzbeschaffungen die Wäscher einen höheren Prozentsatz als die Chemischreiniger aufwendeten[1].

Bei einer insgesamt relativ hohen Maschinenintensität spiegelt diese unterschiedliche Investitionsstruktur die differenzierten Entwicklungstendenzen und Erwartungen in beiden Textilreinigungszweigen wider. Die relativ hohe Investitionsquote für Erweiterungen im Chemischreinigerhandwerk deutet darauf hin, daß die Betriebe dieser Branche mit einer stärker ansteigenden Nachfrage als das Wäschereigewerbe rechnen.

e) Zwischenergebnisse

Neben einigen Gemeinsamkeiten konnten in der Struktur- und Entwicklungsanalyse differenzierte Tendenzen für das Reinigungshandwerk ermittelt werden.
Als Gemeinsamkeiten sind hervorzuheben:
1. Für die Erstellung der Reinigungsdienstleistungen werden nur geringe Vorleistungen benötigt, d.h. der Nettoproduktionswert und der Umsatz stimmen in Höhe und Steigerungsrate weitgehend überein.
2. Die Reinigungshandwerke treiben im Gegensatz zu den meisten Handwerkszweigen in keinem nennenswerten Umfang Handel.
3. Die Arbeitsproduktivität wächst geringer als im Gesamthandwerk, wobei die Textilreinigungshandwerke innerhalb des Reinigungsbereichs den höchsten Zuwachs zu verzeichnen haben.

Als Unterschiede in Struktur und Entwicklung können folgende Ergebnisse herausgestellt werden:
1. Die Textilreinigungshandwerke sind relativ kapitalintensiv, während die beiden baubezogenen Reinigungshandwerke arbeitsintensiv sind.
2. Bei den Textilreinigungszweigen läuft die ökonomische Entwicklung nicht gleichförmig.

---

1) Vgl. ebenda, Tabelle 30

3. Im Wäschereihandwerk schrumpfen die Betriebs- und Beschäftigtenzahlen. Seit 1963 tendiert der Umsatz zur Stagnation und zeitweise zur Kontraktion.
4. Das Chemischreinigerhandwerk zeigt einen insgesamt aufwärts gerichteten Entwicklungstrend, allerdings hat sich seit ungefähr 1963 das Wachstumstempo gegenüber dem Gesamthandwerk verlangsamt.
5. Die Gebäudereiniger weisen nach den Merkmalen Betriebe, Beschäftigte und Umsatz ein weit überproportionales Wachstum auf.
6. Die Schornsteinfeger, als ein staatlich reglementierter Zweig, sind unterproportional gewachsen.
7. Die durchschnittliche Betriebsgröße der Reinigungshandwerke liegt über der Durchschnittsgröße des Gesamthandwerks. Ausnahme: Das Schornsteinfegerhandwerk mit einer relativ kleinen und in der Untersuchungsperiode konstanten Betriebsgröße.
8. Im Unterschied zum Gesamthandwerk beschäftigen die Reinigungshandwerke einen hohen Prozentsatz an un- und angelernten Arbeitern, die überwiegend weiblich sind. Bei den Schornsteinfegern dagegen sind ausschließlich Facharbeiter eingestellt.

Im folgenden Abschnitt ist nach den Bestimmungsfaktoren und Ursachen dieser unterschiedlichen Tendenzen zu fragen, um daraus Aussagen über die weitere Entwicklung der handwerklichen Reinigungsgewerbe ableiten zu können.

2) Bestimmungsgründe und Marktbedingungen

a) Nachfrage nach Reinigungsleistungen

aa) Abnehmerschwerpunkte

Für die Erklärung der unterschiedlichen Entwicklungstendenzen ist die Kenntnis der Hauptabnehmer der Reinigungsleistungen von Bedeutung. Die Vorstellung, daß Dienstleistungen überwiegend für private Haushalte erstellt werden, bestätigt sich für die Reinigungsleistungen nicht in vollem Umfang. Die Textilreinigungshandwerke und die Schornsteinfeger leisten zwar überwiegend an die privaten Haushalte, aber für die Gebäudereiniger stellen die Industrie und die öffentliche Hand die gewichtigsten Nachfragegruppen dar. Diese Nachfragestruktur ist, wie Schaubild 18 zeigt, sowohl im Textil- als auch baubezogenen Reinigungsgewerbe zwischen 1962 und 1967 relativ konstant geblieben[1].

Für die G e b ä u d e r e i n i g e r ist aus dieser Abnehmerstruktur zu schließen, daß das starke Umsatzwachstum auf die steigende Inanspruchnahme der Reinigungsleistungen durch die Industrie und die öffentliche Hand zurückzuführen ist. Mithin läßt sich ein Trend zur Verlagerung von der eigenbetrieblichen Erstellung der Reinigungsleistung zur Marktnachfrage erkennen. Auf dieses Phänomen sind bereits SUNDHOFF und IHLE in einer empirischen Untersuchung über handwerkliche Industrielieferungen gestoßen[2].

Eine Aufteilung in Außen- und Innenreinigung ergibt, daß inzwischen drei Viertel aller Gebäudereinigerbetriebe ihren Umsatz auf dem Gebiet der Unterhaltsreinigung erwirtschaften[3], d.h. in zunehmendem Maße werden Raumpflegearbeiten aus

1) Nur bei den Wäschern haben sich größere Veränderungen ergeben. Darauf wird weiter unten noch eingegangen werden. Die Absatzrichtungen sind lediglich in den Handwerkszählungen 1963 und 1968 erfragt worden.
2) Vgl. Sundhoff, E. und Ihle, H.-A.: Handwerksbetriebe als Lieferanten und Industrieunternehmungen. Göttinger Handwerkswirtschaftliche Studien, Bd.5, hrsg. v. W. Abel und E.Sundhoff, Göttingen 1964, S. 59 f.
3) Vgl. Konjunkturberichte über das Handwerk 1974, a.a.O.,S.73 f.

- Gründen des Arbeitskräftemangels,
- innerbetrieblich motivierten Vereinfachungsgründen und
- Kosteneinsparungen

auf gewerbliche Reinigungsbetriebe übertragen, die mit Spezialmaschinen ausgestattet sind, geschulte Arbeitskräfte einsetzen und somit rationeller die Reinigungsleistungen erbringen können. Die Möglichkeit der steuerlichen Abzugsfähigkeit der Ausgaben für Reinigung wird darüber hinaus als ein weiteres Moment für die verstärkte Vergabe der Unterhaltsreinigung an Gebäudereiniger anzusehen sein[1)].

Für die Nachfragestruktur des S c h o r n s t e i n f e g e r h a n d w e r k s sind der hohe Bestand an privaten Ein- und Mehrfamilienhäusern sowie der gesetzlich vorgeschriebene Kehrzwang ausschlaggebend. Mit dem anhaltenden Streben der privaten Haushalte nach einem Eigenheim[2)] und die Aufrechterhaltung der staatlich verordneten Kehrpflicht sprechen dafür, daß in der Zusammensetzung der Abnehmerstruktur der Schornsteinfeger mit keinem Wandel zu rechnen ist.

Ähnlich wie bei den Schornsteinfegern setzt sich der Kundenkreis der T e x t i l r e i n i g u n g s h a n d w e r k e zusammen, der in seiner Struktur ebenfalls relativ konstant zwischen 1962 und 1967 war (Schaubild 18). In beiden Jahren dominierten die privaten Haushalte mit einem Anteil von etwas mehr als 75 v.H. Allerdings zeigt eine nach Zweigen aufgeschlüsselte Betrachtung, daß innerhalb der beiden Textilreinigungshandwerke Unterschiede in der Nachfragestruktur bestehen, die sich im Zeitablauf noch weiter vertieft haben. 1962 unterhielten die Chemischreiniger mit rund 87 v.H. fast ausschließlich Geschäftsbeziehungen zu den privaten Haushalten[3)], während die Wäschereien jeweils zu rd. 10 v.H. an die Industrie und die öffentliche Hand und zu 70 v.H. an die privaten Haushalte ihre Reinigungsleistungen ab-

1) Vgl. Schüller, A.: Dienstleistungsmärkte in der BRD, a.a.O.,S.194
2) Dies läßt sich beispielsweise daran ablesen, daß 1974 fast zwei Drittel aller genehmigten Bauanträge von privaten Haushalten gestellt worden sind. Vgl. Eigenheim wird zur Bau-Stütze, in Frankfurter Rundschau vom 27.2.1975, S.7
3) Die restlichen 13 v.H. verteilten sich auf die Industrie mit 6,3 v.H., auf die öffentliche Hand mit 3,4 v.H. und auf Sonstige mit 3,3 v.H. Handwerkszählung 1963, Heft 5,a.a.O., S.100 f.

Schaubild 18

Absatzrichtungen des Umsatzes der Reinigungshandwerke 1962 und 1967

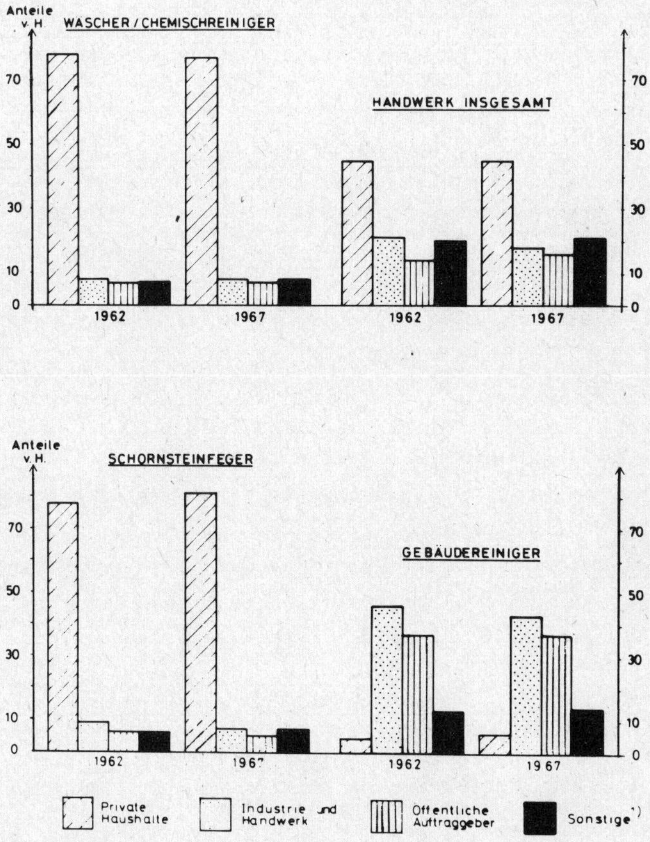

1) Leistungen an: Landwirtschaft, Groß- und Einzelhandel, Gaststättengewerbe und sonstige Abnehmer

Quellen: Handwerkszählung 1963, Heft 5, a.a.O., S. 96 ff.; Handwerkszählung 1968, Heft 2, a.a.O., S. 90 ff.

setzten[1]. In dieser Abnehmerstruktur traten bis 1973 tiefgreifende Verschiebungen ein. Zwar erzielten die Chemischreiniger weiterhin den überwiegenden Teil ihres Umsatzes aus Leistungen an die privaten Haushalte, aber nach den Erhebungen des RWI ging bei den Wäschereien die private Nachfrage der Haushalte auf einen Anteil von rund einem Drittel zurück[2].

Anders als auf dem Markt der Gebäudereiniger findet bei den Wäschereien eine Substitution der Marktnachfrage durch steigende Eigenleistungen der Haushalte statt. Diese Bewegung ist durch die starke Verbreitung der elektrischen Waschmaschinen in den letzten Jahren ausgelöst worden. Während 1962 erst 34 v.H. der privaten Haushalte mit einer Waschmaschine ausgestattet waren, besaßen 1973 bereits 75 v.H. aller Haushalte eine elektrische Waschmaschine, wobei gleichzeitig eine steigende Tendenz zu den technisch und leistungsmäßig vollkommeneren Waschvollautomaten (mit eingebauter Schleuder) festzustellen ist[3].

Neben dem Friseurgewerbe ist in den Wäschereien somit ein weiterer Dienstleistungszweig gefunden, dessen Leistungen in diesem Fall aufgrund des technischen Fortschritts durch Eigenherstellung der privaten Haushalte substituiert werden. Die Marktnachfrage nach Reinigungsdienstleistungen wird überflüssig, da die Leistungen durch Haushaltsmaschinen erledigt werden. Für diese Art der Dienstleistungssubstitution hat es sich eingebürgert, den Begriff "built-in-maid-service" zu verwenden[4].

1) Ebenda
2) Vgl. Konjunkturberichte über das Handwerk 1973, a.a.O., S. 60 f.
3) Vgl. Euler, M.: Die Ausstattung privater Haushalte mit ausgewählten langlebigen Gebrauchsgütern im Januar 1973, a.a.O., S. 480
4) Vgl. Eick, J.: Dienstleistungen, a.a.O., S. 558; Redl, F.: Die Zusammenhänge zwischen Veränderungen der Nachfragestruktur und dem wirtschaftlichen Wachstum, a.a.O., S. 344

An die Stelle der privaten Haushalte sind bei den Wäschern die gewerbliche Wirtschaft und die öffentliche Hand (Krankenhäuser, Kindergärten, Altersheime, Bundeswehr etc.) als Hauptkunden getreten. Durch diesen Wandel im Abnehmerkreis sind dem Wäschereihandwerk stärkere Umsatz- bzw. Wachstumseinbußen erspart geblieben. Als Ursachen für den Übergang von der eigenbetrieblichen Herstellung zum Marktbezug der Reinigungsleistungen sind im wesentlichen die gleichen Argumente zu nennen, wie sie bereits im Zusammenhang mit den Gebäudereinigern herausgestellt worden sind: Kosteneinsparung, steuerliche Abzugsfähigkeit und innerbetriebliche Vereinfachungen.

Mit dem Wandel im Kundenkreis der Wäschereien ist einerseits der Vorteil verbunden, statt vieler häufig fluktuierender privater Abnehmer eine kleinere Anzahl gewerblicher und öffentlicher Betriebe als Geschäftspartner zu haben, die zumeist längerfristige Verbindungen anstreben. Andererseits erhöht sich aber das Risiko, von der ökonomischen Entwicklung weniger Hauptkunden abhängig zu sein.

Unter volkswirtschaftlichen Gesichtspunkten betrachtet, ergeben sich aus der wachsenden Leistungsverflechtung der gewerblichen und öffentlichen Wirtschaft mit den Reinigungshandwerken (Gebäudereinigern, Wäschereien) folgende Konsequenzen:

1. Die gesamtwirtschaftliche Arbeitsteilung wird intensiviert.
2. Damit erhöht sich zwar die ökonomische Interdependenz, gleichzeitig bietet sich aber die Möglichkeit, die gesamtwirtschaftliche Produktivität zu steigern, da die Ressourcen effektiver eingesetzt werden können[1].

Somit ist insgesamt der Trend zur Vertiefung der Leistungsverflechtung zu begrüßen und wenn möglich auszubauen.

---

1) Bessere Ausnützung des spezialisierten Maschinenparks der Reinigungsbetriebe, sowie vorteilhaftere Einsatzmöglichkeiten von Fachkräften.

ab) Bestimmungsvariablen der Nachfrage nach baubezogenen Reinigungsleistungen

Die Einflußgrößen der Nachfrage nach Reinigungsleistungen der Gebäudereiniger und Schornsteinfeger sind im Bereich der Gebäudebesitzer bzw. -benutzer zu suchen.

Aus den Funktionsbereichen beider Handwerkszweige - beim Gebäudereiniger die Bau-, Unterhalts-, Krankenhaus-, Glas-, Industrie-, Fassaden- und Denkmalsreinigung sowie bei den Schornsteinfegern die Feuerstättensicherung, die Schornsteinreinigung und der Emissionsschutz - geht hervor, daß die Aufgaben weniger im Zusammenhang mit der Gebäudeerstellung als mit der Gebäudeunterhaltung in Verbindung stehen. Mit anderen Worten, die als Folgeleistungen zu charakterisierenden Reinigungsfunktionen werden erst nach Fertigstellung der Bauten in Anspruch genommen[1].

1. Im Schornsteinfegerhandwerk

Die Bestimmungsvariablen der Nachfrage nach Schornsteinfegerleistungen lassen sich aufgrund des gesetzlich fixierten Kehrzwangs, der eine Mindestnachfrage garantiert, auf zwei Komponenten eingrenzen:
- Das Wachstum des Bauvolumens und
- die Verwendung von Energieträgen.

Die Steigerung des Bauvolumens bedeutet in der Regel eine Erhöhung der Anzahl der Gebäude. Mit dieser Zunahme weitet sich fast zwangsläufig das Tätigkeitsfeld der Schornsteinfeger aus, da die neuen Gebäude auch beheizt werden müssen. Aus dem in etwa parallelen Wachstum des gesamten Bauvolumens und des Umsatzes der Schornsteinfeger wird diese Entwicklungsbeziehung zwischen der Bautätigkeit und den Schornsteinfegern erkennbar. In der Zeit von 1955 bis 1972 ist das Bauvolumen um + 450 v.H. und der Schornsteinfegerumsatz um + 390 v.H. gestiegen[2]. Das Wachstum

1) Als Ausnahme davon ist die Rohbauabnahme der Schornsteinfegermeister anzusehen.
2) Vgl. Schaubild 19 sowie Jahrbuch des deutschen Baugewerbes, hrsg. vom Zentralverband des Deutschen Baugewerbes, Bd.23, Köln 1973, S. 318. Der Zuwachs des Bauvolumens bezieht sich auf die Zeit von 1956 bis 1972.

des Schornsteinfegerhandwerks muß etwas geringer ausfallen, weil es sich zum einen bei öffentlichen aber auch bei privatwirtschaftlichen Bauten häufig um Verwaltungshochhäuser handelt, die im Verhältnis zum Bauvolumen nur ein oder zwei Großschornsteine zu reinigen haben. Wird diese Tatsache berücksichtigt, dann wird die Wachstumsabhängigkeit des Schornsteinfegerhandwerks von der Bautätigkeit deutlich, wie der Kurvenverlauf in Schaubild 19 zeigt.

Neben der Entwicklung der Bautätigkeit sind für die Nachfrage nach Schornsteinfegerleistungen die verwendeten Energieträgerarten für Heizungszwecke ebenso wichtig, denn beispielsweise würde ein verstärkter Einsatz von Elektroenergie, das gesamte Tätigkeitsfeld der Schornsteinfeger in Frage stellen.

In den letzten 20 Jahren hat ein tiefgreifender Strukturwandel auf dem Primärenergiemarkt bei einer starken Zunahme des Energieverbrauchs stattgefunden. Der Anteil der festen Brennstoffe hat abgenommen, während die Anteile von Erdgas und insbesondere Rohöl gestiegen sind[1]. Die Verschiebungen in den Primärenergieanteilen haben für die Schornsteinfeger zwar Aufgabenveränderungen mit sich gebracht, aber weder zu einem Funktionswandel noch zu -einbußen, sondern allenfalls zu einer Ausdehnung der Tätigkeit auf dem Felde der Sicherheit und des Emissionsschutzes geführt.

Eine Aufteilung des Energieverbrauchs der privaten Haushalte als Hauptkunden der Schornsteinfeger zeigt für 1973, daß der Energiebedarf zu 60 v.H. durch Öl, zu jeweils 12 v.H. durch Kohle und Strom sowie knapp 10 v.H. durch Gas gedeckt wurde[2].

1) Anteilsveränderungen unter den Energieträgern in v.H.

Energiearten	1950	1973
Feste Brennstoffe (Kohle)	91,3	30,9
Mineralöl	4,2	55,2
Erdgas	0,1	10,2
Wasser	4,4	2,6
Kernenergie	0	1,1
	100	100

Vgl. Schöbitz, A.: Die schwarze Zunft hat wieder Zukunft, in: Frankfurter Rundschau, Nr.300, vom 28.12.1974, S.6

2) Vgl. Wehnelt, Ch.: Abhängigkeit vom Öl bleibt lange, in: Frankfurter Rundschau, Nr. 276, vom 27.11.1973, S.6

Schaubild 19

Entwicklung des Bauvolumens und des Schornsteinfegerumsatzes von 1955 bis 1972 in jeweiligen Preisen (1955 = 100)

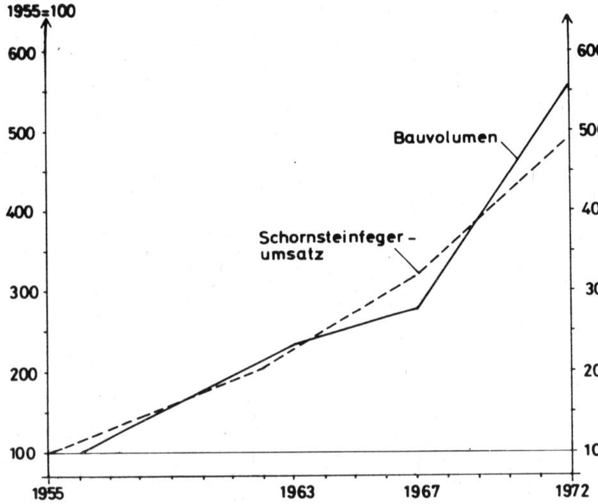

Quellen: Übersicht 10; Jahrbuch des deutschen Baugewerbes, hrsg. vom Zentralverband des Deutschen Baugewerbes, Bd. 23, Köln 1973, S. 318

Diese Energieverbrauchsstruktur soll in den nächsten 25 Jahren grundsätzlich geändert werden. Nach den Zielvorstellungen der Bundesregierung und der Europäischen Gemeinschaft (EG) wird angestrebt, den gesamten Energiebedarf in der Hauptsache aus den beiden Energiequellen Kernenergie (50 v.H.) und Gas (33 v.H.) zu decken, während auf die beiden "traditionellen" Primärenergieträger Kohle und Rohöl zusammen nur noch knapp 25 v.H. entfallen sollen[1].

Die Realisierung dieser Ziele hat für das Schornsteinfegerhandwerk eine fundamentale Veränderung der Tätigkeitsschwerpunkte zur Folge. Ein Anwachsen des Kernenergieanteils von heute gut 1 v.H. auf 50 v.H. des Gesamtenergiebedarfs in den nächsten 25 Jahren bedeutet für das Schornsteinfegerhandwerk, daß sich die Nachfrage nach Schornsteinreinigungen stark reduzieren wird.

Die ersten konkreten Schritte zur Verwirklichung der neuen Energiestruktur sind bereits eingeleitet worden. Ende 1974 hat die Bundesregierung den Ausbau eines Fernwärmeverbundsystems beschlossen, das die privaten Haushalte mit Wärme versorgen und rauchende Schornsteine überflüssig machen soll[2]. Mit Geldern des Konjunkturprogramms 1974 ist im Ruhrgebiet bereits begonnen worden, das bestehende Fernwärmenetz in Bottrop, Essen und Gelsenkirchen zu verbinden und auszudehnen. Ein zweites Verbundsystem soll im Saarland in zwei bis drei Jahren 10.000 Wohnungen mit heißem Wasser heizen[3]. Sowohl die Anteilserhöhung des Elektrizitätsverbrauchs von derzeit 25 v.H. auf 35 v.H. bis 1985[4] als auch der Ausbau des Fernwärmeverbundsystems sind für die zukünftige Entwicklung des Schornsteinfegerhandwerks von Relevanz. Denn beides soll zunehmend für Heizungszwecke privater Haushalte Verwendung finden.

1) Vgl. Kommission der Europäischen Gemeinschaft (Hrsg.): Auf dem Wege zu einer neuen energiepolitischen Strategie für die Gemeinschaft. Bulletin der Europäischen Gemeinschaften,Beilage 4, Luxemburg 1974, S.10. Anlaß für die Entwicklung dieses neuen Konzepts waren die drastischen Rohölpreissteigerungen seit Ende 1973 sowie die Unsicherheit über eine dauerhafte Rohölversorgung aufgrund der starken Importabhängigkeit der BRD.
2) Vgl. Zukunft im Rohr - Energieplanung, in: Der Spiegel,Nr.53, 28.Jg., Hamburg 1974, S.19
3) In den Elektrizitätswerken, so ist im Forschungsministerium ermittelt worden, wird das für Dampfturbinen und Generatoren aufgeheizte Wasser nach Gebrauch mühsam abgekühlt und teilweise in Flüsse abgelassen, deren ökologische Struktur zerstört wird. Diese Abwärme reicht heute schon für die Beheizung der Hälfte aller Haushalte aus. Ähnlich dem Verteilungssystem für Elektrizität soll in den nächsten 25 Jahren der größte Teil der Haushalte im Bundesgebiet durch ein Rohrleitungssystem mit der Abwärme der E-Werke versorgt werden.Vgl. ebenda, S. 19 f.
4) Vgl. Kommission der Europäischen Gemeinschaften(Hrsg.): Auf dem Wege zu einer neuen energiepolitischen Strategie für die Gemeinschaft, a.a.O., S.20

Für die weitere Entwicklungsperspektive ergibt sich somit für das Schornsteinfegerhandwerk eine Tendenz zur Stagnation bis Kontraktion. Weniger die Wachstumsraten des Bauvolumens werden in Zukunft entwicklungsbestimmend sein, als vor allem die Wandlungen in der Energieverbrauchsstruktur. Die sogenannte "schwarze Arbeit" - ehemals Haupttätigkeitsgebiet - wird mithin an Bedeutung verlieren.

Im Rahmen des Umweltschutzes sind den Schornsteinfegern mit der technischen Überwachung von Feuerungsanlagen (Emissionsschutz) bereits neue Aufgaben übertragen worden. Diese neuen Funktionen werden jedoch durch den Übergang zum verstärkten Verbrauch von Fernwärme und Elektrizität erneut in Frage gestellt, so daß die weiteren Aussichten der Schornsteinfeger als ungewiß einzuschätzen sind[1].

2. Im Gebäudereinigerhandwerk

Anders als bei den Schornsteinfegern ist die Nachfrage nach Gebäudereinigerleistungen nicht durch gesetzliche Bestimmungen festgelegt. Sie hängt im wesentlichen von folgenden Größen ab:
- Bautätigkeit und -volumen,
- Luftverschmutzung und
- Nutzungsintensität der Gebäude.

Mit rund 95 v.H. stellen die öffentliche und private Wirtschaft den Hauptkundenstamm. Für diese Abnehmer spielen das Einkommen und die Preise als Bestimmungsfaktoren der Nachfrage nur eine untergeordnete Bedeutung, weil die gewerbliche Wirtschaft die Reinigungsausgaben steuerlich absetzen kann[2] im Gegensatz zu den privaten Haushalten, bei denen die Reinigungsaufwendungen das verfügbare Einkommen in vollem Umfang vermindern. Einschränkend ist allerdings zu berücksichtigen, daß die Gebäudereiniger als Spezialbetriebe in der Regel kostengünstiger arbeiten als

1) In den analysierten Entwicklungsreihen des Schornsteinfegerhandwerks konnten diese Tendenzen noch nicht zum Ausdruck kommen, da die Untersuchungsperiode nur bis 1972 reicht, während die Veränderungs- und Anpassungsprozesse auf dem Energiesektor erst 1974 einsetzten.
2) Diese Auffassung vertritt auch Schüller. Vgl. Schüller,A.: Dienstlesitungsmärkte in der BRD, a.a.O., S. 194

Betriebe, deren Leistungsschwerpunkt auf anderen Gebieten liegt und die die Reinigungsleistungen nur für den Eigenbedarf nebenbei erbringen. Insofern ist anzunehmen, daß die Gebäudereiniger ihre Leistungen preisgünstiger anbieten und darin durchaus ein Motiv für die zunehmende Übertragung der Reinigungsleistungen auf gewerbliche Gebäudereiniger zu sehen ist.

Das Tätigkeitsfeld der Gebäudereiniger erstreckt sich sowohl auf den Außen- wie Innenbereich der Gebäude. Da der Beschäftigungsschwerpunkt bei der Unterhaltsreinigung liegt, sind für die Nachfrage nach Gebäudereinigerleistungen neben der Anzahl der gewerblichen und öffentlichen Bauten vor allem die Größendimensionen der Gebäude ausgedrückt in Kubikmeterzahlen als relevante Bestimmungsvariable zu betrachten.

Ein Vergleich zwischen der Entwicklung des Umsatzes der Gebäudereiniger und der Baugenehmigungen für den privatwirtschaftlichen und öffentlichen Hochbau nach Kubikmetern zeigt:
Der Gebäudereinigerumsatz hat sich nominal um rund + 2.700 v.H. und die Baugenehmigungen im Nicht-Wohnbau um + 2.560 v.H. von 1955 bis 1972 erhöht (vgl. Schaubild 20).

Beide Steigerungsraten deuten auf eine Entwicklungsabhängigkeit hin. Allerdings zeigt Schaubild 20, daß im Zeitablauf die Korrelation nicht so eng ist. Das Wachstum der Gebäudereiniger sowie des gewerblichen und öffentlichen Hochbaus vollzog sich phasenverschoben.

Wird der Zeitraum von 1955 bis 1972 in zwei etwa gleich lange Phasen (1955 - 1963 und 1963 - 1972) eingeteilt, so ergeben sich folgende Verschiebungen:
- In der ersten Phase sind die Baugenehmigungen im Nicht-Wohnbau ungefähr doppelt so stark wie der Umsatz der Gebäudereiniger gestiegen und
- in der zweiten Phase ist umgekehrt der Gebäudereinigerumsatz mehr als doppelt so stark wie die Kubikmeterzahl im Nicht-Wohnbau gewachsen[1]. Daraus läßt sich ableiten, daß zunächst

1) Von 1955 bis 1963 wuchs der Nicht-Wohnbau in Kubikmeter um + 1002 v.H. und der Umsatz der Gebäudereiniger um + 477 v.H., dagegen betrugen die Steigerungsraten in der zweiten Phase für den Nicht-Wohnbau + 142 v.H. und die Gebäudereiniger + 388 v.H.

die Bautätigkeit überdurchschnittlich zugenommen hat und erst mit zeitlicher Verzögerung die private und öffentliche Wirtschaft dazu übergegangen sind, Gebäudereinigerleistungen nachzufragen.

Von der Nachfrageseite aus betrachtet, sind die Zukunftsaussichten der Gebäudereiniger positiv einzuschätzen, da zur Zeit erst 25 bis 30 v.H. der potentiellen Bauobjekte gewerblich gereinigt werden[1] und mit einer weiter ansteigenden Zahl privater und öffentlicher Hochbauten zu rechnen ist. Für Marktsättigungstendenzen bestehen somit keine Anzeichen, so daß die Wachstumschancen der Gebäudereiniger als günstig zu beurteilen sind.

Schaubild 20

Entwicklungen der Baugenehmigungen im Nicht-Wohnbau in cbm und des Gebäudereinigerumsatzes in jeweiligen Preisen von 1955 bis 1972 (1955 = 100)

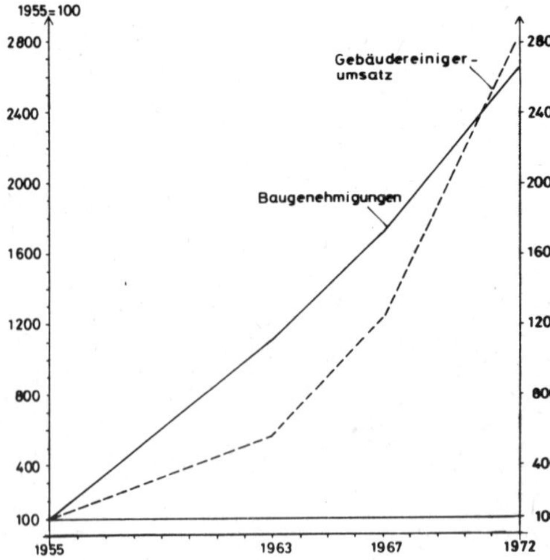

Quellen: Übersicht 10; Jahresgutachten 1974 des Sachverständigenrates zur Begutachtung der gesamtwirtschaftlichen Entwicklung, a.a.O., S. 264

1) Vgl. Konjunkturberichte über das Handwerk 1974, a.a.O.,S.73

ac) Einflußfaktoren der Nachfrage nach Textilreinigungsleistungen

Als wesentliche Bestimmungsgrößen für die Nachfrage nach Textilreinigungsleistungen sind anzusehen:

- Höhe und Entwicklung des verfügbaren Einkommens,
- Preisveränderungen,
- Ausgaben für Reinigungsleistungen,
- Verbrauch und Nutzungsintensität der Bekleidung und anderer Textilien (Bett- und Tischwäsche, Gardinen, Teppiche etc.) sowie
- Luftverschmutzungen.

Aufgrund der Schwerpunktverlagerungen in den Abnehmergruppen - insbesondere bei den Wäschern - kommen diesen Einflußfaktoren ein unterschiedliches Gewicht zu, so daß es zweckmäßig erscheint, die Analyse der verschiedenen Komponenten getrennt nach Absatzrichtungen durchzuführen.

Der verstärkte Übergang der privaten Wirtschaft und der öffentlichen Hand von der Eigenherstellung zum Marktbezug der Reinigungsleistungen ist weniger durch einen erhöhten Gebrauch von Textilien oder steigendem Einkommen motiviert als in folgenden vier Gründen zu sehen:

1. Der Mangel an Arbeitskräften (sieht man von kurzfristigen konjunkturellen Schwankungen ab) veranlaßt viele Betriebe die Reinigungsfunktionen auszulagern.
2. Die Unternehmungen sind in der Regel bestrebt, Aufgaben, die nicht unmittelbar zum Betriebszweck gehören, auszugliedern, um die knappen Ressourcen auf die eigentlichen Produktionsschwerpunkte zu konzentrieren und die innerbetriebliche Organisationsstruktur zu vereinfachen.
3. Der Hauptgrund dürfte in den Vorteilen der Arbeitsteilung liegen, denn Fachbetriebe können die Leistungen zumeist kostengünstiger erbringen.
4. Die steuerliche Abzugsfähigkeit der Ausgaben für Reinigungsleistungen als Kosten.

Die Nachfrageentwicklung des Textilreinigungshandwerks wird durch diese Faktoren nachhaltig bestimmt, hierin liegen gleichzeitig auch die Chancen für eine Expansion. Vor allem für das Wachstum der Wäscher ist entscheidend, ob die Industrie, das Hotelgewerbe, die Krankenhäuser und Altersheime, die Bundeswehr etc. den Prozeß der Verlagerung von der Eigen- zur Fremdherstellung fortsetzen und ob das Reinigungshandwerk diese Entwicklung durch Anpassungen in der Preisgestaltung, der Leistungs- und Lieferbedingungen und ähnlichem fördert. Unter volkswirtschaftlichen Aspekten ist diese zunehmende Leistungsverflechtung und damit Vertiefung der Arbeitsteilung nach dem "Gesetz der Mehrergiebigkeit längerer Produktionswege"[1] günstig einzuschätzen.

Für die weitere Existenz, insbesondere der Wäschereien, ist ausschlaggebend, ob der begonnene Trend fortgesetzt wird und die Nachfragelücke, die durch die zunehmende Eigenherstellung der privaten Haushalte entstanden ist, durch die öffentliche und private Wirtschaft gefüllt werden kann.

Die Nachfrage der privaten Haushalte nach Textilreinigungsleistungen ist abhängig von der Entwicklung
- des verfügbaren Einkommens,
- den Preisen,
- den Ausgaben für Reinigung und
- dem Gebrauch an Bekleidung und Heimtextilien.

Vor dem Hintergrund der allgemeinen Einkommenssteigerungen und der davon abhängigen Verbrauchserhöhung[2] sind die Ausgaben der privaten Haushalte für Wäscherei und Reinigung zu sehen. Differenziert nach drei Haushaltstypen ergeben sich von 1955 bis 1972 unterschiedliche Veränderungen. Die Ausgaben der
- 2-Personen-Haushalte mit niedrigem Einkommen (Typ I) sind gestiegen,

1) Stackelberg, H.v.: Grundlagen der theoretischen Volkswirtschaftslehre, 2. Auflage, Bern, Tübingen 1951, S. 85 f.

2) Das verfügbare Einkommen ist von 1955 bis 1973 um + 372 v.H. und der gesamte private Verbrauch um + 368 v.H. im gleichen Zeitraum gestiegen. Vgl. Jahresgutachten 1974 des Sachverständigenrates zur Begutachtung der gesamtwirtschaftlichen Entwicklung, a.a.O., S. 238 f.

- 4-Personen-Arbeitnehmerhaushalte mit mittlerem Einkommen (Typ II) blieben in etwa konstant und
- 4-Personen-Haushalte mit höherem Einkommen (Typ III) sind gefallen.[1)]

Wenn berücksichtigt wird, daß die Ausgabenwerte nominale Größen darstellen, wird deutlich, daß real die Aufwendungen der privaten Haushalte für Wäscherei und Reinigung in den letzten 10 Jahren gesunken sind. Eine Ursache für den Rückgang der Nachfrage nach Textilreinigungsleistungen durch die privaten Haushalte liegt somit in den geringeren Aufwendungen für die gewerblich angebotenen Reinigungsleistungen.

Eine Gegenüberstellung der Einkommenselastizitäten nach Haushaltstypen 1964/65 und 1972/73 in Übersicht 12 bestätigt diese Aussage. Bei allen drei Haushaltstypen haben die Elastizitätskoeffizienten abgenommen und sich dem unelastischen Bereich genähert bzw. befinden sich bereits in diesem Bereich. Das bedeutet: Bei den privaten Haushalten besteht die Tendenz, von dem zusätzlichen Einkommen die Aufwendungen für Reinigungsleistungen nur unterproportional steigen zu lassen.

1) Vgl. Tabelle 27 im Anhang. Für die Haushaltstypen mit niedrigem und höherem Einkommen liegen erst ab 1962 bzw. 1964 Zahlen vor. In den Ausgaben für Dienstleistungen der Haushaltsführung sind neben den Aufwendungen für Wäscherei und Reinigung noch die Ausgaben für häusliche Dienste enthalten. Diese Tatsache erklärt möglicherweise, daß der absolute Betrag beim Haushaltstyp III (höheres Einkommen) mehr als doppelt so hoch liegt wie bei den anderen beiden Typen, deren Einkommen für solche Aufwendungen zu gering erscheint (vgl. Tietz, B.: Konsument und Einzelhandel, Bd. 1, a.a.O., S.442 f.). Insgesamt ist der Anteil der Ausgaben für häusliche Dienste am gesamten privaten Verbrauch von 1,4 v.H. auf 0,8 v.H. von 1955 bis 1972 gefallen (vgl. Statistisches Jahrbuch 1963 für die BRD, a.a.O., S. 541; Statistisches Jahrbuch 1974 für die BRD, a.a.O., S. 34 und S. 511). Den Hauptanteil an den Ausgaben für Dienstleistungen der Haushaltsführung stellen jedoch die Aufwendungen für Wäscherei und Reinigung dar, so daß näherungsweise diese Werte verwendet werden können, zumal es nicht auf absolute Größen, sondern nur auf Trends ankommt.

Übersicht 12

Einkommenselastizität der Nachfrage nach Dienstleistungen der Haushaltsführung[1] ausgewählter privater Haushaltstypen 1964/65 und 1972/73

Haushaltstyp	Elastizitätskoeffizient	
	1964/65	1972/73
I[2]	2,48	0,97
II[3]	2,87	1,30
III[4]	1,05	0,70[5]

1) Enthält in der Hauptsache die Ausgaben für Wäscherei und Reinigung
2) 2-Personen-Haushalte von Renten- und Sozialhilfeempfängern mit niedrigem Einkommen
3) 4-Personen-Arbeitnehmerhaushalte mit mittlerem Einkommen
4) 4-Personen-Haushalte von Beamten und Angestellten mit höherem Einkommen
5) Für 1970/71

Quellen: Eigene Berechnung auf der Grundlage der Tabelle 19 und 27 im Anhang

Für die Nachfrage nach Reinigungsleistungen ist als weiterer Einflußfaktor der Verbrauch an Bekleidung und Haustextilien zu diskutieren. Die Wäscher und Chemischreiniger als produktionsabhängige Dienstleistungsanbieter können ihre Leistungen erst dann erbringen, wenn Bekleidungsstücke und andere Textilien gekauft worden sind. Deshalb erscheint es auf den ersten Blick als richtig, wenn die Entwicklung der Aufwendungen für Textilien beobachtet wird, um daraus Rückschlüsse auf die Inanspruchnahme der Wäscher und Chemischreiniger zu ziehen. Diesen Weg beschreitet W.G. HOFFMANN[1].

1) Vgl. Hoffmann, W.G.: Der tertiäre Sektor im Wachstumsprozeß, in: Jahrbücher für Nationalökonomie und Statistik, Bd.183, Stuttgart 1969/70, S. 21

Abgesehen davon, daß dieses Kriterium noch durch das Verhalten der Verbraucher in bezug auf die Häufigkeit der Nachfrage und der Nutzungsintensität der Kleidungsstücke und Heimtextilien verfeinert werden müßte, läßt das Wachstum der Ausgaben der privaten Haushalte für Bekleidung und Schuhe sowie der Umsatz für Textilreinigungsleistungen keinen direkten Zusammenhang erkennen[1].

Aufgrund der technischen Entwicklung können drei Einwände hervorgehoben werden, die erklären, warum zwischen den Aufwendungen für Textilien und Reinigungsleistungen keine direkten Beziehungen nachgewiesen werden können. Allerdings wird dadurch die Sachabhängigkeit der Reinigungsleistungen nicht in Frage gestellt, sondern eher noch unterstrichen:

1. Mit der starken Verbreitung der elektrischen Waschmaschine in den letzten Jahren hat eine Rückverlagerung bislang marktbezogener Dienstleistungen in die privaten Haushalte stattgefunden. Dieses Phänomen kann als "Substitutionskonkurrenz" bezeichnet werden. Der direkte Zusammenhang zwischen Verbrauch an Textilien und der Nachfrage insbesondere von Wäschereileistungen wird durch diese Erscheinung gestört.
2. Der technische Fortschritt hat eine schnelle Ausbreitung der Kunstfasern ermöglicht, wodurch ein Wandel in den Anteilen der verschiedenen Textilfasern eingetreten ist. 1970 betrug der Anteil synthetischer Fasern bereits knapp 64 v.H. des Gesamtverbrauchs an Textilien und nach den Berechnungen des RWI nimmt jährlich der Kauf von pflegeleichter Kunstfaserkleidung um 4 v.H. zu[2]. Da die Chemiefaser-Textilien leicht waschbar sind und schnell trocknen, ist das Waschen in privaten Haushalten weiter begünstigt worden.

1) Von 1955 bis 1973 stiegen die Ausgaben für Bekleidung und Schuhe um + 267 v.H. und der Umsatz der Textilreinigungshandwerke nur um + 152 v.H.; vgl. Übersicht 10 dieser Arbeit; Jahresgutachten 1969 des Sachverständigenrates zur Begutachtung der gesamtwirtschaftlichen Entwicklung,a.a.O.,S.146; Jahresgutachten 1974 des Sachverständigenrates...,a.a.O., S.240

2) Vgl. Tietz, B.: Konsument und Einzelhandel, a.a.O., S.385; Konjunkturberichte über das Handwerk 1973, a.a.O., S. 61. Um das Jahr 1960 hatten sich die Wäschereien und die Chemischreiniger mit besonderen Investitionen auf die erwartete Aus-

(Forts. Fußn. 2) siehe nächste Seite)

3. Der Verbrauch an "Wegwerf-Wäsche" steigt. Aus vorwiegend hygienischen Gründen werden heute in Kranken- und Pflegeanstalten, von Reisegesellschaften und in Hotels sowie Gaststätten immer häufiger "Wegwerf-Wäsche" mit textilverwandten Eigenschaften benutzt. Auch Wegwerf-Kleider, -Anzüge, -Damenslips und -Windeln werden in den USA und der BRD bereits angeboten und gekauft[1].

Diese drei Einwände machen deutlich, daß die Auswirkungen des technischen Fortschritts (Zunahme der Haushaltsmaschinen, der Kunstfasern und der Wegwerf-Wäsche) als ein Ursachenfaktor für die Schrumpfungstendenzen im Textilreinigungshandwerk angesehen werden müssen. Ferner zeigen sie, daß zwar eine direkte Beziehung zwischen dem Verbrauch an Textilien und der Nachfrage nach Reinigungsleistungen nicht besteht, daß aber die Textilreinigungsgewerbe von den Umstrukturierungen auf dem Textilmarkt unmittelbar betroffen sind.

Das Textilreinigungshandwerk versucht dem Nachfrageausfall auf zwei Wegen zu begegnen:

1. Durch eine verstärkte Ausdehnung der Geschäftsbeziehung mit der privaten und öffentlichen Wirtschaft und
2. durch eine Erweiterung des Leistungsprogramms um Teppich-, Polstermöbel- und Lederreinigung sowie durch Wäscheleasing.

Es bleibt abzuwarten, ob mit diesen Maßnahmen eine weitere Schrumpfung der Nachfrage kompensiert werden kann. Insgesamt muß davon ausgegangen werden, daß von den privaten Haushalten aus keine Wachstumsimpulse insbesondere aufgrund der gesunkenen Einkommenselastizität zu erwarten sind.

(Forts. Fußn. 2) von S. 149)
dehnung des sog. Oberhemdengeschäfts eingestellt. Durch den starken Übergang der Verbraucher zu pflegeleichten Hemden und Wäschestücken erwiesen sich diese Aufwendungen als Fehlinvestitionen. Vgl. Konjunkturberichte über das Handwerk 1959, a.a.O., S. 21; Schüller, A.: Dienstleistungsmärkte in der BRD, a.a.O., S. 182

1) Vgl. Pohl, A.J.: Kritik der 3-Sektoren-Theorie, a.a.O., S.30; Schüller, A.: Dienstleistungsmärkte in der BRD, a.a.O., S.182

b) Angebotsbedingungen der handwerklichen Reinigungsgewerbe

ba) Wettbewerbsverhältnisse auf den Reinigungsmärkten

Die Reinigung von Textilien und Gebäuden scheint immer weniger eine Domäne handwerklicher Betriebe zu bleiben. In zunehmendem Maße dringen nicht-handwerkliche Konkurrenten in den Markt ein.

Bei den G e b ä u d e r e i n i g e r n ist der Anteil der Handwerksbetriebe an der gesamten Betriebszahl der Gebäudereinigerbranche von 73 v.H. auf 15 v.H. gefallen, während der Umsatzanteil zwischen 1955 und 1972 insgesamt höher lag und nicht ganz so stark abgenommen hat (vgl. Schaubild 21).
Aus dieser Entwicklung lassen sich zwei Dinge ableiten:
1. Auf dem Gebäudereinigermarkt hat das Handwerk gegenüber den gewerblichen Konkurrenten an Position eingebüßt.
2. Die durchschnittliche Betriebsgröße der handwerklichen Gebäudereiniger ist insgesamt größer als bei den nicht-handwerklichen Betrieben und konnte im Zeitablauf weiter ausgedehnt werden[1].

Die Wettbewerbssituation der S c h o r n s t e i n f e g e r stellt sich dagegen anders dar. Wegen der geringen technischen Möglichkeiten zur Substitution von Arbeit und Kapital kann dieser Handwerkszweig im Sinne von PIEST als Monopolhandwerk charakterisiert werden. Darüber hinaus wird durch das Kehrgebietsmonopol, das die Verwaltungsbehörde in seiner Ausdehnung festlegt, jegliche Konkurrenz ausgeschaltet. Das Recht auf Berufsfreiheit wird in diesem Fall vom Gesetzgeber als geringer eingeschätzt als das Gemeinschaftsinteresse nach Feuersicherheit[2]. Diese Auffassung ist von der Rechtsprechung bestätigt worden, so daß die Ausschaltung des Wettbewerbs für den Tätigkeitsbereich des Schornsteinfegerhandwerks nicht in einem Widerspruch zur Wirtschaftsordnung der BRD steht.

1) Mit einem Anteil von nur 15 v.H. der gesamten Betriebszahl erzielten die handwerklichen Gebäudereiniger 1972 rund 28 v.H. des Gesamtumsatzes. Vgl. Schaubild 21
2) Vgl. Schüller, A.: Dienstleistungsmärkte in der BRD, a.a.O., S. 203

Schaubild 21

Verteilung der Marktanteile im Gebäudereinigergewerbe nach Betrieben und Umsätzen 1955, 1968 und 1972

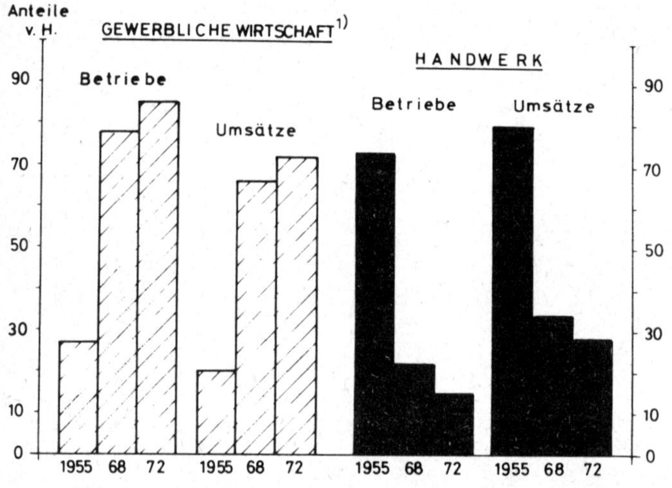

1) Nicht-handwerkliche Reinigungsbetriebe
Quelle: Tabelle 28 im Anhang

In abgeleiteter Form stehen allerdings auch die Schornsteinfeger in einer "Substitutionskonkurrenz". Die Umstrukturierungen auf dem Energiemarkt, die zu einem erhöhten Verbrauchsanteil an Elektroenergie führen soll sowie die Ausdehnung des Fernwärmeverbundsystems werden in Zukunft die Nachfrage nach Schornsteinfegerleistungen allmählich reduzieren, so daß sich das Schornsteinfegerhandwerk auf diesen "indirekten Wettbewerb" wird einstellen müssen.

Die Marktsituation der Textilreinigungshandwerke ist im Gegensatz zum Schornsteinfegerhandwerk durch einen unmittelbaren Konkurrenzdruck gekennzeichnet, der zu einer Verringerung des Marktanteils der handwerklichen Textilreinigungsgewerbe geführt hat.

Gemessen in Betriebszahlen hat der Anteil des Handwerks an der Gesamtbranche etwas stärker als in Umsatzwerten abgenommen (vgl. Schaubild 22).

Schaubild 22

Verteilung der Marktanteile im Textilreinigungsgewerbe nach Betrieben und Umsätzen 1955, 1968 und 1972

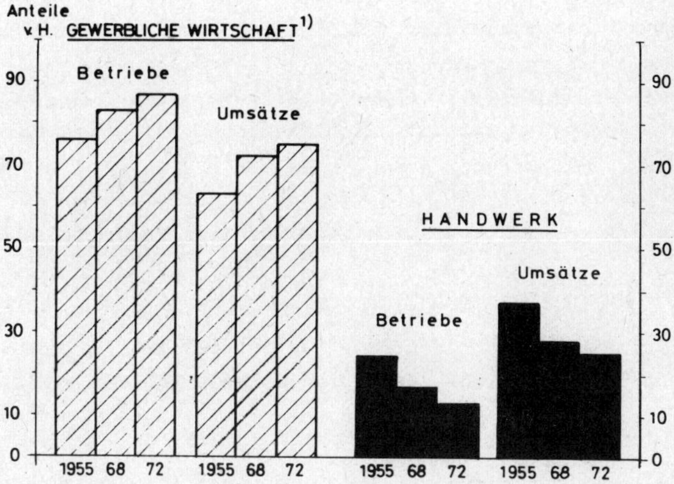

1) Nicht-handwerkliche Reinigungsbetriebe
Quelle: Tabelle 28 im Anhang

Für die Marktstellung der Textilreinigungshandwerke läßt sich somit festhalten:

1. Das Handwerk hat auf dem Textilreinigungsmarkt seine Position gegenüber den industriellen und mehr kaufmännisch orientierten Anbietern verschlechter.
2. Die durchschnittliche Betriebsgröße der handwerklichen Textilreinigungsgewerbe ist größer und stärker gestiegen als bei den nicht-handwerklichen Betrieben.

Die Ursache für das Vordringen industrieller und sonstiger gewerblicher Betriebsformen auf dem Textilreinigungsmarkt ist in der Hauptsache darin zu sehen, daß anders als beispielsweise bei den Friseuren oder Schornsteinfegern der Reinigungsvorgang innerbetrieblich für mutative Anpassungsprozesse geeignet ist, die bei zunehmender Beschäftigung Kostendegression und Substitution von Arbeit durch Kapital ermöglichen. Vorbedingung für einen verstärkten Maschineneinsatz ist ein weitgehend zerlegbarer Produktionsprozeß sowie häufig wiederkehrende gleichförmige Arbeitsvorgänge. Diese Voraussetzungen erfüllen die Tätigkeitsanforderungen der Wäschereien. Die Entwicklung von Waschvollautomaten für den Familienhaushalt demonstriert die technischen Möglichkeiten eindrucksvoll. Arbeitskräfte werden nur am Anfang und Ende des Waschprozesses zum Beschicken und Entleeren der Automaten sowie zur Zugabe der Waschmittel benötigt. Diese Tatsache erklärt auch den Einsatz eines für das Handwerk so außerordentlich hohen Prozentsatzes an un- und angelernten Arbeitskräften.

Auf dem Maschinenmarkt für Wäschereien und Chemischreinigungen werden bereits angeboten:

- Automatische Waschstraßen, die täglich 600 kg Trockenwäsche bewältigen und nur von einer Arbeitskraft bedient werden sowie
- Mangelstraßen, die 1000 Bezüge oder Laken in einer Stunde bügeln[1].

Handwerkliche Kenntnisse und Fertigkeiten treten in den Betrieben, die mit derartigen Maschinen ausgerüstet sind, in den Hintergrund zugunsten eines mehr kaufmännischen und organisatorischen Denkens. Der Gesetzgeber sowie die Rechtsprechung hat diesen Veränderungen Rechnung getragen, indem der Befähigungsnachweis und die Eintragung in die Handwerksrolle für die Eröffnung eines Wäscherei- oder Chemischreinigerbetriebes nicht mehr zur Voraussetzung erhoben werden[2]. Von dieser Möglichkeit ist immer mehr Gebrauch gemacht worden. Neben industriellen und anderen gewerblichen Betriebsformen haben vor allem Münzwasch- und Münzreini-

1) Vgl. Herrmann, D.L.: Strukturdaten des Handwerks unter besonderer Berücksichtigung des Betriebsgrößenproblems, a.a.O., S. 233
2) Vgl. Schüller, A.: Dienstleistungsmärkte in der BRD, a.a.O., S. 180

gungsautomaten sowie Schnell- oder Expressreinigungen als Ladengeschäfte den Wettbewerbsdruck auf die handwerklichen Reinigungsbetriebe erhöht. Hauptsächlich aus zwei Gründen verhielten sich die meisten Handwerksbetriebe gegenüber dieser Entwicklung zurückhaltend:

1. Die Einrichtung derartiger Ladengeschäfte verlangt einen hohen Kapitaleinsatz, der zu einer Risikosteigerung führt und
2. das Aufkommen solcher Wasch- und Reinigungssalons wurde von den Handwerksbetrieben als eine vorübergehende Erscheinung eingeschätzt[1].

Durch die schnelle Verbreitung der Münzwäschereien und Schnellreinigungen auf jeweils ungefähr 2000 Betriebe[2] ist jedoch eine spürbare Konkurrenz entstanden, die mit zu dem sinkenden Marktanteil der handwerklichen Textilreinigungsbetriebe beigetragen hat. Anscheinend sind die nicht-handwerklichen Betriebe flexibler und bringen eine höhere Bereitschaft mit, neue technische Verfahren und Maschinen einzusetzen, sowie sich auf Bedarfsveränderungen einzustellen. Sie sind es auch, die durch vermehrte Filialgründungen und Annahmestellen eine Umsatzerhöhung anstreben. Nach Angaben des Fachverbandes unterhalten 85 - 90 v.H. der Chemischreinigerbetriebe Filialen, wobei vor allem die Großbetriebe teilweise bis zu 150 Filialen besitzen[3].

Zum Abschluß ist noch kurz auf die Frage des Standorts als Wettbewerbsfaktor einzugehen. Textilreinigungsbetriebe sind auf einen engen räumlichen Kontakt zu den Kunden angewiesen, da sie als Anbieter von Dienstleistungen ihren Leistungsprozeß ohne den "externen Faktor" (hier Wäsche, Bekleidung etc.) nicht durchfüh-

1) Vgl. ebenda, S. 182
2) Vgl. Konjunkturberichte über das Handwerk 1959, a.a.O.,S.70; Konjunkturberichte über das Handwerk 1974, a.a.O., S.73; Schüller, A.: Dienstleistungsmärkte in der BRD, a.a.O., S.185; Keutmann, D. und Dieck, M.: Auswirkungen der Konzentrationstendenzen in der Wirtschaft. Schriften des Seminars für Genossenschaftswesen an der Universität Köln, Bd.16, Göttingen 1972, S. 93
3) Vgl. Tietz, B.: Konsument und Einzelhandel, Bd. 1, a.a.O., S. 661. Wenn diese Zahlen auch nicht nach Handwerks- und sonstigen Gewerbebetrieben aufgeschlüsselt vorliegen, ist zu vermuten, daß die handwerklichen Reinigungsbetriebe von dieser Möglichkeit der Umsatzerhöhung weniger Gebrauch machen.

ren können. Sowohl in den Stadtzentren und Lauflagen als auch in größeren Wohnsiedlungen befindet sich in der Regel ein ausreichendes Nachfragepotential, um die Existenzfähigkeit eines Reinigungsbetriebes zu gewährleisten, so daß dort die Standortbedingungen als günstig anzusehen sind. Wegen der Geruchsbildung bietet sich jedoch für die Unterhaltung von Wäschereien eine Ansiedlung in Gewerbezentren an. Der notwendige Kontakt zu den Kunden kann durch die Errichtung von Annahmestellen in Wohngebieten, Stadtzentren, Kaufhäusern, Supermärkten etc. sowie durch den Aufbau eines Abholdienstes hergestellt werden[1]. Vermutlich verhalten sich die nicht-handwerklichen Reinigungsbetriebe bei der Standortwahl ebenfalls flexibler, so daß sie sich dadurch gegenüber den Handwerksbetrieben Wettbewerbsvorteile verschaffen, die zur Erhöhung ihres Marktanteils auf dem Textilreinigungsmarkt beigetragen haben.

Für die vier Reinigungszweige bleibt somit zusammenfassend festzuhalten:

1. Das Gebäudereinigerhandwerk hat in der Untersuchungsperiode seine Marktposition verschlechtert.
2. Das Schornsteinfegerhandwerk befindet sich durch das behördlich fixierte Kehrgebietsmonopol in keiner Wettbewerbssituation. Für die Zukunft ist allerdings durch die Veränderung auf dem Energiesektor mit einer "Substitutionskonkurrenz" zu rechnen.
3. Die beiden Textilreinigungshandwerke stehen unter starkem Konkurrenzdruck nicht-handwerklicher Betriebsformen und haben Marktanteile eingebüßt.

bb) Kostenstruktur und Ertragslage

Neben den Wettbewerbsverhältnissen ist auf der Angebotsseite die Kosten- und Ertragssituation ein wesentlicher Einflußfaktor für die Existenzbedingungen und Entwicklungen der Reinigungshandwerke. Die Kostenstruktur als Ausdruck der Produktionsweise zeigt

1) Vgl. Herrmann, D.L.: Existenzfähigkeit und Optimalität der Handwerksbetriebe, a.a.O., S. 191 f.; Konjunkturberichte über das Handwerk 1974, a.a.O., S. 72 f.

bei den vier Handwerkszweigen einige signifikante Unterschiede auf, so daß es sinnvoll erscheint, die Betrachtung getrennt für die bau- und textilbezogenen Reinigungshandwerke durchzuführen.

Bei den Schornsteinfegern und Gebäudereinigern als zwei nicht-stationäre Handwerke und infolgedessen auch mit nur geringen Miet- bzw. Pachtkosten belastet, treten vor allem die Personalkosten sowie die finanziellen Aufwendungen für die Kraftfahrzeughaltung in den Vordergrund, während die Material- und Warenkosten ebenfalls nur von untergeordneter Bedeutung sind und erst bei den Betrieben in den oberen Umsatzgrößenklassen ein größeres Gewicht erhalten[1]. Insgesamt spiegelt sich in dieser Kostenstruktur die früher ermittelte hohe Arbeitsintensität beider Branchen wider[2].

Für die Berechnung der Ertragssituation im Schornsteinfeger- und Gebäudereinigerhandwerk muß das von der amtlichen Statistik ausgewiesene Betriebsergebnis mit den kalkulatorischen Kosten saldiert werden, denn erst nach Abzug des kalkulatorischen Unternehmerlohns sowie der kalkulatorischen Zinsen auf das Eigenkapital läßt sich erkennen, ob die Unternehmungen nach kaufmännischen Gesichtspunkten einen Gewinn erwirtschaftet haben[3].

Wie dem Schaubild 23 entnommen werden kann, arbeiten die Schornsteinfeger in allen drei Umsatzgrößenklassen mit Gewinn. Die besonders günstige Ertragssituation der Schornsteinfeger läßt sich daran erkennen, daß

1. sich die überwiegende Zahl der Betriebe in der zweiten Größenklasse befindet[4] und

1) Tabelle 29a im Anhang. Als Vergleich sei auf das Friseurhandwerk hingewiesen, das für diese Position mit knapp 25 v.H. einen wesentlich höheren Kostenanteil aufwenden muß. Bei den Handwerkszweigen, die schwerpunktartig Handel teiben, fällt dieser Posten noch stärker ins Gewicht.

2) Bei den Schornsteinfegern wird die Dominanz des Faktors Arbeit deutlicher, wenn der kalkulatorische Unternehmerlohn hinzugerechnet wird. Wegen der kleinen Betriebsgröße gemessen in Beschäftigtenzahlen schlägt der kalkulatorische Unternehmerlohn relativ stark zu Buche.

3) Die als kalkulatorische Kosten ausgewiesenen Beträge sind als Näherungswerte zu verstehen, die errechnet sind, um über die Existenzfähigkeit der Betriebe in den verschiedenen Größen-

(Forts. Fußn. 3) und 4) siehe nächste Seite)

2. von allen Reinigungshandwerken mit über 20 v.H. der höchste Durchschnittsgewinn gemessen an der Gesamtproduktion (Umsatz) eines Betriebes erwirtschaftet wird.

Die staatlich festgelegte Gebührenordnung im Zusammenhang mit dem Kehrbezirksmonopol garantiert somit den Schornsteinfegerbetrieben über den Unternehmerlohn hinaus einen Gewinn, so daß die Ertragssituation dieses Zweiges bei einer insgesamt unterdurchschnittlichen Betriebsgröße als günstig einzuschätzen ist. Durch die behördliche Preisgestaltung scheidet allerdings die Ertragslage als Indikator für die Existenzfähigkeit der Schornsteinfeger aus.

Das Gebäudereinigerhandwerk. dessen Angebot und Nachfrage anders als beim Schornsteinfegerhandwerk nicht direkt durch den Staat bestimmt und festgelegt wird, erweist sich von der Ertragsseite aus betrachtet als ein existenzfähiger Handwerkszweig. Ab einem Jahresumsatz von 50.000 DM erwirtschaften die Gebäudereiniger einen Gewinn, der im Durchschnitt über 10 v.H. der Gesamtproduktion liegt (Schaubild 23). Aus dieser relativ hohen Gewinnquote bei einem Umsatz von 50.000 DM läßt sich ableiten, daß sich die Gewinnschwelle bei einem Jahresumsatz von 40.000 DM befindet. Das bedeutet, daß rund 80 v.H. aller Gebäudereinigerbetriebe rentabel arbeiten[1].

Somit kann festgehalten werden, daß die handwerklichen Gebäudereinigerbetriebe, die sich durch hohe Arbeitsintensität und niedrige Arbeitsproduktivität auszeichnen, bereits bei einem relativ geringen Jahresumsatz auch unter kaufmännischen Gesichtspunkten existenzfähig sind.

(Forts. Fußn. 3) und 4) von S. 157)

klassen eine Aussage treffen zu können. Die kalkulatorischen Kosten sind bewußt niedrig angesetzt. Vgl. die Ausführungen in dem entsprechenden Abschnitt über das Friseurhandwerk.

4) Vgl. Tabelle 25 im Anhang

1) Nach Tabelle 25 im Anhang befanden sich 1967 ein Viertel aller Betriebe in der Größenklasse bis 40.000 DM Jahresumsatz. Durch den Trend zu größeren Betriebsgrößen und durch die Preissteigerungen kann davon ausgegangen werden, daß 1970 die Zahl der Betriebe in den unteren Größenklassen weiterhin abgenommen hat und nur noch rund 20 v.H. der Betriebe mit einem Umsatz von weniger als 40.000 DM im Jahr abgeschlossen haben.

Schaubild 23

Kostenstruktur und Ertragssituation im Schornsteinfeger- und Gebäudereinigerhandwerk 1970

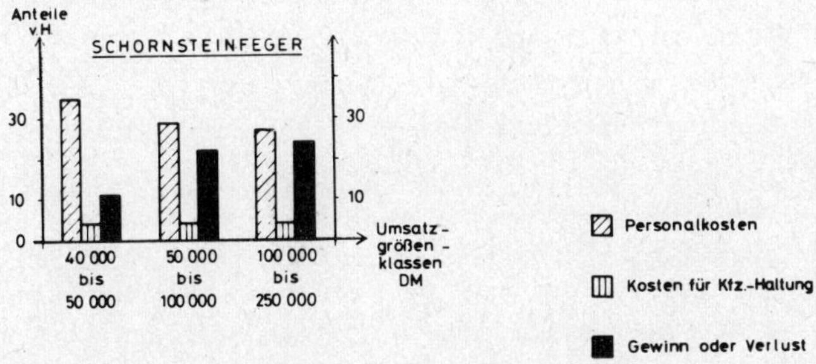

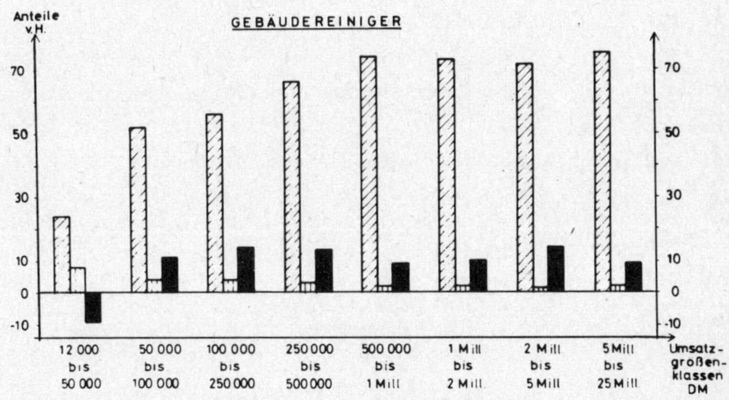

Quelle: Tabelle 29a im Anhang

Die Kostenstruktur der beiden T e x t i l r e i n i g u n g s h a n d w e r k e stimmt weitgehend überein, während sie sich gegenüber den beiden baubezogenen Reinigungshandwerken in vier Positionen unterscheidet:

1. Die prozentualen Aufwendungen für Mieten und Pachten liegen um ein mehrfaches über denen der Gebäudereiniger und Schornsteinfeger, was sich aus der Tatsache erklärt, daß die Textilreinigungshandwerke ihre Dienstleistungen stationär erbringen.
Den Wäschern entstehen allerdings im Durchschnitt niedrigere Mietkosten als den Chemischreinigern, da sie wegen der Geruchsbelästigungen ihre Betriebe häufig in Gewerbezentren am Rande der Städte ansiedeln. Den Kontakt zu den Kunden stellen sie durch Annahmestellen und Abholdienste her, wodurch höhere Aufwendungen für die Kraftfahrzeughaltung notwendig werden. Die Chemischreiniger können dagegen ihren Standort verbrauchernah in den Stadtzentren und Wohngebieten wählen, müssen dafür aber höhere Mieten zahlen.

2. Die Textilreinigungshandwerke leisten hohe "steuerliche Abschreibungen"[1], was als Ausdruck der hohen Kapitalintensität zu werten ist. In diesem Punkt können die beiden Textilreinigungshandwerke allenfalls noch mit den Werkzeugmachern und den Straßenbauern verglichen werden, die als einzige Zweige des gesamten Handwerks eine ähnlich hohe Quote zu verzeichnen haben[2].

3. Der Personalkostenanteil der Textilreinigungshandwerke ist mit etwas weniger als 50 v.H. zwar der gewichtigste Einzelposten, liegt aber deutlich unter dem Personalkostenanteil der Gebäudereiniger mit rund 70 v. . (Schaubild 23 und 24).

4. Die Kostenanteile für Material und Wareneinsatz der Wäscher und Chemischreiniger sind im Vergleich zum Gesamtdurchschnitt des Handwerks niedrig, aber gegenüber den Gebäudereinigern ungefähr doppelt so hoch[3].

1) Tabelle 29b im Anhang
2) Vgl. Kostenstruktur in der Wirtschaft, Reihe 1, II Handwerk 1970, a.a.O., S. 50 und S. 58
3) Tabelle 29a und 29b im Anhang

Schaubild 24

Kostenstruktur und Ertragssituation im Wäscherei- und Chemischreinigerhandwerk 1970

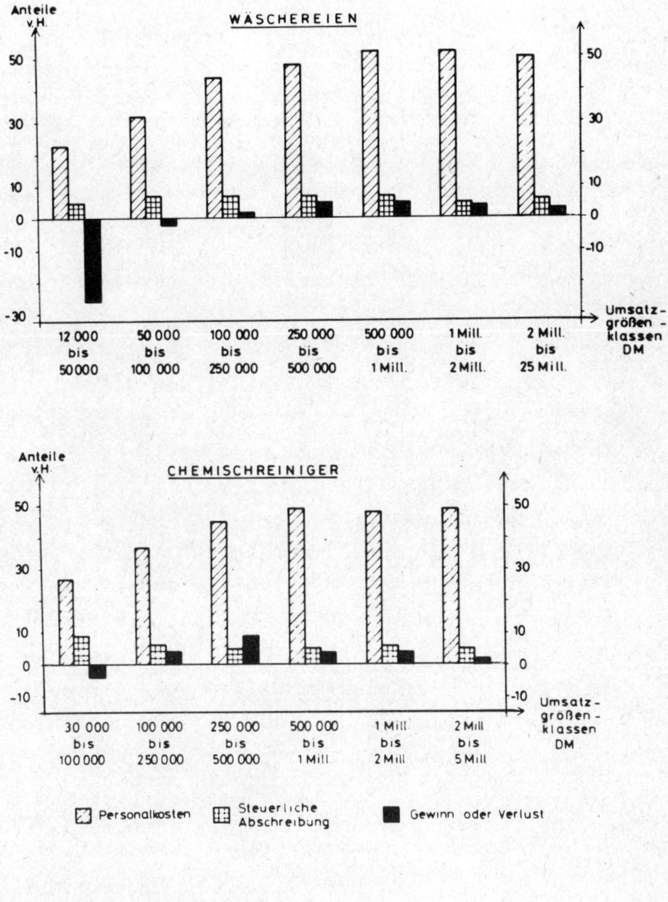

Quelle: Tabelle 29b im Anhang

Eine Gegenüberstellung der Kostenstruktur von 1962 und 1970, die nur für die Wäscher und Plätter möglich ist, zeigt als Tendenz, wenn jeweils die gleichen Größenklassen miteinander verglichen werden, daß 1970 der Anteil der Personalkosten sowie der Mieten und Pachten gegenüber 1962 gestiegen, während die Kostenquoten für Material und Wareneinsatz sowie Abschreibungen gefallen sind.

Von diesen Verschiebungen konnte die Ertragslage nicht unberührt bleiben,

- da die Personalkosten die gewichtigsten Kostenpositionen darstellen und
- die Preise für Wäscherei und Reinigung nur um + 48 v.H. die Löhne und Mieten dagegen um + 74 bzw. + 63 v.H. gestiegen sind[1].

Die Gewinnschwelle beider Textilreinigungshandwerke ist für 1970 bei einem Jahresumsatz von 100.000 DM anzusetzen. Wenn die Verteilung der Betriebe auf die Umsatzgrößenklassen in die Betrachtung einbezogen wird, so zeigt sich, daß bei den Wäschern nach kaufmännischer Kalkulation ein vermutlich größerer Prozentsatz der Betriebe nicht kostendeckend gearbeitet haben als bei den Chemischreinigern. Während rund 30 v.H. aller Chemischreinigerbetriebe keinen Gewinn erzielten, beläuft sich die Quote der Verlustbetriebe bei den Wäschern immerhin auf 60 v.H.[2]. Damit spiegelt diese Ertragssituation deutlich die unterschiedlichen Entwicklungstendenzen der Wäscher und Chemischreiniger wider. Die Abnahme der Betriebe, Beschäftigten und des Umsatzes bei den Wäschern[3] hat somit ihre Ursache sowohl in der rückläufigen Nachfrage, der Wettbewerbssituation als auch in der schlechten Er-

1) Vgl. Tabelle 7b im Anhang; Statistisches Jahrbuch für die BRD 1973, a.a.O., S.464; Arbeitsverdienste im Handwerk, a.a.O., S. 5. Für Wäscher wird von der amtlichen Statistik kein Lohn ausgewiesen, deshalb ist der Lohn eines Arbeiters im Handwerk zugrunde gelegt, da in den Wäschereien die Mehrzahl der Beschäftigten un- oder angelernte Arbeitskräfte sind. Als Mietpreis sind die durchschnittlichen Steigerungen der Wohnungsmieten angesetzt worden, da andere Mietpreisangaben nicht vorhanden sind.

2) Vgl. Tabelle 25 im Anhang. Die Angaben reichen nur bis 1967,es ist jedoch zu unterstellen, daß der Trend zu höheren Jahresumsätzen im Durchschnitt bis 1970 weiter angehalten hat.

3) Vgl. Tabelle 23 im Anhang

tragslage, wenn der Gesamtzweig betrachtet wird. Welche der drei Faktoren ausschlaggebend sind, läßt sich nicht exakt bestimmen. Eine wechselseitige Bedingtheit der Komponenten ist jedoch zu vermuten.

Der Kontraktionsprozeß als Anpassung an die veränderte Situation wird sich bei den Wäschern wahrscheinlich auch in Zukunft fortsetzen. Ein Vergleich zwischen 1962 und 1970 läßt erkennen, daß vor allem die kleineren Betriebe ausgeschieden sind. 1962, als die Gewinnschwelle ebenfalls bei ungefähr 100.000 DM Jahresumsatz lag, schlossen rund 75 v.H. und 1970 bei insgesamt abnehmender Betriebszahl 60 v.H. aller Betriebe ohne Gewinn ab[1].

Unter volkswirtschaftlichen Gesichtspunkten ist ein Ausscheiden weiterer Wäschereibetriebe durchaus zu begrüßen, da die freigesetzten Produktionsfaktoren vermutlich an anderer Stelle des Produktionsprozesses gesamtwirtschaftlich effizienter eingesetzt werden könnten[2].

Bei diesen rein ökonomischen Überlegungen ist die Versorgungssituation der Konsumenten außer acht gelassen. Vor der Anwendung wirtschaftspolitischer Anpassungsmaßnahmen müßten deshalb regionale Fallstudien durchgeführt werden, damit eine Unterversorgung mit Wäschereileistungen vermieden wird.

Die Situation der Chemischreiniger stellt sich dagegen mit einem Anteil von rund 30 v.H. unrentabel wirtschaftender Betriebe günstiger dar. Dieses Ergebnis entspricht der Gesamtentwicklung der Chemischreiniger, die durch keine so ausgeprägte Schrumpfungstendenz gekennzeichnet ist[3].

1) Angesichts des hohen Prozentsatzes an Verlustbetrieben sei darauf hingewiesen, daß die Unternehmer für ihre Tätigkeit zwar ein Entgelt erhalten, denn das Betriebsergebnis ist auch bei diesen Betrieben positiv (vgl. Tabelle 29b im Anhang), aber bei alternativem Einsatz in unselbständiger Arbeit würden sie einen höheren Lohn erzielen. Gleiches gilt ebenso für den Kapitaleinsatz.
2) Vgl. Schmidt, K.-H.: Gewerbeentwicklung und Gewerbepolitik, Göttinger Handwerkswirtschaftliche Studien, hrsg. von W.Abel, Bd. 23, Göttingen 1974, S. 61
3) Vgl. Tabelle 23 im Anhang; Statistisches Jahrbuch für die BRD 1973, a.a.O., S. 265

Wenn auch eine optimale Betriebsgröße nicht bestimmt werden soll, so ist dennoch darauf hinzuweisen, daß im mittleren Umsatzbereich von 250.000 bis 500.000 DM die Rentabilitätssituation besonders vorteilhaft ist (Schaubild 24).

Insgesamt kann für die Chemischreiniger gesagt werden, daß die Mehrzahl der Betriebe auch nach betriebswirtschaftlichen Maßstäben existenzfähig sind. Die Hauptursache für die rückläufige Entwicklung muß somit auf die stagnierende Nachfrage nach Reinigungsleistungen und den verschärften Wettbewerb zurückgeführt werden.

3. Ergebnisse und Entwicklungsperspektiven

Die vier Reinigungshandwerke als mittelbar produktionsabhängige Dienstleistungszweige befriedigen einen Folgebedarf, der eng an die Existenz materieller Güter gekoppelt ist. Diese Bestimmung weist auf die Entwicklungsabhängigkeit der Reinigungshandwerke hin, die je nach Leistungsinhalt und Abnehmerkreis in ihrer Intensität unterschiedlich ist.

Die Wachstumsbedingungen und Wachstumstendenzen der bau- und textilbezogenen Reinigungshandwerke zeigen ein differenziertes Bild. Während für das Schornsteinfeger- und Gebäudereinigerhandwerk insgesamt eine günstige Entwicklung für die Referenzperiode ermittelt werden konnte, ergaben sich für die Wäscher und Plätter kontraktive Tendenzen und für die Chemischreiniger und Färber ein Trend zur Stagnation.

Aus der Ursachenanalyse dieser Wachstumsdifferenzierungen lassen sich als Ergebnisse und Schlußfolgerungen für die zukünftigen Entwicklungstendenzen der handwerklichen Reinigungsgewerbe herausstellen:

1) Die Leistungen des Schornsteinfegerhandwerks werden hauptsächlich von den privaten Haushalten beansprucht. Neben dem Bauvolumen sind vor allem die Verwendungsstruktur der Energieträger für Heizungszwecke als wichtigste Einflußfaktoren anzusehen, während die gute Ertragslage für die Einschätzung der zukünftigen Tendenzen nicht

herangezogen werden kann, da es sich bei den Schornsteinfegern um ein staatlich reglementiertes Monopolhandwerk handelt. In Zukunft muß sich das Schornsteinfegerhandwerk auf einschneidende Veränderungen einstellen, die weniger von den zu erwartenden geringeren Wachstumsraten des Bauvolumens herrühren, als von den geplanten und bereits eingeleiteten Strukturwandlungen auf dem Energiesektor verursacht werden. Es ist deshalb notwendig, die Energieverwendungsstruktur der privaten Haushalte zu beobachten, um rechtzeitig auf den voraussichtlichen Nachfragerückgang nach Schornsteinfegerleistungen mit Anpassungsmaßnahmen zu reagieren.

2) Das starke Wachstum der Gebäudereiniger ist durch die Steigerung des Bauvolumens in den letzten 20 Jahren sowie durch den forcierten Übergang von der Eigenherstellung zum Marktbezug der Reinigungsleistungen verursacht worden. Die Unterhaltsreinigung als Leistungsschwerpunkt der Gebäudereiniger wird von den Hauptabnehmern aus Staat und gewerblicher Wirtschaft zunehmend ausgelagert.

Gegenüber den gewerblichen Reinigungsbetrieben haben die handwerklichen Gebäudereiniger ihre Marktstellung verschlechtert. Bei einer zufriedenstellenden Rentabilitätslage sind die zukünftigen Entwicklungsperspektiven jedoch als gut zu beurteilen, zumal eine Marktsättigung gemessen an der hohen Zahl potentieller Reinigungsobjekte nicht abzusehen ist.

3) Die kontraktive Entwicklung des Wäscher- und Plätterhandwerks ist auf den Nachfragerückgang und die Zunahme des Wettbewerbsdrucks zurückzuführen. Die wachsende Verbreitung der elektrischen Waschmaschinen hat einen Substitutionsprozeß bislang marktbezogener Reinigungsleistungen durch Eigenherstellung der privaten Haushalte ausgelöst. Dieser Wandel im Verbraucherverhalten hat sich auch in der gesunkenen Einkommenselastizität der Nachfrage niedergeschlagen. Der Übergang der gewerblichen und öffentlichen Wirtschaft, Wäschereileistungen über den Markt zu beziehen, hat in seinem Volumen nicht ausgereicht, um den Nachfragerückgang der privaten Haushalte zu kompensieren.

Durch die gesunkene Nachfrage hat sich der Wettbewerbsdruck erhöht und zu einem Verlust an Marktanteilen für die handwerklichen Wäschereien geführt.

Bei einer schlechten Ertragslage sind die zukünftigen Wachstumschancen gering einzuschätzen. Im Bereich der öffentlichen Hand, dem Gaststätten- und Hotelgewerbe sowie der sonstigen gewerblichen Wirtschaft ist zwar noch ein potentielles Kundenreservoir zu erblicken, aber inwieweit die handwerklichen Wäschereien von dieser Nachfrage partizipieren werden, bleibt abzuwarten. Aufgrund der weiterhin sinkenden Nachfrage durch die privaten Haushalte sowie der Wettbewerbs- und Ertragssituation ist vermutlich mit einer Fortsetzung des kontraktiven Trends zu rechnen.

4) Die Ursachenanalyse der stagnierenden Entwicklung der Chemischreiniger und Färber ist dadurch erschwert, daß wesentliche Einflußfaktoren (Ausgabenentwicklung der privaten Haushalte, Wettbewerbssituation) nicht getrennt von den Wäschern untersucht werden können, so daß Aussagen über zukünftige Tendenzen der Chemischreiniger nur begrenzt getroffen werden können.

Für die Entwicklung der Chemischreiniger ist das Nachfrageverhalten der privaten Haushalte als Hauptkundenkreis ausschlaggebend. Wenn auch noch keine Reinigungsmaschinen analog der elektrischen Waschmaschine für die privaten Haushaltsgrößen hergestellt werden, so ist dennoch nur mit einer geringen Nachfragesteigerung zu rechnen, da die pflegeleichte Kunstfaserkleidung weite Verbreitung gefunden hat und von den privaten Haushalten selbst gereinigt wird.

Die Ertragslage, die insgesamt nicht ungünstig zu beurteilen ist, läßt darauf schließen, daß die zukünftige Existenzfähigkeit der Chemischreiniger "gesichert" erscheint, wenn auch mit keinen zusätzlichen Wachstumsimpulsen gerechnet werden kann.

Insgesamt kann für die Reinigungshandwerke festgestellt werden, daß sie mit Ausnahme der Gebäudereiniger nicht zu den Expansions- oder Wachstumshandwerken gezählt werden können. Neben den Schrumpfungstendenzen zeichnen sich sowohl für die Vergangenheit als auch für die Zukunft nur begrenzte Entwicklungschancen ab, so daß abgesehen von den Gebäudereinigern die These vom überproportionalen Wachstum der Dienstleistungen auf die Reinigungshandwerke nicht zutrifft.

II. Wachstumsverlagerungen im handwerklichen Installationsgewerbe

1. Struktur und Entwicklungstendenzen

a) Funktionscharakterisierung

Das Installationshandwerk setzt sich aus folgenden Zweigen zusammen: Gas- und Wasserinstallateure, Zentralheizungs- und Lüftungstechniker sowie Elektroinstallateuren. Der Aufgabenbereich dieser Branchen ist vielfältig und umfaßt Installations-, Montage-, Instandhaltungs-, Reparatur-, Kundendienst- und Vertriebstätigkeiten - alles Funktionen, die als Dienstleistungen einzuordnen sind und in enger Beziehung zur Sachgüterproduktion stehen. Ihrem Wesen nach tragen sie komplementären Charakter und haben die Aufgabe, Sachgüter funktionsfähig zu machen und zu erhalten.

Obwohl die amtliche Statistik zwischen der Installation und Montage auf der einen Seite und der Neuherstellung auf der anderen Seite nicht trennt, kann dennoch unterstellt werden, daß die Installationshandwerke ihren Tätigkeitsschwerpunkt nicht in der Neuherstellung, sondern in der Installation und Montage haben:
- Nicht nur die Berufsbezeichnung der Zweige weist auf die eigentliche Hauptfunktion hin,
- auch eine frühere Untersuchung hat für die Elektroinstallateure sowie die Gas- und Wasserinstallateure ermittelt, daß die Umsatzanteile aus Neuherstellung mit 3,8 v.H. bzw. 9,3 v.H. für die beiden Zweige sehr gering sind[1].
- Die Auswertungsergebnisse von 535 Aufnahmeanträgen der Elektroinstallateure in dem "Dienstleistungskatalog - Elektrotechnik 1974/75[2]) zeigen, daß knapp 57 v.H. der Betriebe mehr als 50 v.H. ihres gesamten Handwerksumsatzes (ohne Handelsumsatz) aus Installations-, Instandhaltungs-, Reparatur- und Kundendiensttätigkeit für die gewerbliche und öffentliche Wirtschaft erzielt haben. Die Installations- und Reparaturleistungen für private Haushalte sind hierbei noch unberücksichtigt.

1) Vgl. Oehler, W.: Die Wandlungen des funktionellen Leistungsbildes des Handwerks,a.a.O.,S.69 f.(Fußn.2) s.nächste Seite)

Das Tätigkeitsgebiet der drei Installationshandwerke, die ihren Ursprung der zunehmenden Technisierung verdanken und deshalb im Anschluß an PIEST als Sekundärhandwerke bezeichnet werden können, steht in engem Zusammenhang mit der Bautätigkeit.

Die Funktionen der Gas- und Wasserinstallateure sind im Verlegen und der Reparatur von Frischwasser-, Abwasser- und Gasleitungen sowie in der Ausstattung der Badezimmer, WC und Küche mit sanitären Anlagen zu sehen.

Die Aufgaben der Zentralheizungs- und Lüftungsbauer bestehen in der Installation von Gas- und Ölheizungen. Als zusätzliches Betätigungsfeld dringt immer mehr der Einbau von Klimaanlagen vor. Neben dem Reparaturdienst führen die Heizungsbauer infolge der starken Verbreitung zentraler Gas- und Ölheizungen Kunden-, Wartungs- und Notdienste aus.

Gemeinsam ist den Gas- und Wasserinstallateuren sowie den Zentralheizungs- und Lüftungsbauern der niedrige Handelsanteil am Gesamtumsatz. Über den Verkauf der von ihnen installierten Maschinen und Geräte hinaus nehmen beide Handwerkszweige in keinem nennenswerten Umfang Handelsfunktionen wahr. Mit einem Anteil von 8 bis 9 v.H. am Gesamtumsatz 1973 ist der Handelsanteil im Gegensatz zum Gesamthandwerk, wo rund 25 v.H. des Umsatzes aus der Handelstätigkeit stammen, sehr gering[1].

Das Funktionsbild der Elektroinstallateure weicht dagegen von den beiden anderen Installationshandwerken hauptsächlich in zwei Punkten ab:

1. Mit einem Umsatzanteil von 28 v.H. nehmen die Elektroinstallateure in stärkerem Maße Handelsfunktionen wahr[2].
2. Das Tätigkeitsfeld der Elektroinstallateure erstreckt sich nicht ausschließlich auf den Alt- und Neubau (Verlegen von

(Forts. der Fußn.2) von S. 168)

2) Der Katalog ist anläßlich der Internationalen Handwerksmesse in München erstmals herausgegeben und vom Verfasser ausgewertet worden. Einige wesentliche bislang unveröffentlichte Ergebnisse werden in der vorliegenden Studie verarbeitet.

1) Vgl. Statistisches Jahrbuch für die BRD 1974, a.a.O., S. 256
2) Ebenda

elektrischen Leitungen und Montieren von Elektrogeräten), sondern auch auf die Installation, Instandhaltung, Reparatur und den Kundendienst von elektrotechnischen Maschinen und Anlagen im Produktionsbereich[1].

Der Einsatz- und Funktionsbereich der Elektroinstallateure ist somit wesentlich breiter als es bei den Gas- und Wasserinstallateuren sowie den Zentralheizungs- und Lüftungsbauern der Fall ist.

b) Betriebe und Beschäftigte

Im Gegensatz zum Gesamthandwerk nimmt der Betriebsbestand bei den Zentralheizungs- und Lüftungsbauern sowie den Elektroinstallateuren zu, während bei den Gas- und Wasserinstallateuren die Zahl der Betriebe 1972 zwar etwas über dem Stand von 1956 lag, aber seit 1963 ist eine rückläufige Tendenz erkennbar. Wie in Schaubild 25 sichtbar ist, hat sich bei den Zentralheizungs- und Lüftungsbauern die Betriebszahl in dem betrachteten Zeitraum um das Fünffache ausgedehnt, dagegen ist bei den Elektroinstallateuren nur ein leichter Anstieg festzustellen.

Zur Entwicklung der Beschäftigten läßt sich feststellen, daß im Vergleich zum Gesamthandwerk bei allen drei Installationszweigen eine überdurchschnittliche Zunahme zu verzeichnen ist. Ähnlich wie bei den Betrieben sind die Beschäftigten der Zentralheizungs- und Lüftungsbauer mit Abstand am stärksten gestiegen, gefolgt von den Elektroinstallateuren. Die Gas- und Wasserinstallateure hatten dagegen den niedrigsten Zuwachs, aber im Gegensatz zur Betriebsentwicklung nahm die Zahl der Beschäftigten in der Referenzperiode kontinuierlich zu (Schaubild 25).

1) Allein zwei Drittel des gesamten Umsatzes der Elektroindustrie entfielen 1970 auf Vorleistungen und Ausrüstungsinvestitionen. Diese beiden Absatzgrößen stellen die Bezugsgröße für die Dienstleistungsnachfrage nach Elektroinstallationsleistungen durch den Produktionsbereich dar. Berechnet aus der Input-Output-Tabelle 1970 zu Ab-Werk-Preisen, in: Wirtschaft und Statistik, Statistische Monatszahlen, hrsg. vom Statistischen Bundesamt Wiesbaden, Heft 3, Stuttgart und Mainz 1974, S. 185[x]

Schaubild 25

Betriebs- und Beschäftigtenentwicklung der Installationshandwerke von 1956 bis 1972 (1956 = 100)

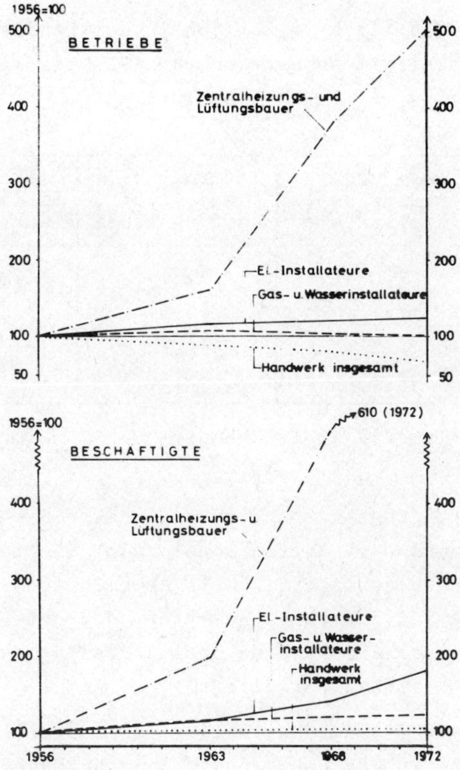

Quelle: Tabelle 30 im Anhang

Der insgesamt stärkere Anstieg der Beschäftigten als der Betriebe wirkt sich in einer Erhöhung der Betriebsgröße gemessen in Beschäftigtenzahlen aus. Während die durchschnittliche Betriebsgröße bei den Gas- und Wasser- sowie den Elektroinstallateuren nur geringfügig über der durchschnittlichen Betriebsgröße des Gesamthandwerks (7,2 Beschäftigte) liegt, übertreffen die Zentralheizungs- und Lüftungsbauer mit knapp 16 Beschäftigten je Betrieb die durchschnittliche Betriebsgröße des Gesamthandwerks um mehr als das Doppelte[1].

Übersicht 13

Beschäftigte je Betrieb in den handwerklichen Installationsgewerben von 1956 bis 1972 (absolut)

Jahr	Gas- und Wasserinstallateure	Zentralheizungs- u. Lüftungsbauer	Elektroinstallateure
1956	7,0	12,2	6,4
1963	7,4	14,9	6,3
1967	7,9	14,8	7,3
1972	8,5	15,7	7,7

Quelle: Tabelle 30 im Anhang

Die Beschäftigtenstruktur, untergliedert nach kaufmännischen Angestellten und Werkstattpersonal zeigt innerhalb der Installationshandwerke keine signifikanten Abweichungen. Gegenüber dem Gesamthandwerk ist jedoch zu bemerken, daß der prozentuale Anteil des Werkstattpersonals bei den drei Installationshandwerken über der Quote im Gesamthandwerk liegt[2].

Bemerkenswert ist darüber hinaus, daß die Elektroinstallateure in starkem Maße in der Lehrlingsausbildung engagiert sind. Während im Gesamthandwerk, den Gas- und Wasserinstallateuren sowie den Zentralheizungs- und Lüftungstechnikern jeweils der Anteil der technischen Lehrlinge an der gesamten Beschäftigtenzahl etwas

1) Vgl. Übersicht 9 und 13
2) Von den unselbständig Beschäftigten sind im gesamten Handwerk (einschl. der Lehrlinge) im technischen Bereich rund 77 v.H. und im kaufmännischen Bereich 23 v.H. tätig, in den Installationshandwerken dagegen sind im Durchschnitt 84 v.H. im technischen und 16 v.H. im kaufmännischen Bereich beschäftigt. Vgl. Handwerkszählung 1968, Heft 3, a.a.O., S. 44 ff.

mehr als ein Zehntel ausmachten, stellen bei den Elektroinstallateuren die technischen Lehrlinge ein knappes Viertel aller Beschäftigten dar. Werden die Lehrlinge zu den Facharbeitern ins Verhältnis gesetzt, wird die starke Bedeutung der Elektroinstallateure als Lehrlingsausbilder offensichtlich. Denn auf drei Gesellen kommen zwei Elektroinstallateurlehrlinge. Im Gesamthandwerk und in den beiden anderen Installationshandwerken dagegen entfallen auf knapp vier Facharbeiter nur ein technischer Lehrling.

c) Umsätze und Arbeitsproduktivität

Die Entwicklungstendenz, die sich bei der Betrachtung der Betriebe und Beschäftigten abzeichnet, schlägt sich auch in den Umsatzwerten nieder. Die Zentralheizungs- und Lüftungsbauer haben mit weitem Abstand das größte Wachstum erzielt. Mit beträchtlich geringeren Zuwachsraten folgen die beiden übrigen Installationshandwerke (Übersicht 14).

Unter Einbezug der Betriebsentwicklung ergibt sich jedoch ein anderes Bild. Absolut weisen zwar die Heizungsbauer je Betrieb den höchsten Umsatz auf, aber die Wachstumsraten bleiben hinter den Steigerungen der Sanitärtechniker (synonym für Gas- und Wasserinstallateure) sowie Elektroinstallateuren zurück[1].

Im Vergleich mit dem Gesamthandwerk kann festgehalten werden, daß die durchschnittlichen Umsätze je Betrieb in den Installationshandwerken absolut höher lagen, in ihrem Wachstum aber nur unterproportional zugenommen haben.

Da in den Umsätzen auch die Vorleistungen anderer Wirtschaftssektoren enthalten sind, gibt der Nettoproduktionswert (ohne Vorleistungen) eine genauere Auskunft über die Leistungsfähigkeit der Zweige. Bei den Installationshandwerken ist der Materialeinsatz mit einem Anteil von knapp 50 v.H. relativ hoch, so daß der Nettoproduktionswert etwas mehr als die Hälfte des Umsatzes darstellt[2].

1) Vgl. Übersicht 14 und Tabelle 31 im Anhang
2) Vgl. Tabelle 31 und 32 im Anhang

Übersicht 14

Entwicklung der Umsätze und Umsätze je Betrieb im handwerklichen Installationsgewerbe von 1955 bis 1972 in jeweiligen Preisen (nominal) und Preisen von 1962 (real)
(1955 = 100)

Jahr	Gas- und Wasser-installateure		Zentralheizungs-u.Lüftungsbauer		Elektro-installateure	
	nominal	real	nominal	real	nominal	real
a) Umsatz						
1955	100	100	100	100	100	100
1963	233	175	374	280	227	163
1968	279	180	1.315	814	320	212
1972	508	233	2.381	1.054	616	315
b) Umsatz je Betrieb						
1955	100	100	100	100	100	100
1963	218	164	231	172	199	142
1968	271	174	350	217	273	181
1972	501	230	473	210	489	250

Quelle: Tabelle 31 im Anhang

Wird die Arbeitsproduktivität und ihre Entwicklung in den drei Installationszweigen betrachtet, so fällt auf, daß zwar absolut die Heizungsbauer wiederum die höchsten Werte zu verzeichnen haben, daß aber im Elektroinstallationshandwerk der Produktivitätsfortschritt zwischen 1955 und 1972 am höchsten war, während im Heizungsbauerhandwerk der Zuwachs noch unter dem Steigerungsniveau der Gas- und Wasserinstallateure lag (Schaubild 26). Auch gegenüber dem Gesamthandwerk hat die Arbeitsproduktivität der Elektroinstallateure überdurchschnittlich und der Sanitär- und Heizungstechniker unterdurchschnittlich zugenommen (vgl. Schaubild 17 und 26).

Schaubild 26

Entwicklung der Arbeitsproduktivität und Kapitalintensität in den Installationshandwerken von 1955 bis 1972 in Preisen von 1962 (1955 = 100)

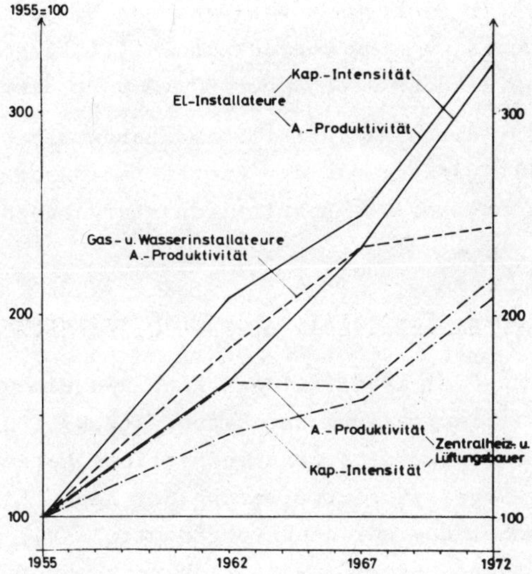

1) Für Wasserinstallateure und Heizungstechniker
Quellen: Tabelle 32 und 34 im Anhang

Absolut gesehen ist der Einsatz der Arbeitskräfte im Heizungsbauerhandwerk von den drei Installationszweigen am ergiebigsten, allerdings konnten die Elektroinstallateure bedingt durch das stärkere Produktivitätswachstum in den letzten Jahren aufholen[1].

Zum Abschluß soll noch ein kurzer Blick auf die Verteilungsstruktur der Installationsbetriebe gemessen in Umsatzgrößen geworfen werden. Für alle drei handwerklichen Installationsgewerbe ergibt sich ein deutlicher Trend zu größeren Umsatzklassen, der am stärksten bei den Heizungsbauern ausgeprägt ist, wo 1967 mehr als ein Drittel (37,6 v.H.) aller Betriebe gegenüber nur 8,5 v.H. im Gesamthandwerk einen Jahresumsatz von über 500.000 DM aufwiesen[2]. Aber auch im Elektro- sowie Gas- und Wasserinstallationshandwerk befanden sich eine überdurchschnittlich hohe Zahl von Betrieben in den Größenklassen über 100.000 DM Jahresumsatz[3].

Somit kann für die drei Installationshandwerke übereinstimmend festgestellt werden, daß der Konzentrationsprozeß auf größere Umsatzklassen überdurchschnittlich stark ausgeprägt ist.

d) Investitionen, Kapitalstock und Kapitalintensität

Die Entwicklung der Investitionen kann als ein wesentlicher Indikator für die Beurteilung der ökonomischen Situation eines Zweiges herangezogen werden, denn zusätzliche Nettoinvestitionen bedeuten in der Regel eine Erweiterung der Kapazität, die bei rationaler Entscheidung nur dann vorgenommen wird, wenn die zukünftigen Erwartungen über die Absatzchancen günstig eingeschätzt werden.

Die Investitionen der Gas- und Wasserinstallateure sowie der Zentralheizungs- und Lüftungsbauer - aufgrund der Datenlage ist keine getrennte Betrachtung möglich - aber auch der Elektroinstallateure sind von 1955 bis 1972 gestiegen. Ein Vergleich mit

1) Vgl. Tabelle 32 im Anhang
2) Tabelle 25 und 33 im Anhang
3) 1967 hatten im Gesamthandwerk 56,8 v.H., im Elektroinstallationshandwerk 40,9 v.H., im Sanitärhandwerk 33,8 v.H. und im Heizungsbauerhandwerk 13,2 v.H. aller Betriebe einen Jahresumsatz von weniger als 100.000 DM. Tabelle 25 und 33 im Anhang

dem Gesamthandwerk zeigt, daß der Zuwachs bei den Installationshandwerken überdurchschnittlich war (vgl. Übersicht 6 und 15), wobei insbesondere das starke Investitionswachstum der Elektroinstallateure hervorzuheben ist.

Entsprechend der Investitionsentwicklung hat sich auch der Kapitalstock (Bruttoanlagevermögen) in den Installationshandwerken stärker erhöht als im Gesamthandwerk.

Werden die Investitionen und der Kapitalstock jeweils auf die Betriebszahl bezogen, haben die Sanitär- und Heizungstechniker einen unterdurchschnittlichen Zuwachs und die Elektroinstallateure eine überdurchschnittliche Steigerung gegenüber dem Gesamthandwerk zu verzeichnen (vgl. Übersicht 6 und 15).

Diese unterschiedliche Entwicklung des Kapitaleinsatzes je Betrieb spiegelt sich auch in der Höhe und Tendenz der Kapitalintensität wider. Absolut genommen ist der Kapitalintensität im Gesamthandwerk zwar ungefähr doppelt so hoch wie in den Installationshandwerken[1], so daß insgesamt die drei handwerklichen Installationsgewerbe als arbeitsintensive Zweige einzuordnen sind, aber bei einem Vergleich der Wachstumsraten ergibt sich, daß die Kapitalintensität im Elektroinstallationshandwerk überproportional und im Sanitär- und Heizungstechnikerhandwerk unterproportional zum Gesamthandwerk gestiegen ist (Schaubild 12 und 26). Das höhere Wachstum der Kapitalintensität im Elektroinstallationshandwerk hat dazu geführt, daß innerhalb der handwerklichen Installationsgewerbe eine Angleichung in der Kapitalintensität stattgefunden hat[2]. Der stärkere Produktivitätszuwachs im Elektroinstallationshandwerk gegenüber den Sanitär- und Heizungstechnikern (Schaubild 26) kann somit auf den größeren Kapitaleinsatz der Elektroinstallateure in den letzten Jahren zurückgeführt werden.

Ein Vergleich zwischen dem Wachstum der Arbeitsproduktivität und der Kapitalintensität (Schaubild 26) macht deutlich,

1) Vgl. Tabelle 17 und 34 im Anhang
2) Tabelle 34 im Anhang

Übersicht 15

Entwicklung der Investitionen, des Bruttoanlagevermögens und der Kapitalintensität in den handwerklichen Installationsgewerben von 1955 bis 1972 in Preisen von 1962
(1955 = 1·00)

Jahr	Wasserinstallateure und Heizungstechniker		Elektro-installateure	
	insgesamt	je Betrieb	insgesamt	je Betrieb
a) Investitionen				
1955	100	100	100	100
1962	212	191	350	306
1967	241	199	397	338
1972	385	300	712	564
b) Bruttoanlagevermögen				
1955	100	100	100	100
1962	173	156	191	167
1967	251	207	315	268
1972	369	288	486	386

Quelle: Tabelle 34 im Anhang

daß zwischen beiden Kennziffern ein Entwicklungszusammenhang besteht, der bei den Elektroinstallateuren ausgeprägter als bei den Heizungstechnikern ist.

Aus der Tatsache, daß die Kapitalintensität bei den Elektroinstallateuren zwischen 1955 und 1972 stärker gewachsen ist (+ 223 v.H.) als die Beschäftigtenzahl (+ 81 v.H.)[1] läßt sich ferner ableiten, daß im Elektroinstallationshandwerk die Arbeitsintensität sinkt, während sie bei den Heizungstechnikern weiter zunimmt, denn im gleichen Zeitraum erhöhte sich ihre

1) Schaubild 25 und 26

Beschäftigtenzahl um + 510 v.H. und die Kapitalintensität nur um + 109 v.H. (Schaubild 25 und 26).

Wenn abschließend noch ein Blick auf die Verwendungsstruktur der Investitionen, aufgeschlüsselt nach Erweiterung, Rationalisierung und Ersatzbeschaffung geworfen wird,so zeigt sich, daß die Elektroinstallateure gegenüber den Wasserinstallateuren und Heizungstechnikern relativ mehr für Kapazitätserweiterungen und Rationalisierungen sowie relativ weniger für Ersatzbeschaffungen aufgewendet haben[1]. Aus dieser Investitionsstruktur läßt sich folgern, daß die Elektroinstallateure die zukünftige Entwicklung günstiger einschätzen als die Saniträ- und Heizungstechniker. Im nächsten Abschnitt wird deshalb zu prüfen sein, ob noch weitere Indikatoren zu finden sind, die diese Folgerungen stützen.

e) Zwischenergebnisse

Als Ergebnisse der Struktur- und Entwicklungsanalyse im Installationshandwerk sind festzuhalten:

1. Die Produktionsweise der drei untersuchten Installationszweige ist arbeitsintensiv.
2. Nach den drei Merkmalen Betriebe, Beschäftigte und Umsatz haben die Zentralheizungs- und Lüftungsbauer im Verhältnis zum Gesamthandwerk ein stark überproportionales, die Elektroinstallateure ein etwas abgeschwächt überproportionales und die Gas- und Wasserinstallateure ein proportionales Wachstum zu verzeichnen.
3. Die durchschnittliche Betriebsgröße ausgedrückt in Beschäftigten entspricht bei den Gas- und Wasserinstallateuren sowie den Elektroinstallateuren ungefähr dem Durchschnitt des Gesamthandwerks, dagegen liegt sie bei den Heizungstechnikern mit knapp 16 Beschäftigten mehr als doppelt so hoch.
4. Die Entwicklung der Betriebsgrößenstruktur weist für alle drei Installationshandwerke eine Tendenz zur Konzentration auf höhere Umsatzgrößenklassen auf.

1) Vgl. Investitionen und Kapitalstruktur im Handwerk 1969, a.a.O., Tabelle 30

5. Für alle drei Handwerkszweige ist eine hohe Materialintensität kennzeichnend.
6. Mit Ausnahme der Elektroinstallateure treiben die Installationshandwerke in keinem größeren Umfang Handel.
7. Die Arbeitsproduktivität der Sanitärtechniker sowie der Zentralheizungs- und Lüftungsbauer ist unterproportional gestiegen, während sie bei den Elektroinstallateuren überproportional gemessen am Gesamthandwerk zugenommen hat.
8. Zwischen dem Zuwachs der Arbeitsproduktivität und der Kapitalintensität besteht bei den handwerklichen Installationsgewerben, wenn auch mit Abstufungen, eine Entwicklungsbeziehung.

Neben vielen Gemeinsamkeiten in der Grundstruktur weisen die Installationshandwerke in ihrer ökonomischen Entwicklung Unterschiede auf. Im folgenden Abschnitt ist deshalb nach den Ursachenfaktoren der Wachstumsbedingungen zu fragen, um daraus Aussagen über die zukünftigen Perspektiven der Installationszweige ableiten zu können.

2. Einflußfaktoren der Entwicklung

a) Nachfrage nach Installationsleistungen

aa) Absatzstrukturen

Installationsleistungen sind sowohl für den Produktions- als auch Konsumtionsbereich Existenzvoraussetzung. Für die privaten Haushalte ist die Versorgung mit Wasser und Energie ebenso lebensnotwendig wie für die gewerbliche und öffentliche Wirtschaft. Entsprechend breit ist die Absatzstruktur der Installationshandwerke gefächert. Der Kontakt zwischen den Kunden und den Installationszweigen ist allerdings nicht auf das einmalige Installieren von Anlagen, Leitungen etc. begrenzt, sondern lebt durch den Kundendienst im Reparaturfall oder bei Wartungs- bzw. Instandsetzungsaufgaben aperiodisch immer wieder auf.

Eine Gegenüberstellung der beiden Abnehmergruppen private Haushalte sowie gewerbliche und öffentliche Wirtschaft zeigt, daß in allen drei Handwerkszweigen mit einem Anteil zwischen 55 und 60 v.H. die Leistungsbeziehungen zum Wirtschaftsbereich dominieren. Aus Schaubild 27 wird deutlich, daß die Absatzstrukturen der Installationshandwerke nicht erheblich voneinander abweichen. Während die Gas- und Wasserinstallateure sowie die Zentralheizungs- und Lüftungsbauer mit steigender Tendenz an private Haushalte liefern, kann für die Elektroinstallateure festgestellt werden, daß die privaten Haushalte mit einem Anteil von gut 40 v.H. zwar ebenfalls einen Hauptabnehmer darstellen, ihr Anteil aber zwischen 1962 und 1967 konstant geblieben ist. Die privaten Haushalte als Kunden spielen somit für die Installationshandwerke insbesondere die Elektroinstallateure eine geringere Rolle als im Durchschnitt des Gesamthandwerks[1].

Innerhalb des Produktionsbereichs haben allerdings einige Umstrukturierungen stattgefunden. Wie in Schaubild 27 zu sehen ist, hat in allen drei Zweigen

- die Industrie als Kunde an Bedeutung verloren und
- die öffentliche Hand dagegen an Gewicht gewonnen.

Einen tieferen Einblick in die vielfältigen Abnehmerbranchen der E l e k t r o i n s t a l l a t e u r e vermitteln die Ergebnisse der Auswertungen von 535 Elektroinstallationsbetriebe, die sich zum "Dienstleistungskatalog - Elektrotechnik 1974/75" angemeldet haben. Trotz der hohen Beteiligung (2,2 v.H. der Betriebe mit 8,5 v.H. der Beschäftigten des gesamten Elektroinstallationshandwerks) kann unter statistisch-methodischen Gesichtspunkten dieses Material nur mit Einschränkungen als repräsentativ für den gesamten Elektroinstallationszweig angesehen werden[2].

1) Im Gesamthandwerk nehmen die privaten Haushalte 45,4 v.H. aller handwerklichen Lieferungen ab. Handwerkszählung 1968, Heft 2, a.a.O., S. 90
2) Zum einen wurden keine Stichproben nach theoretisch abgesicherten Methoden gezogen. Es handelt sich vielmehr um freiwillige Anmeldungen. Zum anderen muß berücksichtigt werden,
(Forts. Fußn.2) siehe nächste Seite)

Schaubild 27

Absatzrichtungen des Umsatzes der Installationshandwerke 1962 und 1967

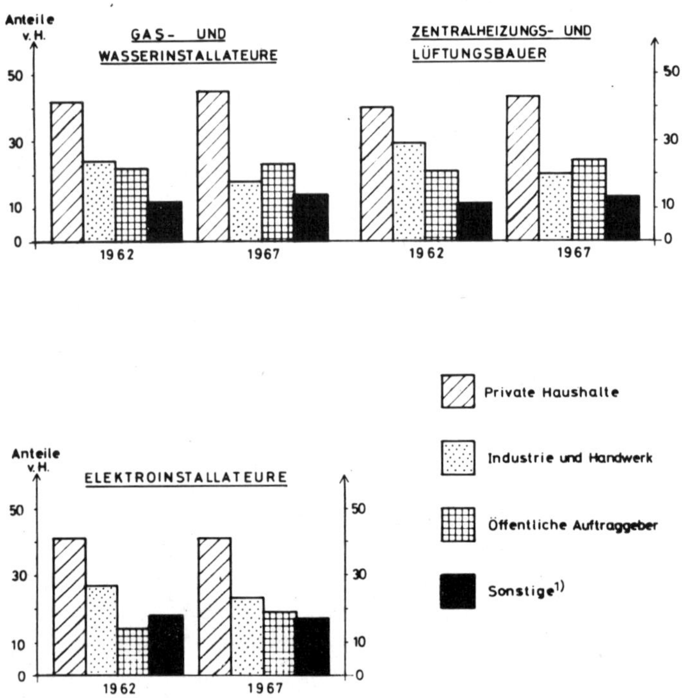

1) Leistungen an: Landwirtschaft, Groß- und Einzelhandel, Gaststättengewerbe und sonstige Abnehmer

Quelle: Schaubild 18

Zur näheren Kennzeichnung des Erhebungskreises sollen vier Merkmale herausgestellt werden:

1) Es wurden nur Daten über die Beziehung der Elektrobetriebe zu Industrie und Staat erhoben.
2) Die durchschnittliche Betriebsgröße der ausgewerteten Betriebe betrug 30 Beschäftigte je Betrieb, während sich im gesamten Elektroinstallationshandwerk die Durchschnittsgröße auf 8 Beschäftigte je Betrieb beläuft[1].
3) Die überwiegende Zahl der Betriebe bieten sowohl Instandhaltungs- als auch Kundendiensttätigkeiten an[1].
4) Bei rund 57 v.H. aller untersuchten Betriebe liegt der Schwerpunkt ihrer Leistungsbeziehungen (über 50 v.H. des Handwerksumsatzes) bei der Industrie und den öffentlichen Auftraggebern[2].

Für die vorliegende Untersuchung ist die Verteilung der Geschäftsbeziehungen der Elektroinstallationsbetriebe auf die verschiedenen industriellen Abnehmerbranchen von besonderem Interesse, da hierüber bislang kein empirisches Material existiert. Wie aus Übersicht 16 entnommen werden kann, ist die Absatzstruktur der Elektroinstallateure breit gefächert. Ausgesprochene Schwerpunkte lassen sich nicht erkennen. Auf sieben Industrien und die öffentliche Hand sind gut 60 v.H. der Lieferbeziehungen relativ gleichmäßig gestreut. Die restlichen 40 v.H. verteilen sich auf 15 weitere Branchen.

Diese weit verzweigte Kundenstruktur haben die Elektroinstallateure mit der elektrotechnischen Industrie gemeinsam. Ein Vergleich zwischen den Hauptabnehmerbranchen der Elektroindustrie und der -installateure macht die weitgehende Übereinstim-

(Forts. Fußn. 2) von S. 181)

daß die Erfassungsstellen bei den Handwerkskammern mit unterschiedlicher Intensität aktiv sind. Diese Mängel schränken die Aussagefähigkeit des statistischen Materials ein, dennoch scheint es lohnend, die Auswertungen als zusätzliche Informationsquelle für einen detaillierten Einblick in die Lieferstrukturen und Hauptabnehmerbranchen des Elektroinstallateurhandwerks zu verwenden.

1) Tabelle 35 im Anhang
2) Tabelle 36 im Anhang

Übersicht 16

Hauptabnehmerbranchen des handwerklichen Elektroinstallationsgewerbes 1974
(in v.H.)

Auftraggeber-Branchen	Dienstleistungsprogramm			
	I[1)]	II[2)]	III[3)]	insges.
1. Kommunale Einrichtungen	7,6	11,1	8,3	8,1
2. Verwaltungsgebäude	7,7	12,5	8,0	8,0
3. Bau, Steine, Erden	7,9	8,3	8,1	8,0
4. Elektrotechnik	7,6	12,5	8,0	7,9
5. Kälte-, Wärme-, Klima- u. Lüftungstechnik	8,7	12,5	7,2	7,8
6. Holzbe- und -verarbeitung	8,4	5,6	6,7	7,3
7. Maschinenbau	7,9	5,6	6,7	7,1
8. Nahrungs-, Genußmittel und Kellerei	6,5	8,3	6,2	6,3
9. insges. (1-8)	62,3	76,4	59,2	60,5
10. Sonstige Branchen[4)]	37,7	23,6	40,8	39,5
11. insges. (9 und 10)	100	100	100	100

1) Anlageninstandhaltung (Reparatur)
2) Kundendienst
3) Betriebe führen Instandhaltungs- u n d Kundendienstleistungen aus
4) 15 weitere Branchen

Quelle: Eigene Auswertungen der Aufnahmeanträge zum "Dienstleistungskatalog - Elektrotechnik Handwerk - Partner der Industrie 1974/75"

mung bei den wichtigsten Kundenbranchen beider Wirtschaftszweige deutlich, so daß daraus auf eine relativ enge ökonomische Leistungsverflechtung zwischen den Elektroinstallateuren und der elektrotechnischen Industrie sowie ihren Abnehmerbranchen geschlossen werden kann[1].

Durch die Schlüsselstellung der Elektroindustrie für die Gesamtwirtschaft, die daran abgelesen werden kann, daß von der elektro-industriellen Gesamtproduktion rund zwei Drittel Vorlieferungen und Anlageinvestitionen für andere Branchen darstellen[2], kommt gleichzeitig auch den Elektroinstallateuren eine starke gesamtwirtschaftliche Bedeutung zu. Denn die Hauptfunktionen der Elektroinstallateure bestehen darin, die von der elektrotechnischen Industrie produzierten Anlagen und Geräte in den Betrieben zu installieren, instandzusetzen und -zuhalten sowie die Leistungsfähigkeit der Anlagen zu sichern.

Die Elektroinstallateure sind somit durch die vielfältigen Einsatzmöglichkeiten der Elektromaschinen im Produktionsprozeß tiefer mit der gewerblichen und öffentlichen Wirtschaft verflochten als die beiden anderen Installationshandwerke. Diese Tendenz wird vermutlich in Zukunft fortbestehen.

Insgesamt läßt sich zur Absatzstruktur der drei Installationshandwerke abschließend feststellen:

1. Die gewerbliche und öffentliche Wirtschaft stellen bei den Elektroinstallateuren und den Gas- und Wasserinstallateuren sowie den Zentralheizungs- und Lüftungsbauern die größte Nachfragegruppe dar.

---

1) Abweichungen bestehen lediglich bei den beiden Industrien Kälte-, Wärme-, Klima- und Lüftungstechnik sowie Holzbe- und -verarbeitung. Vgl. Übersicht 16 und Breitenacher, M., Knörndel, K.D., Schedl, H. und Scholz, L.: Elektrotechnische Industrie. Struktur und Wachstum, Reihe Industrie, Heft 21, hrsg. v. Ifo-Institut für Wirtschaftsforschung, Berlin, München 1974, Tabelle 5 und 6, S. 28 und 29.
2) Input-Output-Tabelle 1970 zu Ab-Werk-Preisen, a.a.O., S. 178^{x} ff.

2. Zwischen 1962 und 1967 hat sich bei den Sanitär- und Heizungstechnikern die Lieferstruktur in etwa gleichförmig verändert. Der Anteil der Industrie hat sich rückläufig entwickelt, während die öffentliche Hand und die privaten Haushalte im Vergleich zum Gesamthandwerk an Bedeutung gewonnen haben.
3. Die Verschiebungen in der Abnehmerstruktur des Elektroinstallationshandwerks zeigen dagegen, daß der Anteil der privaten Haushalte konstant geblieben ist, während das Gewicht der Industrie etwas gesunken und der öffentlichen Hand stärker angestiegen ist.
4. Die Abnehmerzweige der Elektroinstallateure und -industrie sind breit gestreut und stimmen weitgehend überein, was auf eine enge Komplementaritätsbeziehung beider Branchen hinweist.

Mit der Ermittlung der Absatzschwerpunkte von handwerklichen Installationsleistungen sind gleichzeitig die Voraussetzungen und Ansatzpunkte für eine Analyse der die Nachfrage auslösenden und beeinflussenden Faktoren geschaffen.

ab) Bestimmungsgrößen der Nachfrage

Von ihren Funktionen aus betrachtet, sind die Installationsleistungen Folgeleistungen, so daß ihre Nachfrage als abgeleitete Nachfrage anzusehen ist, die entweder im Zusammenhang mit dem Kauf bzw. der Produktion eines Sachgutes auftritt oder wegen Instandhaltungs-, Reparatur- und Kundendienstaufgaben erforderlich wird.

Wenn zunächst die zu den Ausbauhandwerken üblicherweise zählenden Gas- und Wasserinstallateure sowie Heizungs- und Lüftungsbauern näher untersucht werden, so ist davon auszugehen, daß die Höhe des Nachfragevolumens
- von dem Umfang der Hochbautätigkeit und
- von dem Ausstattungsniveau der Wohnungen und Hochbauten mit sanitären- und heizungstechnischen Anlagen bestimmt wird.

Ist die Entscheidung für die Errichtung eines Wohn-, Gewerbe- oder öffentlichen Gebäudes gefällt, die vom Einkommen bzw. der Gewinnsituation und den zukünftigen Erwartungen beeinflußt wird, dann entsteht die Dienstleistungsnachfrage nach Installations- und Montageleistungen automatisch, weil ohne Wasser, Heizung und elektrischen Strom die Gebäude nicht gebrauchsfähig sind.

Ein Vergleich zwischen dem nominalen Umsatzwachstum im Hochbaugewerbe sowie den Gas- und Wasserinstallateuren von 1955 bis 1972 läßt in Schaubild 28 deutlich die übereinstimmenden Entwicklungstendenzen in beiden Bereichen erkennen. Während im Hochbau der Zuwachs + 381 v.H. betrug, verzeichnete das Sanitärhandwerk eine Steigerung um + 408 v.H.

Für die Zentralheizungs- und Lüftungsbauer kann dagegen rein quantitativ keine derartig enge Korrelation nachgewiesen werden, denn ihr nominaler Umsatz nahm in der Referenzperiode um mehr als + 2.200 v.H. (Übersicht 14) gegenüber nur + 381 v.H. Umsatzerhöhung im Hochbaugewerbe zu.

Aus den weit auseinander liegenden Steigerungsraten beider Gewerbe darf allerdings nicht geschlossen werden, daß zwischen der Entwicklung der Heizungstechniker und der Bautätigkeit kein Zusammenhang besteht. Die Ursache für die unterschiedliche Wachstumsintensität ist darin zu sehen, daß in den letzten Jahren der Anteil der neuerbauten Wohnungen mit Zentral- und Etagenheizungen stark zugenommen hat. 1960 wurden im Durchschnitt erst 30 v.H. der Neubauwohnungen mit einer Zentralheizung ausgestattet. Bis 1965 hat sich diese Quote verdoppelt und 1972 wurden ungefähr in 80 v.H. aller neuen Wohnungen eine Zentralheizung eingebaut[1].

Die Erklärung für die Diskrepanz zwischen dem Zuwachs des Hochbaugewerbes und der Heizungsbauertätigkeit ist somit in der überproportionalen Steigerung der Wohnungsausstattungen mit Zentral- und Etagenheizungen zu suchen. Trotz dieses rapiden Wachstums sind 1972 noch mehr als die Hälfte (55 v.H.) aller

1) Vgl. Statistisches Jahrbuch für die BRD 1968, a.a.O., S.245; Konjunkturberichte über das Handwerk 1973, 20.Jg., a.a.O., S. 18

Schaubild 28

Entwicklung des Hochbau- sowie Gas- und Wasserinstallateurumsatzes in jeweiligen Preisen von 1955 bis 1972
(1955 = 100)

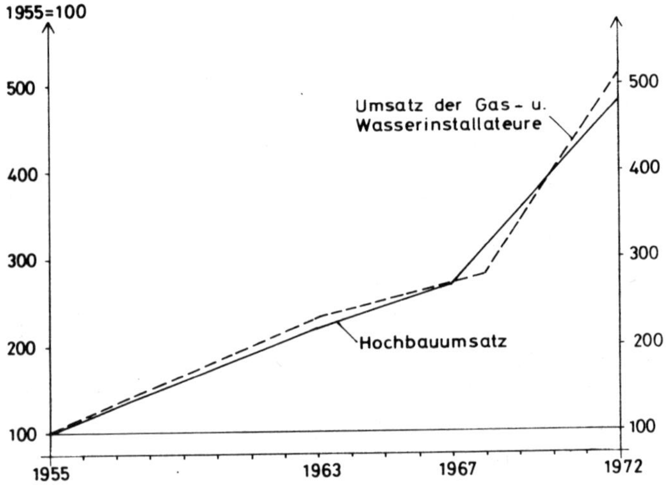

Quellen: Statistisches Jahrbuch für die BRD 1957, a.a.O., S. 254;
Statistisches Jahrbuch für die BRD 1973, a.a.O., S. 271;
Übersicht 14

20,6 Millionen Wohnungen ohne Sammelheizung[1]. Hier liegt für die Heizungstechniker unabhängig von der Neubauentwicklung noch ein größeres Nachfragereservoir im Rahmen der Altbausanierung. Ebenso sind durch den Ausbau des bereits erwähnten Fernwärmeverbundsystems zusätzliche Nachfrageimpulse für die Heizungsbauer zu erwarten.

1) Vgl. Struktur und Ausstattung der Wohnungen im Frühjahr 1972, (o.V.), in:Wirtschaft und Statistik,hrsg. vom Stat.Bundesamt Wiesbaden, Stuttgart und Mainz 1974, S. 510

Für die Gas- und Wasserinstallateure besteht eine nicht ganz so günstige Perspektive, denn 1972 waren knapp 80 v.H. aller Wohnungen mit Bad und Dusche ausgestattet. Damit besitzen aber immer noch 4,6 Millionen Wohnungen kein eigenes Bad oder Dusche[1], so daß auch für die Sanitärtechniker in der Altbaumodernisierung und -sanierung ein Nachfragepotential enthalten ist[2].

Nachfragedämpfend für die Sanitär- und Heizungstechniker wirken dagegen folgende drei Faktoren:

1) In Zukunft ist mit einer verminderten Nachfrage nach Bauleistungen zu rechnen[3].
2) Der Absatz von Fertigbauten, in denen zumeist vorgefertigte Installationszellen für Bad, Dusche, WC und Küche enthalten sind, hat sich in den letzten Jahren immer mehr erhöht[4].
3) Durch den verstärkten Einsatz von Elektrizität für Heizungszwecke werden die bislang bevorzugten Sammel- und Etagenheizungen auf Heizölbasis zurückgedrängt[5].

Ob die zusätzliche Nachfrage aus der Altbausanierung und -modernisierung den voraussichtlichen Nachfragerückgang aus dem Neubaugeschäft kompensieren wird, kann nicht exakt gesagt werden. Aber es ist anzunehmen, daß sich die zukünftigen Nachfragesteigerungen nach Sanitär- und Heizungsbauerleistungen auf einem niedrigeren Niveau vollziehen werden.

1) Vgl. Struktur und Ausstattung der Wohnungen im Frühjahr 1972 (o.V.), a.a.O., S. 508
2) Der Sachverständigenrat kommt in seinen letzten Gutachten (Herbst 1974) zu der gleichen Ansicht. Vgl. Jahresgutachten 1974 des Sachverständigenrates zur Begutachtung der gesamtwirtschaftlichen Entwicklung, a.a.O., S. 107
3) Der Sachverständigenrat geht davon aus, daß sich das Rohbaugewerbe langfristig an ein niedrigeres Nachfrageniveau durch Kapazitätsabbau anpassen muß.Vgl. ebenda, S. 107
4) Der Anteil der Fertigbauten an der Gesamtzahl der errichteten Gebäude betrug 1973 bereits 12 v.H. Statistisches Jahrbuch für die BRD, 1974, a.a.O., S. 265. Die vorgefertigten Installationszellen sind als ein weiteres Beispiel für die Substitution von Dienstleistungen durch die technische Entwicklung im Produktionsbereich anzusehen.
5) 1972 wurden 73 v.H. aller Zentralheizungen mit Öl betrieben. Der Anteil der nach 1964 gebauten Heizungsanlagen betrug sogar 84 v.H. Vgl. Struktur und Ausstattung der Wohnungen im Frühjahr 1972, a.a.O., S. 510

Im Gegensatz zu den Sanitär- und Heizungstechnikern konzentriert sich bei den Elektroinstallateuren das gesamte Tätigkeitsfeld nicht ausschließlich auf den Baubereich. Ungefähr 50 v.H. des Umsatzes entfällt auf Bauinstallationen, während sich der Rest auf Handelstätigkeit und auf Instandhaltungs-, Montage- und Installationsaufgaben im gewerblichen und öffentlichen Sektor verteilt[1].

Als Bestimmungsfaktoren für die Nachfrage nach Elektroinstallationsleistungen kommen somit in Betracht:

- Die Entwicklung der Bauwirtschaft,
- die Veränderungen der Energieverbrauchsstruktur,
- die Ausstattung der privaten Haushalte mit Elektrogeräten und
- die Verflechtung mit der Elektroindustrie und ihren vielfältigen Abnehmerbranchen.

Ein Vergleich zwischen den Wachstumsraten der Elektroinstallateure und der Bauwirtschaft von 1955 bis 1972 zeigt, daß sich mit + 516 v.H. der Umsatz der Elektroinstallateure gegenüber + 381 v.H. der Bauwirtschaft[2] stärker erhöht hat. In diesen unterschiedlichen Zuwachsquoten kommt zum Ausdruck, daß das Ausstattungsniveau der Neubauten mit Elektroleistungen und -geräten überproportional gestiegen ist.

In den letzten Jahren ist der Stromverbrauch der privaten Haushalte rapide gewachsen[3], wodurch ein größerer Leitungsquerschnitt sowie eine vermehrte Zahl an Steckdosen und Anschlüssen notwendig wurden.
Die Ursachen für den gestiegenen Stromverbrauch sind

---

1) Vgl. Beckermann, Th.: Die Handwerkswirtschaft. Schriftenreihe des Rheinisch-Westfälischen Instituts für Wirtschaftsforschung Essen, N.F. Heft 23, Essen 1965, S. 23; Herrmann, D.L.: Strukturdaten des Handwerks unter besonderer Berücksichtigung des Betriebsgrößenproblems, a.a.O., S.126
2) Vgl. Übersicht 14; Statistisches Jahrbuch für die BRD 1957, a.a.O., S. 254; Statistisches Jahrbuch für die BRD 1973, a.a.O., S. 271
3) Von 1955 bis 1972 nahm der Elektrizitätsverbrauch der privaten Haushalte um + 850 v.H. und der Industrie nur um + 200 v.H. zu. Statistisches Jahrbuch für die BRD 1957, a.a.O., S. 241; Statistisches Jahrbuch für die BRD 1974, a.a.O.,S.249

- in der verstärkten Verwendung elektrisch betriebener Haushaltsmaschinen und Geräte[1] sowie
- in einer erhöhten Nachfrage nach Elektrospeicherheizungen zu sehen[2].

Für die Elektroinstallateure hat sich diese Entwicklung in einem gestiegenen Absatz von Installationsleistungen sowie einer erhöhten Handelstätigkeit niedergeschlagen.

Ein weiterer Einflußfaktor der Nachfrage besteht in der Komplementaritätsbeziehung zwischen der Elektroindustrie und ihren Abnehmerbranchen einerseits und den Elektroinstallateuren andererseits. Der zunehmende Einsatz von elektrisch betriebenen und elektronisch gesteuerten Anlagen im Produktionsprozeß bringt einen vermehrten Absatz elektrotechnischer Montage-, Installations-, Reparatur- und Kundendienstleistungen mit sich. Die relativ enge "Entwicklungsabhängigkeit" der Elektroinstallateure von der Elektroindustrie spiegelt sich - wie Schaubild 29 zeigt - in den fast gleich verlaufenden Wachstumskurven des Umsatzes wider. Der elektrotechnische Industrieumsatz nahm von 1955 bis 1972 um + 546 v.H. und der Umsatz der Elektroinstallateure um + 516 v.H. zu (Schaubild 29).

Gegenüber der Bautätigkeit (Umsatzwachstum + 381 v.H.) scheint mithin der Abhängigkeitsgrad der Elektroinstallateure von der -industrie wesentlich höher zu sein[3].

1) Beispielsweise ist von 1962 bis 1973 die Ausstattung der Haushalte
mit Kühlschränken von 52 v.H. auf 93 v.H.,
mit Tiefkühltruhen von 3 v.H. auf 28 v.H.,
mit elektrischen Waschmaschinen von 9 v.H. auf 59 v.H. und
mit elektrischen Staubsaugern von 65 v.H. auf 91 v.H.
gestiegen. Euler, M.: Die Ausstattung privater Haushalte mit ausgewählten langlebigen Gebrauchsgütern im Januar 1973, a.a.O., S. 480
2) 1972 wurden bereits 1,6 Mill., das sind 8 v.H. aller Wohnungen elektrisch beheizt. Struktur und Ausstattung der Wohnungen im Frühjahr 1972, a.a.O., Tabelle 3, S. 510
3) Es ist nicht ganz korrekt, nur die Elektroindustrie neben der Bauwirtschaft als entwicklungsbeeinflussende Industrie zu erwähnen, daneben müßten noch die Abnehmerindustrien der elektrotechnischen Investitionsgüter berücksichtigt werden. Da sich deren Nachfrage jedoch bei der Elektroindustrie wiederum niederschlägt, scheint es ausreichend, die Entwicklung der Elektroindustrie im Vergleich zu den Elektroinstallateuren darzustellen.

Schaubild 29

Entwicklung des Elektroindustrie- und Elektroinstallateurumsatzes in jeweiligen Preisen von 1955 bis 1972
(1955 = 100)

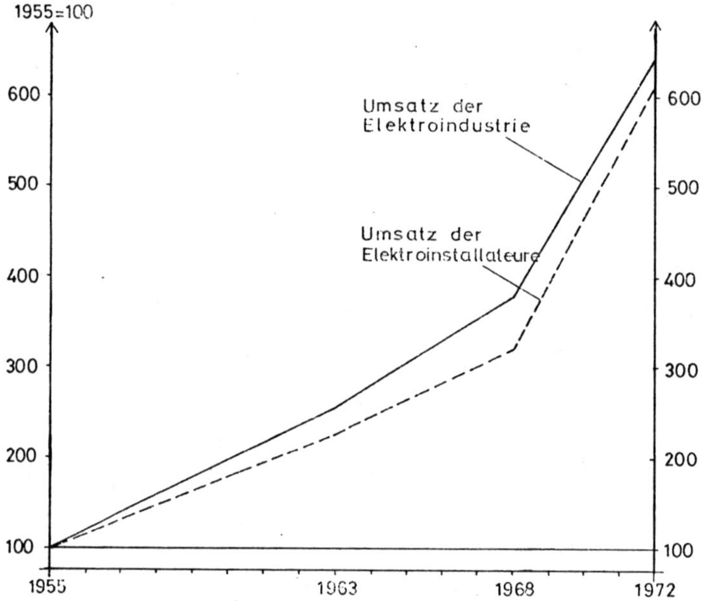

Quellen: Statistisches Jahrbuch für die BRD 1957, a.a.O., S. 210;
Statistisches Jahrbuch für die BRD 1964, a.a.O., S. 240;
Statistisches Jahrbuch für die BRD 1972, a.a.O., S. 194;
Statistisches Jahrbuch für die BRD 1974, a.a.O., S. 215;
Übersicht 14

Aus folgenden vier Gründen können die Elektroinstallateure zukünftig mit Nachfragesteigerungen rechnen:

1. Das Ausstattungsniveau der privaten Haushalte mit elektrischen Haushaltsgeräten hat in vielen Bereichen noch keine Sättigungsgrenze erreicht. Beispielsweise waren 1973 weniger als 30 v.H. aller privaten Haushalte mit den Artikelgruppen Tiefkühltruhe, Geschirrspüler, elektrische Grillgeräte, elektrische Heimbügler ausgestattet[1]. Die Verbrauchsstichprobe 1973 hat den engen Zusammenhang zwischen Ausstattung der privaten Haushalte mit langlebigen Gebrauchsgütern und der Höhe des verfügbaren Haushaltseinkommens sichtbar gemacht[2], so daß unter der Annahme eines steigenden Einkommens der Absatz elektrischer Gebrauchsgüter für die Haushaltsführung weiter zunehmen wird, wenn auch das Tempo durch die langfristige Tendenz zu kleineren Haushaltsgrößen etwas gedämpft wird.

2. Die geplanten und bereits eingeleiteten Veränderungen auf dem Energiesektor haben zum Ziel, die Abhängigkeit vom Rohöl zu senken und dafür vermehrt Elektrizität und Gas als Energieträger einzusetzen. Der Anteil der Elektrizität soll bereits in den nächsten zehn Jahren auf 35 v.H. (1973: 25 v.H.) des gesamten Energieverbrauchs gesteigert werden[3]. Ein weiteres Vordringen der Elektrospeicherheizung wird neben dem erwähnten Fernwärmeverbundsystem die Folge sein. Durch das "Installationsmonopol", das die Energieabnehmer verpflichtet, die erforderlichen Vorrichtungen für Energieanlagen nur durch zugelassene Fachkräfte vornehmen zu lassen[4], werden die Elektroinstallateure zwangsläufig zu den Nutznießern der Strukturveränderungen auf dem Energieträgersektor zählen.

3. Der Anteil der elektrotechnischen Investitionsgüter an den gesamtwirtschaftlichen Ausrüstungsinvestitionen ist bislang kontinuierlich gestiegen[5]. Bei zunehmender Mechanisierung

1) Vgl. Euler, M.: Die Ausstattung privater Haushalte mit ausgewählten langlebigen Gebrauchsgütern im Januar 1973, a.a.O., S. 477
2) Vgl. ebenda, S. 477 ff.
3) Vgl. Auf dem Wege zu einer neuen energiepolitischen Strategie für die Gemeinschaft, a.a.O., S. 10 ff.
4) Vgl. Schüller, A.: Dienstleistungsmärkte in der BRD, a.a.O., S. 150
5) Vgl. Breitenacher, M. u.a.: Elektrotechnische Industrie, a.a.O., S. 28

und Automatisierung wird sich diese Entwicklung vermutlich fortsetzen, so daß die Elektroinstallateure aufgrund der aufgezeigten "Entwicklungsabhängigkeit" aus dieser Tendenz Wachstumsimpulse erhalten werden.

4. Mit zunehmender Technisierung des Produktionsprozesses nehmen die Instandhaltungs- gegenüber den Produktionsarbeiten zu[1]. Für die Elektroinstallateure eröffnen sich damit weitere Expansionschancen.

Keine zusätzlichen Nachfrageimpulse sind allerdings aus der Verbindung mit dem Baubereich zu erwarten. Zwar tritt im Zuge der Altbausanierung und -modernisierung neue Nachfrage auf, der jedoch vermutlich eine verminderte Nachfrage aus dem Neubaugeschäft gegenüber steht, so daß sich per Saldo beide Ströme möglicherweise kompensieren.

Für die drei Installationshandwerke kann zusammenfassend festgehalten werden, daß von der Nachfrageseite aus mit Wachstumsverschiebungen zu rechnen ist. Während bei den Gas- und Wasserinstallateuren sowie den Zentralheizungs- und Lüftungsbauern die nachfragedämpfenden Einflußfaktoren in Zukunft ein stärkeres Gewicht erhalten werden, dominieren bei den Elektroinstallateuren die nachfrageerhöhenden Kräfte.

Vor einer endgültigen Aussage über die weiteren Entwicklungsperspektiven sowie die Existenzfähigkeit der Installationsbetriebe müssen allerdings noch die Angebotsbedingungen und Wettbewerbsverhältnisse untersucht werden.

b) Angebotssituation der handwerklichen Installationsgewerbe

ba) Kostenstruktur und Ertragslage

In der Kostenstruktur spiegelt sich die Produktionsweise eines Zweiges und damit auch der einzelnen Betriebe wider. Aus dem gemeinsamen Merkmal der Installationshandwerke, die Produktions-

1) Vgl. Koch, G.A. u.a.: Veränderung der Produktions- und Instandhaltungstätigkeiten in der industriellen Produktion, a.a.O., S. 43

leistungen nicht-stationär durchführen zu können, d.h. die Leistungserstellung findet bei dem jeweiligen Auftraggeber statt, ergibt sich, daß die Kostenstrukturen der drei Zweige keine gravierenden Unterschiede aufweisen. Eng damit verbunden sind zwei weitere Punkte:

1. Die Standortstruktur der Installationsbetriebe trägt dezentralen Charakter und ist als abnehmerorientiert zu betrachten. Während sich das gesamte Produzierende Handwerk auf die drei Gemeindegrößenklassen bis unter 20.000, 20.000 - 100.000 und 100.000 und mehr Einwohner ungleichmäßig verteilt und mit 44 v.H. bzw. 55 v.H. schwerpunktartig auf die beiden größeren Gemeindeklassen konzentriert[1], haben die Elektrobetriebe grob zu jeweils einem Drittel ihren Standort in den drei Gemeindegrößenklassen[2]. Diese regionale Streuung, die ebenfalls für die Gas- und Wasserinstallateure sowie Zentralheizungs- und Lüftungsbauer zutrifft[3], entspricht damit in etwa der räumlichen Verteilung der Wohnbevölkerung.

2. Die Installationsbetriebe führen ihre Aufträge in Einzelfertigung und nicht in Serienherstellung durch, so daß Rationalisierungsmaßnahmen enge Grenzen gesetzt sind.

Aus diesen Produktionsbedingungen heraus folgt, daß die Miet- und Pachtkosten ebenso wie die Kapitalkosten (Zinsen, Abschreibungen) nicht besonders ins Gewicht fallen. Dafür treten die

---

1) Vgl. Schmidt, K.: Regionale Verteilung des Handwerks, in: Wirtschaft und Statistik, hrsg. vom Statistischen Bundesamt Wiesbaden, Heft 9, Stuttgart und Mainz 1969, S. 413
2) Vgl. Kleine, D., Marahrens, N. und Schmidt, K.-H.: Neue Ergebnisse von Strukturanalysen im Zuliefer- und Dienstleistungsbereich, in: Deutsches Handwerksblatt, 27. Jg., H.5, Bonn 1975, S. 146
3) Vgl. Betriebsvergleich im Installateur-, Klempner- und Zentralheizungsbauerhandwerk des Bundesgebietes. Handwerkswirtschaftliche Reihe Nr. 71, hrsg. vom Institut für Handwerkswirtschaft München, München 1964, S. 16 f.; Betriebsvergleich Sanitär 1974, hrsg. v. Rationalisierungsgemeinschaft Handwerk Schleswig-Holstein, e.v. Kiel, 1974, S.8

beiden Kostenpositionen Material und Personal um so stärker hervor. Ihr Anteil macht zusammen allein 70 bis 80 v.H. der gesamten Produktionsleistungen aus und ist als Ausdruck der hohen Arbeits- und Materialintensität zu werten, wobei die Materialkosten mit rund 50 v.H. die gewichtigste Position darstellen. Aufgrund des hohen Material- aber auch Arbeitskostenanteils ist der Aktionsradius auf einen lokalen Markt begrenzt, denn die Transportkosten für Material und Arbeit steigen mit zunehmender Entfernung des Leistungsortes stark an. Dieser Umstand ist als eine wesentliche Ursache für die dezentrale Standortstruktur der Installationshandwerke anzusehen.

Aus den Schaubildern 30 und 31 kann die Gleichartigkeit der Kostenstrukturen in den Installationszweigen sowie die Dominanz der Materialkosten entnommen werden. Die Gegenüberstellung der Kostenstrukturen für die Jahre 1962 und 1970 zeigt sowohl für die kombinierten Handwerksbetriebe der Gas- und Wasserinstallateure mit Zentralheizungs- und Lüftungsbau als auch für die Elektroinstallateure, daß in beiden Zweigen der Materialkostenanteil in den jeweiligen Umsatzgrößenklassen 1970 gegenüber 1962 gesunken, während der Personalkostenanteil gestiegen ist (Schaubild 30 und 31). Die Ursache für diese gegenläufige Entwicklung ist nicht in der Änderung der Produktionsfunktion und der daraus folgenden Erhöhung der Arbeitsintensität zu suchen, sondern liegt in den unterschiedlichen Preissteigerungen beider Kostenpositionen.

- Die Materialkosten sind in der betrachteten Zeit für Gas- und Wasserinstallationen nur um + 15 v.H. gestiegen und für Elektroinstallationen konstant geblieben.
- Die Löhne dagegen haben um + 87,5 v.H. bzw. + 81,5 v.H. zugenommen[1].

Neben der Kostenstruktur ist vor allem die Ertragssituation für die Existenzfähigkeit der einzelnen Betriebe sowie eines ganzen Zweiges von Interesse. Zu ihrer Ermittlung muß das Be-

1) Vgl. Statistisches Jahrbuch für die BRD 1964, a.a.O.,S.510; Statistisches Jahrbuch für die BRD 1972, a.a.O., S.477; Statistisches Jahrbuch für die BRD 1974, a.a.O., S.448

Schaubild 30

Kostenstruktur und Ertragssituation der Gas- und Wasserinstallateure mit Zentralheizungs- und Lüftungsbau 1962 und 1970

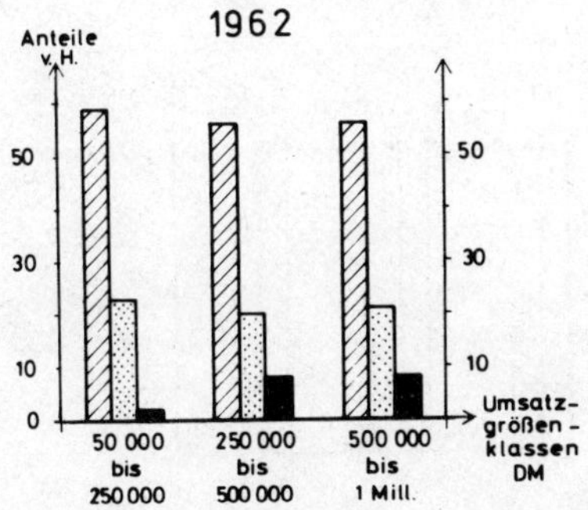

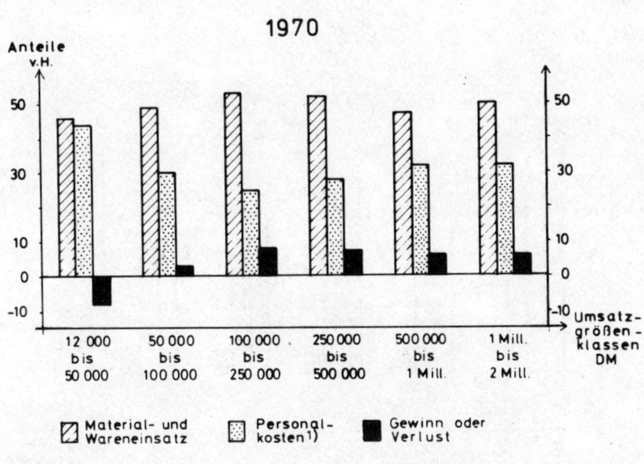

1) Einschließlich des kalkulatorischen Unternehmerlohns

Quelle: Tabelle 37a im Anhang

Schaubild 31

Kostenstruktur und Ertragssituation im Elektroinstallationshandwerk 1962 und 1970

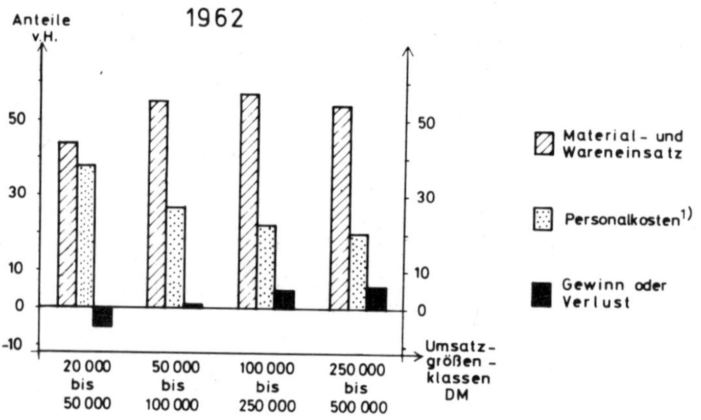

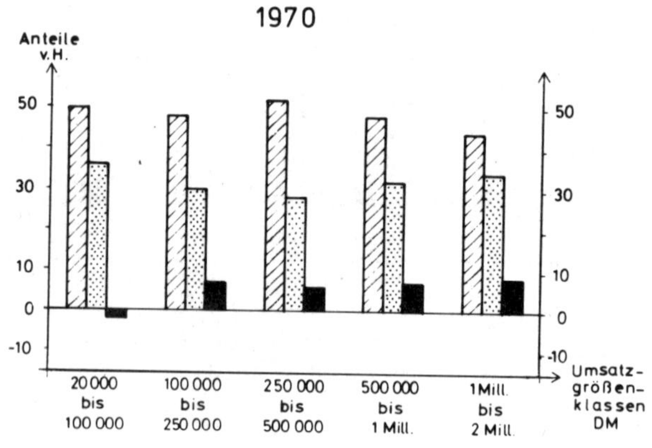

1) Einschließlich des kalkulatorischen Unternehmerlohns

Quelle: Tabelle 37b im Anhang

triebsergebnis um die kalkulatorischen Kosten korrigiert werden. Wie die Schaubilder 30 und 31 zeigen, sind die Kleinbetriebe mit einem Jahresumsatz unter 50.000 DM nicht rentabel. Die Gewinnschwelle dürfte bei durchschnittlich 70.000 DM Jahresumsatz liegen. Die Betriebe ab dieser Größenordnung sind als existenzfähig anzusehen.

Während bei den kombinierten Betrieben der Gas- und Wasserinstallateure mit Zentralheizungs- und Lüftungsbau gemessen an der Gesamtproduktionsleistung die Mittelbetriebe am effizientesten wirtschaften, verbessert sich bei den Elektroinstallateuren die Ertragslage mit zunehmender Betriebsgröße, d.h. die Großbetriebe arbeiten mit der höchsten Rendite.

Betrachtet man unter betriebswirtschaftlichen Gesichtspunkten die Gesamtsituation der beiden Handwerkszweige, so ergibt sich für 1970:

- bei den Gas- und Wasserinstallateuren mit Heizungsbau arbeiten rund 10 v.H. der Betriebe und
- bei den Elektroinstallateuren ungefähr 25 v.H. der Betriebe mit Verlust[1].

Die Betriebsinhaber dieser Betriebe erhalten weniger Lohn als in vergleichbarer unselbständiger Tätigkeit und das eingesetzte Kapital erzielt keine marktübliche Verzinsung (allgemein werden 6 v.H. zugrunde gelegt).

Da es sich bei den angegebenen Werten um Durchschnittsgrößen handelt und die Angaben aus steuerlichen Gründen vermutlich niedriger ausgewiesen sind[2], kann insgesamt die Rentabilitätslage der Installationshandwerke als nicht ungünstig beurteilt werden.

1) Vgl. Tabelle 33 im Anhang und Umsatzsteuer 1970, Reihe 7, a.a.O., S. 60
2) Vgl. Herrmann, D.L.: Strukturdaten des Handwerks unter besonderer Berücksichtigung des Betriebsgrößenproblems, a.a.O., S. 122

bb) Marktstellung und Konkurrenzsituation

Die Marktstellung der Installationszweige soll als ein weiterer Indikator zur Beurteilung der Existenzbedingungen herangezogen werden, wobei davon auszugehen ist, daß sich in den drei Zweigen die Konkurrenzsituation unterschiedlich darstellt.

Während sich die Gas- und Wasserinstallationsbetriebe in keiner direkten Wettbewerbsbeziehung mit nicht-handwerklichen Unternehmungen befinden, stehen die Zentralheizungs- und Lüftungsbauer unter einem unmittelbaren industriellen Wettbewerbsdruck. Durch die geringfügige Handelstätigkeit beider Zweige scheidet dagegen ein Konkurrenzverhältnis zum Einzelhandel weitgehend aus.

Die Zentralheizungs- und Lüftungsbauer konnten von 1955 bis 1972 ihre Marktposition gegenüber der Industrie sowohl nach der Betriebszahl als auch dem Umsatz ausbauen. Allerdings hat sich ungefähr seit 1968 dieser Prozeß merklich verlangsamt. Zwar konnten die Handwerksbetriebe ihren Marktanteil an der Gesamtbetriebszahl der Branche weiterhin erhöhen, doch bei den Umsatzanteilen war nur noch eine geringfügige Steigerung möglich (Schaubild 32). Hier zeichnet sich mithin eine Zunahme des Konkurrenzdrucks durch industrielle Betriebe ab.

Bemerkenswert ist ferner, daß bei den handwerklichen Heizungsinstallateuren die Anteilswerte der Betriebe über den Umsatzanteilen liegen. So belief sich 1972 der Handwerksanteil bei den Betrieben auf 79 v.H. und beim Umsatz auf nur 57 v.H. Umgekehrt erwirtschafteten rund 21 v.H. der Industriebetriebe 43 v.H. des gesamten Umsatzes (Schaubild 32). Gegenüber den Handwerksbetrieben liegt somit die durchschnittliche Betriebsgröße der Industriebetriebe erheblich höher. Diese Tatsache gibt Grund zu der Annahme, daß die handwerklichen Montagebetriebe hauptsächlich Heizungsanlagen im Wohnungsbau installieren, dagegen die Industriebetriebe Großprojekte in Krankenhäusern, Schwimmbädern, Kongreßhallen, Gewerbebetrieben übernehmen[1].

1) Diese Aussage deckt sich mit früheren Beobachtungen des RWI. Vgl. Konjunkturberichte über das Handwerk 1964, a.a.O., S.37; Konjunkturberichte über das Handwerk 1967, a.a.O., S. 25

Schaubild 32

Verteilung der Marktanteile im Zentralheizungs- und Lüftungsbaugewerbe nach Betrieben und Umsätzen 1955, 1968 und 1972

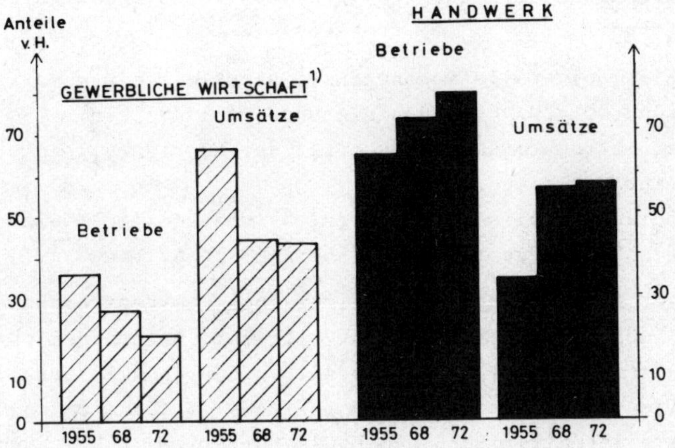

1) Nicht-handwerkliche Betriebe des Zentralheizungs- und Lüftungsbaugewerbes

Quelle: Tabelle 38 im Anhang

In der Praxis hat sich somit aufgrund der Betriebsgrößenstruktur eine Art Arbeitsteilung bei der Übernahme von Aufträgen zwischen den industriellen und handwerklichen Heizungsbauerbetrieben eingestellt, so daß beide Betriebsformen hauptsächlich bei den größeren Aufträgen in unmittelbarer Konkurrenz stehen. Dieser Wettbewerbsbereich dehnt sich selbstverständlich in Zeiten unausgelasteter Kapazitäten weiter aus.

Im Gegensatz zu den Zentralheizungs- und Lüftungsbauern befinden sich die Elektroinstallateure nicht in einem Konkurrenzverhältnis zur Industrie, sondern zum Einzelhandel. Denn neben der Installations- und Reparaturfunktion nehmen die Elektroinstallateure mit mehr als einem Viertel ihres Umsatzes Handelsaufgaben wahr.

Bei der Gegenüberstellung der Marktanteile gemessen in Betriebszahlen und Umsatzwerten in Schaubild 33 fallen drei Dinge besonders auf:

1. Das Elektroinstallationshandwerk nimmt mit einem Marktanteil von rund 80 v.H. eine dominierende Stellung ein.
2. In dem betrachteten Zeitraum ist der Marktanteil in etwa konstant geblieben.
3. Die beiden Anteilsquoten (Betriebe und Umsätze) weichen in ihrer Höhe nur geringfügig voneinander ab.

Aus dieser Entwicklung werden allerdings die Verschiebungen unter den Funktionsbereichen nicht sichtbar. Denn die Elektroinstallateure konnten ihre Marktposition nur deshalb erfolgreich verteidigen, weil sie die Verluste im Handelsbereich durch eine verstärkte Installations- und Reparaturtätigkeit überkompensieren konnten[1].

Besonders in den größeren Städten bleiben für die Handelstätigkeit der handwerklichen Betriebe nur noch geringe Chancen, da dort die Kaufhäuser ihre Standorte haben und durch die Möglichkeit des Großeinkaufs imstande sind, ein breiteres und preislich günstigeres Angebot präsentieren zu können. Aus diesem Grunde erwirtschaften die Elektroinstallateure hauptsächlich auf dem Lande und in den kleineren Städten ihren Handelsumsatz[2].

1) Zwischen 1955 und 1972 nahm der Anteil des Handelsumsatzes am Gesamtumsatz der Elektroinstallateure von 31,7 v.H. auf 28,9 v.H. ab. Statistisches Jahrbuch für die BRD 1964, a.a.O., S. 167; Statistisches Jahrbuch für die BRD 1974, a.a.O., S. 256
2) Vgl. Konjunkturberichte über das Handwerk 1974, a.a.O., S. 26

Schaubild 33

Verteilung der Marktanteile im Elektroinstallationsgewerbe[1] nach Betrieben und Umsätzen 1955, 1968 und 1972

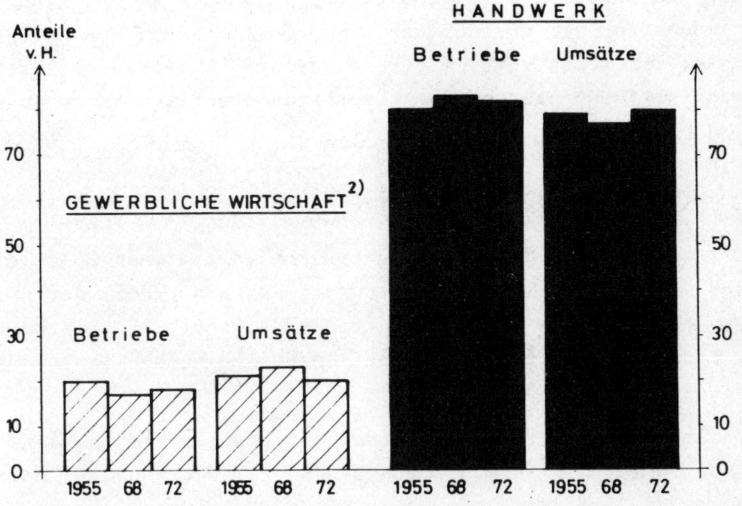

1) Einschließlich Einzelhandel mit elektrotechnischen Geräten
2) Nicht-handwerkliche Elektroinstallationsbetriebe

Quelle: Tabelle 38 im Anhang

Im Bereich der Installationstätigkeit hat das Handwerk aufgrund der staatlichen Energieversorgungsvorschriften "nahezu eine Monopolstellung"[1]. Aber auch der insgesamt geringe Bestand an handwerklichen Nebenbetrieben[2], die den Einzelhandelsgeschäften angegliedert sind, zeigt, daß auf dem Reparatur- und Installa-

1) Beckermann, Th.: Handwerkshandel und Einzelhandel mit technischen Gütern, a.a.O., S. 57
2) 1958 standen rund 23.000 Elektroinstallationsbetrieben nur 865 handwerkliche Nebenbetriebe gegenüber. Handwerkszählung 1968, Heft 3, a.a.O., S. 100

tionssektor keine nennenswerte Konkurrenz besteht. Allenfalls kann durch die wachsende Ausbreitung der "Do-it-yourself-Bewegung" von einem "indirekten Wettbewerb" gesprochen werden[1].

Für die weitere Marktposition der Elektroinstallateure wird entscheidend sein, ob auf dem Gebiet der Installation, Instandhaltung und Kundendienst die Stellung ausgebaut werden kann, insbesondere ob die gewerbliche Wirtschaft weitere Auslagerungen in diesen Bereichen vornimmt. Denn auf dem Einzelhandelssektor wird der Wettbewerbsdruck durch Verbrauchermärkte, Warenhäuser etc. zunehmen.

3. Ergebnisse und Entwicklungsperspektiven

Die von den drei Installationszweigen angebotenen Folgeleistungen decken sowohl den Grund- und gehobenen Bedarf der privaten Haushalte so wie sie die Funktionsfähigkeit und Leistungsbereitschaft der Betriebe im Produktionsprozeß herstellen und aufrecht erhalten.

In der Referenzperiode bestanden insgesamt günstige Wachstumsbedingungen für die Installationshandwerke. Während die Zentralheizungs- und Lüftungsbauer sowie die Elektroinstallateure überproportional gewachsen sind, entwickelten sich die Gas- und Wasserinstallateure proportional im Vergleich zum Gesamthandwerk.

Folgende Ergebnisse und Konsequenzen lassen sich aus der Analyse der Einflußfaktoren ableiten:

1. Mit steigender Tendenz werden die Leistungen der Gas- und Wasserinstallateure durch die privaten Haushalte und die öffentliche Hand nachgefragt. Für die weitere Entwicklung sind die Wachstumstendenzen der Bauwirtschaft sowie die Ausstattungsansprüche der Auftraggeber bestimmend. Das Vordringen des Fertigbaus im privaten Einfamilienhausbau sowie bei öffentlichen Bauten und die damit ver-

1) Nach Schätzungen des Elektroverbandes werden ungefähr 80 v.H. der Beleuchtungskörper nicht durch einen Fachmann angeschlossen. Vgl. Zentralverband des deutschen Elektrohandwerks, Jahresbericht 1964, Bad Dürkheim, o.J., o.S.

bundene Möglichkeit, eingebaute Installationen mitzuliefern, werden eine geringere Nachfrage nach Gas- und Wasserinstallationsleistungen zur Folge haben. Bislang ist dieser Trend durch das erhebliche Wachstum der Bauwirtschaft überlagert worden, doch in Zukunft ist von stärkeren Auswirkungen auszugehen.
Für die zukünftige Perspektive ist insgesamt nur mit begrenzten Wachstumsmöglichkeiten für die Gas- und Wasserinstallateure zu rechnen, da vermutlich

- die sinkende Nachfrage im Neubaubereich nicht durch
- eine steigende Nachfrage der Altbausanierung und -modernisierung überkompensiert werden wird.

2. Die Zentralheizungs- und Lüftungsbauer, deren Tätigkeitsfeld ebenfalls in engem Zusammenhang mit der Bauwirtschaft steht, erhalten in wachsendem Maße ihre Aufräge aus dem Bereich der privaten Haushalte und dem Staat.

   Für die zukünftige Entwicklungsperspektive ist trotz einer günstigen Rentabilitätslage mit keiner Fortsetzung des bisherigen Expansionstempos zu rechnen, da

   - in jüngster Zeit der Wettbewerbsdruck durch industrielle Montagebetriebe zugenommen hat,
   - zukünftig mit einem niedrigeren Nachfrageniveau im Hochbau zu rechnen ist und
   - auf dem Energieträgersektor Anteilsverschiebungen zugunsten eines höheren Elektrizitätseinsatzes für Heizungszwecke geplant und eingeleitet worden ist.

   Die Altbausanierung und -modernisierung sowie der Ausbau des Fernwärmeverbundsystems werden zwar nachhaltige Auftragseinbrüche voraussichtlich verhindern, aber insgesamt werden die Wachstumsspielräume der Zentralheizungs- und Lüftungsbauer in Zukunft enger sein.

3. Das Elektroinstallationshandwerk ist in seiner Entwicklung nicht in einem so hohen Grad von der Bautätigkeit abhängig wie die beiden anderen Installationszweige. Durch das stärkere Engagement im Handel und die breite Verwendung elektrisch betriebener Anlagen im gesamtwirtschaftlichen Produktionsprozeß ist seine Leistungsverflechtung vielgestaltig. Insbesondere ist die "Entwicklungsabhängigkeit" von der Elektroindustrie hervorzuheben. Die Elektroinstallateure vertreiben nicht nur die industriell hergestellten Elektrogeräte, sondern sie übernehmen auch den Kundendienst und Anlageinstandhaltung bei den Abnehmerbranchen der Elektroindustrie.

Während auf dem Installationssektor keine nennenswerte Konkurrenz besteht und insgesamt der hohe Marktanteil gehalten werden konnte, hat der Wettbewerbsdruck durch den Einzelhandel zugenommen, so daß in diesem Bereich mit Marktanteilseinbußen zu rechnen ist.

Bei einer insgesamt nicht schlechten Ertragssituation müssen die künftigen Wachstumsmöglichkeiten der Elektroinstallateure als günstig beurteilt werden, vorausgesetzt, sie passen sich den technischen Entwicklungen auf dem Elektrogerätemarkt durch Fortbildung und flexible Verhaltensweise weiterhin an.

Folgende Faktoren sprechen für anhaltende Wachstumschancen der Elektroinstallateure und werden den Nachfrageausfall durch eine verminderte Hochbautätigkeit mehr als ausgleichen:

- Die steigende Elektrifizierung der Haushalte,
- die geringe Marktsättigung bei einer Reihe elektrischer Haushaltsgeräte,
- der zunehmende Einsatz elektrischer und elektronisch gesteuerter Ausrüstungsanlagen im Produktionsbereich,
- die Erhöhung des Anteils der Instandhaltungstätigkeiten gegenüber den reinen Produktionsarbeiten,
- die Altbausanierung sowie
- die wachsende Verbreitung der Elektrospeicherheizungen.

Für die Installationshandwerke lassen sich somit keine einheitlichen Voraussagen über die weitere Entwicklung treffen. Mit Ausnahme der Elektroinstallateure sind für die übrigen beiden untersuchten Installationszweige Wachstumsgrenzen sichtbar, so daß lediglich für die Elektroinstallateure gute Expansionschancen bestehen werden.

Die These vom überproportionalen Wachstum der Dienstleistungswirtschaft kann somit für die handwerklichen Installationsgewerbe sowohl in der Vergangenheit als auch in der Zukunft nur teilweise bestätigt werden.

III. Sinkende Wachstumsmöglichkeiten der ausgewählten Handelshandwerke mit dem Abnehmerschwerpunkt gewerbliche Wirtschaft

1. Struktur und Entwicklungstendenzen

a) Funktionscharakterisierung

Die Handelstätigkeit des Handwerks hat seit seinen Anfängen eine zunehmende Bedeutung erhalten. Bis zu Beginn der Industrialisierung haben die Handwerkszweige über den Verkauf s e l b s t erstellter Erzeugnisse hinaus nur in geringem Maße Handel getrieben[1]. Erst durch das Vordringen der industriellen Massenproduktion ist für das Handwerk der Handel mit f r e m d erstellten Gütern zu einer relevanten Funktion geworden. Zwischen der Industrie und dem Handwerk hat sich dann vor allem im Metallbereich ein arbeitsteiliges Verhältnis entwickelt. Die industrielle Massenproduktion, die sich in der Regel an wenigen Standorten konzentriert, verlangt eine dezentrale Distributionsstruktur. Das Handwerk erscheint hierfür besonders geeignet, da

- die technischen Massenprodukte neben einer Kundendienstberatung noch Anpassungen an die individuellen Bedürfnisse der Käufer erfordern und
- bei technischen Gebrauchsgütern häufig Reparatur- und Wartungsarbeiten notwendig werden.

Aus den schwerpunktartig Handel treibenden Handwerkszweigen werden in diesem Abschnitt folgende vier Branchen untersucht: Büromaschinen-, Landmaschinen-, Kraftfahrzeugmechaniker sowie Vulkaniseure. Als ihr gemeinsames Kennzeichen kann hervorgehoben werden, daß ihre Leistungen vorwiegend aus dem Bereich der gewerblichen und öffentlichen Wirtschaft nachgefragt werden.

Übersicht 17 zeigt, daß 1973 die Umsatzanteile des Handels am Gesamtumsatz in allen vier Zweigen zwischen 70 und 80 v.H. gelegen haben. Daneben kommt lediglich dem Reparaturumsatz noch eine größere Bedeutung zu. Die Einzelhandelstätigkeit muß somit als prägende Leistungsfunktion betrachtet werden, während der

1) Vgl. Tuchtfeldt, E.: Strukturwandlungen im Handwerk, a.a.O., S. 487

Übersicht 17

Umsatzanteile aus Reparatur- und Handelstätigkeit ausgewählter Handelshandwerke mit dem Abnehmerschwerpunkt gewerbliche Wirtschaft von 1955 bis 1973
(in v.H.)

Jahr	Büromaschinen-mechaniker			Landmaschinen-mechaniker			Kraftfahrzeug-mechaniker			Vulkaniseure		
	insgesamt	davon Reparatur	davon Handel	insgesamt	davon Reparatur	davon Handel	insgesamt	davon Reparatur	davon Handel	insgesamt	davon Reparatur	davon Handel
1955	100	16,5	80,5	100	13,0	77,8	100	27,2	67,4	100	24,9	63,4
1962	100	29,7	65,4	100	20,3	72,1	100	28,7	65,3	100	18,2	61,0
1967 1)	100	-	76,5	100	-	75,6	100	-	73,1	100	-	68,5
1972	100	-	81,3	100	-	71,9	100	-	73,1	100	-	73,0
1973	100	-	81,7	100	-	71,8	100	-	71,5	100	-	73,4

1) Ab 1967 läßt sich nur der Handelsanteil gesondert errechnen.

Quellen: Handwerkszählung 1956, Sonderheft, a.a.O., S. 38 ff.;
Handwerkszählung 1963, Heft 5, a.a.O., S. 32 ff.;
Statistisches Jahrbuch für die BRD 1969, a.a.O., S. 237;
Statistisches Jahrbuch für die BRD 1974, a.a.O., S. 256

Reparaturtätigkeit und der Kundendienstleistung die Aufgabe zufällt, den Kontakt zum Kunden zu erhalten, um dadurch "aus dem Gelegenheitskunden einen Dauerkunden zu machen"[1].

Die Reparatur- und Kundendienstleistungen als handwerkliche Funktionen treten zwar quantitativ in den Hintergrund, sind aber sowohl aus betrieblicher Sicht als auch aus der Verbraucherperspektive für die Funktionserhaltung der Güter von ausschlaggebender Bedeutung. Es ist nicht als Zufall zu werten, daß bei den vier technischen Handwerkszweigen der hohe Handelsanteil mit einem vergleichsweise hohen Reparaturanteil korrespondiert. Bei technischen Gütern besteht eine Wechselbeziehung zwischen der Handels- und Reparaturfunktion, so daß die unterschiedlichen Quoten keine Auskunft über die Bedeutung beider Funktionen für den Betrieb geben.

Für beide Leistungsarten sind die Sachgüter Existenzvoraussetzung. Der Unterschied liegt lediglich darin, daß die Handelsleistung unmittelbar und die Reparatur- und Kundendienstleistungen mittelbar (erst nach dem Erwerb) mit der Sachgüternachfrage entstehen.

b) Betriebe und Beschäftigte

Die Entwicklung der Betriebs- und Beschäftigtenzahl hat sich in den vier technischen Handelshandwerken unterschiedlich vollzogen. Bei den drei Metallhandwerken erhöhte sich die Zahl der Betriebe von 1956 bis 1972, dagegen nahm sie bei den Vulkaniseuren fortlaufend ab, wie Schaubild 34 entnommen werden kann.

Allerdings differenziert sich das Bild bei einer Betrachtung im Zeitablauf, denn lediglich bei den Kraftfahrzeugmechanikern ist eine kontinuierliche Zunahme festzustellen, während die Betriebszahlen der Büromaschinenmechaniker seit 1963 stagnieren und bei den Landmaschinenmechanikern ab 1968 stark schrumpfen (Schaubild 34).

1) Vgl. Zeiler, M.: Kundendienst des Handwerksbetriebes, dargestellt aus betriebswirtschaftlicher Sicht. Kurzveröffentlichung Nr. 31, hrsg. vom Institut für Handwerkswirtschaft München, München 1967, S. 12

Schaubild 34

Betriebs- und Beschäftigtenentwicklung ausgewählter Handelshandwerke mit dem Abnehmerschwerpunkt gewerbliche Wirtschaft von 1956 bis 1972
(1956 = 100)

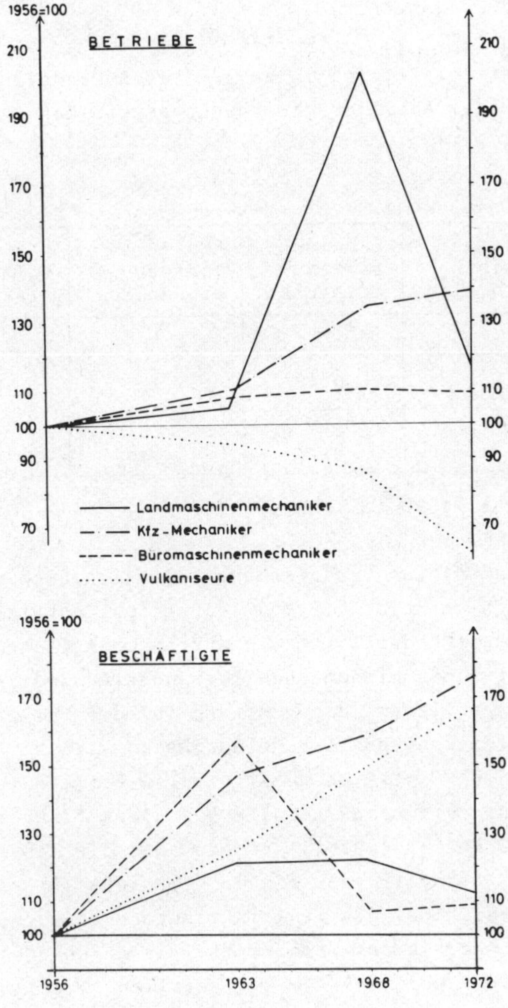

Quelle: Tabelle 39 im Anhang

Für die Beschäftigten ergibt sich mit Ausnahme der Vulkaniseure eine ähnliche Tendenz. Bei den Büro- und Landmaschinenmechanikern ist seit 1963 bzw. 1968 eine Abnahme und bei den Kraftfahrzeugmechanikern sowie Vulkaniseuren eine gegenüber dem Gesamthandwerk überdurchschnittliche Zunahme zu registrieren (vgl. Schaubild 34).

Übersicht 18

Beschäftigte je Betrieb in ausgewählten Handelshandwerken mit dem Abnehmerschwerpunkt gewerbliche Wirtschaft von 1956 bis 1972

(absolut)

Jahr	Büromaschinenmechaniker	Landmaschinenmechaniker	Kraftfahrzeugmechaniker	Vulkaniseure
1956	3,4	5,5	8,6	6,7
1963	5,0	6,4	11,6	8,8
1968	3,3	3,3	10,2	11,5
1972	3,4	5,3	11,0	18,0

Quelle: Tabelle 39 im Anhang

Entsprechend diesen Veränderungen hat sich auch die Betriebsgröße, gemessen in Beschäftigten je Betrieb, entwickelt. Im Vergleich zum Gesamthandwerk ist die durchschnittliche Betriebsgröße im Büro- und Landmaschinenmechanikerhandwerk niedriger und in etwa konstant geblieben, dagegen kann für die Vulkaniseure eine um fast das Dreifache gestiegene durchschnittliche Betriebsgröße ermittelt werden. Mit 18 Beschäftigten je Betrieb 1972 übertreffen die Vulkaniseure nicht nur die Durchschnittsgröße des Gesamthandwerks (7,2 Beschäftigte), sondern auch die des Kraftfahrzeughandwerks (11 Beschäftigte). Wie in Übersicht 18 gesehen werden kann, hat sie sich bei den Kraftfahrzeugmechanikerns seit 1963 nicht mehr erhöht. In der Tendenz ist die durchschnittliche Betriebsgröße sogar seit 1963 leicht gefallen.

c) Umsätze und Arbeitsproduktivität

Ähnlich den Entwicklungstendenzen nach den Merkmalen Betriebe und Beschäftigte haben sich auch die Umsatzwerte der vier Handelshandwerke verändert. Der nominale Umsatzzuwachs vollzog sich von 1955 bis 1972 bei den Büro- und Landmaschinenmechanikern im Gleichschritt und lag unter der Zunahme des Gesamthandwerks. In realen Werten stieg er jedoch proportional zum Gesamthandwerk an. Die Kraftfahrzeugmechaniker und die Vulkaniseure dagegen hatten nominal und real ein überproportionales Wachstum gegenüber dem Gesamthandwerk zu verzeichnen[1]. Werden die Umsätze der Zweige auf ihre jeweilige Betriebszahl bezogen, so zeigt sich sowohl bei den Büro- und Landmaschinen- als auch den Kraftfahrzeugmechanikern gegenüber dem Gesamthandwerk nur ein unterproportionales Wachstum in nominalen und realen Umsatzwerten. Allerdings ist, wie einem Vergleich zwischen Übersicht 10 und 19 entnommen werden kann, die reale Abweichung im Kraftfahrzeughandwerk nicht so ausgeprägt wie bei den übrigen zwei Branchen.

Nur die Vulkaniseure haben einen starken Umsatzzuwachs je Betrieb. Hier wirkt sich offensichtlich der Anpassungsprozeß durch Ausscheiden von Betrieben aus.

Die Verteilung der Betriebe nach Umsatzgrößenklassen zeigt, daß sich auch bei den im Schwerpunkt handelnden Handwerken eine Konzentrationsbewegung zu größeren Umsatzklassen feststellen läßt. Besonders stark hat sich dieser Prozeß bei den Vulkaniseuren und mit etwas Abstand bei den Kraftfahrzeugmechanikern vollzogen.

Einen Jahresumsatz von weniger als 100.000 DM erwirtschafteten 1967 im Vergleich zu 1955 bei den

- Vulkaniseuren 19 v.H. gegenüber 49 v.H.,
- Kraftfahrzeugmechanikern 32 v.H. gegenüber 63 v.H.,
- Landmaschinenmechanikern 39 v.H. gegenüber 59 v.H. und
- Büromaschinenmechanikern 52 v.H. gegenüber 76 v.H.

aller Betriebe[2].

1) Vgl. Übersicht 10 und 19
2) Tabelle 41 im Anhang

Übersicht 19

Entwicklung der Umsätze und Umsätze je Betrieb in ausgewählten Handelshandwerken mit dem Abnehmerschwerpunkt gewerbliche Wirtschaft von 1955 bis 1972 in jeweiligen Preisen (nominal) und in Preisen von 1962 (real)

(1955 = 100)

Jahr	Büromaschinen-mechaniker		Landmaschinen-mechaniker		Kraftfahrzeug-mechaniker		Vulkaniseure	
	nominal	real	nominal	real	nominal	real	nominal	real
a) Umsatz								
1955	100	100	100	100	100	100	100	100
1963	277	225	252	205	303	245	226	177
1968	208	163	241	188	364	289	400	305
1972	350	233	359	240	638	434	536	363
b) Umsatz je Betrieb								
1955	100	100	100	100	100	100	100	100
1963	256	208	240	195	275	223	238	186
1968	190	148	119	93	271	216	458	349
1972	322	215	304	203	460	313	868	589

Quelle: Tabelle 40 im Anhang

Damit weisen alle vier Handelshandwerke einen überdurchschnittlich hohen Betriebsanteil bei den größeren Umsatzklassen auf[1].

Die starke Einzelhandelstätigkeit der untersuchten Handwerkszweige läßt sich deutlich bei einer Gegenüberstellung der absoluten Nettoproduktions- und Umsatzwerte ablesen. Beispielsweise betrug im Kraftfahrzeugmechanikerhandwerk 1972 der Anteil des Nettoproduktionswerts am Gesamtumsatz rund 35 v.H.[2]. Der Vorleistungsanteil (hauptsächlich Handelsware) ist mithin in diesem Handwerkszweig sehr groß. Es läßt sich deshalb die Entwicklung der Leistungskraft in den einzelnen Zweigen am besten anhand der Kennziffer Nettoproduktionswert je Beschäftigten (Arbeitsproduktivität) darstellen, wobei die absolute Höhe von untergeordnetem Interesse ist, da sie von den jeweiligen Produktionsbedingungen abhängig ist.

Ergab sich bei der Betrachtung der Umsatzwerte zwischen 1955 und 1972, daß die Vulkaniseure am stärksten gewachsen waren, so zeigen die Steigerungsraten der arbeitsbezogenen Produktivität, daß im Kraftfahrzeughandwerk die größte Leistungssteigerung stattgefunden hat, wie auch Schaubild 35 entnommen werden kann.

Die Vulkaniseure werden sogar noch von den Landmaschinenmechanikern übertroffen, deren realer Produktionszuwachs von 1955 bis 1967 größer als bei den Vulkaniseuren von 1955 bis 1972 war (Schaubild 35). Ein Erklärungsmoment für die geringe Leistungserhöhung der Vulkaniseure scheint in der Tatsache zu liegen, daß sich 1955 bereits das absolute Produktivitätsniveau auf einer höheren Stufe befand[3], die Rationalisierungsmöglichkeiten mit anderen Worten schon weitgehend ausgeschöpft waren. Insgesamt lagen jedoch die Steigerungsraten bei den drei untersuchten Hand-

1) Im Gesamthandwerk beläuft sich der Anteil der Betriebe mit weniger als 100.000 DM Jahresumsatz auf rund 57 v.H. 1967. Tabelle 25 im Anhang
2) In den drei anderen Zweigen lag der Anteil mit 31,2 v.H. im Landmaschinenmechaniker-, 26,5 v.H. im Vulkaniseur- und 21,3 v.H. im Büromaschinenmechanikerhandwerk noch niedriger. Vgl. Tabelle 40 und 42 im Anhang
3) Vgl. Tabelle 42 im Anhang

werkszweigen - für die Büromaschinenmechaniker steht kein Material zur Verfügung - unter dem durchschnittlichen Produktivitätsfortschritt im Gesamthandwerk[1]).

Schaubild 35

Entwicklung der Arbeitsproduktivität (AP) und der Kapitalintensität ausgewählter Handelshandwerke mit dem Abnehmerschwerpunkt gewerbliche Wirtschaft von 1955 bis 1972 in Preisen von 1962

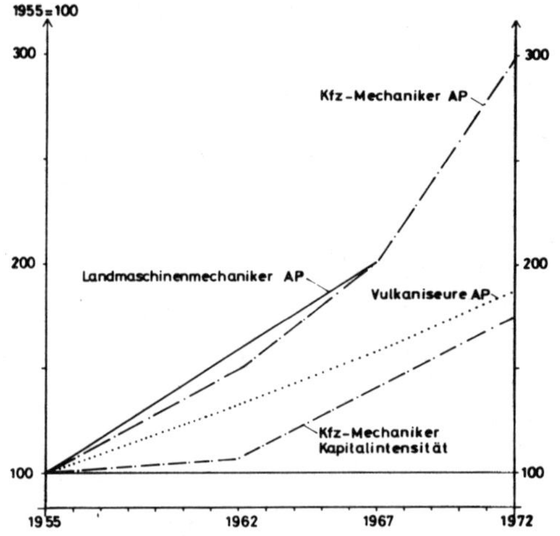

Quellen: Tabelle 42 und 43 im Anhang

1) Im Kraftfahrzeugmechanikerhandwerk ist jedoch der Produktivitätsanstieg (+ 198 v.H.) nur minimal unter dem Zuwachs des Gesamthandwerks (+ 199 v.H.) geblieben; vgl. Schaubild 17 und 35

d) Investitionen, Kapitalstock und Kapitalintensität

Produktivitätssteigerungen lassen sich in vielen Fällen durch Rationalisierungsmaßnahmen erreichen, die zumeist vermehrte Investitionen erfordern.

Es ist deshalb zu prüfen, ob der unterproportionale Produktivitätszuwachs in den Handelshandwerken mit einem ebenfalls unterproportionalen Kapitaleinsatz korrespondiert.

Das lückenhafte Datenmaterial läßt allerdings nur Aussagen für die Kraftfahrzeug- und Landmaschinenmechaniker zu.

Im Gegensatz zu den Landmaschinenmechanikern weisen die Investitionen der Kraftfahrzeugmechaniker einen aufwärts gerichteten Trend auf[1]. Hierbei muß jedoch berücksichtigt werden, daß die Angaben für die Landmaschinenmechaniker 1967 enden, in einem Jahr, das durch rezessive Erscheinungen in der Wirtschaftsentwicklung gekennzeichnet war. Aber auch nach BECKERMANN, der die Investitionen für die Schmiede und Landmaschinenmechaniker zusammen berechnet hat, liegt die Investitionssumme 1972 unter dem Wert von 1967[2], so daß daraus der Schluß gezogen werden kann, daß die Landmaschinenbetriebe in dem Markt für Ackerschlepper und andere Landmaschinen keine größeren Expansionsmöglichkeiten mehr sehen.

Ein Vergleich zwischen den Zuwachsraten des Gesamt- und des Kraftfahrzeughandwerks zeigt, daß das gesamte Investitionsvolumen der Kraftfahrzeugmechaniker zwar stärker, aber die Investitionen je Betrieb schwächer gestiegen sind[3]. Damit zeichnet sich bereits ab, daß der Zusammenhang zwischen Produktivitätssteigerungen und Kapitaleinsatz bei den Kraftfahrzeugmechanikern nicht sehr straff zu sein scheint.

1) Vgl. Tabelle 43 im Anhang
2) Vgl. Beckermann, Th.: Das Handwerk im Wachstum der Wirtschaft, a.a.O., S. 132
3) Vgl. Übersicht 6 und Tabelle 43 im Anhang

Eine Aufteilung der Investitionen nach der ökonomischen Verwendung in Erweiterung, Rationalisierung und der Ersatzbeschaffung deutet auf die unterschiedliche Einschätzung der Entwicklungsmöglichkeiten durch die beiden Handwerkszweige hin. Während bei den Landmaschinenmechanikern 1969 gut ein Viertel der Gesamtinvestitionen für Erweiterungen ausgegeben wurden, wendeten die Kraftfahrzeugmechaniker für den gleichen Zweck sogar ein Drittel ihrer Gesamtinvestitionen auf, womit sie von allen Handwerkszweigen den höchsten Prozentsatz aufgebracht haben. Umgekehrt gaben die Kraftfahrzeugmechaniker mit 38 v.H. neben den Tischlern den geringsten prozentualen Anteil für Ersatzbeschaffungen aus. Dagegen stimmten die prozentualen Anteile für Rationalisierungsinvestitionen (je 29 v.H.) im Landmaschinen- und Kraftfahrzeugmechanikerhandwerk mit dem Gesamthandwerk überein[1)].

Die ansteigenden Investitionen bei den Kfz-Mechanikern haben zu einer Erhöhung des Bruttoanlagevermögens geführt. Von 1955 bis 1972 hat sich der gesamte reale Kapitalstock verdreifacht und je Betrieb etwas mehr als verdoppelt[2)].

Im Vergleich zum Gesamthandwerk liegt damit bei den Kraftfahrzeugmechanikern das eingesetzte Kapitalvolumen je Betrieb um knapp das Dreifache höher[3)].

Die Produktionsweise eines Zweiges läßt sich näherungsweise an der Kennziffer Kapitaleinsatz je Beschäftigten erkennen. In absoluten Zahlen ausgedrückt, übersteigt die Kapitalintensität der Kraftfahrzeugmechaniker 1972 diejenige des Gesamthandwerks um fast das Doppelte. Ein Resultat, das der verbreiteten Vorstellung von der allgemein hohen Arbeitsintensität der Dienstleistungen widerspricht.

Werden die Steigerungsraten miteinander verglichen, ergibt sich ein umgekehrtes Bild. Zwischen 1955 und 1972 ist die Kapi-

1) Vgl. Investitionen und Kapitalstruktur im Handwerk, a.a.O., Tabelle 30

2) Vgl. Tabelle 43 im Anhang. Für den Landmaschinenmechaniker und Schmiede zusammen bleibt das Bruttoanlagevermögen nach Beckermann zwischen 1967 und 1972 in etwa konstant. Vgl. Beckermann, Th.: Das Handwerk im Wachstum der Wirtschaft, a.a.O., S.132

3) Vgl. Tabelle 17 und 43 im Anhang

talintensität des Gesamthandwerks doppelt so schnell wie im Kraftfahrzeughandwerk gewachsen[1].

Mit anderen Worten: Gegenüber dem Gesamthandwerk liegt die absolute Kapitalintensität im Kfz-Handwerk höher, dagegen ist die Zuwachsrate in den letzten 20 Jahren niedriger gewesen. Offensichtlich sind die Rationalisierungsreserven im Kfz-Handwerk bei dem derzeitigen Stand des technischen Wissens weitgehend ausgeschöpft.

Eine Gegenüberstellung der Steigerungsraten von Produktivität und Kapitalintensität zeigt für die Kraftfahrzeugmechaniker in Schaubild 35, daß die Produktivität von 1955 bis 1972 mit + 198 v.H. wesentlich stärker gewachsen ist als die Kapitalintensität mit + 76 v.H. Diese unterschiedliche Entwicklung weist darauf hin, daß die Zunahme des Leistungsvermögens der Kraftfahrzeugmechaniker stärker von der Erhöhung des Handelsumsatzes als von dem vermehrten Kapitaleinsatz abhängig ist. Somit bestätigt sich die Vermutung, daß bei den Kraftfahrzeugmechanikern keine direkte Beziehung zwischen dem Produktivitätswachstum und der Steigerung des Kapitaleinsatzes besteht.

e) Zwischenergebnisse

Für die vier technischen Handelshandwerke können folgende Strukturmerkmale und Entwicklungstendenzen herausgestellt werden:

1. In allen vier Handwerkszweigen ist eine ausgeprägte Handelstätigkeit mit einem überdurchschnittlich hohen Reparaturanteil kombiniert.
2. Die Betriebs- und Beschäftigtenzahlen der Büro- und Landmaschinenmechaniker sind seit einiger Zeit rückläufig.
3. Bei den Kraftfahrzeugmechanikern nimmt die Betriebszahl zu und bei den Vulkaniseuren ab, dagegen steigt die Beschäftigtenzahl in beiden Handwerken stark an.

1) Die Zuwachsrate im Gesamthandwerk beträgt + 152 v.H. und im Kfz-Handwerk + 76 v.H. Der absolute Kapitaleinsatz je Beschäftigten (Kapitalintensität) belief sich 1972 im Gesamthandwerk auf 18.300 DM und im Kfz-Handwerk auf 32.400 DM. Vgl. Tabelle 17 und 43 im Anhang, sowie Schaubild 12 und 35

4. Der reale Umsatz wächst im Büro- und Landmaschinenmechanikerhandwerk ungefähr durchschnittlich, während er bei den Kraftfahrzeugmechanikern und Vulkaniseuren überproportional im Vergleich zum Gesamthandwerk steigt.
5. Die durchschnittliche Betriebsgröße gemessen in Beschäftigten stagniert bei den Büro- und Landmaschinenmechanikern und ist kleiner als im Gesamthandwerk.
6. Die durchschnittliche Betriebsgröße des Kfz-Handwerks und der Vulkaniseure ist größer als im Gesamthandwerk. Seit 1963 ist bei den Kraftfahrzeugmechanikern die Betriebsgröße in etwa konstant geblieben.
7. Der prozentuale Anteil der Betriebe in den größeren Umsatzklassen liegt bei allen vier Handelshandwerken überdurchschnittlich hoch.
8. Die Arbeitsproduktivität ist bei den Landmaschinen- und Kraftfahrzeugmechanikern sowie Vulkaniseuren unterproportional gestiegen (für die Büromaschinenmechaniker liegen keine Daten vor).
9. Die Investitionen haben bei den Kraftfahrzeugmechanikern eine steigende und bei den Landmaschinenmechanikern eine fallende Tendenz.
10. Das Kraftfahrzeughandwerk ist im Vergleich zum Gesamthandwerk ein kapitalintensiver Zweig.
11. Zwischen dem Zuwachs der Arbeitsproduktivität und der Kapitalintensität besteht im Kraftfahrzeughandwerk kein direkter Zusammenhang.

Insgesamt läßt sich somit für die Referenzperiode festhalten:

Die Entwicklung der Büromaschinenmechaniker stagniert, die Landmaschinenmechaniker tendieren seit einigen Jahren ebenfalls zur Stagnation, während die Kraftfahrzeugmechaniker und Vulkaniseure expandiert sind.

2. Bestimmungsfaktoren der Entwicklung

a) Nachfrage nach technischen Gebrauchsgütern

aa) Hauptabnehmerbereiche

Gemeinsames Merkmal der vier untersuchten Dienstleistungszweige ist die Tatsache, daß die Hauptabnehmerschwerpunkte nicht bei den privaten Haushalten, sondern der gewerblichen Wirtschaft liegen.

Aus Schaubild 36 wird allerdings deutlich, daß bei den Kraftfahrzeugmechanikern die privaten Haushalte ihr Gewicht zwischen 1962 und 1967 stark erhöht haben. Ein Blick auf die soziale Struktur der Fahrzeughalter über das Jahr 1967 hinaus läßt bei einem insgesamt steigenden Fahrzeugbestand erkennen, daß der relative Anteil der Lohn- und Gehaltsabhängigen als Fahrzeugbesitzer gegenüber den Selbständigen und Unternehmungen wächst. Während das Verhältnis der beiden sozialen Gruppen 1962 mit 52 : 48 noch weitgehend ausgeglichen war, hat es sich bis 1973 auf 68 : 32 verändert[1)], d.h. der Anteil der Unselbständigen am Gesamtfahrzeugbestand ist relativ gestiegen.

Aus dieser Entwicklungstendenz ist entsprechend dem Trend in Schaubild 36 zu vermuten, daß zum gegenwärtigen Zeitpunkt die privaten Haushalte den Hauptkundenstamm des Kraftfahrzeughandwerks darstellen.

Die gleiche Tendenz zeigt sich auch bei den Vulkaniseuren. Die privaten Haushalte gewinnen zunehmend an Bedeutung, wenn auch ihr Anteil mit rund 22 v.H. 1967 (Schaubild 36) gering ist. Hierbei ist zweifellos die unterschiedliche Nutzungsintensität der Fahrzeuge in der gewerblichen Wirtschaft und den privaten Haushalten zu berücksichtigen.

Bei den Landmaschinenmechanikern stellt die Agrarwirtschaft den Hauptkundenkreis dar. Das starke Gewicht (78,5 v.H. 1967, Schaubild 36) und die relativ geringen Veränderungen in der Kundenstruktur haben ihren Grund in der fast ausschließlichen Ausrichtung des Leistungsangebots auf den

1) Berechnet aus: Statistisches Jahrbuch für die BRD 1963,a.a.O., S.351; Statistisches Jahrbuch 1974, a.a.O., S. 327

Schaubild 36

Absatzrichtungen des Umsatzes ausgewählter Handelshandwerke mit dem Abnehmerschwerpunkt gewerbliche Wirtschaft 1962 und 1967

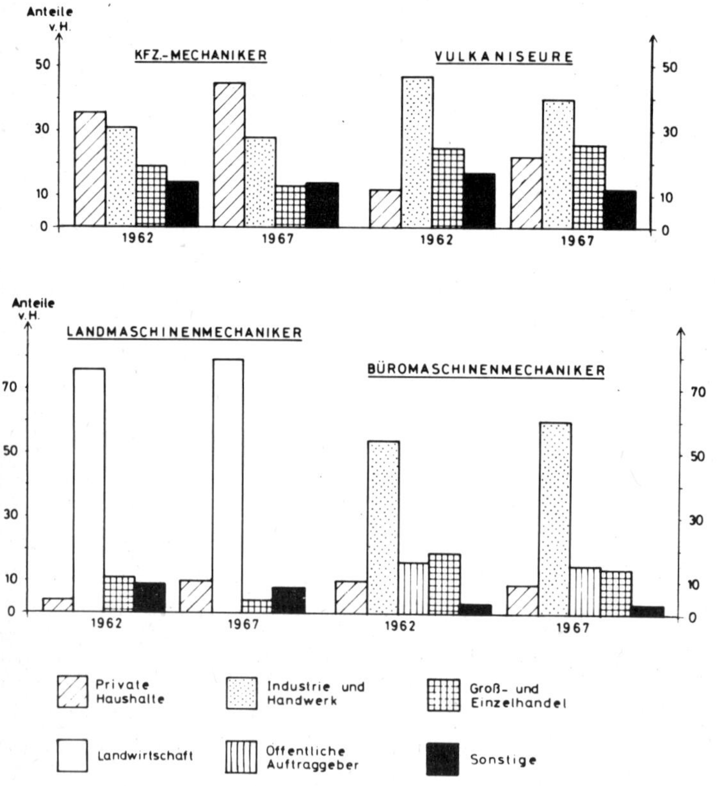

Quelle: Schaubild 18

Landwirtschaftsbereich. Lediglich zwischen dem Handel und den privaten Haushalten ist es zu nennenswerten Verlagerungen gekommen, deren Ursache in einer Funktionserweiterung durch Diversifikation gesehen werden muß. Die Aufnahme von Gartenbaugeräten und Baumaschinen einerseits und die Übernahme von Kraftfahrzeugreparaturen[1] andererseits müssen als Ursachen für diese Veränderungen in den Absatzrichtungen der Landmaschinenmechaniker betrachtet werden.

Die Abnehmerstruktur der Büromaschinenmechaniker weist ebenfalls mit gut 90 v.H. den absoluten Schwerpunkt bei der gewerblichen Wirtschaft auf. Neben der Industrie, die mit Abstand den gewichtigsten Partner darstellt, sind vor allem die öffentliche Hand und der Handel zu nennen. Die Bedeutung der Industriekunden hat sich zwischen 1962 und 1967 noch weiter erhöht, während der Handel etwas zurückgefallen ist. Insgesamt ist jedoch die Absatzstruktur der Büromaschinenmechaniker mit ihrer ausgeprägten Ausrichtung auf die private und öffentliche Wirtschaft in etwa konstant geblieben (Schaubild 36).

ab) Einflußgrößen der Nachfrage

Die volkswirtschaftliche Funktion der Handelshandwerke besteht in der Vermittlung zwischen Produktion und Verbrauch. Mit der Ausdehnung der Produktion ergibt sich eine Erhöhung des Handelsvolumens und vice versa. Aus diesem Zusammenhang leitet sich die Produktionsabhängigkeit des Handels ab[2].

Gleichzeitig ist der Einfluß der Abnehmerseite zu berücksichtigen, denn ohne Nachfrage können die produzierten Güter nicht abgesetzt werden. Aufgrund der ökonomischen Interdependenz des Handels als Bindeglied zwischen beiden Marktseiten müssen die Einflußfaktoren der Nachfrage sowohl aus der Perspektive der Anbieter als auch der Abnehmer gesehen werden[3].

1) Vgl. Konjunkturberichte über das Handwerk 1972,a.a.O., S.56
2) "Der Handel steigt, weil das fertige Produkt an den Konsumort und Rohstoffe sowie Investitionsgüter an den Produktionsort gebracht werden müssen". Hoffmann, W.G.: Der tertiäre Sektor im Wachstumsprozeß,a.a.O., S.20
3) Auf das Problem der Produzenten- bzw. Konsumentensouveränität kann hier nicht eingegangen werden.

1. Nachfrageeinflüsse durch die Anbieter

Der wachsende Kapitaleinsatz im Produktionsprozeß und die damit steigenden fixen Kosten verlangen eine hohe und gleichmäßige Auslastung der Kapazität, wenn Verluste vermieden werden sollen. Die Hersteller sind deshalb bemüht, die Nachfrage durch

- Weckung neuer Bedürfnisse und
- Produktdifferenzierungen

zu stimulieren und für einen kontinuierlichen Absatz zu sorgen[1].

Im Bereich technischer Gebrauchsgüter wird diese Absatzpolitik häufig praktiziert. Die Hersteller führen hierzu neue Produkte in den Markt ein, deren wesentliche Funktion darin besteht, die wirtschaftliche Nutzungsdauer bereits verkaufter Güter zu verkürzen und unter die technische Funktionsfähigkeit zu drücken. Als Anreiz für eine vorzeitige Ersatzbeschaffung werden deshalb zumeist technische Verbesserungen in die neuen Produkte eingebaut. Für die vier untersuchten Zweige lassen sich folgende Beispiele anführen:

- Im Büromaschinenbereich: Der Übergang von der mechanischen zur elektrischen Schreibmaschine oder von der mechanischen Rechenmaschine zum elektronisch gesteuerten Tischrechner.
- Im Landmaschinenbereich: Die Vielfalt der Mehrzweckmaschinen mit einer breiten Palette an zusätzlichen Aufbauteilen.
- Im Fahrzeugbau: Die Zunahme der Automodelle, die sich häufig nur durch ihre Karosserie unterscheiden, ohne technisch verbessert zu sein.
- Im Bereich der Fahrzeugbereifung: Mit neuen Fahrzeugmodellen erhöht sich gleichzeitig die Zahl neuer Reifengrößen und -arten.

---

1) Vgl. Batzer, E., Greipl, E., Laumer, H., Meyerhöfer, W. unter Mitarbeit von Geml, R.: Marktstrukturen und Wettbewerbsverhältnisse im Einzelhandel. Struktur und Wachstum, Reihe Absatzwirtschaft, Heft 3, hrsg. vom Ifo-Institut für Wirtschaftsforschung, Berlin, München 1971, S. 11 f.

Mit dieser Absatzpolitik, die auch als "geplante Obsoleszenz" bezeichnet wird[1], ist in vielen Fällen der Übergang von der produktions- zur absatzorientierten Verhaltensweise der Produzenten einhergegangen, die in neuerer Zeit mit dem Begriff "Marketing" belegt wird und nach Batzer u.a. zunehmend agressive absatzwirtschaftliche Methoden einsetzt[2].

Wenn auch die Auswirkungen dieser Maßnahmen auf die Nachfrage ebensowenig quantifiziert werden können wie der hohe Einsatz an Werbemitteln[3], so dürfen die daraus entstehenden Beeinflussungen der Konsumenten nicht unterschätzt werden. Neben den durch die Anbieter ausgeübten Einflüssen auf die Nachfrage sind ebenso die Bestimmungsfaktoren der Nachfrage auf der Abnehmerseite zu berücksichtigen.

2. Nachfrageeinflüsse durch die Abnehmer

Der Kundenkreis der Landmaschinenmechaniker rekrutiert sich überwiegend aus der Agrarwirtschaft, so daß die Bestimmungsfaktoren der Nachfrage nach Landmaschinenmechanikerleistungen

- im Agrarbereich und
- in den Aufwendungen der privaten Haushalte für Nahrungsmittel

zu suchen sind.

Seit langem unterliegt die Landwirtschaft einem tiefgreifenden Strukturwandlungsprozeß. Sichtbarer Ausdruck dieser Veränderungen sind eine stark abnehmende Beschäftigten- und Betriebszahl bei einer nur geringfügig sinkenden landwirtschaftlichen Nutzungsfläche. Gleichzeitig erhöht sich der Beitrag der Landwirtschaft zum Bruttoinlandsprodukt nominal um + 174 v.H. und

1) Unter "geplanter Obsoleszenz" wird die Produktstrategie verstanden, "die Dauer oder Zahl der Nutzungen, die ein Produkt stiftet, stark zu vermindern, um auf diese Weise vorzeitig Ersatzkäufe zu veranlassen". Schmidt, I.: Obsoleszenz und Mißbrauch wirtschaftlicher Macht, in: Wirtschaft und Wettbewerb, 21.Jg., Heft 11/12, Düsseldorf 1971, S.868
2) Vgl. Batzer, E.u.a.: Marktstrukturen und Wettbewerbsverhältnisse im Einzelhandel, a.a.O., S. 12 f., bes.Fußnote 3)
3) 1969 betrug der Werbeaufwand in der BRD 18,6 Mrd.DM, das

(Forts. Fußn. 3) s. nächste Seite)

real um + 68 v.H. von 1950 bis 1973[1].

Diese Leistungssteigerung bei fallender Beschäftigtenzahl konnte nur durch einen vermehrten Einsatz von landwirtschaftlichen Maschinen und Geräten erreicht werden, wovon die Landmaschinenmechaniker maßgeblich profitiert haben. Der Maschinenbestand in der Landwirtschaft stieg von 1956 bis 1972 um + 186 v.H., dabei muß allerdings berücksichtigt werden, daß mit der Anzahl auch die PS-Zahl der neuangeschafften Maschinen gewachsen ist[2]. Seit 1968 ist jedoch eine merkliche Verlangsamung eingetreten. Der absolute Bestand erhöhte sich bis 1972 lediglich von 1,93 Mio. auf 2,07 Mio. Maschinen[3]. Hier machen sich gewisse Sättigungserscheinungen bemerkbar, so daß neben dem Ersatzbedarf nur noch geringe Wachstumsmöglichkeiten bestehen. Im übrigen korrespondiert diese Entwicklungstendenz mit der seit 1968 sinkenden Betriebs- und Beschäftigtenzahl sowie dem durchschnittlichen realen Umsatzwachstum der Landmaschinenmechaniker im Vergleich zum Gesamthandwerk.

Zwar besteht kein unmittelbarer Zusammenhang zwischen der Nachfrage nach Landmaschinenmechanikerleistungen und Nahrungs-

(Forts. Fußnote 3) von S. 225)

sind gut 4 v.H. des Volkseinkommens. Vgl. Gieseler, H.P.: Konsumgüterwerbung und Marktstruktur. Reihe: Absatzwirtschaft und Konsumwirtschaft, Band 2, hrsg. von E. Meyer-Dohm, Freiburg 1971, S. 10

---

1) Die Beschäftigten sanken um ./. 64 v.H. und die Betriebe um ./. 43 v.H. von 1949 bzw. 1950 bis 1973, die landwirtschaftlich genutzte Fläche dagegen nahm nur um ./. 6 v.H. im gleichen Zeitraum ab. Statistisches Jahrbuch für die BRD 1964, a.a.O., S. 147; Statistisches Jahrbuch der BRD 1974, a.a.O., S. 160; Jahresgutachten 1974 des Sachverständigenrates zur Begutachtung der gesamtwirtschaftlichen Entwicklung, a.a.O., S. 224 f.

2) Der Bestand an Ackerschlepper-, Mähdrescher- und Melkmaschinen hat absolut von 725.000 auf 2,07 Millionen in der Zeit von 1956 bis 1972 zugenommen. Börsen- und Wirtschaftshandbuch 1960, hrsg. von der Frankfurter Allgemeinen Zeitung, 97.Jg., Frankfurt 1960, S. 37; Börsen- und Wirtschaftshandbuch 1968, a.a.O., S. 49; Börsen- und Wirtschaftshandbuch 1973, a.a.O., S. 250

3) Ebenda

mitteln, aber die unelastische Nahrungsmittelnachfrage[1] der privaten Haushalte weist darauf hin, daß aus diesem Bereich ebenfalls keine neuen Impulse zu erwarten sind.

Für die zukünftige Entwicklung zeichnet sich somit - von der Nachfrageseite betrachtet - eine Fortsetzung der Tendenz zur Stagnation für das handwerkliche Landmaschinenmechanikergewerbe ab.

Die Einflußfaktoren der Nachfrage nach B ü r o m a s c h i - n e n m e c h a n i k e r l e i s t u n g e n lassen sich nicht exakt lokalisieren. Dazu wäre eine spezifizierte Erhebung über den Abnehmerkreis Voraussetzung. Aus der Grobeinteilung der Absatzrichtungen ist jedoch sichtbar, daß die Büromaschinenmechaniker im Schwerpunkt mit der Industrie (59,3 v.H.), der öffentlichen Hand (15,3 v.H.) und dem Handel (14,0 v.H.) Geschäftsbeziehungen unterhalten[2]. Diese Strukturanteile entsprechen in ihrer Gewichtung näherungsweise den Anteilen der drei Wirtschaftsbereiche am Bruttoinlandsprodukt[3], so daß daraus die allgemeine Wirtschaftsentwicklung als Bestimmungsgröße der Nachfrage nach Büromaschinenmechanikerleistungen abgeleitet werden kann.

Die Erklärung liegt darin: Verwaltungsarbeiten fallen - wenn auch mit unterschiedlicher Intensität - in allen Bereichen der Wirtschaft unabhängig von dem jeweiligen Leistungsobjekt an. Es kann deshalb nicht überraschen, daß die anteiligen Beiträge der Wirtschaftsbereiche zum Bruttoinlandsprodukt mit der Absatzstruktur der Büromaschinenmechaniker ungefähr übereinstimmen.

Mit zunehmender ökonomischer Entfaltung der Volkswirtschaft steigt gleichzeitig der Verwaltungsaufwand, während umgekehrt bei

1) Von 1960 bis 1973 sank der Anteil der Ausgaben für Nahrungsmittel an den Gesamtausgaben der privaten Haushalte von 38,2 v.H. auf 28,9 v.H. Jahresgutachten 1974 des Sachverständigenrates zur Begutachtung der gesamtwirtschaftlichen Entwicklung, a.a.O., S. 240
2) Vgl. Schaubild 36, S. 205 dieser Untersuchung
3) Die Anteile der Beiträge zum Bruttoinlandsprodukt betrugen im Vergleichsjahr 1967 beim Warenproduzierenden Gewerbe 51,8 v.H., dem Handel 13,5 v.H. und dem Staat 9,0 v.H. Berechnet aus: Statistisches Jahrbuch für die BRD 1972, a.a.O., S. 517

rückläufiger Entwicklung nicht von einer parallelen, sondern allenfalls unterproportionalen Abnahme der Büroarbeiten ausgegangen werden kann. Die Nachfrage nach Büromaschinenmechanikerleistungen wird somit in etwa an die allgemeine Wirtschaftsbewegung angepaßt verlaufen, wenn auch nicht in vollem Gleichschritt. Da Investitionen auch im Bürobereich von den Gewinnen und den Gewinnerwartungen abhängig sind, werden in Aufschwungphasen vermutlich relativ mehr neue Büromaschinen nachgefragt, während im Abschwung relativ mehr Reparaturleistungen von den Kunden in Anspruch genommen werden.

Trotz des verstärkten Maschineneinsatzes in den letzten Jahren ist die Büroarbeit verhältnismäßig lohnintensiv geblieben, so daß für die Zukunft mit weiteren Rationalisierungsanstrengungen zu rechnen ist. In diesem Punkt zeigt sich deutlich die "Entwicklungsabhängigkeit" des Büromaschinenhandwerks von der Büromaschinenindustrie. Denn die Förderung der Erfindungen (Inventionen) und die nachfolgende Umsetzung in Innovationen wird von der Industrie durchgeführt und das Büromaschinenhandwerk vertreibt lediglich die neuen Produkte und übernimmt den Kundendienst.

Somit wird die weitere Nachfrage nach Büromaschinenmechanikerleistungen

- von der allgemeinen Wirtschaftsentwicklung und
- dem Grad des technischen Fortschritts auf dem Büromaschinenmarkt

bestimmt.
Beide Faktoren weisen auf Wachstumschancen der Nachfrage nach Büromaschinenmechanikerleistungen in der Zukunft hin.

Bei der Analyse der Nachfragefaktoren für die Kraftfahrzeugmechaniker und Vulkaniseure muß im Gegensatz zu den beiden anderen Handelshandwerken die zunehmende Bedeutung der privaten Haushalte als Kunden berücksichtigt werden.

Neben der Fahrzeugindustrie als generelle Bestimmungskomponente für die Nachfrageentwicklung der Kraftfahrzeugmechaniker und der Vulkaniseure sind getrennt nach Absatzrichtungen aus dem gewerblichen Wirtschaftsbereich folgende Faktoren von Bedeutung:

- Die allgemeine Wirtschaftsentwicklung,
- die Gewinnerwartungen und
- die jeweiligen Branchenkonjunkturen.

Aus dem Bereich der privaten Haushalte dagegen hängt die Nachfrage hauptsächlich vom

- verfügbaren Einkommen und den Verbrauchsausgaben,
- den Anschaffungs- und Unterhaltungspreisen sowie
- dem Sättigungsgrad

ab.
"Je mehr die wirtschaftliche Aktivität zunimmt, um so mehr Geschäftsautos werden gefahren"[1]. Dieser Satz von HOFFMANN kann noch fortgesetzt werden, 'und um so mehr Leistungen des Kraftfahrzeugmechaniker- und Vulkaniseurgewerbes werden nachgefragt'.

In dieser Aussage kommt die "Entwicklungsabhängigkeit" der Kraftfahrzeugmechaniker und Vulkaniseure von dem allgemeinen Wirtschaftswachstum deutlich zum Ausdruck. Werden in Schaubild 37 der Umsatzanstieg der Gesamtwirtschaft dem Zuwachs von Fahrzeugindustrie sowie dem Kfz-Mechaniker- und Vulkaniseurhandwerk gegenübergestellt, so zeigen die Kurvenverläufe zwischen 1955 und 1972:

1) Die Umsätze der Fahrzeugbranchen (Industrie und Handwerk) stiegen im Vergleich zur Gesamtwirtschaft überproportional an.
2) Zwischen den handwerklichen Kraftfahrzeugmechanikern und Vulkaniseuren auf der einen Seite und der Fahrzeugindustrie auf der anderen Seite besteht eine "Wachstumsabhängigkeit", die in den gleichgerichteten Kurvenverläufen ihren Ausdruck findet.

Die rückläufige Nachfrage nach Automobilen 1973/74 hat die enge Komplementaritätsbeziehung zwischen Fahrzeugindustrie und -handwerk ebenfalls sichtbar gemacht, denn der verminderte Umsatz der

1) Hoffmann, W.G.: Der tertiäre Sektor im Wachstumsprozeß, a.a.O., S. 17

Schaubild 37

Umsatzentwicklung des Kfz-Mechaniker- und Vulkaniseurhandwerks sowie der Fahrzeugindustrie in jeweiligen Preisen von 1955 bis 1972
(1955 = 100)

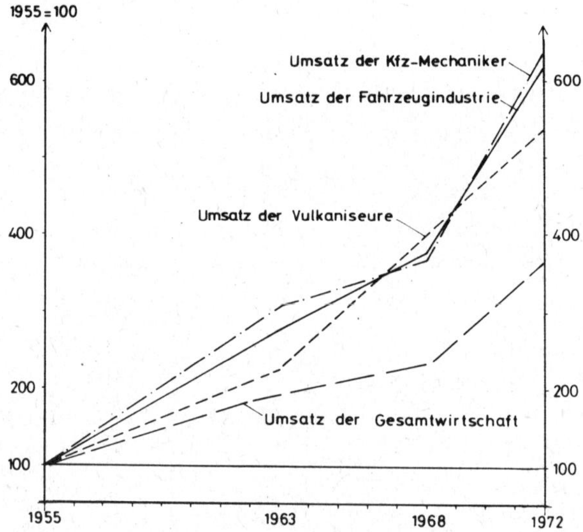

Quellen: Statistisches Jahrbuch für die BRD 1956, a.a.O., S. 196;
Statistisches Jahrbuch für die BRD 1957, a.a.O., S. 443;
Statistisches Jahrbuch für die BRD 1964, a.a.O., S. 240 und S. 454;
Statistisches Jahrbuch für die BRD 1970, a.a.O., S. 396;
Statistisches Jahrbuch für die BRD 1972, a.a.O., S. 194;
Statistisches Jahrbuch für die BRD 1974, a.a.O., S. 215 und S. 422;
Übersicht 19

Kraftfahrzeughersteller hat zu einer Wachstumsschrumpfung bei den Kraftfahrzeugmechanikern geführt. Und zwar ging nicht nur der Absatz von Autos zurück, sondern auch der Werkstattumsatz veränderte sich mit abnehmender Rate[1]. Die Ursachen für das stärkere Wachstum der Fahrzeugbranchen gegenüber der Gesamtwirtschaft sind dagegen in

- der hohen Exportquote (rund 41 v.H. des Gesamtumsatzes[2]) der Fahrzeugindustrie und
- dem überdurchschnittlichen Anstieg der Verbrauchsausgaben der privaten Haushalte für Verkehrszwecke[3] zu sehen.

Zwischen dem wachsenden Realeinkommen und dem Automobilbesitz besteht eine enge Korrelation. Berechnungen von HOFFMANN sowie die Ergebnisse der Einkommens- und Verbrauchsstichproben 1973 bestätigen diesen Zusammenhang eindeutig[4]. Während sich die Haushalte mit höherem Einkommen bereits der Sättigungsgrenze nähern, bestehen bei den Haushalten mit mittlerem Einkommen, die das Gros der Haushalte darstellen, noch Nachfragereserven, denn hier sind erst etwas mehr als 60 v.H. der Haushalte mit einem PKW ausgestattet[5].

Die Berechnungen der Elastizitätskoeffizienten des Einkommens in bezug auf die Nachfrage nach Kraftfahrzeugen bestätigen diese

1) Vgl. Konjunkturberichte über das Handwerk 1974, a.a.O., S. 48 f. und S. 53
2) Statistisches Jahrbuch für die BRD 1974, a.a.O., S. 228
3) Von 1955 bis 1972 stiegen die Verbrauchsausgaben für Verkehrszwecke um + 726 v.H. und der gesamte private Verbrauch um + 327 v.H. Jahresgutachten 1967 des Sachverständigenrates zur Begutachtung der gesamtwirtschaftlichen Entwicklung, a.a.O., S. 313; Jahresgutachten 1974 des Sachverständigenrates zur Begutachtung der gesamtwirtschaftlichen Entwicklung, a.a.O., S. 241
4) Zwischen 1950 und 1967 lag der Korrelationskoeffizient bei 0,994. Vgl. Hoffmann, W.G.: Der tertiäre Sektor im Wachstumsprozeß, a.a.O., S. 17.

   1973 besaßen von den privaten Haushalten mit einem monatlichen Nettoeinkommen von mehr als 2.500 DM 88 v.H. der Haushalte einen PKW, dagegen bei einem Einkommen von unter 600 DM nur 7 v.H. der Haushalte. Vgl. Euler, M.: Die Ausstattung privater Haushalte mit ausgewählten langlebigen Gebrauchsgütern im Januar 1973, a.a.O., S. 479
5) Vgl. ebenda, S. 476 ff.

Aussagen. Für einen 4-Personen-Arbeitnehmerhaushalt mit mittlerem Einkommen ergibt sich ein Koeffizient von 2,8 gegenüber 1,4 für einen 4-Personen-Haushalt von Beamten und Angestellten mit höherem Einkommen[1]. Die Nachfrage nach PKW ist bei allen Haushaltstypen elastisch. Aber die unterschiedliche Höhe der Koeffizienten zeigt an, daß die Haushalte mit mittlerem Einkommen bei einer Einkommenserhöhung in stärkerem Maße die Nachfrage steigern als die Haushalte mit höherem Einkommen.

Auf ein vermindertes Wachstum der Nachfrage nach Leistungen der handwerklichen Kraftfahrzeugmechaniker und Vulkaniseure in der Zukunft weisen folgende Tendenzen hin:

- Die Automobilkonzerne sind dazu übergegangen "wartungsarme" Autos herzustellen. Die meisten Autotypen brauchen nur noch alle 10.000 km zu einer Inspektion in die Werkstatt[2].
- Es zeichnet sich eine Tendenz zur Marktsättigung bei Kraftfahrzeugen ab, denn der Anteil der Ersatzbeschaffungen an den gesamten Neuzulassungen stieg zwischen 1971 und 1973 von 40 v.H. auf 60 v.H. und für die nächsten 5 Jahre wird mit einer weiteren Zunahme dieser Quote auf 80 bis 90 v.H. gerechnet[3].
- Die laufenden Unterhaltungskosten für Versicherungen und Kraftstoff sowie die Werkstattkosten weisen eine steigende Tendenz auf[4].
- Die Kraftfahrzeugbesitzer lassen nur noch größere Instandsetzungsarbeiten in den Werkstätten ausführen, während kleinere Reparaturen selbst vorgenommen und Schönheitsreparaturen weitgehend unterlassen werden. Daneben treten zunehmend Tankstellen als Konkurrenz für Wartungsarbeiten und kleinere Reparaturen auf[5].

1) Tabelle 44 im Anhang
2) Vgl. Raisch, M.: Die Konzentration in der deutschen Automobilindustrie, Betriebspolitische Schriften, Bd.12, Berlin 1973, S. 107
3) Vgl. Die Autoindustrie bleibt eine Wachstumsbranche. Studie der IG-Metall. Wesentliche Auszüge veröffentlicht in: Frankfurter Rundschau vom 11.4.1975, S. 16
4) Vgl. Konjunkturberichte über das Handwerk 1974,a.a.O.,S.49
5) Vgl. ebenda, S. 53

Von der Nachfrageseite aus betrachtet, überwiegen somit die wachstumsdämpfenden Faktoren, so daß für die Zukunft keine Fortsetzung der überproportionalen Expansion bei dem Kraftfahrzeugmechaniker- und Vulkaniseurhandwerk zu erwarten ist, wobei innerbetrieblich weiterhin der Handels- gegenüber dem Werkstattbereich als Hauptträger des Wachstums anzusehen ist.

b) Angebotsbedingungen

ba) Kostenstruktur und Ertragssituation

Durch die Dominanz der Handelsleistungen bei allen vier Handwerkszweigen stellt die Kostenart Material- und Wareneinsatz (Handelsware) den absolut gewichtigsten Posten dar. Zusammen mit den Personalaufwendungen (einschließlich des kalkulatorischen Unternehmerlohns) beträgt ihr Anteil über 80 v.H. des Gesamtumsatzes eines Betriebes. Aus den Schaubildern 38 und 39 lassen sich für die vier Handelshandwerke entnehmen:

1. Die Kostenstrukturen stimmen in ihren Hauptpositionen weitgehend überein,
2. mit zunehmender Betriebsgröße nimmt der Anteil der Material- zu und der Personalkosten ab.

Diese Anteilsverschiebung der Kosten, die bei den Landmaschinen- und Kraftfahrzeugmechanikern am deutlichsten hervortreten, bedeuten nichts anderes, als daß im Trend die größeren Betriebe relativ mehr Handel treiben und die kleineren Betriebe relativ mehr Reparatur- und Kundendienstarbeiten ausführen.

Ein Vergleich zwischen 1962 und 1970, der nur für die Landmaschinen- und Kraftfahrzeugmechaniker möglich ist, zeigt bei einer Gegenüberstellung gleicher Umsatzgrößenklassen eine relative Erhöhung der Personalkosten bei einem relativen Rückgang der Materialkosten (vgl. Schaubilder 38 und 39). Die Ursachen für diese gegenläufigen Veränderungen sind nicht in einer Verschiebung der Tätigkeitsschwerpunkte der Betriebe, d.h. einer Abnahme der Handelsleistungen, sondern in einer stärkeren Steigerung der

Schaubild 38

Kostenstruktur und Ertragssituation im Land- und Büromaschinenmechanikerhandwerk 1962 und 1970

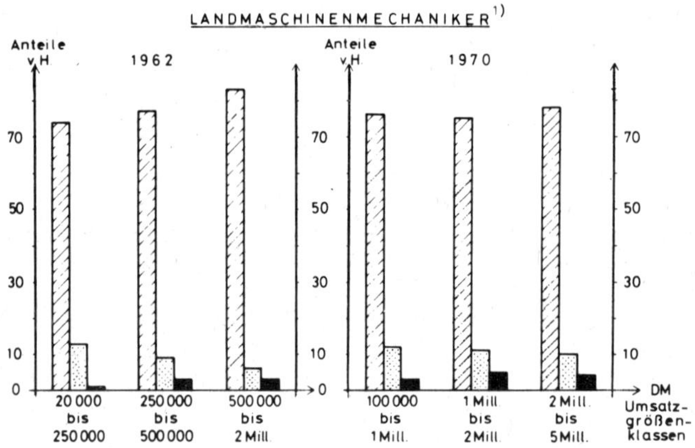

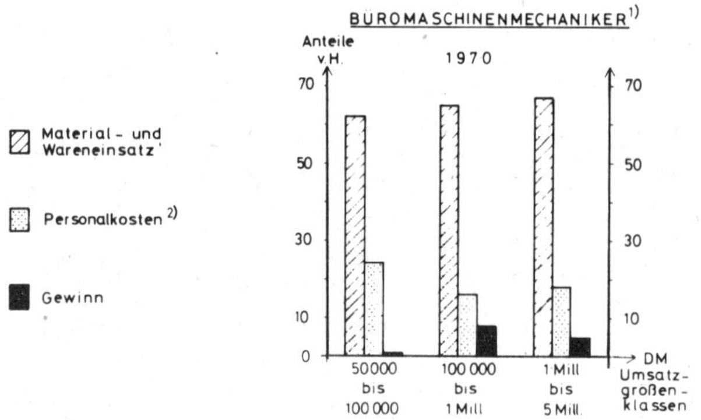

1) Mit überwiegend Handel
2) Einschließlich des kalkulatorischen Unternehmerlohns
Quelle: Tabelle 45a im Anhang

Schaubild 39

Kostenstruktur und Ertragssituation im Kraftfahrzeugmechaniker- und Vulkaniseurhandwerk 1962 und 1970

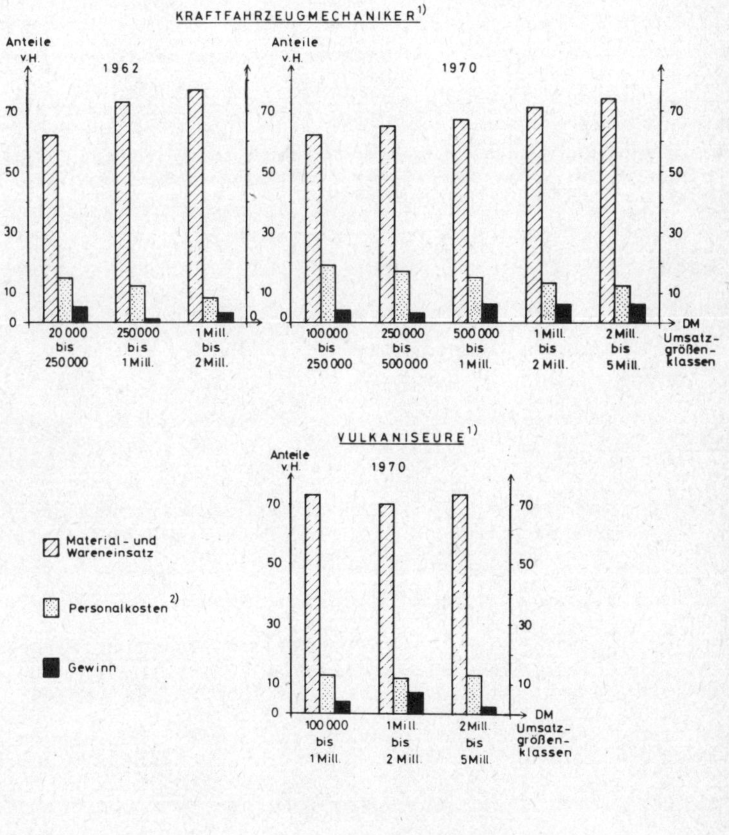

1) Mit überwiegend Handel
2) Einschließlich des kalkulatorischen Unternehmerlohns

Quelle: Tabelle 45b im Anhang

Personal- gegenüber den Material- und Warenkosten zu sehen[1].

Für die Bestimmung der Ertragslage und damit der Existenzfähigkeit der Betriebe muß die Gewinnsituation der Betriebe in den verschiedenen Umsatzgrößenklassen der vier Zweige betrachtet werden. Aus den Schaubildern 38 und 39 kann entnommen werden, daß unter Berücksichtigung der kalkulatorischen Kosten (Unternehmerlohn und Zinsen auf das Eigenkapital) die Betriebe der mittleren Umsatzgrößenklassen rentabel arbeiten. Wenn sich auch rein rechnerisch für keinen der vier Zweige ein Verlustbereich ergibt, so muß für die Landmaschinen-, Kraftfahrzeugmechaniker und Vulkaniseure davon ausgegangen werden, daß 1970 unter betriebswirtschaftlichen Gesichtspunkten die Betriebe bis zu einem Jahresumsatz von 100.000 DM keine Gewinne erzielten[2].

Wird diese Umsatzhöhe als Gewinnschwelle zugrunde gelegt, dann befinden sich rund zwei Drittel bis drei Viertel aller Betriebe in der Gewinnzone[3].

Bei den Büromaschinenmechanikern ist die Gewinnschwelle etwa bei 80.000 DM Jahresumsatz anzusetzen, da nach Schaubild 38 die Betriebe der unteren Umsatzgrößenklasse nur einen geringfügigen Gewinn erwirtschaften. Der Prozentsatz der Verlustbetriebe fällt

1) Von 1962 bis 1970 erhöhten sich die Löhne der Kraftfahrzeugmechaniker um + 83,4 v.H., während die Einzelhandelspreise für Fahrzeuge, Maschinen und Büroeinrichtungen nur um +11,4 v.H. in der gleichen Zeit stiegen. Statistisches Jahrbuch für die BRD 1964, a.a.O., S.510; Statistisches Jahrbuch für die BRD 1972, a.a.O., S. 477; Statistisches Jahrbuch für die BRD 1973, a.a.O., S. 461

2) Herrmann hat für 1966 ermittelt, daß die Kraftfahrzeugmechanikerbetriebe bis zu einem Jahresumsatz von 100.000 DM und die Landmaschinenmechanikerbetriebe bis zu einem Umsatz von 250.000 DM mit Verlust arbeiten. Vgl. Herrmann, D.L.: Strukturdaten des Handwerks unter besonderer Berücksichtigung des Betriebsgrößenproblems, a.a.O., S. 169 und S. 176. Für die Vulkaniseure liegen keine Angaben vor, es ist jedoch zu vermuten, daß auch in diesem Zweig die Betriebe unter 100.000 DM Jahresumsatz ohne Gewinn wirtschaften.

3) Wenn eine Fortsetzung der Konzentrationsbewegung auf größere Umsatzklassen über 1967 hinaus unterstellt wird, so hatten 1970 bei den Landmaschinenmechanikern rund 33 v.H.,
bei den Kfz-Mechanikern rund 25 v.H. und
bei den Vulkaniseuren rund 15 v.H. der Betriebe Verluste aufzuweisen.
Vgl. Tabelle 41 im Anhang

mit 40 v.H. in diesem Zweig höher aus, da bei den Büromaschinenmechanikern die Klein- und Mittelbetriebe dominieren[1].

Aus der Rentabilitätssituation ist für die zukünftige Existenzfähigkeit der vier Handwerksbetriebe abzuleiten:

1. Im Büromaschinenmechanikerhandwerk wird sich der Betriebsschwund weiter fortsetzen.
2. Im Landmaschinenmechanikerhandwerk sind rund 50 v.H. aller Betriebe mit einer Tankstelle verbunden[2], so daß durch diese Zuerwerbsmöglichkeit für einige Verlustbetriebe kein unmittelbarer Zwang zum Ausscheiden besteht, wenngleich in der Tendenz mit weiteren Betriebsaufgaben zu rechnen ist.
3. Im Kraftfahrzeugmechaniker- und Vulkaniseurhandwerk sind, nach der Ertragslage beurteilt, die Mehrzahl der Betriebe auch weiterhin existenzfähig.

bb) Wettbewerbslage und Marktposition

Die ausgeprägte Handelstätigkeit führt die vier produktionsabhängigen Dienstleistungshandwerke in eine direkte Konkurrenzbeziehung zu den entsprechenden Einzelhandelsbranchen. Betrachtet man in den Schaubildern 40 bis 43 die Marktanteile der vier Handelshandwerke 1972 (Ausnahme: Büromaschinenmechaniker), so fällt besonders auf, daß die Anteile der handwerklichen Betriebe an der jeweiligen Gesamtbranche[3]

- gemessen in Betriebszahlen mehr als die Hälfte aller Betriebe und
- gemessen in Umsatzwerten weniger als die Hälfte des Gesamtumsatzes

betragen.

Aus diesen divergierenden Anteilsquoten läßt sich ableiten, daß die durchschnittliche Betriebsgröße in den nicht-handwerklichen Betrieben größer ist als in den Handwerksbetrieben.

1) Tabelle 41 im Anhang
2) Vgl. Keutmann, D. und Dieck, M.: Auswirkungen der Konzentrationstendenzen in der Wirtschaft, a.a.O., S.64
3) Summe der Handwerks-, Einzelhandels- und sonstiger gewerblicher Betriebe einer Branche.

Aufgrund der Umstellung der amtlichen Statistik auf die Wirtschaftszweigsystematik kann eine längerfristige Betrachtung der Marktanteile nicht für alle vier Zweige durchgeführt werden.

Für die Zeit von 1968 bis 1972 zeigt sich, daß die Landmaschinenmechaniker bei einer insgesamt rückläufigen Entwicklung ihre Marktposition in etwa behaupten konnten. Bis 1972 hat sich folglich die zunehmende Ausbreitung der Genossenschaften noch nicht in einer Marktanteilseinbuße der Landmaschinenmechaniker bemerkbar gemacht, obwohl die Genossenschaften gegenüber den Handwerksbetrieben beim Maschinenhandel den Vorteil haben, das Verkaufsangebot mit einem Kreditangebot verbinden zu können[1] (Schaubild 40).

Ebenso hat die seit 1970 öffentlich geförderte Kooperationsform der Maschinenringe[2] bislang zu keiner Beeinträchtigung der Marktposition des Landmaschinenmechanikerhandwerks geführt.

Die Eröffnung von Reparaturwerkstätten durch die Maschinenringe in jüngster Zeit, der Anstieg neugegründeter Maschinenringe sowie die überproportionale Zunahme der Mitgliederzahl in den Maschinenringen[3] weisen jedoch für die weitere Zukunft auf ein Anwachsen des Konkurrenzdrucks hin, zumal mit einer Ausdehnung des Marktes nicht gerechnet werden kann.

Bei den Büromaschinenmechanikern läßt sich eine Verminderung des Marktanteils sowohl bei den Betrieben als auch bei den Umsätzen registrieren, wie in Schaubild 41 zu sehen ist[4].

---

1) Vgl. Schüller, A.: Dienstleistungsmärkte in der BRD, a.a.O., S. 175
2) Vgl. Konjunkturberichte über das Handwerk 1971, a.a.O., S.45
3) Vgl. Konjunkturberichte über das Handwerk 1974, a.a.O., S.45
4) Die Höhe des Marktanteils des Handwerks ist wahrscheinlich etwas größer als das Schaubild 41 angibt. Die von der amtlichen Statistik vorgenommene Umstellung von der Gewerbe- auf die Wirtschaftszweigsystematik erschwert eine exakte Ausgliederung des Büromaschinenmechanikerhandwerks. An der Tendenz ändert sich vermutlich jedoch nichts.

Schaubild 40

Verteilung der Marktanteile im Landmaschinenmechanikergewerbe nach Betrieben und Umsätzen 1968 und 1972

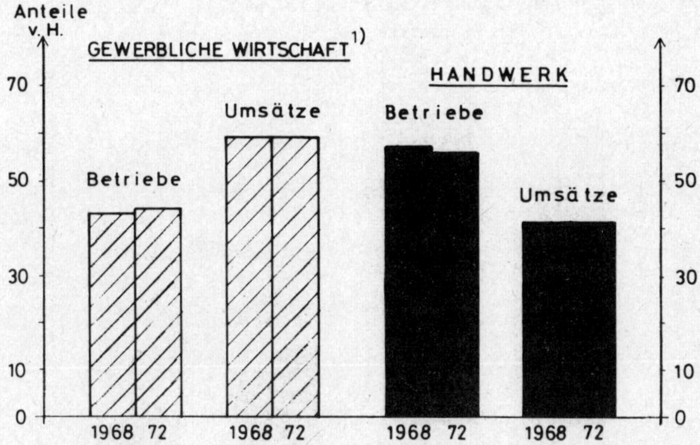

1) Nicht-handwerkliche Betriebe
Quelle: Tabelle 46 im Anhang

Als Wettbewerber treten neben dem Einzelhandel die Hersteller der Büromaschinen auf. Die technische Entwicklung der Büromaschinen verlangt von den Betrieben der Büromaschinenmechaniker eine ständige Weiterbildung auf dem Gebiet der Regel- und Steuertechnik sowie eine Anpassung und Ergänzung der Werkstatteinrichtung mit den entsprechenden Prüfgeräten an die technischen Neuerungen. Diesem Erfordernis genügen ein größerer Teil der handwerklichen Büromaschinenbetriebe nicht, so daß die Hersteller einen eigenen Werkskundendienst aufgebaut haben, der in zunehmendem Maße auch eigene Erzeugnisse verkauft[1].

1) Vgl. Schlaghecken, A.: Der ökonomische Differenzierungsprozeß im heutigen Handwerk, a.a.O., S. 32; Konjunkturberichte über das Handwerk 1974, a.a.O., S. 39

Schaubild 41

Verteilung der Marktanteile im Büromaschinenmechanikergewerbe nach Betrieben und Umsätzen 1968 und 1972

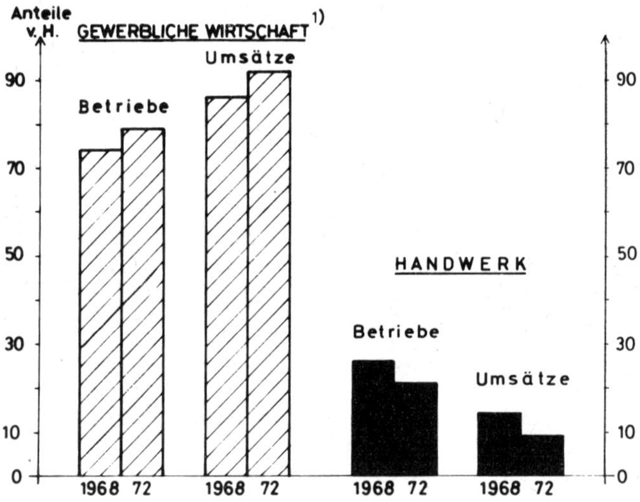

1) Nicht-handwerkliche Betriebe
Quelle: Tabelle 46 im Anhang

Da für den Vertrieb von Büromaschinen die Angliederung einer Werkstatt für Wartungs- und Reparaturaufgaben sowie Kundendienstleistungen erforderlich ist, haben immer mehr Einzelhandelsbetriebe handwerkliche Nebenbetriebe eröffnet. Nach den gesetzlichen Bestimmungen dürfen handwerkliche Tätigkeiten nur mit dem einschlägigen Befähigungsnachweis (Meisterprüfung) ausgeführt werden[1].

1) Handwerksordnung, a.a.O., §§ 2 und 3; vgl. Schlaghecken, A.: Der ökonomische Differenzierungsprozeß im heutigen Handwerk, a.a.O., S. 63

Die meisten Einzelhandelskaufleute erfüllen diese Vorschrift, indem sie sich einen Nebenbetrieb mit einem Handwerksmeister angliedern, da sie selbst in der Regel nicht bereit sind, den Befähigungsnachweis zu erbringen. Mit einer Quote von 30 v.H. 1968 ist der Anteil der handwerklichen Nebenbetriebe an dem gesamten Büromaschinenmechanikerhandwerk besonders hoch[1] und kann als Ausdruck für das enge Wettbewerbsverhältnis zwischen dem Büromaschinenhandwerk einerseits und dem Einzelhandel sowie den industriellen Herstellern andererseits gewertet werden.

Während von 1955 bis 1968 die Betriebe des gesamten Büromaschinenmechanikerhandwerks um + 10 v.H. und der Umsatz um + 108 v.H. gestiegen sind, erhöhte sich die Anzahl der handwerklichen Nebenbetriebe dieses Zweiges um + 81 v.H. und der Umsatz sogar um + 604 v.H.[2]. Diese überproportionalen Zuwachsraten der handwerklichen Nebenbetriebe dokumentieren den Anstieg des Konkurrenzdrucks durch nicht-handwerkliche Betriebe und die zu geringe Anpassungsflexibilität der handwerklichen Büromaschinenmechanikerbetriebe, die im Ergebnis zu dem Verlust an Marktanteilen des selbständigen Büromaschinenhandwerks geführt haben.

Im Kraftfahrzeugbereich kann aufgrund der Datenlage die Marktstellung des K r a f t f a h r z e u g h a n d w e r k s für einen längeren Zeitraum analysiert werden. 1955 nahm das Kfz-Mechanikerhandwerk mit einem Marktanteil von über 80 v.H. sowohl nach Betrieben als auch Umsätzen eine dominierende Position ein, wobei die weitgehende Übereinstimmung der Betriebs- und Umsatzanteile besonders bemerkenswert ist, wie Schaubild 42 zeigt.

In der folgenden Zeit traten jedoch nachhaltige Verschiebungen auf dem Kraftfahrzeugmechanikermarkt auf, die für das Kfz-Handwerk zu erheblichen Positionsverlusten führten. 1972 betrug der Marktanteil des Kraftfahrzeughandwerks bei den Betrieben

1) Berechnet aus: Handwerkszählung 1968, Heft 3, a.a.O., S. 100
2) Vgl. Schaubild 34; Übersicht 19; Handwerkszählung 1956, Heft 5, a.a.O., S. 54; Handwerkszählung 1968, Heft 3, a.a.O., S. 100

noch rund 66 v.H. und bei den Umsätzen sogar weniger als die Hälfte (49,5 v.H.) des Gesamtumsatzes der Branche (Schaubild 42). Dies bedeutet umgekehrt, daß ein Drittel nicht-handwerklicher Kfz-Betriebe rund 50 v.H. des Umsatzes der Gesamtbranche erwirtschaften.

Schaubild 42

Verteilung der Marktanteile im Kraftfahrzeugmechanikergewerbe nach Betrieben und Umsätzen 1955, 1968 und 1972

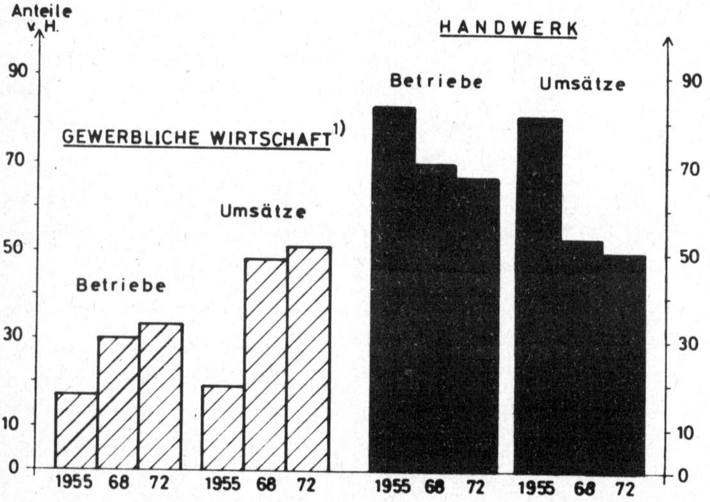

1) Nicht-handwerkliche Betriebe

Quelle: Tabelle 46 im Anhang

Mit anderen Worten:

- Die handwerklichen Kraftfahrzeugmechaniker haben im Durchschnitt eine kleinere Betriebsgröße und
- sind gegenüber der Gesamtbranche nur unterdurchschnittlich gewachsen, denn der Verlust des Marktanteils vollzog sich bei einer gleichzeitig zunehmenden Betriebszahl und einem steigenden Umsatz in der Referenzperiode.

Aus dieser gegenläufigen Tendenz kann der Schluß gezogen werden: Die Kraftfahrzeugbetriebe des Handwerks haben sich als weniger anpassungsfähig erwiesen, um gegebene Wachstumschancen auszunutzen und den Marktanteil auszuweiten.

An der wachsenden Zahl von Neugründungen handwerklicher Nebenbetriebe zwischen 1955 und 1968 kann die Zunahme des Wettbewerbsdrucks abgelesen werden. Gegenüber dem selbständigen Kfz-Handwerk erhöhten sich die handwerklichen Nebenbetriebe gemessen nach Betriebszahlen siebenmal und nach Umsatzwerten 2,5 mal stärker[1].

Der Konkurrenzdruck wird zukünftig voraussichtlich fortbestehen, da für eine anhaltende Expansion des Kfz-Marktes Grenzen sichtbar sind, so daß es bei den Marktanteilen zu weiteren Umschichtungen kommen kann.

Die Marktsituation der V u l k a n i s e u r e unterscheidet sich in drei Punkten von den übrigen drei untersuchten Handelshandwerken:

1. Weniger der institutionelle Einzelhandel als die Reifenindustrie stellen den Hauptkonkurrenten dar.

2. Der Marktanteil nimmt bei den Betriebszahlen zwischen 1955 und 1972 zu, während er in Umsatzwerten deutlich sinkt, (Schaubild 43).

3. Der Marktanteil nach Betriebszahlen und Umsatzwerten klafft besonders weit auseinander. 1972 erwirtschaftete das Vulkaniseurhandwerk mit einem Betriebsanteil von rund 80 v.H. nur knapp 33 v.H. des Gesamtumsatzes der Branche (Schaubild 43).

1) Die Zahl der Kfz-Handwerksbetriebe wuchs um + 34 v.H. und der handwerklichen Nebenbetriebe um + 252 v.H. Der Umsatz des Kfz-Handwerks erhöhte sich um + 264 v.H. und der Nebenbetriebe um + 657 v.H. von 1955 bis 1967. Vgl. Schaubild 34 und Übersicht 19; Handwerkszählung 1956, Heft 5, a.a.O., S.54; Handwerkszählung 1968, Heft 3, a.a.O., S.100

Die durchschnittliche Betriebsgröße gemessen am Umsatz ist folglich im Vulkaniseurhandwerk kleiner als bei den Industrie- und Einzelhandelsbetrieben.

Schaubild 43

Verteilung der Marktanteile im Vulkaniseurgewerbe nach Betrieben und Umsätzen 1955, 1968 und 1972

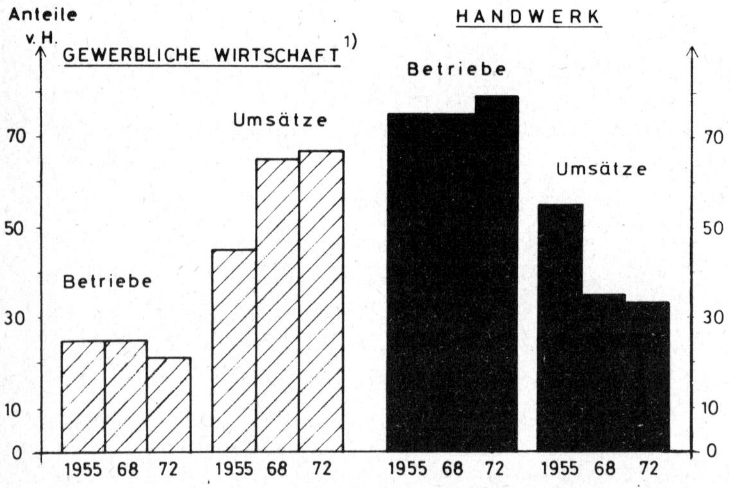

1) Nicht-handwerkliche Betriebe
Quelle: Tabelle 46 im Anhang

Eine Gegenüberstellung der durchschnittlichen Betriebsgröße des Vulkaniseur- und des Gesamthandwerks zeigt jedoch, wie relativ diese Aussage ist, denn bei den handwerklichen Vulkaniseuren herrschen ganz eindeutig die Großbetriebe vor[1]. Auf dem relevanten Markt für Vulkaniseurbetriebe dominieren somit wenige nicht-handwerkliche Großunternehmungen.

Wenn auch unter technisch-ökonomischen Gesichtspunkten Großbetriebe nicht immer den Kleinbetrieben überlegen sind[2], haben sie jedoch in der Regel aufgrund ihrer Marktposition, ihren Forschungs- und Entwicklungsabteilungen, ihrer Marktübersicht sowie ihren finanziellen Möglichkeiten mehr Vorteile, so daß das Vulkaniseurhandwerk unter einem erheblichen Konkurrenzdruck steht und dabei Marktanteile verloren geben mußte.

Die stärkere Expansion der nicht-handwerklichen Vulkaniseurbetriebe spiegelt sich auch in der unterschiedlichen Umsatzentwicklung des Vulkaniseurhandwerks und der handwerklichen Nebenbetriebe wider. Zwischen 1955 und 1968 stieg der Umsatz des selbständigen Vulkaniseurhandwerks um + 300 v.H., dagegen hatten die handwerklichen Nebenbetriebe im gleichen Zeitraum mit fast + 1.200 v.H. einen viermal höheren Anstieg zu verzeichnen[3].

Für die Zukunft wird sich aufgrund der "Entwicklungsabhängigkeit" der Vulkaniseure von dem Automobilmarkt der Wettbewerb zwischen Industrie und Handwerk weiter verschärfen und den Kampf um Marktanteile erhöhen.

3. Ergebnisse und Entwicklungsperspektiven

Die vier Handelshandwerke verdanken ihre Existenz der technischen Entwicklung. Zur Industrie befinden sie sich in komplementärer Beziehung, da ihre Funktionen in der Verteilung, Wartung und Instandsetzung industrieller Produkte bestehen. Aus dieser Verbindung kann eine "Entwicklungsabhängigkeit" zwischen

1) Knapp 40 v.H. aller handwerklichen Vulkaniseurbetriebe weisen einen Jahresumsatz von mehr als 500.000 DM auf, dagegen befinden sich im Gesamthandwerk lediglich 8,5 v.H. der Betriebe in dieser Größenklasse. Vgl. Tabelle 25 und 41 im Anhang

2) Petry, A.: Technischer Fortschritt, Integration, Internationale Wettbewerbsfähigkeit und Unternehmensgröße, in: Jahrbücher für Nationalökonomie und Statistik, Band 183, Stuttgart 1969/70, S. 276 f.

3) Vgl. Übersicht 19; Handwerkszählung 1956, Heft 5, a.a.O., S. 58; Handwerkszählung 1968, Heft 3, a.a.O., S. 102

den vier untersuchten Dienstleistungshandwerken und den entsprechenden Industrien gefolgert werden, die sich auch empirisch für die handwerklichen Kraftfahrzeugmechaniker und Vulkaniseure durch die gleichgerichteten Wachstumsraten mit der Fahrzeugindustrie nachweisen läßt.

Für das Büro- und Landmaschinenmechanikerhandwerk konnte in der Referenzperiode ein Trend zu abgeschwächtem Wachstum festgestellt werden, während das Kraftfahrzeugmechaniker- und Vulkaniseurhandwerk überproportional im Vergleich zum Gesamthandwerk gewachsen sind. Aus der Analyse der Bestimmungsfaktoren der Entwicklungstendenzen lassen sich für die Zukunft folgende Ergebnisse und Perspektiven herausstellen.

1. Das Tätigkeitsfeld des Landmaschinenmechanikerhandwerks steht in enger Beziehung zur Landwirtschaft. Die weitere Entwicklung wird deshalb von den Wachstumstendenzen im Agrarbereich sowie der Nachfrage nach Nahrungsmitteln beeinflußt.
   Folgende Faktoren und Tendenzen weisen darauf hin, daß in Zukunft nur noch mit verengten Wachstumsspielräumen zu rechnen ist:
   - Tendenz zur Marktsättigung beim Kauf von Landmaschinen,
   - unelastische Nachfrage nach Nahrungsmitteln,
   - steigender Konkurrenzdruck durch Genossenschaften und Maschinenringe.

   Bei einer insgesamt nicht ungünstigen Ertragslage werden jedoch vermutlich die Bemühungen, durch Diversifikation die schwerpunktartige Ausrichtung auf die Landwirtschaft abzuschwächen, nicht ausreichen, um neue Wachstumsimpulse zu erhalten, so daß eine stagnierende Entwicklung zu erwarten ist.
2. Die Kundenstruktur des Büromaschinenmechanikerhandwerks, die fast ausschließlich durch die gewerbliche Wirtschaft bestimmt wird, entspricht in etwa dem volkswirtschaftlichen Gewicht der einzelnen Wirtschaftsbereiche, so daß neben der Einführung technischer Neuerungen durch die Büromaschinenindustrie die Nachfrage von der allge-

meinen ökonomischen Entwicklung abhängig ist.
Die relativ hohe Arbeitsintensität im Bürobereich wird zu weiteren Rationalisierungsanstrengungen in den nächsten Jahren führen, so daß die Nachfrage nach Büromaschinen voraussichtlich steigen wird.

- Die Zunahme der Wettbewerbsintensität durch den Einzelhandel (einschließlich der handwerklichen Nebenbetriebe) sowie durch den Werkskundendienst,
- das geringe Anpassungsvermögen der selbständigen Handwerksbetriebe an die technischen Erfordernisse und
- die weniger gute Rentabilitätslage

haben zu einem Verlust an Marktanteilen geführt.
Es wird von dem flexiblen Marktverhalten des Büromaschinenmechanikerhandwerks abhängen, ob sie an den zukünftigen Wachstumschancen partizipieren werden.

3. Im Kundenkreis des K r a f t f a h r z e u g m e c h a n i k e r h a n d w e r k s zeichnet sich eine Schwerpunktverlagerung von der gewerblichen Wirtschaft zu den privaten Haushalten als Folge der zunehmenden Motorisierung der privaten Haushalte ab. Die starken Zuwachsraten des Kfz-Handwerks in den vergangenen Jahren werden sich vermutlich aus folgenden Gründen in Zukunft nicht fortsetzen:

- Es besteht eine Tendenz zur Marktsättigung bei Automobilen, die den Ersatzbedarf in den Vordergrund treten läßt.
- Die Wettbewerbssituation hat sich verschärft und zu Marktanteilseinbußen geführt.
- Das selbständige Kfz-Handwerk hat sich bislang als weniger anpassungsfähig als der Einzelhandel erwiesen.

Trotz einer insgesamt nicht ungünstigen Ertragslage müssen sich die handwerklichen Kfz-Betriebe auf nachlassende Zuwachsraten der Nachfrage und damit auf ein vermindertes Wachstumstempo einstellen.

4. Für das V u l k a n i s e u r h a n d w e r k ergeben sich im Kern die gleichen Tendenzen wie bei den Kraftfahrzeugmechanikern. Die privaten Haushalte gewinnen als Geschäftspartner an Bedeutung, allerdings ist ihr Gewicht gegenüber der gewerblichen Wirtschaft relativ gering.

   - Marktsättigungserscheinungen aufgrund der engen Bindung an den Automobilmarkt und
   - die Zunahme des Konkurrenzdrucks durch wenige industrielle Großbetriebe

   werden die Existenzsituation der handwerklichen Vulkaniseure in Zukunft erschweren und vermutlich zu einer weiteren Schrumpfung der Marktanteile führen.

   Wenn auch die durchschnittliche Rentabilitätslage als gut zu bezeichnen ist, werden durch die zu erwartende Marktverengung die Wachstumschancen des selbständigen Vulkaniseurhandwerks voraussichtlich geringer sein.

Für alle vier Handelshandwerke hat mithin die Konkurrenz durch nicht-handwerkliche Betriebe zugenommen. Mit Ausnahme im Büromaschinenbereich zeichnen sich Sättigungstendenzen ab, die

- im Landmaschinenhandwerk zur Stagnation sowie
- im Kraftfahrzeug- und Vulkaniseurhandwerk zu begrenzten Wachstumsmöglichkeiten

führen werden. Das Büromaschinenmechanikerhandwerk dagegen befindet sich unter Anpassungsdruck bei einer insgesamt steigenden Nachfrage.

Somit läßt sich die These vom überproportionalen Wachstum der Dienstleistungen in den vergangenen rund 20 Jahren für zwei der vier untersuchten Handelshandwerke nachweisen, während in Zukunft in allen vier Dienstleistungszweigen keine überdurchschnittlichen Expansionstendenzen zu erwarten sind.

IV. Ausgewählte Handelshandwerke mit dem Abnehmerschwerpunkt private Haushalte unter Wettbewerbsdruck

1. Struktur und Entwicklungstendenzen

a) Funktionscharakterisierung

Als letzte Gruppe produktionsabhängiger Dienstleistungshandwerke sollen die Schuh- und Uhrmacher, die Fotografen sowie die Radio- und Fernsehtechniker untersucht werden.

Als Resultat des Industrialisierungsprozesses sind die Schuh- und Uhrmacher aber auch die Fotografen von ihrem ursprünglichen Tätigkeitsfeld der Neuherstellung durch die Industrie mit ihren rationelleren Produktionsmethoden verdrängt worden. Aus den ehemaligen Primär- sind Sekundärhandwerke geworden, deren Aufgabenschwerpunkte sich auf die Handels- und Reparaturfunktion industrieller Massenerzeugnisse verlagert haben.

Gleichzeitig ist im Zuge der Technisierung das Radio- und Fernsehtechnikerhandwerk als Ergänzung zur entsprechenden Industrie neu entstanden, dessen Hauptbeschäftigungsgebiet von Anfang an in der Handels- und Reparaturtätigkeit lag.

Zwischen der Industrie und den vier Handelshandwerken hat sich somit ein arbeitsteiliges Verhältnis herausgebildet, das komplementären Charakter trägt. Neben den Leistungsschwerpunkten Handel und Reparatur muß als ein weiteres gemeinsames Kennzeichen die starke Ausrichtung ihrer Lieferungen und Leistungen auf die privaten Haushalte angesehen werden.

In Übersicht 20 kommt die Dominanz der Handelstätigkeit deutlich zum Ausdruck. Besonders auffällig ist die Kombination eines überdurchschnittlich hohen Handelsanteils, der in der Referenzperiode eine weiter steigende Tendenz aufweist[1], mit einem

1) Bei den Radio- und Fernsehtechnikern setzt die Steigerung erst Anfang der 60er Jahre wieder ein. Möglicherweise ist der Rückgang zwischen 1955 und 1962 auf Umstellungen in der Statistik zurückzuführen.

Übersicht 20

Umsatzanteile aus Reparatur- und Handelstätigkeit ausgewählter Handelshandwerke mit dem Abnehmerschwerpunkt private Haushalte von 1955 bis 1973

(in v.H.)

Jahr	Radio- und Fernsehtechniker			Uhrmacher			Schuhmacher			Fotografen		
	insgesamt	davon Reparatur	davon Handel	insgesamt	davon Reparatur	davon Handel	insgesamt	davon Reparatur	davon Handel	insgesamt	davon Reparatur	davon Handel
1955	100	10,1	82,2	100	15,8	80,7	100	37,3	56,6	100	1,1	49,0
1962	100	15,8	74,8	100	13,1	83,3	100	40,7	55,5	100	46,5	52,4
1967[1]	100	-	74,8	100	-	86,5	100	-	64,4	100	-	54,8
1972	100	-	77,2	100	-	87,3	100	-	71,2	100	-	58,5
1973	100	-	77,6	100	-	87,7	100	-	71.6	100	-	58,8

1) Ab 1967 läßt sich nur der Handelsanteil gesondert errechnen.

Quelle: Übersicht 17

ebenfalls überdurchschnittlich hohen Reparaturanteil im Vergleich zum Gesamthandwerk[1]. Aus der Koppelung von Handel und Reparatur in den vier Zweigen läßt sich ableiten, daß für den Absatz von technischen Gebrauchsgütern, die abgesehen von den Produkten der Schuhmacher zu dem gehobenen Bedarf zählen, Reparatur- und Dienstleistungen i.e.S. ergänzend notwendig sind[2].

b) Betriebe und Beschäftigte

Mit Ausnahme der Radio- und Fernsehtechniker sind die Betriebs- und Beschäftigtenzahlen der Uhr-, Schuhmacher und Fotografen gesunken. Allerdings ist das Ausmaß der Schrumpfungen unterschiedlich und bei den Beschäftigten generell weniger stark ausgeprägt als bei den Betrieben.

Während bei den Schuhmachern mit relativ gleichmäßigen Raten sowohl die Betriebe als auch die Beschäftigten in der Referenzperiode abgenommen haben (Schaubild 44) und gleichzeitig die Kontraktion am intensivsten ausgeprägt ist, hat sich bei den Uhrmacherbetrieben der Schrumpfungsprozeß erst in der letzten Periode von 1968 bis 1972 verschärft, wobei die Beschäftigtenzahl relativ geringfügig abgenommen hat. Im Fotografenhandwerk dagegen ist die Bewegung nicht so einheitlich verlaufen. Zwar ist die Zahl der Betriebe ebenfalls kontinuierlich gefallen, doch bei den Beschäftigtenzahlen hat die Abnahme erst nach 1963 eingesetzt, wie aus Schaubild 44 hervorgeht.

Ein Vergleich der drei Handelshandwerke mit der Entwicklung im Gesamthandwerk zeigt, daß die Betriebszahl der Schuhmacher überproportional, der Fotografen proportional und der Uhrmacher unterproportional gesunken sind (vgl. Schaubilder 11 und 44).

1) 1962 betrug der Handels- 23,0 v.H. und der Reparaturanteil 9,5 v.H. im Gesamthandwerk.Vgl.Schaubild 3. Bei den Fotografen liegt der Schwerpunkt neben dem Handel bei den Dienstleistungen i.e.S. Das Ansteigen des Dienstleistungsanteils zwischen 1955 und 1962 resultiert vermutlich aus einer Neuordnung zwischen den Umsatzanteilen aus Neuherstellung und Dienstleistungen i.e.S. durch die amtliche Statistik.

2) Wie im Abschnitt III,1. a) dieses Kapitels bereits ausgeführt, ist für die Funktionserfüllung der Handels- und Reparaturleistung die Existenz von Sachgütern Voraussetzung, wobei die Handelsleistung direkt mit der Sachgüternachfrage und die Reparaturleistung indirekt (zu einem späteren Zeitpunkt) auftritt.

Schaubild 44

Betriebs- und Beschäftigtenentwicklung ausgewählter Handelshandwerke mit dem Abnehmerschwerpunkt private Haushalte von 1956 bis 1972 (1956 = 100)

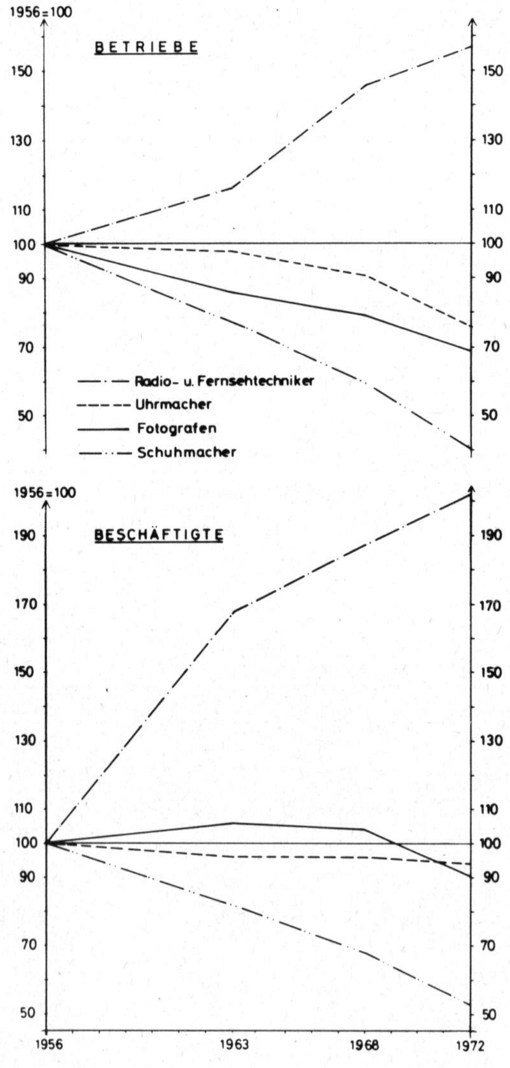

Quelle: Tabelle 47 im Anhang

Die Gegenüberstellung der Beschäftigtenzahl ergibt dagegen für die drei Zweige einheitlich eine Abnahme und für das Gesamthandwerk eine Zunahme (vgl. Schaubilder 11 und 44).

Im Gegensatz zu der kontraktiven Entwicklung der Uhr-, Schuhmacher und Fotografen stieg im Radio- und Fernsehtechnikerhandwerk sowohl die Betriebs- als auch die Beschäftigtenzahl von 1956 bis 1972 kontinuierlich an, wie in Schaubild 44 erkennbar ist. Dabei hat die Zahl der Betriebe um die Hälfte zugenommen und die der Beschäftigten sich sogar mehr als verdoppelt.

Übersicht 21

Beschäftigte je Betrieb in ausgewählten Handelshandwerken mit dem Abnehmerschwerpunkt private Haushalte von 1956 bis 1972

(absolut)

Jahr	Radio- u. Fernsehtechniker	Uhrmacher	Schuhmacher	Fotografen
1956	2,9	2,6	1,5	2,7
1963	4,2	2,5	1,6	3,3
1968	3,8	2,7	1,7	3,6
1972	3,8	3,1	1,9	3,5

Quelle: Tabelle 47 im Anhang

Ist die Entwicklung nach den Merkmalen Betriebe und Beschäftigte in den vier Dienstleistungszweigen unterschiedlich verlaufen, so kann als Gemeinsamkeit die geringe durchschnittliche Betriebsgröße, gemessen in Beschäftigten je Betrieb, herausgestellt werden. Im Vergleich zum Gesamthandwerk ist sie im Zeitablauf nur unterproportional gestiegen und weniger als halb so groß, wie Übersicht 21 entnommen werden kann. Bei den Radio- und Fernsehtechnikern allerdings ist sie mit 3,8 Beschäftigten je Betrieb etwas mehr als halb so groß (Gesamthandwerk 7,2 Beschäftigte je Betrieb 1972).

c) Umsätze und Arbeitsproduktivität

Nach der Betrachtung der Betriebs- und Beschäftigtenzahlen konnte der Eindruck entstehen, daß bis auf die Radio- und Fernsehtechniker die drei übrigen Dienstleistungszweige zu den Kontraktionshandwerken gezählt werden müssen. Diese Vermutung findet jedoch bei Berücksichtigung der Umsatzwerte keine volle Bestätigung.

Lediglich bei den Schuhmachern ergibt sich seit 1963 in jeweiligen Preisen nur noch eine leichte Umsatzsteigerung, während real sogar eine Abnahme zu registrieren ist. Wie Übersicht 22 zeigt, weisen die Uhrmacher, die Fotografen sowie die Radio- und Fernsehtechniker sowohl nominal als auch real eine Erhöhung der Umsätze auf, wobei die Radio- und Fernsehtechniker mit Abstand das stärkste Wachstum zu verzeichnen haben.

Neben den Schuhmachern lag allerdings auch der reale Umsatzzuwachs der Uhrmacher unter dem Niveau des Gesamthandwerks, während der reale Umsatz der Fotografen proportional und der Radio- und Fernsehtechniker stark überproportional gestiegen sind (Übersicht 10 und 22).

Werden die Umsatzwerte und ihre Entwicklung auf die Betriebe bezogen, so zeigt sich, daß mit Ausnahme der Radio- und Fernsehtechniker die Kennziffer Umsatz je Betrieb nominal und real stärker gestiegen ist als der jeweilige Gesamtumsatz in den drei Handelshandwerken (Übersicht 22). Die Abnahme der Betriebszahlen hat sich somit positiv auf die ökonomische Situation der Handelshandwerke ausgewirkt.

Gegenüber dem Gesamthandwerk haben jedoch bei nominaler Betrachtung alle vier Zweige nur einen unterdurchschnittlichen Zuwachs nach dem Merkmal Umsatz je Betrieb erzielt. In realen Größen ergibt sich dagegen, daß die Uhr- und Schuhmacher wiederum nur eine unterproportionale, während die Radio- und Fernsehtechniker aber auch die Fotografen eine überproportionale Zunahme zu verzeichnen haben (Übersicht 10 und 22).

Übersicht 22

Entwicklung der Umsätze und Umsätze je Betrieb in ausgewählten Handelshandwerken mit dem Abnehmerschwerpunkt private Haushalte von 1955 bis 1972 in jeweiligen Preisen (nominal) und Preisen von 1962 (real)

(1955 = 100)

Jahr	Radio- und Fernsehtechniker		Uhrmacher		Schuhmacher		Fotografen	
	nominal	real	nominal	real	nominal	real	nominal	real
a) Umsatz								
1955	100	100	100	100	100	100	100	100
1963	296	246	183	141	185	134	189	141
1968	357	342	237	173	189	121	282	196
1972	671	609	345	223	232	117	382	234
b) Umsatz je Betrieb								
1955	100	100	100	100	100	100	100	100
1963	255	212	186	143	237	172	219	162
1968	244	234	260	190	314	202	357	249
1972	427	387	451	292	565	285	553	339

Quelle: Tabelle 48 im Anhang

Die Begrenztheit der Rationalisierungsmöglichkeiten in den vorwiegend Handel treibenden Handwerkszweigen kommt in den Veränderungsraten der Arbeitsproduktivität zum Ausdruck[1]. Bis auf die Radio- und Fernsehtechniker ist die Produktivität (Schaubild 17 und 45) in den drei anderen Zweigen real nur unterproportional gegenüber dem Gesamthandwerk gestiegen. Dabei muß hervorgehoben werden, wie Schaubild 45 zeigt, daß überraschenderweise die Steigerung der arbeitsbezogenen Produktivität im Schuhmacherhandwerk vergleichsweise wesentlich größer war als bei den Uhrmachern sowie Fotografen und dem Durchschnitt des Gesamthandwerks am nächsten kam (vgl. Schaubild 17 und 45).

Wenn es auch vorschnell wäre, daraus abzuleiten, daß sich die Schuhmacher mit der starken Abnahme der Betriebs- und Beschäftigtenzahl "gesund" geschrumpft haben, so kann dennoch gesagt werden, daß sich der Anpassungsprozeß leistungssteigernd ausgewirkt hat.

Zum Abschluß soll noch kurz auf die Entwicklung der Betriebsgrößenstruktur nach Umsatzgrößenklassen eingegangen werden. Konnte bereits anhand der Beschäftigten je Betrieb ermittelt werden, daß die durchschnittliche Betriebsgröße gemessen am Gesamthandwerk sehr klein ist, so bestätigt sich dieses Ergebnis anhand der Umsatzgrößenklassen.

Zwar läßt sich für alle vier Dienstleistungszweige eine Konzentration auf größere Umsatzklassen feststellen, aber diese Bewegung hält sich in engen Grenzen und vollzog sich innerhalb der unteren Klassen. Einen Jahresumsatz von weniger als 100.000 DM hatten 65 v.H. aller Uhrmacher-, 71 v.H. aller Fotografen- und 92 v.H. aller Schuhmacherbetriebe 1967. Einzig bei den Radio- und Fernsehtechnikern lag mit 52 v.H. aller Betriebe der prozentuale Anteil der Betriebe mit einem Jahresumsatz von weniger als 100.000 DM unter dem Durchschnitt des Gesamthandwerks mit 57 v.H.[2].

1) Der Nettoproduktionswert als Bezugsgröße für die Arbeitsproduktivität hat aufgrund des hohen Handelswarenanteils (Vorleistungen) in allen vier Zweigen absolut einen Anteil von weniger als 50 v.H. des jeweiligen Umsatzes. Vgl. Tabelle 48 und 49 im Anhang
2) Vgl. Tabelle 25 und 50 im Anhang

Schaubild 45

Entwicklung der Arbeitsproduktivität (AP) und der Kapitalintensität ausgewählter Handelshandwerke mit dem Abnehmerschwerpunkt private Haushalte von 1955 bis 1972 in Preisen von 1962

(1955 = 100)

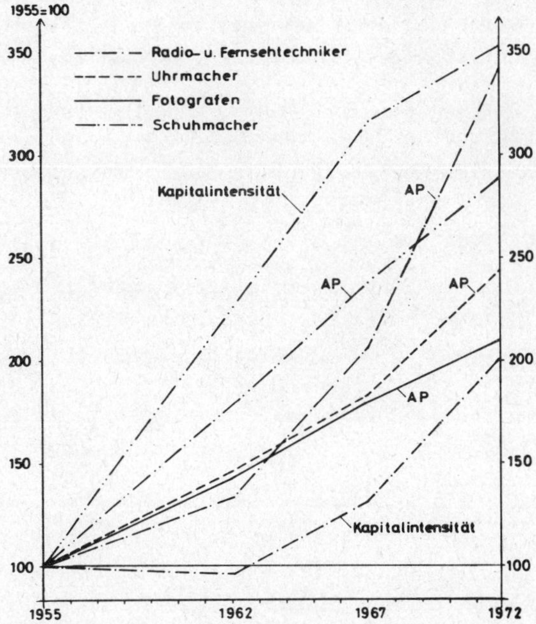

Quellen: Tabelle 49 und 51 im Anhang

d) Investitionen, Kapitalstock und Kapitalintensität

Die Veränderungen der Investitionen aber auch des Bruttoanlagevermögens können als Indikatoren für die Zukunftserwartungen und Rationalisierungsmöglichkeiten der Betriebe Verwendung finden.

Anhand der Schuhmacher läßt sich der Zusammenhang zwischen Investitionen und Umsatzentwicklung deutlich nachweisen. Bis 1962 stieg das Investitionsvolumen auf das doppelte Niveau gegenüber 1955 an, um in der nachfolgenden Zeit immer mehr abzusinken. So lagen 1972 die aufgewendeten Investitionen unter der Summe von 1955 (Übersicht 23). Diese Entwicklung entspricht dem Umsatzwachstum, das seit 1963 nominal nur noch leicht gestiegen ist und real sogar abgenommen hat (Übersicht 22).

Auch das Bruttoanlagevermögen hat sich seit 1962 bei den Schuhmachern nur noch geringfügig erhöht, während es bezogen auf die Betriebszahl stärker angestiegen ist als im Gesamthandwerk, wenngleich die absolute Höhe des Kapitalstocks je Betrieb im Schuhmacherhandwerk niedriger ist als im Durchschnitt des Handwerks[1].

Eine Aufschlüsselung der Investitionen nach ihrer Verwendung zeigt, daß sich auch in der Investitionsstruktur der Schuhmacher die Schrumpfungstendenzen widerspiegeln, denn für Erweiterungen wurden 1969 mit 12 v.H. unterproportional wenig für Ersatzbeschaffung, mit 58 v.H. überproportional viel Finanzmittel im Vergleich zum Gesamthandwerk aufgewendet[2].

Auch im Radio- und Fernsehtechniker- sowie Uhrmacherhandwerk läßt sich eine Beziehung zwischen Umsatz- und Investitionsentwicklung erkennen. Entsprechend dem überproportionalen Umsatzwachstum der Radio- und Fernsehtechniker sind auch die jährlichen Investitionen überdurchschnittlich gestiegen, ebenso wie im Uhrmacherhandwerk der unterproportionale Zuwachs des Umsatzes mit einer unterproportionalen Zunahme der Investitionen korrespondiert[3].

1) Vgl. Übersicht 6 und 23 sowie Tabelle 17 und 51 im Anhang
2) Vgl. Investitionen und Kapitalstruktur im Handwerk 1969, a.a.O., Tabelle 30
3) Als Bezugsgröße dient jeweils die Entwicklung im Gesamthandwerk. Vgl. Übersicht 6 und 23

Das Bruttoanlagevermögen im Radio- und Fernsehtechnikerhandwerk hat analog der Investitionen überproportional zugenommen, durch die gleichzeitige Erhöhung der Betriebszahl ist allerdings der Kapitalstock je Betrieb nur unterproportional gewachsen.

Übersicht 23

Entwicklung der Investitionen und des Bruttoanlagevermögens in den ausgewählten Handelshandwerken mit dem Abnehmerschwerpunkt private Haushalte von 1955 bis 1972 in Preisen von 1962

(1955 = 100)

Jahr	Radio- und Fernsehtechniker		Uhrmacher		Schuhmacher	
	insgesamt	je Betrieb	insgesamt	je Betrieb	insgesamt	je Betrieb
a) Investitionen						
1955	100	100	100	100	100	100
1962	300	258	167	170	200	256
1967	400	273	133	146	126	211
1972	833	530	308	404	66	163
b) Bruttoanlagevermögen						
1955	100	100	-	-	100	100
1962	177	152	100	100	183	235
1967	270	185	116	125	212	352
1972	448	285	149	191	188	457

Quelle: Tabelle 51 im Anhang

Da für die Uhrmacher 1955 keine exakten Daten vorliegen, ist ein Vergleich für die gesamte Referenzperiode nicht möglich. Immerhin für die Zeit von 1962 bis 1972 hat sich das Bruttoanlagevermögen je Betrieb fast verdoppelt und in etwa so stark zugenommen, wie im Radio- und Fernsehtechnikerhandwerk (Übersicht 23). Die günstige Beurteilung der Entwicklungsperspektiven durch die Uhrmacher kommt in der Verwendungsstruktur der Investitionen zum Ausdruck. Mit einem Anteil von 26 v.H. der Gesamtinvestitionen gaben sie einen relativ größeren Betrag für Erweiterungen aus als der Durchschnitt des Gesamthandwerks, während die Fotografen im Verhältnis etwas weniger für Erweiterungen, dafür aber mit 58 v.H. relativ mehr für Ersatzbeschaffungen 1969 aufwendeten[1].

Betrachtet man in Schaubild 45 die Veränderungen des Kapitalstocks je Beschäftigten (Kapitalintensität) im Zeitablauf, so überrascht die starke Erhöhung im Schuhmacherhandwerk. Gegenüber dem Gesamthandwerk nimmt die Kapitalintensität der Schuhmacher überproportional zu, während sie im Radio- und Fernseh- sowie Uhrmacherhandwerk nur unterproportional steigt[2].

Zum gleichen Ergebnis führt auch die Gegenüberstellung der Investitionsanteile für Rationalisierungsmaßnahmen in den drei Handwerkszweigen 1969. Gaben die Schuhmacher 30 v.H. der Gesamtinvestitionen für Rationalisierungsvorhaben aus und damit etwas mehr als im Durchschnitt des gesamten Handwerks (29 v.H.), wendeten die Uhrmacher nur 23 v.H. und die Fotografen lediglich 20 v.H. der Gesamtinvestitionen auf[3].

Aus diesen Entwicklungen kann für die Schuhmacher gefolgert werden, daß eine wesentliche Ursache für die Steigerungen der Arbeitsproduktivität im vermehrten Kapitaleinsatz zu sehen ist, während bei den Uhrmachern sowie Radio- und Fernsehtechnikern die Arbeitsproduktivität stärker als die Kapitalintensität gewachsen ist, somit besteht bei diesen beiden Handwerkszweigen kein direkter Zusammenhang zwischen der Zunahme der Produktivität und dem zusätzlichen Kapitaleinsatz.

1) Vgl. Investitionen und Kapitalstruktur im Handwerk 1969, a.a.O., Tabelle 30. Für das Fotografenhandwerk liegen nur Angaben über die Investitionen aus den Handwerkszählungen 1963 und 1968 vor. Dadurch, daß 1967 eine rezessive Entwicklung bestand, sind diese Daten nur von eingeschränkter Aussagekraft.
2) Vgl. Schaubild 12 und 45; Tabelle 51 im Anhang
3) Vgl. Investitionen und Kapitalstruktur im Handwerk 1969, a.a.O., Tabelle 30

Wird die absolute Kapitalintensität zwischen den Radio- und Fernsehtechnikern, den Uhr- und Schuhmachern auf der einen Seite sowie dem Gesamthandwerk auf der anderen Seite verglichen, so zeigt sich, daß in allen drei Zweigen - wenn auch abgestuft - der Kapitaleinsatz je Beschäftigten niedriger ist als im Durchschnitt des Handwerks. Mit anderen Worten: Die drei Dienstleistungshandwerke produzieren relativ arbeitsintensiv[1].

Als letztes soll noch auf die relativ hohen finanziellen Aufwendungen für Einrichtungsmaßnahmen (Ladenausstattung) hingewiesen werden. Im Gegensatz zum Gesamthandwerk, das durchschnittlich 12 v.H. aller Investitionen für Geschäftsausstattungen ausgegeben hat, haben die Schuh- und Uhrmacher knapp den doppelten Prozentsatz (22 bzw. 23 v.H. 1969) und die Fotografen mit 30 v.H. sogar eine noch höhere Quote aufgewendet[2]. Aus der Höhe sowie der im Zeitablauf ansteigenden Tendenz dieses Investitionspostens muß der Schluß gezogen werden, daß für Handelshandwerke hohe Einrichtungsinvestitionen existenznotwendig sind, um gegenüber der Einzelhandelskonkurrenz bestehen zu können.

e) Zwischenergebnisse

Aus der quantitativen Entwicklungs- und Strukturanalyse in den vier produktionsabhängigen Dienstleistungshandwerken lassen sich folgende Ergebnisse für die Referenzperiode herausstellen:

1. Für das Radio- und Fernseh-, das Uhr- und Schuhmacherhandwerk ist die Leistungskombination von Handels- und Raparaturfunktionen typisch, während im Fotografenhandwerk Handelsleistungen zusammen mit Dienstleistungen i.e.S. angeboten werden.
2. Die Zahl der Betriebe und Beschäftigten sank bei den Schuh- und Uhrmachern im gesamten Zeitraum. Dagegen nahm im Fotografenhandwerk nur die Betriebszahl fortlaufend ab, während die Schrumpfung der Beschäftigtenzahlen erst 1963 einsetzte.

1) Vgl. Tabelle 17 und 51 im Anhang
2) Vgl. Investitionen und Kapitalstruktur im Handwerk 1969, a.a.O., Tabelle 3, 15, 20 und 25

3. Bei den Radio- und Fernsehtechnikern erhöhten sich sowohl die Betriebs- als auch die Beschäftigtenzahl kontinuierlich.
4. Der Umsatz wuchs nominal im Schuhmacher-, Uhrmacher- und Fotografenhandwerk im Vergleich zum Gesamthandwerk unterproportional, dagegen im Radio- und Fernsehhandwerk überproportional.
5. In realen Werten nahm der Umsatz bei den Schuhmachern seit 1963 ab, während er bei den Uhrmachern unterdurchschnittlich, bei den Fotografen durchschnittlich sowie bei den Radio- und Fernsehtechnikern überdurchschnittlich gestiegen ist.
6. Die durchschnittliche Betriebsgröße, gemessen in Beschäftigten, ist in allen vier untersuchten Dienstleistungszweigen wesentlich kleiner als im Gesamthandwerk.
7. Die Arbeitsproduktivität stieg im Schuh-, Uhrmacher- und Fotografenhandwerk unterproportional, im Radio- und Fernsehhandwerk überproportional an.
8. Die Investitionen weisen bei den Schuhmachern seit 1962 eine fallende Tendenz auf, während sie im Vergleich zum Gesamthandwerk bei den Uhrmachern unterdurchschnittlich und bei den Radio- und Fernsehtechnikern überdurchschnittlich zugenommen haben.
9. Die Produktionsweise der untersuchten Handwerkszweige ist als arbeitsintensiv zu kennzeichnen (für die Fotografen liegen keine Daten vor).
10. Zwischen der Zunahme der Produktivität und der Kapitalintensität besteht bei den Schuhmachern ein positiver Zusammenhang, dagegen ist bei den Uhrmachern sowie Radio- und Fernsehtechnikern keine direkte Korrelation festzustellen.

Als generelle Tendenz im Untersuchungszeitraum ergibt sich für die Schuhmacher eine kontraktive, für die Uhrmacher und Fotografen eine stagnative und für die Radio- und Fernsehtechniker eine expansive Entwicklung.

2. Bestimmungsgründe der Entwicklung

a) Nachfragestruktur und Einflußfaktoren

aa) Abnehmerschwerpunkte

Die Lokalisierung der wesentlichen ökonomischen Abhängigkeits- und Einflußfaktoren der Nachfrage setzt die Kenntnis über die Kundenstruktur und die Relevanz der Güterarten für die Abnehmer voraus. Ein Blick auf die Schaubilder 46 und 47 macht deutlich, daß in allen vier Handelshandwerken die privaten Haushalte den entscheidenden Nachfragekreis stellen. Diese Tatsache überrascht nicht, wenn das angebotene Warensortiment der Zweige betrachtet wird.

Für die R a d i o - u n d F e r n s e h t e c h n i k e r kann aus statistischen Gründen nur für 1962 ein Strukturbild über die Absatzrichtungen in Schaubild 46 gegeben werden. Es ist jedoch zu vermuten, daß in dem Abnehmerkreis keine durchgreifenden Verschiebungen in der nachfolgenden Zeit stattgefunden haben, so daß die privaten Haushalte weiterhin den Schwerpunkt der Nachfrage stellen.

Mit über 90 v.H. ist bei den U h r m a c h e r n der Anteil der privaten Haushalte als Kunden von allen vier untersuchten Zweigen am größten. Darüber hinaus ist die weitgehende Konstanz der Absatzstruktur in den Jahren 1962 und 1967 auffallend (Schaubild 46). Das zu den gehobenen Gebrauchsgütern zählende aperiodisch nachgefragte Warensortiment der Uhrmacher kommt mit wenigen Ausnahmen für andere Abnehmergruppen nicht in Frage. Mithin ist anzunehmen, daß die Absatzstruktur auch in Zukunft keinen gravierenden Veränderungen unterliegen wird.

Im S c h u h m a c h e r h a n d w e r k stellen die privaten Haushalte ebenfalls den größten Kundenstamm dar. Zwischen 1962 und 1967 sind allerdings leichte Umstrukturierungen zu registrieren, wie Schaubild 47 entnommen werden kann, die jedoch keinen grundsätzlichen Wandel signalisieren. Die Nachfrageverschiebungen sind in der Hauptsache zwischen privaten Haushalten

Schaubild 46

Absatzrichtungen des Umsatzes der Radio- und Fernsehtechniker sowie der Uhrmacher 1962 und 1967

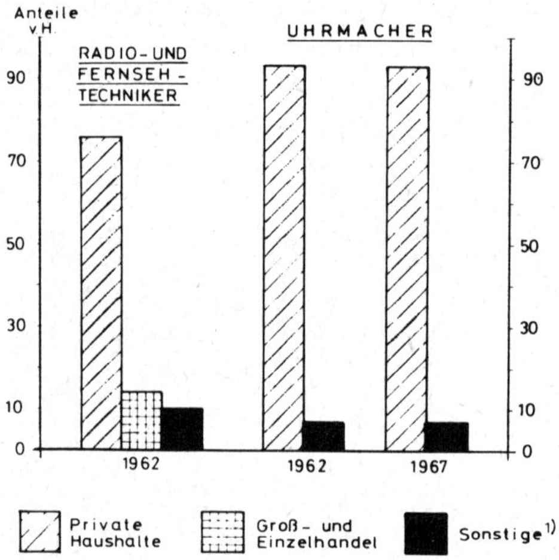

1) Lieferungen und Leistungen an Industrie und Handwerk, öffentliche Auftraggeber und Sonstige

Quelle: Schaubild 18

und der öffentlichen Hand eingetreten. Vermutlich haben insbesondere die Bundeswehr im Laufe der Zeit immer mehr Reparaturarbeiten an Handwerksbetriebe vergeben[1]. Da ungefähr 1967 der zahlenmäßige Aufbau der Bundeswehr abgeschlossen war, sind zusätzliche Nachfrageimpulse und weitere Umschichtungen im Kundenkreis nicht zu erwarten.

1) Vgl. auch Konjunkturentwicklung des Handwerks, 8.Jg., a.a.O., S. 59

Schaubild 47

Absatzrichtungen des Umsatzes der Schuhmacher und Fotografen 1962 und 1967

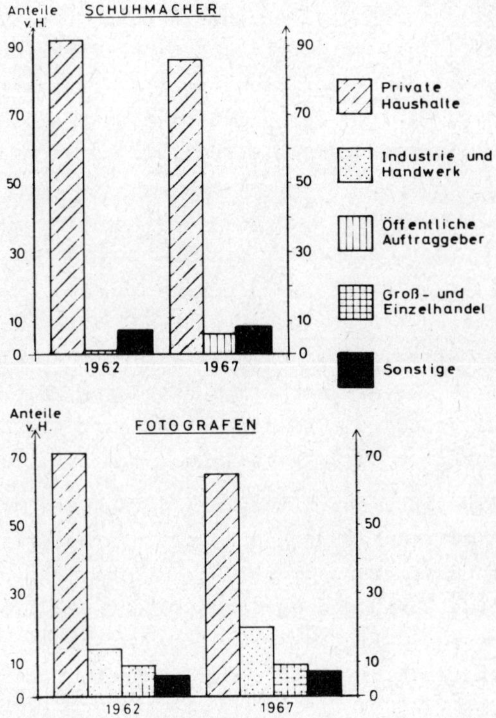

Quelle: Schaubild 18

Die Absatzstruktur der Fotografen unterlag zwischen 1962 und 1967 gleichfalls geringfügigen Verschiebungen. Zwar dominieren auch in diesem Zweig die privaten Haushalte als Geschäftspartner, aber mit rund 65 v.H. 1967 ist ihr Anteil innerhalb der vier untersuchten Handelshandwerke am niedrigsten.

Das Fotografenhandwerk konnte vor allem die Leistungsbeziehung zur Industrie intensivieren - wie Schaubild 47 zeigt - was eine Anteilsverschiebung zu Lasten der privaten Haushalte zur Folge hatte. Insbesondere das steigende Engagement auf dem Felde der technischen Fotografie, d.h. der Werbe-, Mode- und Industriefotografie aber auch der Industriereportage und der Architekturfotografie, hat dem Fotografenhandwerk einen breiteren Nachfragekreis eröffnet[1]. Aus den jüngsten Konjunkturberichten des RWI geht hervor, daß sich dieser Trend weiter fortgesetzt hat, so daß inzwischen der Anteil der privaten Haushalte zugunsten der Industrie weiter gesunken sein wird[2].

ab) Determinanten der Nachfrage und ihre Veränderungen

Wenn die privaten Haushalte die Hauptabnehmer der von den vier Dienstleistungshandwerken angebotenen Güter und Dienstleistungen darstellen, so sind auch in diesem Bereich die Bestimmungsfaktoren für die Nachfrage zu suchen. Die Analyse bliebe jedoch unvollständig, würde sie nicht auch die Einflüsse durch die Produzenten berücksichtigen.

Die Hersteller sind durch Entwicklungen neuer Produkte und durch Produktdifferenzierungen bestrebt, für stetige Nachfrage zu sorgen. Den Hintergrund dieser Verhaltensweise bildet das ständig steigende Einkommen der Bevölkerung und die damit verbundene Erhöhung des "frei" verfügbaren Einkommensanteils. 1968 wurden im Durchschnitt zwei Drittel des Nettoeinkommens der Haushalte zur Deckung des lebensnotwendigen Grundbedarfs an Nahrung, Bekleidung und Wohnung (einschließlich Heizung und Licht) benötigt[3]. Das restliche Drittel stand zur "freien"

1) Nach Angaben des Centralverbands Deutscher Fotografen sind bereits 52 v.H. aller Betriebe auf dem Gebiet der technischen Fotografie tätig. Vgl. Konjunkturberichte über das Handwerk 1971, a.a.O., S.64
2) Vgl. Konjunkturberichte über das Handwerk 1970, a.a.O.,S.63; Konjunkturberichte über das Handwerk 1974, a.a.O., S.67
3) Vgl. Batzer, E. u.a.: Marktstrukturen und Wettbewerbsverhältnisse im Einzelhandel, a.a.O., S.12

Disposition. Bis 1974 hat sich die durchschnittlich "frei" verfügbare Einkommensquote auf 42 v.H. erhöht[1]. Diesem wachsenden Kaufkraftpotential gilt das besondere Interesse der Produzenten und damit auch der Handelsbetriebe. "Zwischen dem Zwang, Bedürfnisse und Nachfrage zu produzieren und dem Zwang, die durch Einkommenserhöhungen immer differenzierter werdende Nachfrage zu befriedigen, besteht somit eine ausgesprochene Wechselwirkung"[2].

Ein Blick auf das Warensortiment der vier Dienstleistungszweige besagt, daß die angebotenen Produkte und Dienstleistungen mit Ausnahme des Schuhmacherhandwerks nicht zu dem Grundbedarf zählen. Mithin müssen drei der untersuchten Branchen zu den Anbietergruppen gerechnet werden, die im Wettbewerb um die im Zeitablauf ansteigenden "frei" verfügbaren Anteile des kaufkräftigen Nachfragepotentials stehen.

Als nachfragebestimmende Faktoren des Schuhmacherhandwerks sind anzusehen:

- Die Verbrauchsausgaben der privaten Haushalte für Schuhe und
- die ökonomische Entwicklung der Schuhindustrie.

Der relative Rückgang des Ausgabenanteils der privaten Haushalte für den existenznotwendigen Bedarf zeigt sich in dem Vergleich der Wachstumsraten des privaten Verbrauchs und den Ausgaben für Schuhe. Von 1962 bis 1973 hat sich der gesamte Konsum verdoppelt (+ 105 v.H.), dagegen sind die Schuhausgaben mit + 49 v.H. nur unterproportional gestiegen[3].

Die Schrumpfung des Schuhmacherhandwerks in den letzten 20 Jahren hat somit eine der Ursachen in den unterdurchschnittlichen

1) In einem 4-Personen-Arbeitnehmerhaushalt mit mittlerem Einkommen, der insgesamt monatlich 1.606 DM für Verbrauchsausgaben zur Verfügung hat, entfallen 27 v.H. der Ausgaben für Nahrung, 21 v.H. für Wohnung (Miete, Heizung, Licht) und 10 v.H. für Kleidung. Vgl. Haushaltsgeld - wofür? In: Süddeutsche Zeitung vom 24./25.5.1975, S.31
2) Batzer, E.u.a.: Marktstrukturen und Wettbewerbsverhältnisse im Einzelhandel, a.a.O., S. 12
3) Berechnet nach den Angaben für einen 4-Personen-Arbeitnehmerhaushalt mit mittlerem Einkommen. Statistisches Jahrbuch für die BRD 1968, a.a.O., S. 412; Statistisches Jahrbuch für die BRD 1974, a.a.O., S. 485

Ausgabenzuwächsen für Schuhe. Bei einer allgemeinen Sättigung dieses Marktes steht der Ersatzbedarf im Vordergrund.

Als produktionsabhängiger Dienstleistungszweig steht das Schuhmacherhandwerk in enger Komplementaritätsbeziehung zur Schuhindustrie. Die Gegenüberstellung der Umsatzsteigerungen des Schuhmacherhandwerks und der -industrie in Schaubild 48 weist deutlich auf eine "Entwicklungsabhängigkeit" hin. Von 1955 bis 1972 nahm der Umsatz der Schuhindustrie um + 127 v.H. und des Schuhmacherhandwerks um + 132 v.H. zu, dagegen stieg im Vergleich der Umsatz der gesamten verarbeitenden Industrie um + 307 v.H. im selben Zeitraum. Die weitgehend übereinstimmenden Kurvenverläufe der Wachstumsraten von Schuhindustrie und -handwerk in Schaubild 48 lassen auch quantitativ die enge Verbindung beider Betriebsformen deutlich erkennen.

Das unterproportionale Wachstum des Schuhmacherhandwerks ist mithin keine auf das Handwerk beschränkte Erscheinung, sondern eine für die Schuhbranche insgesamt (Schuhindustrie und Schuhmacherhandwerk) typische Entwicklungstendenz. Die industriellen Produzenten sind zwar bestrebt, die Nachfrage durch eine häufig wechselnde Mode sowie durch Produktdifferenzierungen und -spezialisierungen zu stimulieren - 1950 bestand beispielsweise eine Saison-Kollektion noch aus 6.000 Modellen, während es 1968 bereits 36.000 Modelle waren[1] - doch konnten diese Bemühungen den rückläufigen Trend allenfalls mildern, nicht aber verhindern.

Die wichtigsten Einflußgrößen der Nachfrage nach Gütern und Leistungen des Fotografenhandwerks sind:

- Die Verbrauchsausgaben der privaten Haushalte für Fotoartikel,
- die Entwicklung des Verhältnisses von Frei- zu Arbeitszeit und
- die ökonomische Entwicklung der feinmechanischen und optischen Industrie.

1) Batzer, E. u.a.: Marktstrukturen und Wettbewerbsverhältnisse im Einzelhandel, a.a.O., S. 236

Schaubild 48

Umsatzentwicklung des Schuhmacherhandwerks und der Schuhindustrie in jeweiligen Preisen von 1955 bis 1972 (1955 = 100)

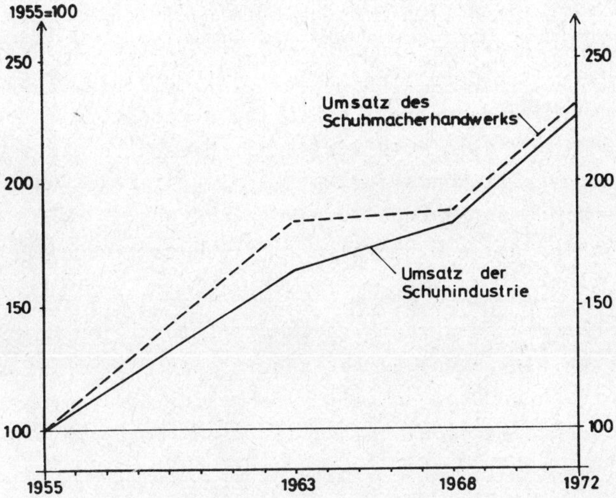

Quellen: Statistisches Jahrbuch für die BRD 1957, a.a.O., S. 212; Schaubild 37; Übersicht 22

Die Ausgaben für Fotoartikel, die zu den gehobenen Gebrauchsgütern gezählt werden müssen, sind im Vergleich zum gesamten privaten Verbrauch etwas langsamer gestiegen[1].

Bei einigen Artikeln der Fotobranche lassen sich bereits Marktsättigungserscheinungen feststellen. So besaßen 68 v.H. aller privaten Haushalte 1973 einen Fotoapparat. 1962 waren es

1) Für die letzten Jahre liegen keine Zahlen vor. Nach Berechnungen des Ifo-Instituts ist von 1960 bis 1968 der Absatz von Fotoartikeln um + 61 v.H. gestiegen und der private Verbrauch im selben Zeitraum um + 75 v.H. Vgl. ebenda, S. 185

erst 41 v.H.[1]. Wenn man unterstellt, daß nicht alle Haushalte ein Interesse am Fotografieren haben, dann muß dieses Ausstattungsniveau als nur noch geringfügig steigerungsfähig betrachtet werden. Allerdings sorgt die "künstliche Produktveralterung" durch die Entwicklung technisch verbesserter Geräte für einen beträchtlichen Ersatzbedarf[2].

Anders sieht die Situation auf den Märkten für Schmalfilmkameras und Projektionsapparaten aus. 1973 verfügten erst 8 bzw. 7 v.H. aller Haushalte über eine Schmalfilmkamera und einen entsprechenden Projektionsapparat. Ebenso ist der Bestand an Projektionsgeräten für Dias mit 19 v.H. aller Haushalte als relativ gering zu bezeichnen[3]. Von einer Marktsättigung kann bei diesen Produktgruppen nicht ausgegangen werden, so daß hier noch Nachfragereserven unter der Annahme eines steigenden Einkommens bestehen.

Nach einer Untersuchung von Divo-Inmar besteht eine enge Korrelation zwischen Einkommen und Bestand an Fotoartikeln. Für 1969 konnte nachgewiesen werden, daß mit zunehmender Einkommensklasse der prozentuale Anteil der Haushalte mit einem Fotogerät anstieg[4].

Wachstumsimpulse für die Fotobranche sind auch von der zunehmenden Freizeit[5] sowie der steigenden Zahl der Urlaubstage zu erwarten. In den vergangenen knapp 15 Jahren hat die wachsende Freizeit zu einer starken Zunahme der Urlaubsreisen geführt. Während 1962 gut ein Viertel der Bevölkerung (26,3 v.H.) in den Urlaub gefahren ist, erhöhte sich dieser Prozentsatz bis 1975 auf mehr als die Hälfte der Gesamtbevölkerung (52,8 v.H.)[6]. Dieser

1) Vgl. Euler, M.: Ausstattung privater Haushalte mit ausgewählten gehobenen Gebrauchsgütern im Januar 1973, a.a.O.,S.480
2) Vgl. Batzer, E. u.a.: Marktstrukturen und Wettbewerbsverhältnisse im Einzelhandel, a.a.O., S. 197
3) Vgl. Euler, M.: Ausstattung privater Haushalte mit ausgewählten gehobenen Gebrauchsgütern im Januar 1973,a.a.O.,S.480
4) Vgl. Tietz, B.: Konsument und Einzelhandel, Bd.1, a.a.O.,S.479
5) Die tarifliche Wochenarbeitszeit sank von 1961 bis 1974 um ./. 8,5 v.H. Statistisches Jahrbuch für die BRD 1975,a.a.O., S.477
6) Nach Ansicht der Bundesregierung wird sich diese Reiseintensität der Bevölkerung in den nächsten Jahren noch weiter auf

(Forts. Fußn. 6) s. nächste Seite)

Entwicklungstrend ist für die Fotobranche von Bedeutung, da rund 23 v.H. des Gesamtumsatzes vom Tourismus abhängig ist[1] und davon auszugehen ist, daß parallel zu der zunehmenden Reiseintensität bei immer mehr Bevölkerungsteilen der Wunsch wächst, die Urlaubserlebnisse in Bild oder Film festzuhalten.

Die enge Entwicklungsbeziehung des Fotohandwerks zur feinmechenischen und optischen Industrie läßt sich an dem gleichgerichteten Kurvenverlauf des Umsatzwachstums beider Bereiche in Schaubild 49 ablesen. Zwischen 1955 und 1972 ist der industrielle Umsatz um + 305 v.H. und der handwerkliche Umsatz um + 282 v.H. gestiegen.

Insgesamt weisen somit die relevanten Einflußfaktoren darauf hin, daß das Fotohandwerk in der Zukunft mit einer steigenden Nachfrage rechnen kann.

Die Nachfrage des U h r m a c h e r h a n d w e r k s wird im wesentlichen durch folgende Größen bestimmt:

- Den Verbrauchsausgaben der privaten Haushalte für Uhren und Schmuck,
- den gesamtwirtschaftlichen Konjunkturschwankungen,
- der Standortwahl der Uhrmacherbetriebe und
- der ökonomischen Entwicklung der Uhren- und Schmuckindustrie.

Das Warensortiment der Uhrmacher dient überwiegend zur Befriedigung des gehobenen Bedarfs, so daß die Branche von dem zunehmenden Anteil des "frei" verfügbaren Einkommens der privaten Haushalte profitiert. In dem überproportionalen Zuwachs der Verbrauchsausgaben kommt diese Tendenz deutlich zum Ausdruck. Bei einem Anstieg des gesamten Konsums um + 105 v.H. zwischen 1963 und 1972 erhöhten sich die Ausgaben für Uhren und Schmuck um + 133 v.H.[2]. Mit diesem überdurchschnittlichen Wachstum der

(Forts. Fußn.6) von S. 270)

60 v.H. erhöhen. Als Richtschnur gilt Schweden, wo 80 v.H. der Bevölkerung im Urlaub auf Reisen geht. Vgl. Kral, F.: Tourismus - Oase in der Konjunkturkrise, in: Frankfurter Rundschau vom 28.6.1975, S.5

1) Vgl. ebenda. Der Prozentsatz bezieht sich auf den zusammengefaßten Bereich von Feinmechanik, Optik und Uhrenindustrie.
2) Berechnet aus: Statistisches Jahrbuch für die BRD 1968,a.a.O., S.472;Statistisches Jahrbuch für die BRD 1974,a.a.O.,S.485

Schaubild 49

Umsatzentwicklung des Fotohandwerks und der Fotoindustrie in jeweiligen Preisen von 1955 bis 1972
(1955 = 100)

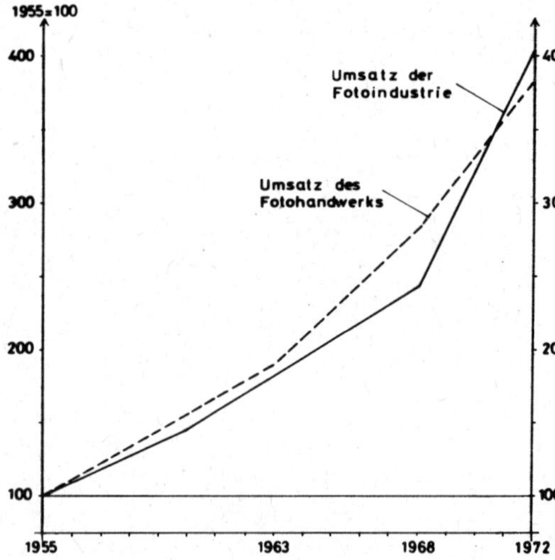

Quellen: Ergebnisse der Umsatzsteuerstatistik 1955, a.a.O., S. 33;
Ergebnisse der Umsatzsteuerstatistik 1960. a.a.O., S. 22;
Ergebnisse der Umsatzsteuerstatistik 1968, a.a.O., S. 26;
Ergebnisse der Umsatzsteuerstatistik 1972, a.a.O., S.34;
Übersicht 22

Verbrauchsausgaben für Uhren und Schmuck ging gleichzeitig ein Wandel in der Nachfragestruktur einher. Während der Umsatzanteil aus Uhren nur noch rund ein Drittel beträgt, erzielt das Uhrmacherhandwerk den größten Teil seines Handelsumsatzes (66 v.H.) aus dem Verkauf von echtem Schmuck, Bestecken, Modeschmuck etc.[1].

Im Bereich der Armband- und Taschenuhren liegt eine weitgehende Marktsättigung vor. 95 v.H. der Bevölkerung zwischen 14 und 69 Jahren besitzen heute eine Uhr. Neben dem Ersatzbedarf nimmt seit einigen Jahren allerdings der Trend zur Zweituhr und Uhren mit Zusatznutzen (Datumsangabe etc.) zu. Nicht zuletzt übt auch hier die Mode einen Einfluß aus[2].

Der Schwerpunkt der Nachfrage hat sich jedoch eindeutig zum höherwertigen Schmuck verlagert. Der Absatz dieser zum Luxusbedarf zählenden Artikel muß als besonders konjunkturreagibel bezeichnet werden, denn in ökonomischen Schwäche- oder Unsicherheitsperioden kann auf den Erwerb dieser Güter verzichtet werden. In der Rezession 1967/68 hat sich die Konjunkturabhängigkeit der Uhrmacher deutlich gezeigt, denn die Nachfrage nach Uhren und Schmuck stieg nur unterdurchschnittlich und hat sich erst 1969 wieder stärker erhöht[3].

Für das aperiodisch nachgefragte Warensortiment der Uhrmacher kommt dem Standort der Betriebe sowie dem Einzugsbereich größeres Gewicht zu. Außerhalb von städtischen Einkaufszentren reicht das Nachfragepotential für eine dauerhafte Existenz in der Regel nicht aus, deshalb müssen sich Uhrmacherbetriebe standortmobil verhalten, den Wanderungen der Kaufkraftströme anpassen und bei der Entstehung neuer Einkaufszentren im Zuge veränderter Siedlungsgewohnheiten (Trend zu verstädterten Zonen) ihren Standort möglicherweise verändern.

Für die weitere Nachfrageentwicklung ist neben der Schwerpunktverlagerung in der Verbrauchsstruktur (von den Uhren zum Schmuck) die Konjunkturabhängigkeit von ausschlaggebender Be-

1) Vgl. Herrmann, D.L.: Strukturdaten des Handwerks unter besonderer Berücksichtigung des Betriebsgrößenproblems, a.a.O., S. 216
2) Vgl. Konjunkturberichte über das Handwerk 1971, a.a.O., S.63 f.
3) Vgl. Batzer, E. u.a.: Marktstrukturen und Wettbewerbsverhältnisse im Einzelhandel, a.a.O., S. 262

deutung, weil seit der Rezession 1967/68 die Zahl der wirtschaftlichen Schwankungen in immer kürzeren Abständen zugenommen haben[1]. Bei einer Fortsetzung dieser Tendenz ergibt sich für das Wachstum der Nachfrage nach Uhren und Schmuck:

> Die langfristig zu erwartenden überproportionalen Ausgabensteigerungen werden von erheblichen kurzfristigen Nachfrageschwankungen begleitet, die je nach Länge und Intensität die Gesamtentwicklung der Uhrmacher beeinflussen werden.

Somit sind die zukünftigen Absatzchancen der Uhrmacher mit einigen Unsicherheiten behaftet, wobei im Trend von einer weiter zunehmenden Nachfrage auszugehen sein wird[2].

Als letztes sind noch die Einflußfaktoren der Nachfrage nach Leistungen des Radio- und Fernsehtechnikerhandwerks zu untersuchen. Die wichtigsten Bestimmungsgrößen sind:

- Die Verbrauchsausgaben der privaten Haushalte für Radio-, Fernseh- und Phonogeräte,
- das Ausstattungsniveau mit Geräten der Unterhaltungselektronik und
- die ökonomische Entwicklung der Rundfunk-, Fernseh- und Phonogeräteindustrie.

Von 1962 bis 1973 sind die Ausgaben der privaten Haushalte für Geräte der Unterhaltungselektronik um + 145 v.H. gegenüber + 105 v.H. des gesamten privaten Konsums überdurchschnittlich stark gestiegen[3] und entspricht damit dem überproportionalen Umsatzzuwachs des Radio- und Fernsehtechnikerhandwerks.

1) Nach einer ökonomischen Schwächeperiode 1971/72 befindet sich die Volkswirtschaft der BRD 1974/75 bereits erneut in einer tiefen Rezession mit einer Arbeitslosenquote von 5,2 v.H. Ende Februar 1975. Vgl. Pehl, G.: Wirtschaftspolitik zwischen den DGB-Bundeskongressen 1972 und 1975, in: Gewerkschaftliche Monatshefte, 26. Jg., Heft 4, Köln 1975, S.223 f.
2) Die Entwicklungsbeziehung zur Uhren- und Schmuckindustrie läßt sich quantitativ nicht aufzeigen, da für beide Industrien kein gesondertes statistisches Material vorliegt.
3) Berechnet aus: Statistisches Jahrbuch für die BRD 1968, a.a.O., S.472;Statistisches Jahrbuch für die BRD 1974,a.a.O.,S.474 f.

Träger dieser Expansion ist insbesondere die vermehrte Nachfrage nach Fernsehgeräten in den letzten 10 bis 15 Jahren gewesen. Während 1962 erst 34 v.H. aller Haushalte ein Fernsehgerät besaßen, erhöhte sich dieser Anteil bis 1973 auf 87 v.H., dagegen war 1962 bei den Rundfunkapparaten bereits ein hohes Ausstattungsniveau mit 79 v.H. aller Haushalte erreicht. Hier nahm der Bestand nur noch leicht auf 86 v.H. 1973 zu[1]. Auf beiden Märkten ist mithin von einer Sättigung auszugehen, so daß in Zukunft der Ersatzbedarf an Bedeutung gewinnen wird und damit keine größeren Wachstumsraten der Nachfrage zu erwarten sind.

Für den Fernsehgerätemarkt muß allerdings einschränkend hinzugefügt werden, daß ein Trend zum Kauf von Zweitgeräten (vor allem tragbaren) zu bemerken ist und mit 15 v.H. 1973 der Anteil der Farbfernsehgeräte noch sehr gering ist[2]. Es werden folglich viele Haushalte den Ersatzbedarf vorhandener Schwarz-weiß-Fernsehapparate vorziehen, zumal in letzter Zeit die Zahl der in Farbe ausgestrahlten Sendungen stark zugenommen hat.

Im Bereich der Plattenspieler, Kassettenrecorder, Tonbandgeräten und Stereoanlagen kann dagegen von keiner Marktsättigung gesprochen werden. Zwar ist die Nachfrage nach diesen Geräten bereits in der Vergangenheit überproportional gestiegen, doch der 1973 erreichte Bestand in den Haushalten deutet noch nicht auf eine Sättigung hin[3], so daß von diesem Markt weitere Wachstumsimpulse zu erwarten sind.

Die enge Komplementaritätsbeziehung zwischen der unterhaltungselektronischen Industrie und den handwerklichen Radio- und Fernsehtechnikern hat ebenfalls auf die Nachfrageentwicklung der Handwerksbetriebe Einfluß und findet seinen quantitativen Ausdruck in den fast parallel verlaufenden Kurven des Umsatzwachstums beider Branchen in Schaubild 50. Von 1955 bis 1972

1) Vgl. Euler, M.: Ausstattung der privaten Haushalte mit ausgewählten langlebigen Gebrauchsgütern im Januar 1973,a.a.O.,S.480
2) Vgl. ebenda, S.477
3) So nannten 44 v.H. Haushalten einen Plattenspieler, 25 v.H. ein Tonband und 19 v.H. einen Kassettenrecorder als ihr eigen. Vgl. ebenda, S. 477

Schaubild 50

Umsatzentwicklung des Radio- und Fernsehtechnikerhandwerks sowie der Radio-, Fernseh- und Phonogeräteindustrie in jeweiligen Preisen von 1955 bis 1972 (1955 = 100)

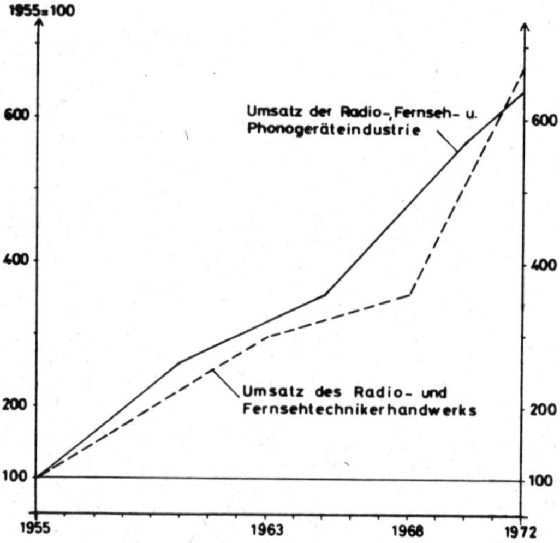

Quellen: Breitenacher, M. u.a.: Elektrotechnische Industrie, a.a.O., S. 187;
Zentralverband der Elektrotechnischen Industrie e.V. (ZVEI): Die Elektrotechnische Industrie, Statistischer Bericht 1972,o.O. 1973, S. 16 und 36 f.;
Übersicht 22

stieg der inländische Umsatz der Rundfunk-, Fernseh- und Phonogeräteindustrie um + 539 v.H. und der handwerkliche Radio- und Fernsehtechniker um + 571 v.H.

Insgesamt kann für den zukünftigen Absatz der handwerklichen Radio- und Fernsehtechniker gesagt werden, daß trotz Sättigungserscheinungen auf einigen Teilmärkten neben dem Ersatzbedarf vor allem im Bereich der Farbfernseh- und Phonogeräte mit weiteren Nachfrageimpulsen zu rechnen ist. Dabei wird nicht unwichtig sein, wie erfolgreich die industriellen Hersteller die Nachfrage durch Produktdifferenzierungen, Einführung technisch neuer Produkte und Werbeaufwendungen anregen können.

b) Angebotsbedingungen

ba) Kostenstruktur und Ertragslage

Die Funktionsschwerpunkte der vier Dienstleistungshandwerke im Handels- und Reparaturbereich spiegeln sich auch in der Kostenstruktur wider. Der Materialeinsatz (insbesondere Handelsware) und die Personalkosten (einschließlich kalkulatorischer Unternehmerlohn) dominieren in allen vier Handwerkszweigen zusammen mit einem Anteil von mehr als 70 v.H. der Gesamtproduktion, wobei allein der Wareneinsatz mit einer Quote von über 50 v.H. des Umsatzes den weitaus stärksten Anteil hat.

Wie in den Schaubildern 51 und 52 übereinstimmend zu sehen ist[1]:

1. Die Kostenstrukturen weichen in den beiden gewichtigsten Positionen relativ wenig voneinander ab.
2. Die Materialkosten schwanken in den verschiedenen Betriebsgrößen nur geringfügig[2], so daß von einer relativen Konstanz dieser Anteilsquote gesprochen werden kann.
3. Der Personalkostenanteil weist mit wachsender Betriebsgröße eine fallende Tendenz auf.

Aus den Anteilsverschiebungen unter den Kostenpositionen kann gefolgert werden, daß mit zunehmender Betriebsgröße die Handelstätigkeit gegenüber den Reparaturleistungen an Bedeutung gewinnt.

Eine Gegenüberstellung der Kostenstrukturen von 1962 und 1970, die nur zwischen gleichen Größenklassen sinnvoll ist und im Schuh-

1) Für die Fotografen liegen nur für eine Umsatzgrößenklasse 1970 Angaben vor, vgl. Tabelle 52a im Anhang
2) Hier besteht ein Unterschied zu den vier im vorigen Abschnitt untersuchten Handelshandwerken, denn dort nahm mit steigender Betriebsgröße der Materialkostenanteil zu.
Vgl. Schaubilder 38 und 39

und Uhrmacherhandwerk durchgeführt werden kann, zeigt deutlich in den Schaubildern 51 und 52, daß der Anteil der Personal- gegenüber den Materialkosten relativ stärker gestiegen ist. Die Lohn- und Preisentwicklungen bestätigen diese Tendenz. Die Bruttoarbeitsverdienste eines Vollgesellen im Handwerk erhöhten sich um + 81,3 v.H. von 1962 bis 1970, während im gleichen Zeitraum die Preise für Radio-, Fernseh- und Phonogeräte zurückgingen und für Uhren und Schuhe mit + 12 v.H. bzw. + 24 v.H. nur unterproportional anstiegen[1].

Zur Ermittlung der Existenzfähigkeit der Betriebe muß das Betriebsergebnis um den kalkulatorischen Unternehmerlohn und die kalkulatorischen Zinsen auf das Eigenkapital korrigiert werden. Für die einzelnen Zweige ergeben sich dann unterschiedliche Gewinnschwellen.

Im S c h u h m a c h e r h a n d w e r k mit dem Schwerpunkt Handel liegt dieser Wert 1970 ungefähr bei einem Jahresumsatz von 80.000 DM (Schaubild 51). Schuhmacherbetriebe, die in der Hauptsache Reparaturen ausführen, sind bereits ab 50.000 DM Jahresumsatz als rentabel anzusehen. Da bei den Schuhmachern die Kleinbetriebe vorherrschen, fällt der Prozentsatz der unwirtschaftlich arbeitenden Betriebe entsprechend hoch aus. HERRMANN beziffert die Quote der Schuhmacherbetriebe mit "unbefriedigendem Ergebnis" für 1963 auf 70 v.H.[2]. Trotz des erheblichen Rückganges der Betriebszahl in den letzten Jahren - es sind vorwiegend Kleinbetriebe ausgeschieden - hat sich dieser Prozentsatz bis 1970 nach eigenen Berechnungen nicht geändert[3].

Aufgrund der schlechten Ertragslage muß im Schuhmacherhandwerk mit einer weiteren Betriebsabnahme gerechnet werden. Auch

1) Berechnet aus Statistisches Jahrbuch für die BRD 1964, a.a.O., S. 510; Statistisches Jahrbuch für die BRD 1972, a.a.O., S. 477; Statistisches Jahrbuch für die BRD 1973, a.a.O.,S.461
2) Herrmann, D.L.: Strukturdaten des Handwerks unter besonderer Berücksichtigung des Betriebsgrößenproblems, a.a.O., S.255
3) Vgl. Schaubild 51; Tabelle 50 im Anhang

Schaubild 51

Kostenstruktur und Ertragssituation im Schuhmacherhandwerk[1)] 1962 und 1970

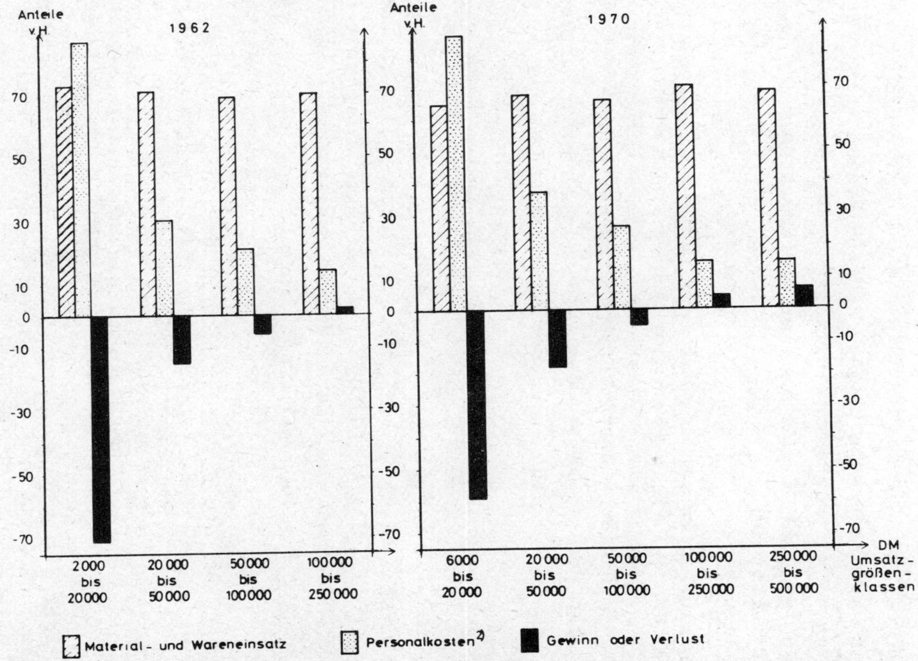

1) Mit überwiegend Handel; 2) Einschließlich des kalkulatorischen Unternehmerlohns
Quelle: Tabelle 52a im Anhang

nach jüngsten Schätzungen des Fachverbandes werden auf Dauer nur rund 15.000 Betriebe eine gesicherte Existenz finden[1]. Das bedeutet nach dem Betriebsbestand von 21.000 Betrieben im Jahre 1972, daß in den nächsten Jahren gut ein Viertel der Betriebe (28,6 v.H.) aus dem Wirtschaftsprozeß ausscheiden müßten[2].

Unter volkswirtschaftlichen Aspekten keine leicht zu beurteilende Situation, denn einerseits binden diese Betriebe Produktionsfaktoren, die in vergleichbarer Tätigkeit eine höhere Produktivität aufweisen würden, andererseits verschärft sich in vorwiegend ländlichen Regionen die Versorgungslage. Ein Problem, das nach Ermittlungen des RWI bereits 1968 in einigen Räumen aufgetreten ist[3].

Wenn auch eine weitere Verminderung der Betriebszahl nicht zu umgehen ist, so sollte der wachsenden Unterversorgung mit Schuhreparaturleistungen in den Agrarzonen begegnet werden, beispielsweise durch die Förderung örtlicher Reparaturannahmestellen in Betrieben anderer Handwerks- oder Einzelhandelszweige.

Im Fotografenhandwerk ergibt sich von der Ertragsseite aus betrachtet ein günstigeres Bild. Für die Fotografen mit Schwerpunkt Handel liegt lediglich die Kostenstruktur einer Größenklasse vor. Nach Abzug der kalkulatorischen Kosten arbeiten die Betriebe mit einem Jahresumsatz zwischen 100.000

1) Vgl. Schuhmacher sorgen sich um den Nachwuchs, in: Süddeutsche Zeitung vom 3.10.1975, S.27
2) Bezogen auf die Betriebszahl von 1970 (etwa 26.000 Betriebe) müßten gut 40 v.H. der Betriebe stillgelegt werden. Der nach betriebswirtschaftlicher Kalkulation errechnete Prozentsatz von 70 v.H. unrentabler Betriebe ist zu hoch, da unter den unrentablen Betrieben ein Teil als Nebenbetriebe geführt wird, ferner einige Betriebe aus steuerlichen Gründen einen zu niedrigen Umsatz angegeben haben und wiederum andere Betriebe durch Neugründungen oder Umstellungen Anlaufschwierigkeiten haben, die sich in einem geringen Betriebsergebnis niederschlagen. Darüber hinaus muß berücksichtigt werden, daß bei einer Betriebsabnahme für die verbleibenden Unternehmungen ein größeres Nachfragepotential bleibt und dadurch eine Situationsverbesserung eintreten kann.
3) Vgl. Konjunkturberichte über das Handwerk 1968, a.a.O., S. 61

und 250.000 DM ohne Verlust. Es ist zu vermuten, daß die Fotografen mit einem höheren Jahresumsatz ebenfalls rentabel wirtschaften.

Da dieser Zweig insgesamt kleinbetrieblich strukturiert ist, muß insbesondere die Ertragssituation in den unteren Betriebsgrößenklassen geprüft werden, um über die Gesamtlage des Fotohandwerks eine Aussage treffen zu können. Neben der Handelstätigkeit führen knapp die Hälfte aller Fotobetriebe schwerpunktartig Atelierarbeiten aus[1], die sehr arbeitsintensiv sind. Folglich fällt in diesen Betrieben der Jahresumsatz zumeist niedriger aus. Vermutlich ist für das Fotohandwerk davon auszugehen, daß in den kleineren Betrieben die Atelierarbeiten überwiegen und in den größeren Betrieben das Handelsgeschäft.

Die Gewinnschwellen beider Betriebskategorien müssen demgemäß unterschiedlich hoch angesetzt werden. Während Fotografen mit Handelsschwerpunkt ab einem Jahresumsatz von 100.000 DM 1970 existenzfähig waren, liegt die Grenze für Atelierbetriebe bei 50.000 DM Jahresumsatz[2]. Somit sind ungefähr ein Drittel der Betriebe des Fotohandwerks nach betriebswirtschaftlicher Kalkulation als unrentabel einzustufen[3]. Dieser Prozentsatz reduziert sich unter Berücksichtigung der bei den Schuhmachern angeführten Gründe noch weiter (Fußnote 2, S. 280), so daß nach Rentabilitätsgesichtspunkten beurteilt, die überwiegende Zahl der handwerklichen Fotobetriebe existenzfähig ist.

Bei der Ertragssituation im U h r m a c h e r h a n d - w e r k ist ebenfalls vorauszusetzen, daß die kleinen und großen Betriebe unterschiedliche Tätigkeitsschwerpunkte aufweisen.

1) Vgl. Schlaghecken, A.: Der ökonomische Differenzierungsprozeß im heutigen Handwerk, a.a.O., S.79
2) Für die Atelierbetriebe ergibt sich nach der amtlichen Statistik ein Betriebsergebnis von 15.115 DM für Betriebe der Größenklasse 50.000 - 100.000 DM Umsatz. Nach Abzug der kalkulatorischen Kosten bleibt ein Gewinn von rund 1 v.H. des Jahresumsatzes (715 DM). Vgl. Kostenstruktur in der Wirtschaft 1970, II, Handwerk, Reihe 1, a.a.O., S. 69; Tabelle 52a im Anhang
3) Vgl. Tabelle 50 im Anhang

Während die Kleinbetriebe überwiegend arbeitsintensive Reparaturen ausführen, sind die größeren Uhrmacherbetriebe hauptsächlich im Handelsgeschäft tätig. Die Gewinnschwelle für 1970 liegt deshalb bei den Reparaturbetrieben, die ungefähr ein Fünftel aller Betriebe darstellen[1], bei 30.000 DM Jahresumsatz und bei den handwerklichen Handelsbetrieben bei 60.000 DM nach Schaubild 52. Das bedeutet, daß ungefähr ein Viertel aller handwerklichen Uhrmacherbetriebe unrentabel sind[2].

Die Ursachen für diese Ertragssituation sind insbesondere in dem niedrigen Lagerumschlag[3] und der Nachfragespaltung auf dem Uhrenmarkt[4] zu sehen.

Ohne eine optimale Betriebsgröße bestimmen zu wollen, weisen die Berechnungen im Uhrmacherhandwerk deutlich darauf hin, daß in der mittleren Umsatzgrößenklasse von 250.000 - 500.000 DM Jahresumsatz das Verhältnis von Aufwand und Gewinn außerordentlich günstig ist, wie Schaubild 52 zeigt.

1) Vgl. Herrmann, D.L.: Strukturdaten im Handwerk unter besonderer Berücksichtigung des Betriebsgrößenproblems, a.a.O., S. 215

2) Vgl. Schaubild 52 und Tabelle 50 im Anhang. Herrmann setzt in seiner Untersuchung die Gewinnschwellen 1962 und 1966 bei 40.000 und 100.000 DM höher an und kommt folglich zu dem Ergebnis, daß 65 v.H. der Betriebe unwirtschaftlich arbeiten. Vgl. Herrmann, ebenda, S. 247 und S. 255. Dieser Prozentsatz erscheint nach den eigenen Berechnungen als zu hoch. Auch Batzer u.a. kommen zu dem Ergebnis, daß die Gewinnsituation bei den Uhrmachern (einschließlich der handwerklichen Betriebe) nicht schlecht beurteilt werden kann. Vgl. Batzer, E. u.a.: Marktstrukturen und Wettbewerbsverhältnisse im Einzelhandel, a.a.O., S. 273

3) Während im gesamten Einzelhandel durchschnittlich 4,5 mal im Jahr das Lager umgeschlagen wird, findet bei Uhr- und Schmuckwarenbetrieben nur 1,1 mal im Jahr der Lagerumschlag statt. Vgl. Batzer, E. u.a., ebenda, S. 273

4) Die hochwertigen Markenuhren werden zwar vorzugsweise in Fachgeschäften (des Einzelhandels und Handwerks) gekauft, aber die steigende Nachfrage nach billigen Gebrauchsuhren - auch "Wegwerfuhren" genannt - wird in den Kaufhäusern befriedigt. Vgl. Batzer, E. u.a., ebenda, S. 263 ff.

Schaubild 52

Kostenstruktur und Ertragssituation im Uhrmacher- sowie Radio- und Fernsehtechnikerhandwerk 1962 und 1970

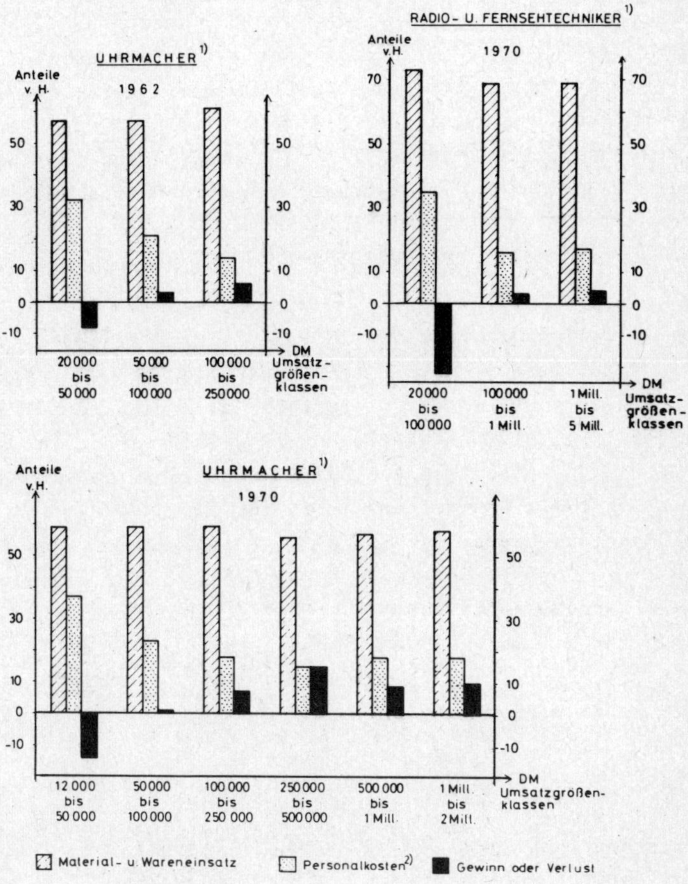

1) Mit überwiegend Handel
2) Einschließlich des kalkulatorischen Unternehmerlohns

Quelle: Tabelle 52 im Anhang

Insgesamt bietet die Ertragslage der Mehrzahl der handwerklichen Uhrmacherbetriebe eine "gesicherte" Existenz, wenn auch eine begrenzte Reduzierung des Betriebsbestandes aus Rentabilitätsgründen nicht auszuschließen ist[1].

Als letzter Zweig sind noch die Radio- und Fernsehtechniker unter Ertragsgesichtspunkten zu betrachten. Auch in diesem Handelshandwerk ist von einer schwerpunktartigen Funktionsteilung innerhalb der Betriebsgrößen auszugehen. Bei den Kleinbetrieben herrscht die Werkstattätigkeit, d.h. Instandhaltungsarbeit vor, während die größeren Radio- und Fernsehbetriebe überwiegend Handel treiben. Entsprechend ist für die arbeitsintensiveren Werkstattbetriebe die Gewinnschwelle 1970 mit 70.000 DM Jahresumsatz gegenüber 100.000 DM für die handwerklichen Handelsbetriebe (Schaubild 52) niedriger anzusetzen[2].

Das bedeutet, daß in ungefähr 40 v.H. aller Betriebe[3] die Erlöse nicht zur Deckung der Kosten (einschließlich der kalkulatorischen Kosten) ausreichen. Hierbei muß allerdings die hohe Zahl an handwerklichen Nebenbetrieben (23,4 v.H. aller Radio- und Fernsehhandwerkerbetriebe)[4] berücksichtigt werden. Da diese Betriebe zumeist den unteren Umsatzgrößenklassen angehören, kann davon ausgegangen werden, daß lediglich 15 bis 20 v.H. des selbständigen Radio- und Fernsehtechnikerhandwerks unter kaufmännischen Gesichtspunkten mit Verlust arbeiten. Somit können die

1) Zumal der Anteil der handwerklichen Nebenbetriebe mit knapp 10 v.H. des Gesamtbestandes niedrig ist. Handwerkszählung 1968, Heft 3, a.a.O., S. 100
2) Für die Werkstattbetriebe ergibt sich 1970 ein durchschnittliches Betriebsergebnis von 22.580 DM in der Größenklasse von 100.000 - 250.000 DM Umsatz. Nach der Korrektur um die kalkulatorischen Kosten errechnet sich ein betriebswirtschaftlicher Gewinn von 4 v.H. (6.460 DM) des Jahresumsatzes. Aus diesem Ertragsverhältnis kann abgeleitet werden, daß Werkstattbetriebe unter 70.000 DM Umsatz im Durchschnitt mit Verlust arbeiten. Vgl. Kostenstruktur in der Wirtschaft 1970, II. Handwerk, Reihe 1, a.a.O., S.57
3) Tabelle 50 im Anhang. Für 1970 muß gegenüber 1967 eine weitere Verlagerung auf größere Umsatzklassen unterstellt werden.
4) Vgl. Handwerkszählung 1968, H.3, a.a.O., S. 100

Existenzbedingungen in diesem Zweig unter dem Gesichtspunkt der Wirtschaftlichkeit insgesamt als nicht ungünstig bezeichnet werden.

Zusammenfassend läßt sich feststellen, daß bis auf das Schuhmacherhandwerk in den drei übrigen Zweigen die überwiegende Zahl der Betriebe eine ökonomische Existenzbasis findet. Im Vergleich zum Gesamthandwerk, wo nach HERRMANN 40 bis 45 v.H. aller Betriebe einen Verlust erzielen[1)] kann mithin die Ertragslage in dem Uhrmacher-, Fotografen- sowie Radio- und Fernsehtechnikerhandwerk als befriedigend genannt werden.

bb) Wettbewerbsverhältnisse und Marktanteile

Der Handelsschwerpunkt führt die vier Handwerkszweige fast zwangsläufig in eine Konkurrenzstellung zum Einzelhandel. Die Berechnungen der Marktposition der Handwerkszweige ergeben, daß mit Ausnahme der Radio- und Fernsehtechniker der Anteil des Handwerks an der Gesamtbranche (Einzelhandel und Handwerk) jeweils

- bei den Betrieben über 50 v.H. und
- bei den Umsätzen unter einem Drittel liegt (Schaubilder 53, 54 und 55).

Bei den Radio- und Fernsehtechnikern klaffen die beiden Anteilswerte ebenfalls auseinander, nur auf einem insgesamt niedrigeren Niveau (Schaubild 56). Aus diesen divergierenden Werten läßt sich für alle vier Handwerkszweige übereinstimmend ableiten, daß die durchschnittliche Betriebsgröße im Handwerk wesentlich kleiner als in den entsprechenden Einzelhandelsbetrieben ist.

Das selbständige S c h u h m a c h e r h a n d w e r k hat auf dem insgesamt stagnierenden Schuhmarkt seine Marktposition zwischen 1955 und 1972 verschlechtert, wobei nach Schaubild 53 der Marktanteil bei den Betrieben stärker als bei den Umsätzen gesunken ist. Gleichzeitig konnte der Einzelhandel seine Stellung ausbauen. Allerdings müssen hierbei die Umstrukturierungen in-

1) Vgl. Herrmann, D.L.: Strukturdaten im Handwerk unter besonderer Berücksichtigung des Betriebsgrößenproblems,a.a.O., S.253

nerhalb der verschiedenen Betriebsformen des Handels berücksichtigt werden. So hat der Schuhfachhandel ebenfalls Marktanteile zugunsten der Warenhäuser und vor allem der Verbrauchermärkte seit Mitte der 60er Jahre verloren, wenn er auch insgesamt seine vorherrschende Position halten konnte[1].

Schaubild 53

Verteilung der Marktanteile im Schuhmachergewerbe nach Betrieben und Umsätzen 1955, 1968 und 1972

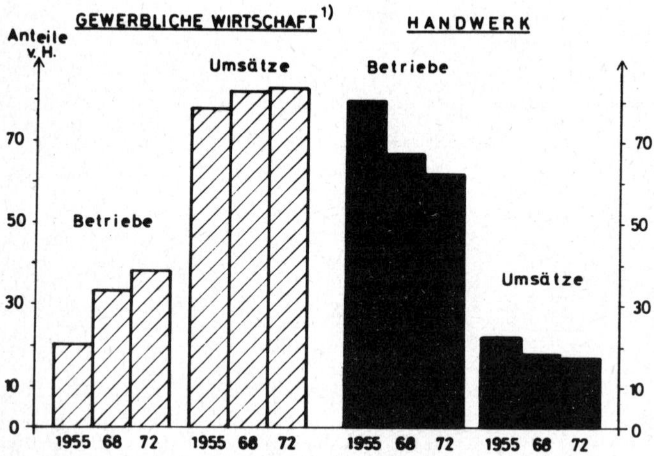

1) Nicht-handwerkliche Betriebe
Quelle: Tabelle 53 im Anhang

Die Ausdehnung des Marktanteils durch den Einzelhandel kommt auch in der Entwicklung der handwerklichen Schuhnebenbetriebe zum Ausdruck. Denn obwohl von 1955 bis 1968 die Zahl der Schuhmacherbetriebe um ./. 40 v.H. abgenommen hat, sind die handwerk-

1) Vgl. Batzer, E. u.a.: Marktstrukturen und Wettbewerbsverhältnisse im Einzelhandel, a.a.O., S. 233

lichen Nebenbetriebe im selben Zeitraum um + 85 v.H. gestiegen, ebenso wie der Umsatz mit + 176 v.H. doppelt so stark wie der Umsatz der handwerklichen Hauptbetriebe mit + 89 v.H. gewachsen ist[1)], so daß auch Schuhreparaturen in wachsendem Maße durch den Einzelhandel (handwerkliche Nebenbetriebe) ausgeführt werden.

Insgesamt hat sich die Konkurrenz zwischen Handwerk und Einzelhandel auf dem Schuhmarkt verschärft. Eine Absatzsteigerung bei unterproportionaler Zunahme der privaten Nachfrage nach Schuhen läßt sich nur über die Gewinnung von zusätzlichen Marktanteilen erreichen. Der Konkurrenzdruck wird sich mithin weiter verstärken. Die schlechte Ertragssituation läßt für die überwiegende Zahl der handwerklichen Schuhmacherbetriebe nur einen geringen Spielraum für den Einsatz wettbewerbspolitischer Maßnahmen, die auf dem Schuhmarkt insbesondere aus den Absatzinstrumenten Preispolitik, Werbung und Sonderangeboten bestehen[2)], so daß ein weiterer Verlust an Marktanteilen zu erwarten steht.

Die Konkurrenzsituation auf dem Uhren- und Schmuckwarenmarkt hat bei dem U h r m a c h e r h a n d w e r k zu einem Positionsverlust nach Schaubild 54 geführt. Auch der Fachhandel mußte Markteinbußen hinnehmen, bleibt jedoch zusammen mit dem Handwerk die größte Anbietergruppe. Stärkste Konkurrenten, die in den letzten Jahren immer tiefer in den Markt eingedrungen sind, stellen die Warenhäuser, der Sortimentsversandhandel und die Verbrauchermärkte dar[3)]. Diesen drei Betriebsformen ist es insbesondere durch die günstigere Preisgestaltung gelungen, die bestehenden Reserven der Verbraucher gegenüber dem Uhren- und Schmuckkauf im "Nicht-Fachgeschäft" abzubauen[4)].

1) Vgl. Schaubild 44 und Übersicht 22. Die Entwicklung der handwerklichen Schuhnebenbetriebe ist berechnet aus: Handwerkszählung 1956, H.5, a.a.O., S. 56 f.; Handwerkszählung 1968, H.3, a.a.O., S. 100 f.
2) Vgl. Batzer, E. u.a.: Marktstrukturen und Wettbewerbsverhältnisse im Einzelhandel, a.a.O., S. 236
3) Vgl. Konjunkturberichte über das Handwerk 1972, a.a.O., S.67; Batzer, E. u.a.: Marktstrukturen und Wettbewerbsverhältnisse im Einzelhandel, a.a.O., S. 272
4) Vgl. Batzer, E. u.a.: Marktstrukturen..., a.a.O., S. 268

Schaubild 54

Verteilung der Marktanteile im Uhrmachergewerbe nach Betrieben und Umsätzen 1955, 1968 und 1972

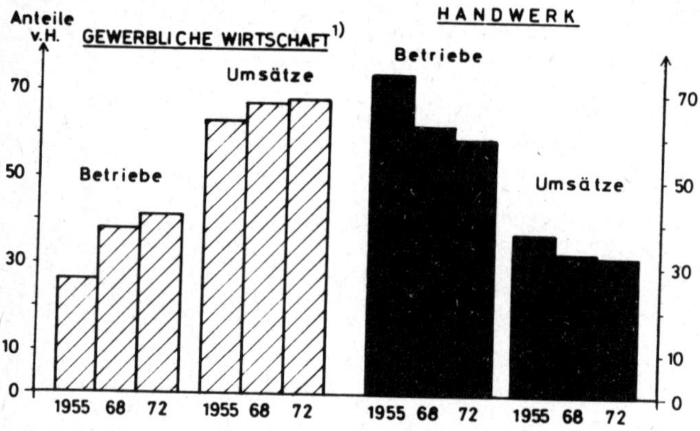

1) Nicht-handwerkliche Betriebe
Quelle: Tabelle 53 im Anhang

Die Tendenz zur "Marktspaltung" ist von vielen Herstellern verstärkt worden, indem sie ihre billigen "Wegwerfuhren" in Warenhäusern etc. und die teuren Produkte über Fachgeschäfte an die Endkonsumenten verkaufen lassen[1]. Der Massenabsatz geht auf diese Weise an den Fachbetrieben aus Handwerk und Einzelhandel vorbei, wodurch sich deren Existenzsituation verschlechtert.

Aus dem überproportionalen Wachstum der handwerklichen Nebenbetriebe und deren Umsatz kann abgeleitet werden, daß sich das

1) Vgl. Weg vom Fenster, in: Der Spiegel, Nr. 19, 29.Jg., Hamburg 1975, S. 137; Batzer, E. u.a.: ebenda

Uhrmacherhandwerk als weniger anpassungsfähig erwiesen hat und die vorhandenen Marktchancen nicht nutzen konnte[1].

Da bei steigendem Einkommen der "frei" verfügbare Teil zunimmt, wird die weitere Marktstellung der handwerklichen Uhrmacher von ihrem Verhalten insbesondere auf dem Gebiet der Marktbeobachtung des Standorts sowie der Preis- und Sortimentspolitik abhängen, ob sie an dem erhöhten Kaufkraftpotential partizipieren oder weitere Marktanteile verlieren werden.

Markteinbußen mußten in der Referenzperiode von 1955 bis 1972 auch das F o t o g r a f e n h a n d w e r k hinnehmen. Allerdings ist auffällig, daß in jüngster Zeit (von 1968 bis 1972) der Marktanteil gemessen in Umsatzwerten - wie Schaubild 55 zeigt - konstant geblieben ist. Diese Tatsache ist um so bemerkenswerter, als auf dem Fotomarkt ein intensiver Wettbewerb unter den verschiedenen Betriebsformen besteht.

Als Ursache für die erfolgreiche Verteidigung der Marktposition muß die zunehmende Verlagerung des Tätigkeitsschwerpunkts auf Atelierarbeiten (insbesondere auf das Gebiet der technischen Fotografie) angesehen werden. Mit dieser Umstellung hat das Fotografenhandwerk eine Marktlücke aufgetan, die in Zukunft weiter an Bedeutung gewinnen wird. Auf dem Fotomarkt zeichnet sich somit in der Tendenz eine Arbeitsteilung zwischen dem Handwerk und dem Einzelhandel ab, die jedoch keinen Ausschließlichkeitscharakter trägt: Die Handwerksbetriebe sind vorwiegend im Atelier und Laborgeschäft tätig, während die Einzelhandelsunternehmungen schwerpunktartig Handelsaufgaben wahrnehmen.

Gestützt wird diese Annahme auch durch die divergierenden Marktanteile gemessen in Betrieben und Umsätzen. Da die Atelierarbeit arbeitsintensiv ist, fällt auch der Umsatz je Betrieb im absoluten Niveau niedriger aus. Während 1972 der Anteil

1) Von 1955 bis 1968 sank die Betriebszahl der Uhrmacherhauptbetriebe um ./. 9 v.H. und der Umsatz stieg um + 137 v.H., während sich die handwerklichen Uhrennebenbetriebe um + 253 v.H. erhöhten und der Umsatz um + 759 v.H. wuchs. Vgl. Schaubild 44; Übersicht 22; Handwerkszählung 1956, H.5, a.a.O., S.56; Handwerkszählung 1968, H.3, a.a.O., S. 100

Schaubild 55

Verteilung der Marktanteile im Fotografengewerbe nach Betrieben und Umsätzen 1955, 1968 und 1972

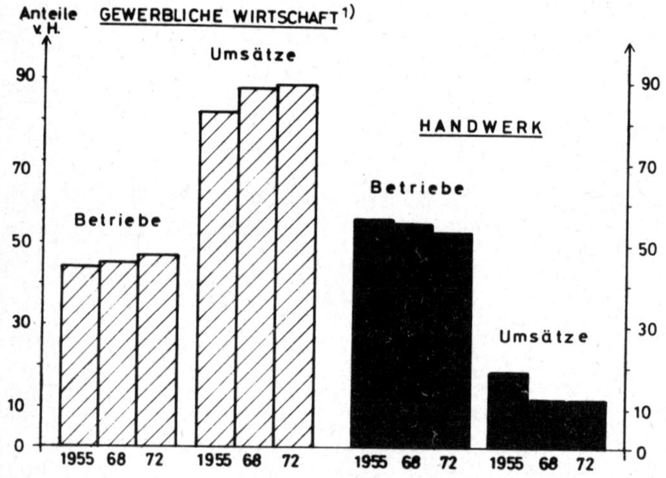

1) Nicht-handwerkliche Betriebe
Quelle: Tabelle 53 im Anhang

der handwerklichen Fotobetriebe an der Gesamtfotobranche knapp 53 v.H. betrug, belief sich der Umsatzanteil lediglich auf 11,5 v.H. (Schaubild 55). Dieses Auseinanderfallen der beiden Quoten bedeutet, daß die durchschnittliche Betriebsgröße im Fotohandwerk sehr klein ist, denn rund 47 v.H. nicht-handwerkliche Fotografenbetriebe erwirtschaften knapp 90 v.H. des Gesamtumsatzes der Branche.

Bei konstanter Marktstellung des Fotohandwerks in den letzten Jahren haben innerhalb der verschiedenen Betriebsformen des

Einzelhandels Umstrukturierungen stattgefunden. Der Fotofachhandel, die Fotodrogerien und der Versandhandel büßten Marktanteile ein, dagegen konnten die Warenhäuser und insbesondere die Großfilialisten (Foto-Porst und Foto-Quelle) mit stationären Geschäften ihre Marktposition erheblich ausbauen[1].

Diese Verschiebungen in den Marktanteilen gingen mit einer Verdoppelung der Zahl der handwerklichen Fotonebenbetriebe und einer starken Expansion des Umsatzvolumens einher[2]. Vermutlich sind die Neugründungen der Nebenbetriebe durch die Warenhäuser erfolgt. Für diese Annahme sprechen zum einen die auch nach der Zunahme noch absolut niedrige Zahl der Nebenbetriebe und zum anderen die zeitlich parallele Entwicklung zwischen dem überproportionalen Umsatzwachstum der Nebenbetriebe und der gestiegenen Marktanteile der Warenhäuser auf dem Fotomarkt.

Insgesamt ist mit einer weiteren Zunahme des Wettbewerbs im Fotobereich zu rechnen. Die Großbetriebsformen des Einzelhandels werden die Marktstellung durch ihre größeren Spielräume bei der Preisgestaltung ausbauen, während sich die rückläufige Entwicklung der Anteile des Fachhandels und der Fotodrogerie fortsetzen wird. Dadurch wird vermutlich der Konkurrenzdruck auf das Handwerk steigen, denn der Fachhandel wird ebenfalls versuchen, stärker im Ateliergeschäft Fuß zu fassen. Diese Verschärfung des Wettbewerbs braucht nicht mit einem Verlust an Marktanteilen des Fotohandwerks aufgrund des zu erwartenden Anstiegs der Nachfrage nach Fotogeräten und -dienstleistungen einherzugehen.

Die Wettbewerbslage des Radio- und Fernsehhandwerks kann nach Schaubild 56 dadurch gekennzeichnet werden, daß bei den Betrieben der Marktanteil von 1955 bis 1968 gestiegen ist, während er nach 1968 wieder etwas gefallen ist. Bei den Umsatzwerten ergibt sich dagegen für die Referenzperiode

1) Vgl. Batzer, E. u.a.: Marktstrukturen und Wettbewerbsverhältnisse im Einzelhandel, a.a.O., S.193

2) Nahmen die handwerklichen Betriebe von 1955 bis 1968 um ./. 21 v.H. ab und erhöhte sich der Umsatz um + 182 v.H., wuchs die Zahl der handwerklichen Nebenbetriebe um + 113 v.H. und der Umsatz um + 1.511 v.H. im gleichen Zeitraum. Vgl. Schaubild 44; Übersicht 22; Handwerkszählung 1956, H.5, a.a.O., S. 58; Handwerkszählung 1968, H.3, a.a.O., S. 102

ein kontinuierlich abwärts gerichteter Trend (Schaubild 56).

Schaubild 56

Verteilung der Marktanteile im Radio- und Fernsehgewerbe nach Betrieben und Umsätzen 1955, 1968 und 1972

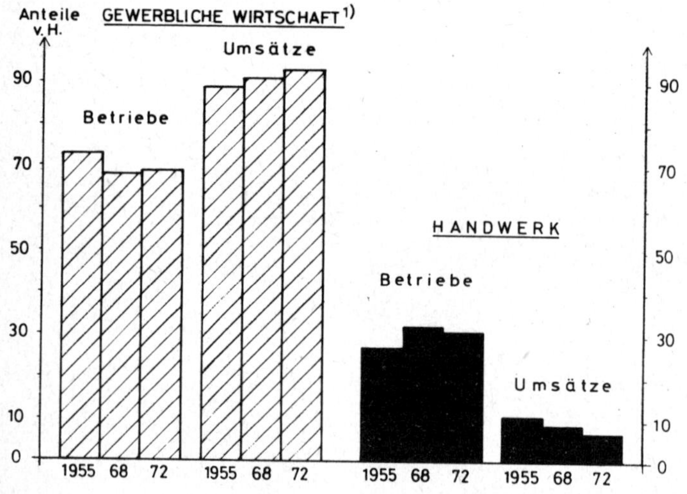

1) Nicht-handwerkliche Betriebe
Quelle: Tabelle 53 im Anhang

Hervorzuheben ist insgesamt der geringe Marktanteil des Handwerks bei den Rundfunk-, Fernseh- und Phonogeräten, zumal es sich um empfindliche Aggregate handelt, die häufiger handwerklicher Dienstleistungen (Reparaturen, Kundendienst) bedürfen[1]. Als Erklärung für die Marktsituation lassen sich drei Punkte anführen:

1. Die Zahl der Neugründungen handwerklicher Nebenbetriebe durch

1) Vermutlich ist der handwerkliche Marktanteil etwas höher, da zwischen den Angaben der Umsatzsteuerstatistik, die den Berechnungen zugrunde liegen, und den Handwerkszählungen eine Differenz besteht. Die Tendenzen, auf die es hier ankommt, dürften jedoch der tatsächlichen Entwicklung entsprechen.

den Einzelhandel hat von 1955 bis 1968 überproportional stark zugenommen[1]. Damit erhöhte sich der Anteil der Nebenbetriebe an der gesamten Betriebszahl des Radio- und Fernsehhandwerks von 10 v.H. auf gut 23 v.H. Der Einzelhandel führt somit in wachsendem Maße auch handwerkliche Dienstleistungen in eigener Regie durch.

2. Zwischen dem Einzelhandel und dem Handwerk zeichnet sich in der Tendenz eine Funktionsteilung auf dem Markt für Geräte der Unterhaltungselektronik ab. Bei Neuanschaffungen wenden sich die Käufer vermehrt an die billiger anbietenden Großbetriebsformen des Einzelhandels[2] und im Reparaturfalle suchen sie häufiger Handwerksbetriebe auf.

3. Wegen der hohen Reparaturkosten (hohe Arbeitsintensität) wird immer häufiger der Neuerwerb einer Reparatur vorgezogen. So konnten insbesondere die Waren- und Versandhäuser die Verbrauchermärkte sowie die Cash- and Carry-Betriebe ihren Marktanteil ausdehnen, während das Handwerk aber auch der Fach-Einzelhandel Anteilseinbußen hinnehmen mußten[3].

Der Konkurrenzdruck durch den Einzelhandel hat mithin zugenommen. Vor dem Hintergrund einer insgesamt gestiegenen Nachfrage muß für die selbständigen Handwerksbetriebe der Schluß gezogen werden, daß sie sich den Marktmöglichkeiten nicht genügend angepaßt und die Wachstumschancen nicht genutzt haben.

Der intensive Wettbewerb auf dem Rundfunk-, Fernseh- und Phonomarkt hat für die Verbraucher den Vorteil der Preissenkungen gebracht, dagegen für das selbständige Handwerk zu einer Verminderung der Marktposition geführt. Da in Zukunft mit keiner Abflachung des Wettbewerbs zu rechnen ist, werden die Handwerks-

1) Während die handwerklichen Hauptbetriebe rund + 46 v.H. und der Umsätze um + 257 v.H. gestiegen sind, nahmen die handwerklichen Nebenbetriebe der Radio- und Fernsehtechniker um + 246 v.H. und der Umsatz um + 2.320 v.H. in derselben Zeit zu. Vgl. Schaubild 44; Übersicht 22; Handwerkszählung 1956, H.5, a.a.O., S.56; Handwerkszählung 1968, H. 3, a.a.O., S. 100
2) Konjunkturberichte über das Handwerk 1969, a.a.O.,S.34; Batzer, E. u.a.: Marktstrukturen und Wettbewerbsverhältnisse im Einzelhandel, a.a.O., S. 283
3) Konjunkturberichte über das Handwerk 1969, a.a.O., S.34; Batzer, E. u.a.: Marktstrukturen und Wettbewerbsverhältnisse im Einzelhandel, a.a.O., S. 283

betriebe weiterhin unter starkem Konkurrenzdruck stehen. Dabei müssen die Chancen zur Verteidigung ihrer Marktstellung im Bereich der handwerklichen Dienstleistungen (Reparatur- und Kundendienst) besser als im Handelsgeschäft beurteilt werden, denn auf dem Gebiet der Preisgestaltung bei neuen Produkten sind die Großbetriebsformen des Einzelhandels dem Handwerk überlegen.

3. Ergebnisse und Entwicklungsperspektiven

Von den vier Handelshandwerken haben die Schuh- und Uhrmacher einen Funktionswandel vollzogen. Aus den ehemals warenproduzierenden Handwerken sind Dienstleistungszweige geworden, deren Tätigkeitsfeld heute überwiegend aus dem Handel mit industriell hergestellten Gütern und Reparaturaufgaben besteht.

Das Funktionsbild der Fotografen sowie der Radio- und Fernsehtechniker unterlag dagegen nicht solch tiefgreifenden Wandlungen. Bei den Fotografen hat die Handelstätigkeit im Laufe der Zeit an Gewicht gewonnen, während bei den Rundfunk- und Fernsehtechnikern von Anfang an der Aufgabenschwerpunkt beim Handel, dem Kundendienst und der Reparatur industrieller Produkte lag.

Für alle vier Handelshandwerke kann eine "Entwicklungsabhängigkeit" von den entsprechenden Industrien empirisch anhand der jeweils fast gleichverlaufenden Wachstumskurven des Umsatzes nachgewiesen werden, deren Ursache in der komplementären Funktionsbeziehung der vier Dienstleistungshandwerke zu den warenproduzierenden Gewerben zu suchen ist.

Die quantitative Entwicklungsanalyse ergab für die vier Zweige in der Referenzperiode unterschiedliche Ergebnisse. Für die Schuhmacher konnte ein rückläufiger Trend festgestellt werden. Die Uhrmacher und Fotografen erzielten dagegen durchschnittliche Zuwachsraten, während das Radio- und Fernsehtechnikerhandwerk überproportional im Vergleich zum Gesamthandwerk gewachsen ist.

Aus der Untersuchung der Einflußfaktoren dieser Entwicklungstendenzen können für die zukünftige Perspektive folgende Ergebnisse zusammengefaßt werden:

1. Die Hauptabnehmer des S c h u h m a c h e r h a n d w e r k s stellen die privaten Haushalte und mit weitem Abstand die öffentliche Hand (Bundeswehr) dar. Für die zukünftige Entwicklung ist aus folgenden Gründen mit einer Fortsetzung des kontraktiven Trends zu rechnen:
   - Bei einer allgemeinen Sättigung steht der Ersatzbedarf im Vordergrund.
   - Weitere Marktanteilseinbußen sind durch das Fortbestehen des Konkurrenzdrucks zu erwarten.
   - Schuhreparaturen werden zunehmend durch den Einzelhandel und die ihnen angegliederten handwerklichen Nebenbetriebe ausgeführt.
   - Der Prozentsatz der unrentabel wirtschaftenden Schuhmacherbetriebe liegt überdurchschnittlich hoch.

   Die Nachfrageimpulse durch eine häufig wechselnde Mode auf dem Schuhmarkt werden vermutlich nicht ausreichen, um die Schrumpfungstendenzen aufzuhalten.

2. Das Hauptnachfragepotential des U h r m a c h e r h a n d - w e r k s stellen die privaten Haushalte. Die Entwicklung wird somit maßgeblich durch ihr Nachfrageverhalten bestimmt. Bei einem langfristigen Trend zur Anteilserhöhung des "frei" verfügbaren Einkommens können die Uhrmacher, deren Waren zu den gehobenen Bedarfsgütern zählen, mit einer steigenden Nachfrage rechnen. Den daraus resultierenden Wachstumschancen wirken jedoch folgende Faktoren entgegen:
   - Die starke Konjunkturabhängigkeit sowie die tendenzielle Zunahme der konjunkturellen Schwankungen.
   - Die Verschiebungen der Nachfragestruktur durch Marktsättigungen bei den Uhren.
   - Die Erhöhung des Konkurrenzdrucks durch die Großbetriebsformen des Einzelhandels sowie die Verschlechterung der Marktstellung des selbständigen Uhrmacherhandwerks.
   - Verstärkte Übernahme handwerklicher Dienstleistungen durch den Einzelhandel und die überproportional wachsende Zahl handwerklicher Nebenbetriebe.

- Die geringere Anpassungsfähigkeit des selbständigen Uhrmacherhandwerks an die veränderte Marktsituation.

Die weitere Entwicklungsperspektive ist bei einer insgesamt nicht ungünstigen Rentabilitätslage unsicher. Unter der Annahme geringer Konjunkturschwankungen hat das selbständige Handwerk mit einem gehobenen Uhren- und Schmucksortiment gute Existenzchancen in den Einkaufszentren. Dies gilt sowohl für die Handels- als auch die Reparaturtätigkeit, denn bei echtem Schmuck lohnt sich trotz hoher Lohnkosten eine Reparatur.

3. Im Fotografenhandwerk gewinnt neben den privaten Haushalten die Industrie als Kunde an Bedeutung. Zwischen dem Fotoeinzelhandel und -handwerk zeichnet sich eine Tendenz zur Arbeitsteilung ab. Das kleinbetrieblich strukturierte Fotohandwerk führt schwerpunktartig Atelier- und Laborarbeiten aus, während der Einzelhandel stärker im Handelsgeschäft engagiert ist. Folgende Gründe sprechen für günstige Entwicklungschancen in der Zukunft:
   - Durch den steigenden Anteil des "frei" verfügbaren Einkommens werden verstärkt Güter des gehobenen Bedarfs nachgefragt.
   - Die Erhöhung der Freizeit und die Zunahme der Urlaubstage werden sich nachfragesteigernd bei Fotoartikeln auswirken.
   - Das Fotografenhandwerk konnte seit 1968 seinen Marktanteil halten und hat auf dem Felde der technischen Fotografie einen ausbaufähigen Markt gefunden.

   Diese Faktoren weisen auf weitere Wachstumsmöglichkeiten des Fotohandwerks hin, wenn auch auf Teilmärkten Sättigungserscheinungen feststellbar sind und der Konkurrenzdruck durch den Facheinzelhandel, der seine Positionsverluste im Handelsbereich durch verstärkte Atelierarbeit auszugleichen versucht, steigen wird.

4. Der Hauptkundenstamm des Radio- und Fernsehtechnikerhandwerks rekrutiert sich aus dem Bereich der privaten Haushalte und dem Handel. Das bislang erreichte Ausstattungsniveau der privaten Haushalte mit

Rundfunk- und Fernsehapparaten läßt eine Marktsättigung bei diesen Produkten erkennen, die jedoch in jüngster Zeit durch die verstärkte Nachfrage nach Farbfernsehern verdeckt wurde.

Auf dem Phonomarkt (Plattenspieler, Tonband, Stereoanlagen etc.) besteht dagegen noch keine Sättigungstendenz, so daß dieser Bereich in Zukunft der Hauptträger des Wachstums sein wird. Die günstigen Wachstumschancen, die bereits in der Vergangenheit bestanden, konnte das selbständige Radio- und Fernsehtechnikerhandwerk nicht voll ausschöpfen, denn

- sein Marktanteil nahm zugunsten des Einzelhandels ab und
- die Zahl der handwerklichen Nebenbetriebe stieg überproportional an, so daß der Einzelhandel auch im Bereich der handwerklichen Dienstleistungen (Reparatur-, Kundendienst) tiefer in den Markt eingedrungen ist.

Bei einer insgesamt günstigen Rentabilitätslage wird in Zukunft der Wettbewerbsdruck durch die Großbetriebsformen des Einzelhandels anhalten, so daß das selbständige Handwerk nur dann an dem weiter ansteigenden Kaufkraftpotential partizipieren wird, wenn es sich flexibel verhält, den Markt intensiv beobachtet, Standorte in städtischen Randlagen mit zu geringem Einzugsbereich aufgibt und insbesondere den Kundendienst (Schnellservice) ausbaut.

Für alle vier Handelshandwerke läßt sich abschließend feststellen: Der Konkurrenzdruck durch nicht-handwerkliche Betriebe insbesondere Warenhäuser und Verbrauchermärkte wird fortbestehen und voraussichtlich zu einer Verschlechterung der Marktposition der Handwerksbetriebe führen.

Sättigungserscheinungen auf Teilmärkten der Zweige weisen deutlich auf Wachstumsgrenzen hin, so daß in Zukunft

- das Schuhmacherhandwerk mit einer Fortsetzung der Kontraktion,
- das Uhrmacher- und Fotografenhandwerk mit durchschnittlichen Wachstumsraten wie in der Vergangenheit und

- das Radio- und Fernsehtechnikerhandwerk mit einer abgeschwächten Expansion

rechnen müssen.

Mit Ausnahme des Radio- und Fernsehtechnikerhandwerks kann somit FOURASTIÉ'S globale These vom überproportionalen Wachstum der Dienstleistungsgewerbe weder für die Vergangenheit noch für die Zukunft bestätigt werden.

Schluß

Wachstumsmöglichkeiten und -grenzen im Bereich der Dienstleistungsgewerbe - Ergebnisse, Folgerungen und Ausblick

A. Wachstumsdifferenzierungen, Bestimmungsfaktoren und Entwicklungsaussichten bis 1985

I. Zusammenfassung der Ergebnisse

Der Industrialisierungsprozeß seit Beginn des vorigen Jahrhunderts hat zu tiefgreifenden Strukturveränderungen im volkswirtschaftlichen Produktionsprozeß geführt.

Im Handwerksbereich haben diese Verschiebungen einen Funktionswandel bewirkt, der im Ergebnis das Verhältnis von warenproduzierendem und dienstleistendem Handwerk geändert hat. Viele Handwerkszweige haben ihren Tätigkeitsschwerpunkt von der Neuherstellung auf die Installation, Wartung, Reparatur und den Handel mit industriellen Produkten verlagert.

Es war deshalb erforderlich, eine neue Abgrenzung des Dienstleistungshandwerks vorzunehmen, denn die amtliche Statistik betrachtet nach traditioneller Einteilung lediglich sechs Zweige als Dienstleistungshandwerke. Unter Verwendung des Schwerpunktprinzips kommt die vorliegende Untersuchung zu dem Ergebnis, daß mit 40 Gewerben inszwischen fast ein Drittel der insgesamt 125 Handwerkszweige als Dienstleistungsbranchen anzusehen sind.

Die Fortsetzung des Funktionswandels im Handwerk bis in die jüngste Zeit zeigt sich in der Tatsache, daß sich von 1949 bis 1968 die Zahl der handwerklichen Dienstleistungsgewerbe von 33 auf 40 Zweige erhöht hat. Diese Steigerung drückt sich auch in der Zunahme des Anteils des handwerklichen Dienstleistungsumsatzes am Gesamtumsatz des tertiären Sektors auf knapp ein Zehntel (8,5 v.H.) in dem gleichen Zeitraum aus.

Für das Verhältnis von warenproduzierendem und dienstleistendem Handwerk können herausgestellt werden:

1. Das Dienstleistungshandwerk konnte gegenüber dem warenproduzierenden Handwerk seinen Strukturanteil gemessen in Betriebs- und Beschäftigtenzahlen auf mehr als ein Drittel ausbauen.
2. Bei einer Konstanz der Erwerbstätigenzahl im warenproduzierenden Handwerk vollzog sich die Beschäftigtenzunahme des Gesamthandwerks fast ausschließlich im Dienstleistungshandwerk.
3. In Umsatzwerten betrachtet stieg die Strukturquote des Dienstleistungshandwerks nominal auf ein Drittel an, sank aber real auf etwas unter ein Drittel ab.

Bei einer Unterteilung der Dienstleistungshandwerke in einkommens- und produktionsabhängige Dienstleistungszweige ergibt sich, daß die Diskrepanz in den Strukturanteilen auf das einkommensabhängige Dienstleistungshandwerk zurückzuführen ist. Die Quoten des produktionsabhängigen Dienstleistungshandwerks liegen bei den drei Merkmalen Betriebe, Beschäftigte und Umsätze übereinstimmend ungefähr bei 30 v.H., d.h. das einkommensabhängige Dienstleistungshandwerk produziert arbeitsintensiver als das produktionsabhängige Dienstleistungshandwerk.

Bei einer nach Zweigen tiefer untergliederten Analyse differenzieren sich diese Entwicklungs- und Strukturunterschiede noch weiter. Zu diesem Zweck sind aus den 40 Dienstleistungshandwerken 16 Zweige ausgewählt worden, die mehr als vier Fünftel der handwerklichen Dienstleistungen umfassen.

Die Ergebnisse lassen sich anhand von vier handwerklichen Wachstumstypen zusammenfassend darstellen. Als Einteilungskriterium soll die Intensität des realen Umsatzwachstums von 1955 bis 1972 im Vergleich zum Gesamthandwerk Verwendung finden[1]. Folgende durchschnittliche jährliche Veränderungsraten werden den vier Typen zugeordnet:

- Expansionshandwerke, deren Zuwachsraten mehr als 15 v.H. betragen.

1) Die Begriffsbildung der Wachstumstypen sowie die Art des Einteilungskriteriums gehen auf Beckermann zurück. Vgl. Beckermann, Th.: Das Handwerk im Wachstum der Wirtschaft, a.a.O., S. 31 und 80 f. Die Prozentsätze für die Einteilung der Wachstumstypen sowie die Zuordnung der handwerklichen Dienstleistungsgewerbe auf die Wachstumstypen sind dagegen vom Verfasser berechnet und festgelegt worden.

- Wachstumshandwerke, deren Zuwachsraten zwischen 8 und 15 v.H. liegen.
- Stagnationshandwerke, deren Zuwachsraten sich zwischen 7 und 8 v.H. befinden und damit der Entwicklung des Gesamthandwerks entsprechen.
- Kontraktionshandwerke, deren Zuwachsraten unter 7 v.H. liegen und teilweise sogar negativ sind.

Nach der Höhe der Zuwachsraten geordnet und in eine Rangfolge gebracht, verteilen sich die 15 Dienstleistungshandwerke[1] auf die vier Wachstumstypen folgendermaßen:

Expansionshandwerke:	Zentralheizungs- und Heizungsbauer, Gebäudereiniger, Radio- und Fernsehtechniker, Kraftfahrzeugmechaniker, Vulkaniseure.
Wachstumshandwerke:	Elektroinstallateure, Landmaschinenmechaniker.
Stagnationshandwerke:	Fotografen, Büromaschinenmechaniker, Gas- und Wasserinstallateure, Uhrmacher.
Kontraktionshandwerke:	Chemischreiniger/Färber, Friseure, Schuhmacher, Wäscher/Plätter.

Als Ergebnisse der Entwicklungs- und Ursachenanalyse zwischen 1955 und 1972 können für die 16 Dienstleistungshandwerke herausgehoben werden:

1) Das Schornsteinfegerhandwerk wird aufgrund der staatlichen Reglementierungen in dieser Aufstellung nicht berücksichtigt. Nach den durchschnittlichen jährlichen Veränderungsraten müßte es zu den Kontraktionshandwerken gezählt werden.

Struktur und Produktionsbedingungen

1. Mit Ausnahme der Gebäudereiniger zählen ausschließlich technische Zweige zu den Expansions- und Wachstumshandwerken.
2. Die überwiegende Zahl der traditionellen Dienstleistungshandwerke gehören zu den Stagnations- und Kontraktionshandwerken.
3. Entgegen der Annahme, daß der Dienstleistungsbereich die freigesetzten Arbeitskräfte des primären und sekundären Sektors aufnimmt, zeigt sich, daß in mehr als einem Drittel (sechs) der 16 Dienstleistungszweige Freisetzungen von Beschäftigten zu registrieren sind.
4. Die durchschnittliche Betriebsgröße gemessen in Beschäftigten ist in den Expansions- und Wachstumshandwerken größer als im Gesamthandwerk (Ausnahme: Radio- und Fernsehtechniker, Landmaschinenmechaniker).
5. In den Stagnations- und Kontraktionshandwerken ist dagegen die durchschnittliche Betriebsgröße kleiner als im Gesamthandwerk. (Ausnahme: Gas- und Wasserinstallateure, Chemischreiniger/Färber, Wäscher/Plätter).
6. Bei der Mehrzahl aller Dienstleistungszweige ist im Zeitablauf eine steigende Betriebsgröße feststellbar.
7. Die Kapitalintensität ist in allen Zweigen der vier Wachstumstypen im Vergleich zum Gesamthandwerk niedriger (Ausnahme: Kraftfahrzeugmechaniker und die beiden Textilreinigungshandwerke).
8. In der Referenzperiode ist in allen Dienstleistungszweigen der Kapitaleinsatz stärker als die Beschäftigtenzahl gestiegen (Ausnahme: Zentralheizungs- und Lüftungstechniker). Die Kapitalintensität nimmt folglich in den Dienstleistungshandwerken zu.
9. Die reale Arbeitsproduktivität der Expansions- und Wachstums-

handwerke ist im Vergleich zur Gesamtwirtschaft[1] überproportional gewachsen (Ausnahme: Gebäudereiniger).

10. In der überwiegenden Zahl der Stagnations- und Kontraktionshandwerke ist die reale Arbeitsproduktivität unterproportional gestiegen (Ausnahme: Gas- und Wasserinstallateure, Uhrmacher, Schuhmacher).

11. Die reale Arbeitsproduktivität ist mithin in mehr als der Hälfte der untersuchten Dienstleistungszweige überproportional gewachsen, so daß ein niedriger Produktivitätsfortschritt nicht als allgemeingültiges Kennzeichen der Dienstleistungswirtschaft gelten kann.

12. In den vier technischen Handelshandwerken der Expansions- und Wachstumshandwerke liegt die absolute Höhe der realen Arbeitsproduktivität über der gesamtwirtschaftlichen Arbeitsproduktivität und bei den Zentralheizungs- und Lüftungsbauern sowie den Elektroinstallateuren befindet sie sich nur geringfügig unter dem gesamtwirtschaftlichen Niveau, so daß zwischen dem Produktivitätszuwachs und den Entwicklungstendenzen dieser Dienstleistungshandwerke eine positive Korrelation besteht.

Kostenstruktur und Rentabilitätssituation

13. Die Kostenstruktur weist unter den vier Wachstumstypen eine weitgehende Übereinstimmung auf. Mit Ausnahme der Reinigungshandwerke beträgt der Anteil der Material- (einschließlich Wareneinsatz) und Personalkosten zusammen über 70 v.H. der Gesamtproduktion.

14. In den Reinigungshandwerken dominieren die Personalkosten mit einen Anteil von über 50 v.H. der Gesamtproduktion.

15. In den Handels- und Installationshandwerken stellt mit rund 50 v.H. der Gesamtproduktion die Kostenposition Material- und Wareneinsatz den gewichtigsten Posten dar.

1) In der Gesamtwirtschaft ist die reale Arbeitsproduktivität von 9.898 DM auf 21.215 DM zwischen 1955 und 1972 gestiegen. Das entspricht einem Zuwachs von + 114 v.H. Vgl. Jahresgutachten 1974 des Sachverständigenrates zur Begutachtung der gesamtwirtschaftlichen Entwicklung, a.a.O., S. 231

16. Die durchschnittliche Ertragssituation der Dienstleistungshandwerke kann im Vergleich zum Gesamthandwerk[1] als zufriedenstellend beurteilt werden.

17. In den Expansions- und Wachstumshandwerken wirtschaftet ein überproportional hoher Prozentsatz der Dienstleistungsbetriebe (mehr als 70 v.H.) auch nach betriebswirtschaftlicher Kalkulation rentabel. Die Ertragslage der Expansionshandwerke stellt sich insgesamt günstiger als in den Wachstumshandwerken dar.

18. Unter den Stagnationshandwerken liegt die Quote der ökonomisch arbeitenden Dienstleistungsbetriebe ebenfalls über dem Durchschnitt (Ausnahme: Büromaschinenhandwerk).

19. Unter den Kontraktionshandwerken ist die Zahl der unrentabel wirtschaftenden Betriebe mit mehr als 60 v.H. überproportional hoch (Ausnahme: Im Chemischreinigerhandwerk sind "nur" 30 v.H. Verlustbetriebe).

Beziehung zum warenproduzierenden Gewerbe

20. Für alle 15 untersuchten produktionsabhängigen Dienstleistungshandwerke läßt sich eine entwicklungsmäßige Verknüpfung mit dem primären und/oder sekundären Sektor nachweisen. Die ökonomische Entwicklung dieser Dienstleistungszweige vollzieht sich somit nicht autonom, sondern in einem Kopplungs- und Substitutionsverhältnis zum warenproduzierenden Bereich, das jedoch im Charakter und der Intensität Unterschiede aufweist.

21. Die Handelshandwerke befinden sich in einem engen Verhältnis zu den entsprechenden Industrien, so daß von einer d i r e k t e n "Entwicklungsabhängigkeit" gesprochen werden kann. Ein Rückgang der Nachfrage nach Gütern der "Basis-Industrie" hat für das Handelshandwerk eine unmittelbare Verminderung des Absatzes zur Konsequenz und vice versa.

1) Herrmann hat ermittelt, daß etwa 40 - 50 v.H. aller Handwerksbetriebe mit Verlust arbeiten. Vgl. Herrmann, D.L.: Strukturdaten des Handwerks unter besonderer Berücksichtigung des Betriebsgrößenproblems, a.a.O., S. 253

22. Die Installationshandwerke stehen in einem Kopplungsverhältnis zur Bautätigkeit (Neubau und Altbausanierung). Die Elektroinstallateure sind darüber hinaus mit der Elektroindustrie und deren weitgefächerten Abnehmerbranchen verbunden. Die "Entwicklungsabhängigkeit" der Installationshandwerke trägt indirekten Charakter.

23. Die baubezogenen Reinigungshandwerke hängen vom Gebäudebestand, der Bauart und der Verwendung der Energieträger für Heizungszwecke ab, während sich die textilbezogenen Reinigungshandwerke in Beziehung zur Bekleidungsindustrie befinden und von der Verbreitung der Waschmaschinen beeinflußt werden. Die "Entwicklungsabhängigkeit" der Reinigungshandwerke muß als indirekt bezeichnet werden.

Nachfragesituation

24. Die Nachfrage nach Gütern und Diensten der Expansions- und Wachstumshandwerke hat sich bei einem insgesamt steigenden Einkommen überproportional ausgeweitet. Mit Ausnahme der Gebäudereiniger und der Elektroinstallateure weist das inzwischen erreichte Ausstattungsniveau in den privaten Haushalten und der gewerblichen Wirtschaft allerdings auf Tendenzen zur Marktsättigung hin, so daß der Ersatzbedarf an Bedeutung gewinnt.

25. Die Ausgaben im Bereich der Stagnationshandwerke stiegen zum Teil überdurchschnittlich, der Absatz der Handwerkszweige nahm jedoch nur proportional zu. Das bestehende Ausstattungsniveau läßt Sättigungserscheinungen auf Teilmärkten - den Büromaschinensektor ausgenommen - erkennen.

26. Die Nachfrage nach Gütern und Dienstleistungen der Kontraktionshandwerke, die lebensnotwendigen Bedarf decken, erhöhte sich nur unterproportional. Rückverlagerungen von bislang über den Markt bezogenen Dienstleistungen in die Haushalte und Marktsättigungen sind für ihre Nachfragesituation kennzeichnend.

27. Die Einkommenselastizität der Nachfrage für Friseur- und Reinigungsleistungen befindet sich im unelastischen Bereich, d.h. die Nachfrage nach diesen Diensten wächst nur unterproportional im Vergleich zu den Einkommenssteigerungen.

Marktstellung und Wettbewerbsverhältnisse

28. Die Mehrzahl der Dienstleistungshandwerke befindet sich in einem ausgeprägten Wettbewerbsverhältnis mit nicht-handwerklichen Anbietergruppen. Insbesondere die Handelshandwerke stehen unter einem starken Konkurrenzdruck durch die verschiedenen Betriebsformen des Einzelhandels.

29. Im Bereich der Handelshandwerke ist ein überproportionales Anwachsen von Neugründungen handwerklicher Nebenbetriebe durch den Einzelhandel festzustellen. Die selbständigen Handwerksbetriebe passen sich den Marktgegebenheiten und -veränderungen in zu geringem Maße an. Vorhandene Wachstumsspielräume sind von der einzelhändlerischen Konkurrenz zur Stabilisierung und zum Ausbau ihrer Marktposition genutzt worden.

30. Von den Expansions- und Wachstumshandwerken konnten die Zentralheizungs- und Lüftungsbauer, die Elektroinstallateure und die Landmaschinenmechaniker ihre Marktstellung halten bzw. sogar ausbauen. Dagegen haben die drei Handelshandwerke (Radio- und Fernsehtechniker, Kraftfahrzeugmechaniker, Vulkaniseure) und die Gebäudereiniger Marktanteile verloren.

31. Von den Stagnations- und Kontraktionshandwerken mußte die Mehrzahl eine Verschlechterung der Marktposition hinnehmen. Bei den Gas- und Wasserinstallateuren sowie mit Einschränkung bei den Friseuren (sie stehen im Handelsbereich in Konkurrenz mit Kaufhäusern, Drogerien etc. und mußten auf diesem Sektor Marktanteile abgeben) besteht neben der Konkurrenz innerhalb des Handwerks kein Wettbewerbsverhältnis mit nicht-handwerklichen Betrieben.

32. Die Schornsteinfegerbetriebe befinden sich durch das staatlich festgelegte Kehrgebietsmonopol in keiner Konkurrenzbeziehung.

Aus diesen Ergebnissen kann für die Referenzperiode abschließend festgehalten werden:

- Die globale These FOURASTIÉ'S vom überproportionalen Wachstum der Dienstleistungen hält im Handwerksbereich einer empirischen Überprüfung nicht in vollem Umfang stand.
- Neben expansiven lassen sich sowohl stagnative als auch kontraktive Entwicklungstendenzen unter den handwerklichen Dienstleistungszweigen nachweisen.
- Die Entwicklung der überwiegenden Zahl der Dienstleistungshandwerke wird maßgeblich vom Warenproduzierenden Gewerbe beeinflußt.

II. Entwicklungsperspektiven der handwerklichen Dienstleistungsgewerbe bis 1985

Die Zusammenstellung der Ergebnisse zeigt die struktur- und entwicklungsdifferenzierenden Veränderungen im Dienstleistungshandwerk auf. Gleichzeitig geben sie über die entwicklungsbestimmenden Faktoren Auskunft. Denn die zukünftigen Wachstumstendenzen bauen auf den Entwicklungen der Vergangenheit auf. Dieser Zusammenhang darf jedoch nicht zu einer einfachen Trendextrapolation führen. Vielmehr sollen auf der Basis der qualitativen und quantitativen Analyse der Bestimmungs- und Einflußgrößen die zu erwartenden Wachstumsverlagerungen unter den dienstleistenden Handwerkszweigen bis 1985 dargestellt werden.

Als wichtigste Ursachenmomente für die zukünftigen Entwicklungsperspektiven können zusammenfassend folgende Faktoren herausgestellt werden:

1. Bestimmungsfaktoren für Wachstumsmöglichkeiten:
   - Durch die ökonomische Verknüpfung produktionsabhängiger Dienstleistungshandwerke mit dem Warenproduzierenden Gewerbe führt ein industrielles Produktionswachstum gleichzeitig zu einer Nachfragesteigerung nach Dienstleistungen.

- Die Standortkonzentration der Warenproduktion erfordert eine dezentrale Verteilungsstruktur sowie ein breitgestreutes Montage-, Installations-, Instandhaltungs- und Kundendienstnetz.
- Die Erfindung und Entwicklung neuer Technologien vertieft und verbreitert das Tätigkeitsfeld der Dienstleistungszweige.
- Durch vermehrten Kapitaleinsatz im Produktionsprozeß gewinnen die handwerklichen Dienstleistungen wie Instandhaltung, Wartung, Installation, Reparatur und Kundendienst für die Funktionsfähigkeit der Anlagen sowie die Betriebsbereitschaft der Unternehmungen an Bedeutung.
- Eine Verstärkung der Tendenz zur Auslagerung bislang selbsterstellter Dienstleistungen der gewerblichen Wirtschaft auf spezielle Dienstleistungsbetriebe kann die tertiäre Nachfrage erhöhen.
- Mit steigendem Einkommen sinkt der relative Ausgabenanteil für den lebensnotwendigen Grundbedarf und der "frei" verfügbare Anteil des Einkommens für den gehobenen Bedarf wächst; das ermöglicht eine verbesserte Ausstattung der privaten Haushalte mit industriellen Gebrauchsgütern für Verkehr, Unterhaltung und Haushaltsführung, wodurch eine steigende Dienstleistungsnachfrage induziert wird.

2. Bestimmungsfaktoren für Wachstumsgrenzen:

- Die ökonomische Verflechtung mit der sekundären Produktion führt bei Marktsättigungserscheinungen parallel zur Industrieentwicklung zu einer nachlassenden Dienstleistungsnachfrage[1].
- Im Zeitablauf verändert sich die Einkommenselastizität der Nachfrage nach Diensten mit steigendem Einkommen ebenso wie

1) Wie bereits im 1. Kapitel erwähnt, durchläuft ein Produktmarkt und der dazugehörige komplementäre Dienstleistungsmarkt grundsätzlich mehrere Phasen, die in zeitlicher Reihenfolge Experimentier-, Expansions-, Ausreifungs-, Stagnations- und Kontraktionsphase genannt werden können.

bei den Gütern vom elastischen zum unelastischen Bereich[1].

- Der Konkurrenzdruck durch nicht-handwerkliche Dienstleistungsbetriebe sowie Großbetriebsformen des Einzelhandels nimmt zu.
- Reparaturarbeiten werden aus Kostengründen häufig durch Neubezug der Güter substituiert.
- Zunehmende Standardisierung der Produkte ermöglicht Rationalisierungen und serienmäßigen Einbau von Dienstleistungen (Beispiel: Installationszellen im Fertigbau).
- Die Entwicklung neuer Produkte (z.B. Kunstfasertextilien, Wegwerfwäsche) reduziert die Nachfrage nach Reinigungsdienstleistungen.
- Dienstleistungsfunktionen werden in Haushaltsmaschinen eingebaut(Beispiel: Waschmaschine).
- Bislang marktbezogene Dienstleistungen werden teilweise in die privaten Haushalte (Do-it-yourself) rückverlagert.

Diese verschiedenen Faktoren haben in der Vergangenheit auf die ökonomische Entwicklung der einzelnen Dienstleistungszweige einen fördernden bzw. hemmenden Einfluß ausgeübt, so daß anzunehmen ist, daß sie in Zukunft weiter wirken werden. Wie die vorausgegangene Analyse gezeigt hat, ist jedoch der jeweilige Wirkungsgrad in den einzelnen Zweigen unterschiedlich und hängt von der spezifischen ökonomischen Situation auf der Angebots- und Nachfrageseite ab.

In Liste 2 ist die bisherige Verteilung der Dienstleistungshandwerke auf die vier Wachstumstypen zwischen 1955 und 1972 der voraussichtlichen Verteilung bis 1985 gegenübergestellt. Es zeigt sich, daß in Zukunft mit weiteren Wachstumsdifferenzierun-

1) Vgl. Schmucker, A.: Die langfristigen Strukturwandlungen des Verbrauchs der privaten Haushalte in ihrer Interdependenz mit den übrigen Bereichen einer wachsenden Wirtschaft, in: Strukturwandlungen einer wachsenden Wirtschaft, a.a.O., S. 129 und S. 132 f.

gen in expansiver und stagnativer Richtung zu rechnen ist[1].

Liste 2: Entwicklungsverlagerungen der Dienstleistungshandwerke

1955 - 1972	Wachstums-typen	1972 - 1985[1)]
1. Zentralheizungs- u. Lüftungsbauer 2. Gebäudereiniger 3. Radio-u.Fernsehtechniker 4. Kraftfahrzeugmechaniker 5. Vulkaniseure	Expansions-handwerke	1. Gebäudereiniger 2. Elektroinstallateure
6. Elektroinstallateure 7. Landmaschinenmechaniker	Wachstums-handwerke	3. Zentralheizungs- u.Lüftungsbauer 4. Radio-u.Fernsehtechniker 5. Kraftfahrzeugmechaniker 6. Vulkaniseure
8. Fotografen 9. Büromaschinenmechaniker 10. Gas- und Wasserinstallateure 11. Uhrmacher	Stagnations-handwerke	7. Büromaschinenmechaniker 8. Fotografen 9. Uhrmacher 10. Gas- und Wasserinstallateure 11. Landmaschinenmechaniker
12. Chemischreiniger 13. Friseure 14. Schuhmacher 15. Wäscher	Kontraktions-handwerke	12. Chemischreiniger 13. Friseure 14. Schuhmacher 15. Wäscher

1) Die zeitliche Begrenzung bis 1985 ist nicht als exakter Endpunkt für die erwarteten Veränderungen in der Zusammensetzung der Wachstumstypen zu begreifen. Sie soll zum Ausdruck bringen, daß ungefähr in den nächsten 10 bis 12 Jahren die einzelnen Zweige mit den dargestellten Entwicklungsrichtungen aufgrund der qualitativen und quantitativen Analyse zu rechnen haben.

---

1) Diese Entwicklungsverlagerungen in beide Richtungen hat es bereits in der Vergangenheit gegeben. Bei einer Unterteilung des Zeitraums von 1955 bis 1972 in zwei Phasen (1955 bis 1963 und 1963 bis 1972) ergibt sich, daß beispielsweise die Elektroinstallateure in der ersten Phase noch zu den Stagnationshandwerken zählten und erst in der zweiten Phase zu den Wachstumshandwerken gestoßen sind. Umgekehrt befanden sich die Gas- und Wasserinstallateure in der ersten Phase unter den Wachstumshandwerken und erst in der zweiten Phase sind sie zu den Stagnationshandwerken zurückgefallen. Ebenso wie im warenproduzierenden Bereich ergeben sich somit ständig Umschichtungen.

Die stärksten Veränderungen werden vermutlich bei den Elektroinstallateuren und den Landmaschinenmechanikern eintreten. Während die Landmaschinenmechaniker aus der Gruppe der Wachstumshandwerke (Rang 7) zu den Stagnationshandwerken (Rang 11) absteigen werden, kann bei den Elektroinstallateuren der Wechsel aus der Gruppe der Wachstumshandwerke (Rang 6) zu den Expansionshandwerken (Rang 2) erwartet werden[1].

An der Fortführung des expansiven Wachstums der Gebäudereiniger in den nächsten 10 Jahren besteht kein Anlaß zum Zweifel, dagegen muß mit Vorsicht die Wanderung der vier übrigen Expansions- zu den Wachstumshandwerken beurteilt werden. Ihre Einordnung unter die Wachstumshandwerke liegt eine optimistische Einschätzung der zukünftigen Entwicklungsperspektive zugrunde. Bis 1985 werden sich ihre Wachstumsraten vermutlich wegen Sättigungserscheinungen und zunehmender Wettbewerbsintensität immer mehr reduzieren und denen der Stagnationshandwerke angleichen.

Von den Stagnationshandwerken haben die Büromaschinenmechaniker, die Fotografen und Uhrmacher von der Nachfrageentwicklung aus betrachtet gute Wachstumsmöglichkeiten. Der Konkurrenzdruck durch die großbetrieblichen Formen des Einzelhandels wird jedoch noch an Intensität zunehmen, so daß nur mit durchschnittlichen Zuwächsen auch in Zukunft zu rechnen ist. Wegen der verstärkten Rationalisierungsanstrengungen im Büro- und Verwaltungsbereich existiert für die Büromaschinenmechaniker noch am ehesten die Möglichkeit, in die Gruppe der Wachstumshandwerke aufzusteigen, allerdings ist dafür ein flexibles Marktverhalten, fortgesetzte Weiterbildung und eine den technischen Erfordernissen angepaßte Werkstattausstattung Voraussetzung.

Die Lage der Kontraktionshandwerke wird sich wahrscheinlich künftig nicht ändern. Neue Nachfrageimpulse sind nicht zu er-

1) Vorausgesetzt, daß die von staatlicher und übernationaler (EG) Ebene prognostizierten Umstrukturierungen auf dem Energieträgersektor eintreten und daß in dem Bereich der Instandhaltung von Industrieanlagen weitere Auslagerungen vorgenommen werden und sich die Elektroinstallateure den Entwicklungschancen anpassen.

kennen, so daß bis 1985 mit einer Fortsetzung der Schrumpfung zu rechnen ist.

Die größten Verlagerungen werden mithin im Bereich der Expansions- und Wachstumshandwerke eintreten.
Betrachtet man die einzelnen Gewichte der Wachstumstypen, so ergibt sich für die Referenzperiode auf der Basis der realen Umsatzwerte von 1972 folgende Anteilsstruktur:

Expansionshandwerke	59,9 v.H.
Wachstumshandwerke	17,5 v.H.
Stagnationshandwerke	15,6 v.H.
Kontraktionshandwerke	7,0 v.H.
insgesamt	100 v.H.

Mit einem Anteil von rund 77 v.H. dominieren damit unter den Dienstleistungshandwerken die Expansions- und Wachstumszweige. Innerhalb dieser beiden Gruppen wird es vermutlich zu tiefgreifenden Veränderungen kommen (Liste 2). Bis 1985 wird die Zahl und damit der Anteil der Expansionshandwerke abnehmen und ihre vorherrschende Stellung zugunsten der Wachstumshandwerke verlieren. Diese Anteilsverschiebung resultiert vor allem aus der Wanderung der gewichtigen Kraftfahrzeugmechaniker von den Expansions- zu den Wachstumshandwerken.

Beide Wachstumstypen werden mit Abstufungen überdurchschnittlich zunehmen, wobei allerdings die überproportionalen Zuwachsraten der Wachstumshandwerke eine sinkende Tendenz aufweisen und sich den durchschnittlichen Wachstumsraten immer mehr annähern werden. Es ist folglich damit zu rechnen, daß ihre Anteile zusammengenommen etwas sinken und die Quoten der Stagnations- und Kontraktionshandwerke steigen werden, insbesondere verursacht durch die Wanderung der Landmaschinenmechaniker vom Wachstums- zum Stagnationshandwerk[1].

Als Ergebnisse für die zukünftige Entwicklungsperspektive des Dienstleistungshandwerks können abschließend herausgestellt werden:

- Die Wachstumsdifferenzierungen unter den Dienstleistungshandwerken setzen sich in Zukunft fort; mit einer einheitlichen Entwicklungstendenz kann voraussichtlich nicht gerechnet werden.
- Die Zahl der überproportional wachsenden Dienstleistungshandwerke nimmt weiter ab.
- Der Wettbewerbsdruck durch nicht-handwerkliche Betriebsformen läßt eine weitere Verschlechterung der Marktstellung des selbständigen Handwerks auf den Dienstleistungsmärkten erwarten.

---

1) Um näherungsweise einen Anhaltspunkt zu gewinnen, hat der Verfasser auf der Grundlage der Umsatzwerte von 1972 die Anteile für die vier Wachstumstypen nach der erwarteten zukünftigen Zweigverteilung (Liste 2) berechnet und dabei die Frage gestellt:

Welches Gewicht haben die vier Wachstumstypen, wenn bereits 1972 die bis 1985 vermutete Entwicklung bestünde? Es ergab sich folgende Anteilsstruktur:

Expansionshandwerke	15,9 v.H.
Wachstumshandwerke	57,9 v.H.
Stagnationshandwerke	19,3 v.H.
Kontraktionshandwerke	7,0 v.H.
insgesamt	100 v.H.

Die größten Verschiebungen treten innerhalb der Expansions- und Wachstumshandwerke ein. Selbst wenn die Branchenverlagerungen eintreten, wird sich diese Anteilsgewichtung nur in der Tendenz einstellen. Die Expansions- und Stagnationshandwerke werden vermutlich einen etwas höheren Anteil erzielen, während die Wachstums- und Kontraktionshandwerke ein etwas niedrigeres Gewicht haben werden.

B. Ausblick: "Trend zur Dienstleistungsgesellschaft"?

Die differenzierten Untersuchungsergebnisse haben gezeigt, daß im handwerklichen Dienstleistungsbereich gleichzeitig kontraktive und expansive Entwicklungstendenzen existieren. Die Analyse hat somit zu dem Resultat geführt, daß die globale These FOURASTIÉ'S vom überproportionalen Wachstum der Dienstleistungsgewerbe nur teilweise bestätigt werden kann. Damit scheint es berechtigt zu sein, ausblickend die Frage zu stellen[1]: Ob der vorausgesagte "Trend zur Dienstleistungsgesellschaft" zwingend ist?

Nach FOURASTIÉ entwickeln sich a l l e Volkswirtschaften "gesetzmäßig" vom primären über das sekundäre zum tertiären Stadium, in dem sowohl der Produktions- als auch der Beschäftigtenanteil des Dienstleistungssektors vorherrscht[2].

Grundlage dieses Entwicklungsschemas bilden die beiden Annahmen:

- "Der tertiäre Sektor (setzt) dem technischen Fortschritt den größten Widerstand entgegen".
- "Der Hunger nach individuellen und kollektiven tertiären Gütern und Diensten (wird) ohne Hoffnung auf baldige Stillung bleiben"[3].

1) Dieser kurze Ausblick will und kann keine endgültige Antwort auf die Frage geben, dazu ist eine gesonderte Studie über den gesamten tertiären Sektor notwendig. Er versteht sich lediglich als Anregung, welche Aspekte nach Ansicht des Verfassers auf gesamtwirtschaftlicher Ebene untersucht werden müßten, um die tatsächliche Entwicklung der Dienstleistungswirtschaft in den nächsten Jahren bestimmen zu können.

2) Vgl. Fourastié, J.: Die große Hoffnung des 20. Jahrhunderts, a.a.O., S. 98 ff. und S. 112. Hervorhebung vom Verf. Wie bereits aufgezeigt, befand sich 1972 nach beiden Merkmalen die Volkswirtschaft der BRD noch im sekundären Stadium, d.h. in der Industrialisierungsphase (Übersicht 1 und Schaubild 2). Nach Ansicht des Ifo-Instituts und des BMWi ist mit einem weiteren Anstieg des Anteils des Warenproduzierenden Gewerbes (sekundärer Sektor) bis 1980 bzw. 1985 zu rechnen. Vgl. Uhlmann, L. und Huber, G.: Gesamtwirtschaft, Zusammenfassung der Ergebnisse, Teil A, in: Wirtschaftliche und soziale Aspekte des technischen Wandels in der BRD, hrsg. vom RKW, Sieben Berichte, Bd.1,Frankfurt 1970, S. 32; Bundesminister für Wirtschaft, Perspektiven des Wirtschaftswachstums in der BRD bis zum Jahre 1985, in:Die wirtschaftliche Lage in der BRD, Vorabdruck, Vierteljahresbericht III,1970, Bonn 1970, S. 21 f.

3) Fourastié, J.: Die große Hoffnung des 20. Jahrhunderts, a.a.O., S.310

Drei Ursachenfaktoren können aus den Ergebnissen der vorliegenden Analyse herausgestellt werden, die Zweifel an der allgemeinen Gültigkeit des Entwicklungsschemas begründen:

1. Die Anwendungsmöglichkeiten des technischen Fortschritts im Dienstleistungsbereich dehnen sich immer weiter aus.
2. Teilbereiche des Dienstleistungssektors stehen in einem engen Kopplungsverhältnis zum Warenproduzierenden Gewerbe.
3. Die einzelnen Dienstleistungsmärkte durchlaufen ähnlich den Produktmärkten in zeitlicher Reihenfolge eine Experimentier-, Expansions-, Ausreifungs-, Stagnations- und Kontraktionsphase.

Es scheint lohnenswert, unter diesen drei Aspekten die Wachstumsbedingungen der Dienstleistungsgewerbe näher zu untersuchen. Wie die Ergebnisse des handwerklichen Dienstleistungsbereichs gezeigt haben,

- sind in mehr als einem Drittel der untersuchten Zweige Freisetzungen von Arbeitskräften feststellbar,
- nahm in der Hälfte aller Zweige die Arbeitsproduktivität überproportional gegenüber der Gesamtwirtschaft zu und
- stieg in allen Zweigen die Kapitalintensität an.

FOURASTIÉ'S Annahme, daß im tertiären Sektor nur geringe oder gar keine Realisierungsmöglichkeiten für den technischen Fortschritt bestehen und deshalb der Produktivitätsfortschritt niedrig sei, läßt sich empirisch nicht allgemeingültig stützen[1]. Vielmehr läßt sich teilweise eine Angleichung der Produktionsbedingungen zwischen den warenproduzierenden und dienstleistenden Gewerben bemerken.

---

1) Auch das Institut für Arbeitsmarkt- und Berufsforschung kommt zu dem Ergebnis, daß der Dienstleistungsbereich kein "unbegrenztes Auffangbecken für Freisetzungen größeren Umfangs in den anderen Sektoren" gelten kann, "seit mehr und mehr enorme latente Rationalisierungsmöglichkeiten gerade im tertiären Bereich erkennbar werden". Mertens, D.: Gesellschaftlicher Wandel und Beschäftigungssystem, in: Beihefte der Konjunkturpolitik: Wirtschaftlicher und sozialer Wandel durch technischen Fortschritt, Heft 18, Berlin 1971, S. 113; Vgl. auch Dähne, E.: Die Bedeutung der Dienstleistungswirtschaft für die Arbeitsmarktentwicklung der BRD, a.a.O., S. 75

Die Unterteilung in produktions- und einkommensabhängige Dienstleistungszweige hat im handwerklichen Untersuchungsbereich gezeigt, daß zwischen den produktionsabhängigen Dienstleistungshandwerken und den sachlich entsprechenden warenproduzierenden Gewerben eine "Entwicklungsabhängigkeit" besteht. Diese Komplementaritätsbeziehungen sind vermutlich kein Spezifikum handwerklicher Dienstleistungszweige, sondern lassen sich auch zwischen nicht-handwerklichen Dienstleistungsbetrieben und -branchen sowie den warenproduzierenden Gewerben nachweisen. Zu denken ist beispielsweise an den gesamten Handelsbereich, das Verkehrs-, Banken- und Versicherungswesen. "Autonome" Wachstumsspielräume bestehen vor allem bei den einkommensabhängigen Dienstleistungszweigen der Körper- und Gesundheitspflege, dem Bildungs-, Kultur- und Gaststättenwesen, dem Tourismus etc.

Für Voraussagen über die zukünftige Entwicklung der Dienstleistungsgewerbe sind deshalb

- die intersektoralen Verknüpfungen der Dienstleistungen zu untersuchen sowie
- das quantitative Verhältnis von produktions- und einkommensabhängigen Dienstleistungszweigen auf gesamtwirtschaftlicher Ebene zu ermitteln und zu analysieren.

Die Berechnungen der Einkommenselastizität der Nachfrage hat für einige Dienstleistungen eine unelastische Nachfrage ergeben. Daraus kann abgeleitet werden, daß sich die Dienstleistungsnachfrage ebenso wie die Produktnachfrage vom elastischen zum unelastischen Bereich bewegt. Mit steigendem Einkommen fällt somit die Elastizität im Zeitablauf, d.h. die Dienstleistungsnachfrage wächst nicht dauerhaft überproportional, sondern geht einer Sättigung entgegen.

Ebenso zeigt das Ausstattungsnieveau der privaten Haushalte bei einer Reihe von Geräten Nachfragegrenzen, so daß auch für die komplementären Dienstleistungen nur noch unterproportionale Wachstumschancen bestehen.

FOURASTIÉ'S zweite Annahme, vom 'geradezu unersättlichen Hunger nach tertiären Leistungen', scheint somit ebenfalls keine Allgemeingültigkeit zu besitzen.

Die angenommene "Gesetzmäßigkeit" der Entwicklung zur Dienstleistungsgesellschaft läßt sich empirisch nicht ohne weiteres nachweisen. Wachstumsgrenzen der Dienstleistungen sind im Bereich des Möglichen. Weitere Untersuchungen des gesamten tertiären Sektors sind deshalb notwendig, um diese Vermutung zu erhärten. Vor allem wären mit Hilfe einer Input-Output-Analyse den volkswirtschaftlichen Verflechtungen der Dienstleistungen im Produktionsprozeß nachzugehen[1)], die Nachfragesituation auf den einzelnen Dienstleistungsmärkten zu ermitteln, sowie die technischen und ökonomischen Produktionsbedingungen bei der Erstellung von Dienstleistungen zu erforschen, damit sich die Arbeitsmarkt- und allgemeine Wirtschaftspolitik rechtzeitig auf die veränderten Entwicklungstendenzen einstellen können.

1) Voraussetzung hierfür ist allerdings der Ausbau des statistischen Erfassungssystems der Dienstleistungen. Vgl. auch Raumordnungsbericht 1970, hrsg. vom Bundesministerium des Innern, Drucksache VI/1340, Bonn 1970, S. 26

T a b e l l e n a n h a n g

Tabelle 1: Erwerbstätige und ihre jährlichen Veränderungen in den Wirtschaftssektoren der BRD von 1950 bis 1972[1)]

Jahr	Primärer Sektor		Sekundärer Sektor		Tertiärer Sektor	
	absolut in Mill.	jährl.Veränderung in v.H.	absolut in Mill.	jährl.Veränderung in v.H.	absolut in Mill.	jährl.Veränderung in v.H.
1950	5,020	-	8,689	-	6.667	-
1951	4,850	- 3,4	9,062	+ 4,3	6.983	+ 4,7
1952	4,695	- 3,2	9,315	+ 2,8	7.290	+ 4,4
1953	4,535	- 3,4	9,707	+ 4,2	7.568	+ 3,8
1954	4,400	- 3,0	10,208	+ 5,2	7,787	+ 2,9
1955	4,285	- 2,6	10,824	+ 6,0	8,121	+ 4,3
1956[2)]	4,175	- 2,6	11,283	+ 4,2	8,372	+ 3,1
1957	4,105	- 1,7	11,945	+ 5,9	9,285	+10,9
1958	3,978	- 3,1	12,083	+ 1,6	9,469	+ 2,0
1959	3,820	- 4,0	12,218	+ 1,1	9,759	+ 3,1
1960	3,623	- 5,2	12,518	+ 2,4	10,106	+ 3,6
1961	3,445	- 4,9	12,785	+ 2,1	10,361	+ 2,5
1962	3,307	- 4,1	12,914	+ 1,0	10,469	+ 1,0
1963	3,144	- 4,9	12,951	+ 0,3	10,649	+ 1,7
1964	3,002	- 4,5	12,958	+ 0,1	10,793	+ 1,4
1965	2,876	- 4,2	13,138	+ 1,4	10,873	+ 0,7
1966	2,790	- 3,0	13,013	- 1,0	10,998	+ 1,2
1967	2,638	- 5,5	12,276	- 5,7	11,036	+ 0,4
1968	2,523	- 4,4	12,360	+ 0,7	11,085	+ 0,4
1969	2,395	- 5,1	12,791	+ 3,5	11,170	+ 0,8
1970	2,262	- 5,6	13,024	+ 1,8	11,382	+ 1,9
1971	2,101	- 7,2	12,995	- 0,2	11,554	+ 1,5
1972[3)]	1,953	- 7,1	12,829	- 1,3	11,681	+ 1,1

1) Zuordnung der Wirtschaftszweige auf die drei Sektoren entspricht der in dieser Untersuchung zugrundegelegten Einteilung.
2) Bis einschließlich 1956 Bundesgebiet ohne Berlin
3) Vorläufiges Ergebnis

Quellen: Eigene Berechnung auf der Grundlage des Statistischen Jahrbuchs für die BRD 1966, hrsg.v. Statistischen Bundesamt Wiesbaden, Stuttgart und Mainz 1966, S. 148; Statistisches Jahrbuch für die BRD 1973, hrsg.v. Statistischen Bundesamt Wiesbaden, Stuttgart und Mainz 1973, S. 137

Tabelle 2: Beiträge der drei Wirtschaftssektoren[1] zum Bruttoinlandsprodukt nominal[2] und real[3] in Mrd. DM

Jahr	Primärer Sektor		Sekundärer Sektor		Tertiärer Sektor	
	nominal	real	nominal	real	nominal	real
1950	9,98	13,01	48,68	63,85	39,39	66,63
1955	14,23	15,37	97,16	115,96	70,61	94,24
1960[4]	17,31	18,17	164,69	176,09	120,55	134,33
1965	19,69	17,88	250,07	236,20	192,26	166,95
1970	21,53	20,63	375,13	304,86	297,30	205,10
1972	24,66	20,96	440,04	321,19	374,36	218,26

1) Die Abgrenzung der drei Sektoren entspricht der in dieser Untersuchung zugrundegelegten Zuordnung der Wirtschaftszweige
2) In jeweiligen Preisen
3) In Preisen von 1962
4) Bis 1960 ohne Saarland und Berlin

Quellen: Eigene Zusammenfassung der Sektoren auf der Grundlage des Jahresgutachtens 1973 des Sachverständigenrates zur Begutachtung der gesamtwirtschaftlichen Entwicklung, a.a.O., S. 208 f., Tabelle 16

Tabelle 3 : Funktionale Aufteilung der Umsatzarten im Handwerk nach Sachgüterproduktion und Dienstleistungen von 1949 bis 1967 in Mrd. DM

Jahr	Sachgüterproduktion	Dienstleistungen					
	Neuherstellung	Handwerkliche Dienstleistungen				Handel	insgesamt
		Installation[1]	Reparatur	Dienstleistung i.e.S.	insgesamt		
1949	11,584	0,872	3,147	0,645	4,664	3,693	8,357
1955	29,600	2,565	3,459	1,193	7.217	10,658	17,875
1962	56,770	5,769	9,558	2,988	18,315	23,114	41,429
1967	82,591	10,763	9,688	4,289	24,740	26,680	51,420

1) Die amtlichen Handwerkszählungen wiesen den Umsatzanteil aus Installation und Montage nicht gesondert aus sondern nur in Verbindung mit dem Anteil aus Neuherstellung. Um näherungsweise den Installationsanteil angeben zu können, ist der Anteil aus "Neuherstellung Installation und Montage" der Installationshandwerke (Gas- und Wasserinstallateure mit und ohne Klempnerei, Zentralheizungs- und Lüftungsbauer, Elektroinstallateure) als Installationsanteil erfaßt, da diese Handwerkszweige in der Hauptsache Installationen und keine Neuherstellungen durchführen. Vermutlich ist der angegebene Anteil zu klein, da auch noch andere Handwerkszweige Installationstätigkeiten ausführen.

Quellen: Berechnet aus: Handwerkszählung 1949, Bd. 4, hrsg.v. Statistischen Bundesamt Wiesbaden, Stuttgart-Köln 1951, S. 112; Handwerkszählung 1956, Heft 1, hrsg.v.Statistischen Bundesamt Wiesbaden, Stuttgart 1958, S. 26 ff.; Handwerkszählung 1963, Heft 5, hrsg.v.Statistischen Bundesamt Wiesbaden, Stuttgart und Mainz 1969, S. 18 ff.; Handwerkszählung 1968, Heft 1, hrsg.v.Statistischen Bundesamt Wiesbaden, Stuttgart und Mainz 1972, S. 32 und S. 36

Tabelle 4: Betriebe, Beschäftigte und Umsätze (nominell) des Dienstleistungshandwerks[1] und des tertiären Sektors 1949 und 1968

Jahr	Tertiärer Sektor	Dienstleistungshandwerk	insgesamt
		a) Betriebe in 1000	
1949	1 224	289	1 513
1968	1 128	242	1 370
		b) Beschäftigte in Mill.	
1949	6,667	0,860	7,527
1968	11,085	1,441	12,526
		c) Umsätze in Mrd. DM	
1949	82,39	5,45	87,84
1968	512,24	47,55	559,79

1) Nach dem Schwerpunktprinzip abgegrenzte Dienstleistungshandwerke der Liste 1

Quellen: Die Umsätze der Umsatzsteuerpflichtigen und deren Besteuerung für 1950, Statistik der Bundesrepublik Deutschland, hrsg. v. Statistischen Bundesamt Wiesbaden, Stuttgart-Köln 1955, S. 25; Umsatzsteuer 1968, Reihe 7, Fachserie L, hrsg. v. Statistischen Bundesamt Wiesbaden, Stuttgart und Mainz 1970, S. 12; Tabelle 1, 5 und 6 im Anhang dieser Arbeit

Tabelle 5 : Betriebe und Beschäftigte des warenproduzierenden und dienstleistenden[1] Handwerks von 1949 bis 1968

Jahr	Handwerk insgesamt		Warenproduzierendes Handwerk		Dienstleistendes Handwerk	
	Betriebe	Beschäftigte	Betriebe	Beschäftigte	Betriebe	Beschäftigte
	abs.	in Mill.	abs.	in Mill.	abs.	in Mill.
1949	861 219	3,053	572 447	2,193	288 772	0,860
1956	750 930	3,624	496 946	2,626	253 984	0,997
1963	659 138	3,973	404 138	2,693	255 000	1,280
1968	614 864	4,088	373 186	2,647	241 678	1,441

1) Nach dem Schwerpunktprinzip abgegrenzte Dienstleistungshandwerke der Liste 1.

Quelle: Eigene Berechnungen auf der Grundlage der in Heft 3 der Handwerkszählung 1968 veröffentlichten Strukturdaten der bisherigen Handwerkszählungen; Handwerkszählung 1968, Heft 3, Fachserie D, hrsg. v. Statistischen Bundesamt Wiesbaden, Stuttgart und Mainz 1972, S. 122 ff.

Tabelle 6 : Umsatz nominal[1] und real[2] des warenproduzierenden und dienstleistenden Handwerks[3] von 1949 bis 1968 in Mrd. DM

Jahr	Handwerk insgesamt		Warenproduzierendes Handwerk		Dienstleistendes Handwerk	
	nominal	real	nominal	real	nominal	real
1949	19,390	24,824	13,938	16,495	5 452	8,329
1955	47,716	55,402	34,345	38,984	13,371	16,418
1962	98,063	98,063	65,738	65,738	32,325	32,325
1967	142,116	127,390	94,567	86,600	47,549	40,790

1) In jeweiligen Preisen.
2) In Preisen von 1962. Da für das Handwerk keine Preisindices veröffentlicht werden, hat der Verf. selbst Indices ermittelt, die in Tabelle 7a enthalten sind. Dort ist auch die Art der Berechnung angegeben.
3) Siehe Anmerkung 1 der Tabelle 5

Quelle: Siehe Tabelle 5

Tabelle 7a: Preisindices[1] für das dienstleistende, warenproduzierende und gesamte Handwerk

1962 = 100

Jahr	Handwerk			
	dienstleistendes		waren-produzie-rendes [5]	insgesamt[6]
	produktions-abhängig[2]	einkommens-abhängig[3][4]		
1949[7]	66,4	55,4	84,5	67,0
1950	67,4	56,9	85,0	68,3
1955	82,5	69,0	88,1	80,6
1962	100	100	100	100
1963	104,2	105,5	101,2	103,1
1967	115,9	129,4	109,2	115,0
1968	118,9	137,1	110,2	116,8
1970	125,1	158,4	120,3	129,5
1972	142,6	189,8	132,7	148,0
1973	151,4	208,0	142,4	156,9

1) Errechnet nach der Gleichung $P_x = \frac{N}{R}$, wobei P_x= Preisindex, N = in jeweiligen Preisen (nominal), R = in Preisen von 1962 (real) sind. Als N und R. sind die Beiträge der Wirtschaftsbereiche zum Bruttoinlandsprodukt (BIP) verwendet worden.
2) Errechnet auf der Grundlage der Beiträge "Handel und Verkehr" zum BIP.
3) Errechnet auf der Grundlage des Beitrages "Dienstleistungen" zum BIP.
4) Ein Vergleich mit dem Preisindex für Friseurleistung zeigt, daß die Preisindices nur geringfügig voneinander abweichen. Vgl. Wirtschaft und Statistik, Statistische Monatszahlen, hrsg. v. Statistischen Bundesamt Wiesbaden, Stuttgart und Mainz 1973, S. 598+.
5) Errechnet auf der Grundlage des Beitrages "Verarbeitendes Gewerbe" zum BIP.
6) Errechnet auf der Grundlage des BIP insgesamt.
7) Vom Verfasser geschätzt.

Quellen: Jahresgutachten 1973 des Sachverständigenrates zur Begutachtung der gesamtwirtschaftlichen Entwicklung, a.a.O., S. 208 ff.; Wirtschaft und Statistik 1974, hrsg. v. Statistischen Bundesamt Wiesbaden, Stuttgart und Mainz 1974, S. 63

Tabelle 7b: Preisindices für handwerkliche Dienstleistungszweige
1962 = 100

Jahr	Wäscherei und Reinigung	Wasser-installateure	Heizungstechniker	Elektroinstallateure	Büro-und Landmaschinen	Kraftfahrzeugmechaniker	Vulkaniseure	Radio und Fernsehen	Uhrmacher	Schuhmacher	Fotografen
1955	65,0	78,0	78,0	73,0	82,0	81,5	80,0	81,4	78,0	75,0	76,0
1962	100	100	100	100	100	100	100	100	100	100	100
1963	104,5	104,0	104,5	102,0	101,0	101,0	102,0	98,0	101,0	103,5	102,0
1967	126,0	118,0	123,1	107,6	103,8	102,0	104,1	84,3	105,4	115,4	108,0
1968	129,0	121,0	126,0	110,0	105,1	102,7	105,0	85,0	106,5	117,0	109,0
1972	175,8	170,1	176,2	142,9	122,9	119,9	118,0	89,7	120,8	148,3	124,0

Quellen: Statistisches Jahrbuch für die BRD 1973, a.a.O., S. 457 und S. 464;
Beckermann, Th.: Das Handwerk im Wachstum der Wirtschaft, a.a.O., S. 108;
eigene Berechnungen.

Tabelle 8 : Betriebe und Beschäftigte der produktions- und einkommensabhängigen Dienstleistungshandwerke von 1949 bis 1968

Jahr	Dienstleistungshandwerke 1)			
	produktionsabhängige 2)		einkommensabhängige 3)	
	Betriebe	Beschäftigte	Betriebe	Beschäftigte
1949	242 183	733 653	46 589	125 941
1956	202 754	828 382	51 230	168 699
1963	202 074	1 060 898	52 926	219 475
1968	188 852	1 210 805	52 826	230 472

1) Nach dem Schwerpunktprinzip abgegrenzte Dienstleistungszweige der Liste 1
2) Alle Dienstleistungszweige der Liste 1 ohne Friseure
3) Friseure

Quelle: Handwerkszählung 1968, Heft 3, a.a.O., S. 122 ff.

Tabelle 9 : Umsätze der produktions- und einkommensabhängigen Dienstleistungshandwerke in jeweiligen Preisen (nominal) und Preisen von 1962 (real o)) in Mrd.DM

Jahr	Dienstleistungshandwerke 1)			
	produktionsabhängige 2)		einkommensabhängige 3)	
	nominal	real	nominal	real
1949	5,057	7,616	0,395	0,713
1955	12,482	15,130	0,889	1,288
1962	30,468	30,468	1,857	1,857
1967	44,936	38,771	2,613	2,019

o) Berechnet mit den Preisindices der Tabelle 7a im Anhang; Anmerkung 1 - 3 Tabelle 8

Quelle: Handwerkszählung 1968, Heft 3, a.a.O., S. 128 ff.

Tabelle 10 : Umsatz nach Absatzrichtungen des dienstleistenden[1] und warenproduzierenden Handwerks 1962, in Mrd.DM

Anbieter	Abnehmer		
	Private Haushalte	Gewerbliche Wirtschaft[2]	insgesamt
1. Produktionsabhängige Dienstleistungshandwerke	11,848	17,869	29,717
2. Einkommensabhängige Dienstleistungshandwerke	1,832	0,058	1,890
3. Warenproduzierende Handwerke	29,842	35,596	65,438
4. Gesamthandwerk	43,522	53,523	97,45

1) Nach Liste 1

2) Landwirtschaft, Industrie, Handwerk, Groß- und Einzelhandel, Gaststättengewerbe und sonstige Abnehmer

Quelle: Handwerkszählung 1963, Heft 5, a.a.O., S.96 ff.

Tabelle 11: Betriebe und Beschäftigte im Friseur- und Gesamthandwerk von 1956 bis 1973

Jahr	Betriebe		Beschäftigte	
	Friseure	Gesamthandwerk	Friseure	Gesamthandwerk
	absolut		in 1.000	
1956	51 230	786 300	178,0	3 689,0
1963	52 926	686 440	218,0	3 724,0
1967	52 826	629 160	227,9	3 735,0
1969	53 050	600 700	225,7	3 787,0
1972	50 028	550 000	205,8	3 889,0
1973	48 777	544 500	205,0	3 916,0

Quellen: Statistisches Jahrbuch für die BRD 1964, a.a.O., S. 267; Statistisches Jahrbuch für die BRD 1969, a.a.O., S. 237; Statistisches Jahrbuch für die BRD 1971, a.a.O., S. 236; Statistisches Jahrbuch für die BRD 1973, a.a.O., S. 265; Wirtschaft und Statistik, Statistische Monatszahlen 1974, hrsg. v. Statistischen Bundesamt Wiesbaden, Stuttgart und Mainz 1974, S. 273+; Handwerkszählung 1968, Heft 3, a.a.O., S. 123 ff.; Jahresbericht 1972, hrsg. v. Zentralverband des Deutschen Friseurhandwerks, Köln 1973, S. 24; Jahresbericht 1973, hrsg. v. Zentralverband des Deutschen Friseurhandwerks, Köln 1974, S. 21.

Tabelle 12 : Betriebe nach Betriebsarten und ihre Anteile im Friseurhandwerk 1956 bis 1973

Jahr	Herrenfriseure		Damenfriseure		Herren- und Damenfriseure	
	absolut	v.H.	absolut	v.H.	absolut	v.H.
1956	15 678	30,6	10 759	21,0	24 784	48,4
1963	10 925	19,5	14 578	26,1	30 404	54,4
1967	9 067	17,3	12 598	23,9	30 828	58,7
1971	7 134	14,0	15 562	30,0	28 671	56,0
1973	6 584	14,0	15 744	32,0	26 260	54,0

Quellen: Handwerkszählung 1956, Heft 1, a.a.O., S. 30;
Handwerkszählung 1963, Heft 1, a.a.O., S. 24;
Handwerkszählung 1968, Heft 1, a.a.O., S. 16;
Jahresbericht 1971, hrsg. vom Zentralverband des Deutschen Friseurhandwerks, Köln 1971, S. 26;
Jahresbericht 1973 des Friseurhandwerks, a.a.O., S. 23.

Tabelle 13 : Betriebe nach Beschäftigtengrößenklassen im Friseurhandwerk von 1955 bis 1973

Beschäftigten-größenklassen	1955	1963	1968	Beschäftigten-größenklassen	1971	1973
1	14 766	12 054	9.473	1	8 088	7 791
2	9 754	9 085	7 291	2	7 102	6 541
3 - 4	14 334	16 238	15 451	3 - 5	22 168	21 683
5 - 9	11 109	15 953	17 914	6 - 10	11 813	10 640
10 - 19	1 160	2 316	2 373	11 - 20	1 935	1 718
20 - 49	102	244	305	21 - 50	233	194
50 und mehr	5	17	19	51 und mehr	28	21
insgesamt	51 230	55 907	52 826	insgesamt	51 367	48 588
	Anteile in v.H.				Anteile in v.H.	
1	28,8	21,6	17,9	1	15,8	16,0
2	19,0	16,3	13,8	2	13,8	13,5
3 - 4	28,0	29,0	29,2	3 - 5	43,2	44,6
5 - 9	21,7	28,5	33,9	6 - 10	23,0	21,9
10 - 19	2,3	4,1	4,5	11 - 20	3,7	3,5
20 - 49	0,2	0,4	0,6	21 - 50	0,5	0,4
50 und mehr	0,0	0,0	0,0	51 und mehr	0,0	0,0
insgesamt	100	100	100	insgesamt	100	100

Quellen: Handwerkszählung 1956, Heft 1, a.a.O., S. 132;
Handwerkszählung 1963, Heft 1, a.a.O., S. 56;
Handwerkszählung 1968, Heft 1, a.a.O., S. 24;
Jahresbericht 1971 für das Friseurhandwerk, a.a.O., S. 25;
Jahresbericht 1973 für das Friseurhandwerk, a.a.O., S. 22.

Tabelle 14 : Umsätze, Umsatz je Betrieb und Umsatzanteile des Friseurgewerbes und des Handwerks insgesamt von 1955 bis 1972

a) Umsätze in Mill.DM

Jahr	Friseure		Handwerk insges.	
	nominal1)	real2)	nominal1)	real2)
1955	925	1 341	48 500	60 174
1963	1 973	1 870	100 200	97 187
1967	2 618	2 023	126 023	109 585
1972	3 267	1 721	207 070	139 912

b) Umsatz je Betrieb abs.

Jahr	Friseure nominal	Friseure real	Handwerk insges. nominal	Handwerk insges. real
1955	18 056	26 176	61 681	76 528
1963	37 278	35 332	145 970	141 581
1967	49 559	38 296	200 303	174 177
1972	65 303	34 401	376 490	254 385

c) Umsatzanteile1) in v.H.

Jahr	Friseure		Handwerk insges.	
	Handwerksumsatz	Handelsumsatz	Handwerksumsatz	Handelsumsatz
1955	76,2	23,8	77,1	22,9
1963	82,7	17,3	72,8	27,2
1967	80,1	19,9	74,1	25,9
1972	84,0	16,0	74,6	25,4

1) In jeweiligen Preisen.
2) In Preisen von 1962; Preisindices aus Tabelle 7a im Anhang.

Quellen: Statistisches Jahrbuch für die BRD 1964,a.a.O.,S.267; Statistisches Jahrbuch für die BRD 1968,a.a.O.,S.237; Statistisches Jahrbuch für die BRD 1974,a.a.O.,S.256.

Tabelle 15: Verteilung der Friseurbetriebe nach Umsatzgrößenklassen von 1955 bis 1972 in v.H.

Umsatzgrößenklassen bis... unter	1955	1962	1968	1970	1972
unter 20 000	69,6	38,8	25,0	20,2	20,0
20 000 - 50 000	24,8	39,7	40,0	36,0	33,0
50 000 - 100 000	4,4	17,1	27,0	33,0	35,0
100 000 - 250 000) 250 000 - 500 000) 500 000 und mehr)	1,2	4,4	8,0	11,0	12,0
insgesamt	100	100	100	100	100

Quellen: Handwerkszählung 1956, a.a.O., S. 190;
Handwerkszählung 1963, a.a.O., S. 88;
Jahresbericht 1970, hrsg. vom Zentralverband des Deutschen Friseurhandwerks, Köln 1970, S. 28;
Jahresbericht 1972 des Friseurhandwerks, a.a.O., S. 27;
Jahresbericht 1973 des Friseurhandwerks, a.a.O., S. 25.

Tabelle 16 : Nettoproduktionswert und Arbeitsproduktivität[1] der Friseure und des Handwerks insgesamt von 1955 bis 1972

a) Nettoproduktionswert in Mill.DM

Jahr	Friseure		Handwerk insgesamt	
	nominal[2]	real[3]	nominal[2]	real[3]
1955	665	964	21 424	26 581
1962	1 424	1 424	48 938	48 938
1967	2 012	1 555	69 523	60 455
1972	2 730	1 438	124 110	83 858

b) Arbeitsproduktivität absolut

Jahr	Friseure nominal	Friseure real	Handwerk insgesamt nominal	Handwerk insgesamt real
1955	4 000	5 417	5 807	7 206
1962	6 531	6 531	13 141	13 141
1967	8 784	6 824	18 614	16 186
1972	13 265	6 988	31 913	21 563

1) Nettoproduktionswert je Beschäftigten.
2) In jeweiligen Preisen.
3) In Preisen von 1962; Preisindices aus Tabelle 7a im Anhang.

Quellen: Handwerkszählung 1956, Heft 7, a.a.O., S. 69; Handwerkszählung 1963, Heft 7, a.a.O., S. 247 ff.; Handwerkszählung 1968, Heft 2, a.a.O., S.120 ff.; Beckermann, Th.: Das Handwerk im Wachstum der Wirtschaft, a.a.O., S. 113.

Tabelle 17: Investitionen, Bruttoanlagevermögen und Kapitalintensität im Friseur- und Gesamthandwerk von 1955 bis 1972 in Preisen von 1962

Jahr	Friseurhandwerk insgesamt Mill.DM	Friseurhandwerk je Betrieb DM	Gesamthandwerk insgesamt Mill.DM	Gesamthandwerk je Betrieb DM
	a) Investitionen			
1955	84,0	1 615	2 300	2 926
1962	93,0	1 758	4 940	7 200
1967	68,0	1 288	4 450	7 075
1972	69,0	1 372	7 700	13 856
	b) Bruttoanlagevermögen			
1955	813	15 635	26 830	34 122
1962	1 032	19 509	39 930	58 173
1967	1 119	21 181	53 110	84 414
1972	1 125	22 350	71 120	127 983
	c) Kapitalintensität[1]			
1955		4 646		7 273
1962		4 778		10 722
1967		4 910		14 223
1972		5 467		18 302

1) Bruttoanlagevermögen je Beschäftigten in DM.

Quellen: Tabelle 11 dieser Untersuchung;
Beckermann, Th.: Das Handwerk im Wachstum der Wirtschaft, a.a.O., S. 112 und S. 116.

Tabelle 18 : Privater Verbrauch und Ausgaben privater Haushalte für Körper- und Gesundheitspflege[1] von 1955 bis 1972 in Mrd.DM

Jahr	Ausgaben für Körper- und Gesundheitspflege		Privater Verbrauch insgesamt	
	nominal[2]	real[3]	nominal[2]	real[3]
1955	3,47	4,01	106,09	123,36
1962	8,00	8,00	205,20	205,20
1967	11,97	9,93	285,31	249,55
1972	18,96	12,17	450,92	328,21

1) Waren und Dienstleistungen.
2) In jeweiligen Preisen.
3) In Preisen von 1962.

Quellen: Jahresgutachten 1966 des Sachverständigenrates zur Begutachtung der gesamtwirtschaftlichen Entwicklung, a.a.O., S. 237;
Jahresgutachten 1974 des Sachverständigenrates zur Begutachtung der gesamtwirtschaftlichen Entwicklung, a.a.O., S. 232 f. und 240 f.

Tabelle 19 : Ausgaben für Dienstleistungen der Körperpflege[1] und Nettoeinkommen ausgewählter privater Haushalte je Haushalt und Monat von 1962 bis 1973 in DM

Jahr	Ausgaben für Dienstleistungen der Körperpflege			Nettoeinkommen		
	Haushaltstypen					
	I[2]	II[3]	III[4]	I[2]	II[3]	III[4]
1962	2,52	7,57	-	317	782	-
1964	3,20	8,19	14,47	371	882	1814
1965	3,57	8,69	15,18	401	960	1869
1966	3,90	8,65	16,15	437	1015	1975
1968	4,14	8,56	15,63	462	1021	1925
1970	5,19	8,55	15,94	557	1221	2252
1971	6,25	8,40	16,39	612	1381	2477
1972	6,90	8,47	15,85	695	1527	2654

1) Die Ausgaben für Dienstleistungen der Körperpflege enthalten Friseur- und sonstige Dienstleistungen der Körperpflege. Vgl. Bartels, H.: Systematisches Güterverzeichnis für den Privaten Verbrauch, in: Wirtschaft und Statistik, hrsg. v. Statistischen Bundesamt Wiesbaden, Stuttgart und Mainz 1962, S. 73.
2) 2-Personen-Haushalte von Renten- und Sozialhilfeempfängern mit geringem Einkommen.
3) 4-Personen-Arbeitnehmerhaushalte mit mittlerem Einkommen.
4) 4-Personen-Haushalte von Beamten und Angestellten mit höherem Einkommen.

Quellen: Statistisches Jahrbuch für die BRD 1968, a.a.O., S.472 f.;
Statistisches Jahrbuch für die BRD 1969, a.a.O., S.474 f.;
Statistisches Jahrbuch für die BRD 1973, a.a.O., S.494 f.

Tabelle 20a : Kosten, Betriebsergebnis, Gewinn und Verlust der Damen- und Herrenfriseure 1962 und 1970

Größenklassen der Gesamtproduktion von... bis unter DM	Gesamtproduktion je Unternehmen	Kosten: Material- und Wareneinsatz	Kosten: Personalkosten	Kosten: Mieten und Pachten	Kosten: Sonstige Kosten 1)	Kosten: insgesamt	Betriebsergebnis	Kalk. kosten 2)	Gewinn oder Verlust 3)
	abs.DM	v.H. der Gesamtproduktion					absolut DM		
Damen- und Herrenfriseure 1962									
unter 20 000	16 020	24,7	16,1	7,4	17,9	66,1	5 426	9 420	- 3 994
20 000 - 50 000	34 388	21,8	25,7	5,1	18,4	71,0	9 960	10 960	- 1 000
50 000 - 100 000	65 916	20,0	31,7	4,5	19,8	76,1	15 767	12 320	+ 3 447
100 000 - 250 000	134 494	23,3	33,3	5,0	21,1	82,7	23 299	13 320	+ 9 979
Damen- und Herrenfriseure 1970									
unter 20 000	14 067	20,4	17,8	8,9	9,8	56,9	6 063	12 720	- 6 657
20 000 - 50 000	34 738	22,0	27,0	5,4	16,2	70,6	10 213	14 080	- 3 867
50 000 - 100 000	66 755	21,0	35,8	5,0	16,2	78,0	14 686	15 440	- 754
100 000 - 250 000	147 567	21,2	43,5	5,6	15,1	85,4	21 545	16 680	+ 4 965
250 000 - 500 000	338 180	26,9	38,2	7,1	14,2	86,4	45 992	17 800	+28 192
500 000 - 1 Mill.	635 429	25,3	41,7	5,1	17,6	89,7	65 449	19 040	+46 409

1) Verbrauch von Brennstoff, Energie u.dergl.; Fremdleistungen; Kosten für Kfz.-Haltung; Steuern; Fremdkapitalzinsen; Steuerl. Abschreibungen etc.
2) Kalk. Unternehmerlohn; kalk.Zinsen auf das Eigenkapital. Werte sind vom Verf.berechnet. Siehe Tabelle
3) Differenz von Betriebsergebnis und kalk. Kosten. Minuszeichen = Verlust.

Quellen: Kostenstruktur in der Wirtschaft, Fachserie C,Reihe 1, II Handwerk 1962,hrsg. v. Stat. Bundesamt Wiesbaden, Stuttgart und Mainz 1966, S.37 und S.45; Kostenstruktur in der Wirtschaft, Fachserie C, Reihe 1, II Handwerk 1970, hrsg. v. Stat. Bundesamt Wiesbaden, Stuttgart und Mainz 1973,S.49 und S.69; Tabelle 20b

Tabelle 20b : Kalkulatorische Kosten und Eigenkapital der Damen- und Herrenfriseure 1962 und 1970 in DM

Größenklassen der Gesamtproduktion von... bis unter DM	Kalk.Unternehmerlohn	Eigenkapital absolut	Eigenkapital Kalk.Zinsen 6 v.H.	Kalk.Lohn für mithelfende Familienangehörige	Kalk.Kosten insgesamt Sp.1 u.3	Kalk. Kosten insgesamt Sp. 1, 3 u. 4
	1	2	3	4	5	6
Damen- und Herrenfriseure 1962						
unter 20 000	9 000	7 000	420	1 000	9 420	10 420
20 000 - 50 000	10 000	16 000	960	1 500	10 960	12 460
50 000 - 100 000	11 000	22 000	1 320	2 000	12 320	14 320
100 000 - 250 000	11 700	27 000	1 620	3 000	13 320	16 320
Damen- und Herrenfriseure 1970						
unter 20 000	12 000	12 000	720	1 500	12 720	14 220
20 000 - 50 000	13 000	18 000	1 080	2 000	14 080	16 080
50 000 - 100 000	14 000	24 000	1 440	3 000	15 440	18 440
100 000 - 250 000	15 000	28 000	1 680	4 000	16 680	20 680
250 000 - 500 000	16 000	30 000	1 800	5 000	17 800	22 800
500 000 - 1 Mill.	17 000	34 000	2 040	6 000	19 040	25 040

Quellen: Eigene Berechnungen auf der Grundlage von: Betriebsvergleich für das Friseurhandwerk 1963 und 1970, hrsg. v. der Rationalisierungsgemeinschaft Handwerk Schleswig-Holstein e.V., o.O., o.J.; Aufwand-Kosten-Ertrag im Friseurhandwerk 1962 und 1968, hrsg. v. der Landes-Gewerbeförderungsstelle des Nordrhein-Westfälischen Handwerks e.V., Heft 27 und 62, Düsseldorf; Betriebsvergleich im Friseurhandwerk des Bundesgebiets, hrsg. v. Institut für Handwerkswirtschaft München, a.a.O.

Tabelle 21a: Kosten, Betriebsergebnis, Gewinn und Verlust der Damenfriseure und der Herrenfriseure 1962 und 1970

Größenklassen der Gesamtproduktion von... bis unter DM	Gesamtproduktion je Unternehmen	Kosten: Material- und Wareneinsatz	Kosten: Personalkosten	Kosten: Mieten und Pachten	Kosten: Sonstige Kosten [1]	Kosten: insgesamt	Betriebsergebnis	Kalk. Kosten [2]	Gewinn oder Verlust [3]
	abs. DM	v.H. der Gesamtproduktion					absolut DM		
Damenfriseure 1962									
unter 20 000	13 223	19,7	14,7	9,7	18,1	62,2	4 999	9 330	- 4 331
20 000 - 50 000	32 515	19,0	28,9	6,6	20,0	74,5	8 281	10 600	- 2 319
50 000 - 100 000	68 870	17,5	28,8	5,9	22,6	74,8	17 334	11 840	+ 5 494
Damenfriseure 1970									
unter 20 000	14 916	24,7	13,4	5,5	20,3	63,9	5 385	12 600	- 7 215
20 000 - 50 000	34 721	19,1	29,0	6,7	15,4	70,2	10 347	13 840	- 3 493
50 000 - 100 000	66 230	20,5	35,7	5,8	16,7	78,7	14 107	15 200	- 1 093
100 000 - 250 000	152 450	26,7	38,0	5,0	15,3	85,0	22 868	16 400	+ 6 468
250 000 - 1 Mill.	346 505	34,2	35,2	5,1	15,6	90,1	34 304	18 180	+16 124
Herrenfriseure 1962									
unter 10 000	7 633	18,4	3,7	8,6	15,5	46,2	4 103	8 240	- 4 137
10 000 - 20 000	15 582	26,4	11,6	6,7	17,4	62,1	5 899	9 288	- 3 389
20 000 - 50 000	31 670	22,8	25,2	5,3	18,3	71,6	8 985	10 540	- 1 555
Herrenfriseure 1970									
unter 20 000	14 326	22,1	9,9	6,7	13,5	52,2	6 848	12 570	- 5 722
20 000 - 50 000	31 616	20,0	27,0	6,8	16,4	70,2	9 422	13 720	- 4 298
50 000 - 100 000	70 938	19,5	37,7	4,3	14,9	76,4	16 741	14 960	+ 1 781

Anmerkungen 1 bis 3 siehe Tabelle 20a

Quellen: Tabelle 20a

Tabelle 21b: Kalkulatorische Kosten und Eigenkapital der Damenfriseure und Herrenfriseure 1962 und 1970 in DM

Größenklassen der Gesamtproduktion von... bis unter DM	Kal. Unternehmerlohn	Eigenkapital absolut	Eigenkapital Kalk. Zinsen 6 v.H.	Kalk.Lohn für mithelf. Familienangehörige	Kalk. Kosten insges. Sp. 1 u. 3	Kalk. Kosten insges. Sp. 1, 3 u.4
	1	2	3	4	5	6
Damenfriseure 1962						
unter 20 000	9 000	5 500	330	1 000	9 330	10 330
20 000 - 50 000	10 000	10 000	600	1 500	10 600	12 100
50 000 - 100 000	11 000	14 000	840	2 000	11 840	13 840
Damenfriseure 1970						
unter 20 000	12 000	10 000	600	1 500	12 600	14 100
20 000 - 50 000	13 000	14 000	840	2 000	13 840	15 840
50 000 - 100 000	14 000	20 000	1 200	3 000	15 200	18 200
100 000 - 250 000	15 000	24 000	1 400	4 000	16 400	20 400
250 000 - 1 Mill.	16 500	28 000	1 680	5 500	18 180	23 680
Herrenfriseure 1962						
unter 10 000	8 000	4 000	240	500	8 240	8 740
10 000 - 20 000	9 000	4 800	288	1 000	9 288	10 288
20 000 - 50 000	10 000	9 000	540	1 500	10 540	12 040
Herrenfriseure 1970						
unter 20 000	12 000	9 500	570	1 500	12 570	14 070
20 000 - 50 000	13 000	12 000	720	2 000	13 720	15 720
50 000 - 100 000	14 000	16 000	960	3 000	14 960	17 960

Quellen: Tabelle 20a

Tabelle 22 : Betriebe und Beschäftigte der Reinigungshandwerke von 1956 bis 1972

Jahr	Wäscher, Chemischreiniger	Gebäudereiniger	Schornsteinfeger
	a) Betriebe		
1956	5 897	1 433	3 733
1963	4 603	1 576	4 425
1968	3 716	1 686	5 014
1972	2 810	1 650	5 365
	b) Beschäftigte		
1956	56 608	14 480	9 700
1963	57 961	53 423	11 302
1968	48 551	83 852	13 407
1972	39 600	159 900	-

Quellen: Handwerkszählung 1968, Heft 3, a.a.O., S. 122 ff.; Umsatzsteuer 1972, Fachserie L, Finenzen und Steuern, Reihe 7, hrsg. v. Statistischen Bundesamt Wiesbaden, Stuttgart und Mainz 1974, S. 45; Beckermann, Th.: Das Handwerk im Wachstum der Wirtschaft, a.a.O., S.103 ff.

Tabelle 23: Betriebe, Beschäftigte, Beschäftigte je Betrieb und Umsätze der Textilreinigungshandwerke von 1956 bis 1968

	Wäscher			Chemischreiniger		
	1956	1963	1968	1956	1963	1968
Betriebe	4 849	3 591	2 537	1 048	1 012	1 179
Beschäftigte	35 827	34 010	25 071	20 781	23 951	23 480
Beschäftigte je Betrieb	7,4	9,5	9,9	19,8	23,7	19,9
Umsatz 1) in Mill.	199,8	372,8	349,3	156,7	328,2	409,9

1) Die Umsatzwerte beziehen sich auf 1955, 1962 und 1967

Quellen: Handwerkszählung 1968, Heft 3, a.a.O., S. 123 ff.

Tabelle 24: Umsätze und Umsatz je Betrieb in den Reinigungshandwerken und dem Gesamthandwerk[1] in jeweiligen Preisen (nominal) und in Preisen von 1962 (real[2]) von 1955 bis 1972

Jahr	Wäscher Chemischreiniger		Gebäudereiniger		Schornsteinfeger		Gesamthandwerk	
	nominal	real	nominal	real	nominal	real	nominal	real
a) Umsatz in Mill. DM								
1955	374	575	61	94	83	128	48 500	60 200
1963	704	674	352	336	171[3]	171[3]	95 300[3]	95 300[3]
1967	760	603	750	595	263	209	126 000	109 600
1972	943	536	1 716	976	407	231	207 000	139 900
b) Umsatz je Betrieb in DM								
1955	63 422	97 500	42 568	65 596	22 200	34 280	61 705	76 590
1963	152 900	146 420	223 350	213 197	38 640[3]	37 060[3]	138 921[3]	138 921[3]
1967	204 520	162 270	444 830	352 900	52 450	41 683	200 317	174 245
1972	335 580	190 747	1 040 000	591 515	75 862	43 059	376 364	254 364

1) Ohne handwerkliche Nebenbetriebe.
2) Berechnet mit den Preisindices der Tabelle 7a und 7b im Anhang.
3) Für 1962.

Quellen: Statistisches Jahrbuch für die BRD 1964, a.a.O., S. 267;
Statistisches Jahrbuch für die BRD 1968, a.a.O., S. 237;
Statistisches Jahrbuch für die BRD 1974, a.a.O., S. 256;
Handwerkszählung 1968, Heft 3, a.a.O., S. 128 ff.;
Umsatzsteuer 1972, Reihe 7, a.a.O., S. 45;
Tabelle 22 im Anhang.

Tabelle 25 : Verteilung der Betriebe des Reinigungs- und Gesamthandwerks nach Umsatzgrößenklassen von 1955 bis 1967 in v.H.

Umsatzgrößenklassen von... bis unter DM	Wäscher			Chemischreiniger			Gebäudereiniger		
	1955	1962	1967 1)	1955	1962	1967 1)	1955	1962	1967 1)
unter 20 000	56,3	34,4	28,2	20,6	6,3	5,0	54,2	19,6	13,3
20 000 - 50 000	23,5	22,6	7,6	18,0	10,0	12,3	24,1	23,9	11,7
50 000 - 100 000	11,2	18,1	31,2	19,7	15,3	14,9	10,8	17,6	22,5
100 000 - 250 000	6,5)	21,1	18,7	24,2)	50,7	27,5	7,9)	28,2	20,9
250 000 - 500 000	1,8)		8,9	11,6)		20,2	2,2)		12,6
500 000 - 1 Mill.	0,6	2,6	4,0	4,4	11,9	12,3	0,7	5,4	8,2
1 Mill. - 2 Mill.	0,2	1,2	1,0	1,5	5,8	6,2	0,1	5,2	6,2
2 Mill. und mehr	-	-	0,4	-	-	1,6	-	-	4,5

	Schornsteinfeger			Gesamthandwerk		
	1955	1962	1967 1)	1955	1962	1967 1)
unter 20 000	19,2	0,4	0,9	51,4	29,2	19,5
20 000 - 50 000	80,7	93,1	0,3	19,9	20,2	13,6
50 000 - 100 000	0,1	6,5	98,1	13,6	17,8	23,7
100 000 - 250 000	-	-	0,7	10,4)	27,5	24,0
250 000 - 500 000	-	-	-	2,9)		10,7
500 000 - 1 Mill.	-	-	-	1,2	3,2	4,9
1 Mill. - 2 Mill.	-	-	-	0,6	2,1	2,1
2 Mill. und mehr	-	-	-	-	-	1,5

1) Statt der Umsatzgrößenklassen 20 000 - 50 000 und 50 000 - 100 000 gelten die Klassen 20 000 - 40 000 und 40 000 bis 100 000.

Quellen: Handwerkszählung 1956, Sonderheft: Strukturquoten des Handwerks, a.a.O., S.188 ff.; Handwerkszählung 1963, Heft 5, a.a.O., S. 132 ff.; Handwerkszählung 1968, Heft 3, a.a.O., S. 28 ff.

Tabelle 26 : Nettoproduktionswert und Arbeitsproduktivität der Reinigungs- und des Gesamthandwerks in jeweiligen Preisen (nominal) und in Preisen von 1962 (real) von 1955 bis 1972

Jahr	Wäscher Chemischreiniger		Gebäudereiniger		Schornsteinfeger		Gesamthandwerk	
	nominal	real	nominal	real	nominal	real	nominal	real
a) Nettoproduktionswert in Mill. DM								
1955	332	511	61	94	82	126	21 424	26 581
1962	580	580	338	338	171	171	48 938	48 938
1967	626	497	690	548	262	208	69 523	60 455
1972	840	479	1 588	903	406	230	124 110	83 858
b) Arbeitsproduktivität in DM								
1955	5 865	9 027	4 213	6 492	8 453	12 990	5 808	7 206
1962	10 000	10 000	6 326	6 326	15 130	15 130	13 141	13 141
1967	12 890	10 236	8 228	6 535	19 542	15 514	18 614	16 186
1972	21 212	12 096	9 931	5 647	21 586 2)	14 615 2)	31 913	21 563

1) Berechnet mit Preisindizes der Tabelle 7a und 7b
2) Für 1970

Quellen: Handwerkszählung 1956, Sonderheft, a.a.O., S. 44 ff.; Handwerkszählung 1963, Heft 7, a.a.O., S. 142 ff.; Handwerkszählung 1968, Heft 1, a.a.O., S. 44 ff.; Beckermann, Th.: Das Handwerk im Wachstum der Wirtschaft, a.a.O., S. 113; Tabelle 22; Kostenstruktur in der Wirtschaft 1970, Reihe 1, II. Handwerk, a.a.O., S. 13

Tabelle 27: Ausgaben für Dienstleistungen der Haushaltsführung[1] ausgewählter privater Haushalte je Haushalt und Monat von 1955 bis 1973 in DM

Jahr	Haushalte		
	Typ I[2]	Typ II[3]	Typ III[4]
1955	-	8,50	-
1962	4,53	9,27	-
1964	4,93	6,36	24,52
1965	5,92	7,99	25,31
1966	5,71	7,89	22,72
1968	5,88	7,56	19,66
1970	5,81	7,29	17,32
1971	6,73	8,43	18,60
1972	7,92	7,82	18,46
1973	8,51	8,95	18,14

1) Ausgaben für Wäscherei und Reinigung sowie Häusliche Dienste. Vgl. Bartels, H.: Systematisches Güterverzeichnis für den Privaten Verbrauch, a.a.O., S. 73
2) 2-Personen-Haushalte von Renten- und Sozialhilfeempfängern mit niedrigem Einkommen
3) 4-Personen-Arbeitnehmerhaushalte mit mittlerem Einkommen
4) 4-Personen-Haushalte von Beamten und Angestellten mit höherem Einkommen

Quellen: Statistisches Jahrbuch für die BRD 1958, a.a.O., S. 467
Statistisches Jahrbuch für die BRD 1968, a.a.O., S. 472 f.
Statistisches Jahrbuch für die BRD 1969, a.a.O., S. 474 f.
Statistisches Jahrbuch für die BRD 1974, a.a.O., S. 485 f.

Tabelle 28 : Marktanteile der Textilreinigungshandwerke und des Gebäudereinigerhandwerks an der jeweiligen Gesamtbranche nach Betrieben und Umsätzen von 1955, 1968 und 1972

Jahr	Betriebe abs.		Umsätze Mrd.DM	
	Gesamtbranche	dar.: Handwerk	Gesamtbranche	dar.: Handwerk
a) Wäscher/Chemischreiniger				
1955	20 829	4 946	0,67	0,25
1968	13 630	2 292	1,82	0,51
1972	13 622	1 792	2,33	0,59
b) Gebäudereiniger				
1955	1 765	1 293	0,07	0,056
1968	3 889	835	0,97	0,33
1972	4 991	769	2,14	0,59

Quellen: Die Umsätze der Umsatzsteuerpflichtigen und deren Besteuerung (Ergebnisse der Umsatzsteuerstatistik 1955), hrsg. v. Statistischen Bundesamt Wiesbaden, Bd. 184, Stuttgart 1957, S. 46 und S. 97;
Umsatzsteuer 1968, Fachserie L, Finanzen und Steuern, Reihe 7, hrsg. v. Statistischen Bundesamt Wiesbaden, Stuttgart und Mainz 1970, S. 37 und S. 43;
Umsatzsteuer 1972, Fachserie L, Finanzen und Steuern, Reihe 7, hrsg. v. Statistischen Bundesamt Wiesbaden, Stuttgart und Mainz 1974, S. 45 und S. 51.

Tabelle 29a: Kosten, Betriebsergebnis, Gewinn und Verlust des Schornsteinfeger- und Gebäudereinigerhandwerks für 1962 und 1970

Größenklassen der Gesamtproduktion von...bis unter DM	Gesamtproduktion je Unternehmen	Kosten: Material- und Wareneinsatz	Kosten: Personalkosten	Kosten: Mieten und Pachten	Kosten: Kosten für Kfz-Haltung	Kosten: insgesamt	Betriebsergebnis	Kal. Kosten[1)]	Gewinn oder Verlust[2)]
	abs. DM	v.H. der Gesamtproduktion					abs. DM	abs. DM	abs. DM
a) Schornsteinfeger 1962									
20 000 - 50 000	38 917	0,1	27,9	0,9	3,3	54,5	17 711	10 200	+ 7 500
Schornsteinfeger 1970									
40 000 - 50 000	47 785	-	34,5	1,8	4,2	54,9	21 551	16 200	+ 5 350
50 000 -100 000	63 166	0,6	28,7	1,6	3,9	51,9	30 383	16 700	+ 13 683
100 000 -250 000	138 708	15,5	27,2	1,0	4,1	63,6	50 490	17 200	+ 33 290
b) Gebäudereiniger 1970									
12 000 - 50 000	25 575	0,7	23,8	2,2	8,3	52,2	12 225	14 450	- 2 225
50 000 -100 000	78 930	1,0	51,7	1,0	3,6	69,7	23 916	15 660	+ 8 256
100 000 -250 000	157 767	1,4	55,8	1,5	4,1	75,6	38 495	16 990	+ 21 505
250 000 -500 000	342 577	1,8	66,1	0,7	3,4	81,6	63 034	18 880	+ 44 154
500 000 - 1 Mill.	801 465	3,3	73,5	0,6	2,3	88,5	92 168	23 730	+ 68 438
1 Mill.- 2 Mill.	1 473 553	3,0	72,9	0,6	1,7	87,9	178 300	25 040	+ 153 260
2 Mill.- 5 Mill.	2 919 201	3,2	71,1	0,4	1,2	85,2	432 042	29 260	+ 402 782
5 Mill.-25 Mill.	8 563 673	4,4	74,6	0,7	1,6	90,4	1 260 800	71 000	+1 189 800

1) Kal. Unternehmerlohn und kalk. Zinsen auf das Eigenkapital. Bei der Berechnung der kalk. Zinsen ist von den "Steuerlichen Abschreibungen" ausgegangen und eine Lebensdauer der Maschinen von 7 Jahren unterstellt. Der Zinssatz ist mit 6 v.H. angesetzt.

2) Gewinn oder Verlust ergibt sich aus der Differenz von Betriebsergebnis minus kalk. Kosten: Minuszeichen bedeutet Verlust.

Quellen: Tabelle 20a im Anhang

Tabelle 29b : Kosten, Betriebsergebnis, Gewinn und Verlust der Textilreinigungshandwerke für 1962 und 1970

Größenklassen der Gesamtproduktion von...bis unter DM	Gesamtproduktion je Unternehmen	Kosten: Material- und Wareneinsatz	Kosten: Personalkosten	Kosten: Mieten und Pachten	Kosten: Steuerl. Abschreibungen	Kosten: insgesamt	Betriebsergebnis	Kalk. Kosten[1]	Gewinn oder Verlust[2]
	abs. DM	v.H. der Gesamtproduktion					abs.DM	abs.DM	abs.DM
a) Wäscher und Plätter 1962									
20 000 - 50 000	35 699	7,7	16,5	4,8	8,6	76,3	8 451	11 350	- 2 899
50 000 - 100 000	69 572	8,1	31,8	3,5	7,0	82,6	12 096	13 100	- 1 004
100 000 - 250 000	190 170	6,0	36,1	3,3	10,2	85,0	28 524	19 600	+ 8 924
250 000 - 500 000	289 342	8,0	39,7	2,5	6,6	83,2	48 690	20 200	+ 28 490
Wäscher und Plätter 1970									
12 000 - 50 000	28 807	7,3	22,9	6,4	4,6	77,9	6 365	13 700	- 7 335
50 000 - 100 000	71 608	7,6	32,0	5,2	6,7	78,8	15 179	16 500	- 1 321
100 000 - 250 000	154 036	5,3	44,1	4,4	7,4	84,9	23 254	20 300	+ 2 954
250 000 - 500 000	356 237	6,6	47,8	3,8	6,7	87,9	43 100	26 470	+ 16 630
500 000 - 1 Mill.	716 154	4,4	51,8	3,1	6,8	90,0	71 620	38 000	+ 33 620
1 Mill.- 2 Mill.	1 413 613	5,9	52,3	5,0	5,3	92,8	101 779	46 700	+ 55 079
2 Mill.- 25 Mill.	6 307 226	7,3	50,0	2,6	5,8	93,9	384 739	175 000	+ 209 739
b) Chemischreiniger und Färber 1970									
30 000 - 100 000	70 903	6,6	27,0	8,3	8,8	80,5	13 825	16 680	- 2 855
100 000 - 250 000	171 780	7,0	37,1	6,1	6,2	84,5	26 629	19 330	+ 7 299
250 000 - 500 000	375 851	5,6	44,8	6,2	4,5	84,9	56 760	23 900	+ 32 860
500 000 - 1 Mill.	714 767	7,2	48,7	6,4	5,3	91,6	60 043	32 012	+ 28 031
1 Mill.- 2 Mill.	1 480 903	6,9	47,8	6,4	5,7	92,5	111 068	54 320	+ 56 748
2 Mill.- 5 Mill.	2 585 735	7,8	49,1	7,3	4,8	95,1	126 699	71 300	+ 55 399

Anmerkung 1 und 2, Tabelle 29a im Anhang
Quellen: Tabelle 20a im Anhang

Tabelle 30 : Betriebe und Beschäftigte der Installationshandwerke von 1956 bis 1972

Jahr	Gas- und Wasserinstallateure[2]	Zentralheizungs- und Lüftungsbauer	Elektroinstallateure
a) Betriebe[1]			
1956	17 362	1 252	19 398
1963	18 577	2 028	22 173
1968	17 900	4 700	22 757
1972	17 600	6 300	24 440
b) Beschäftigte[1]			
1956	122 000	15 237	124 000
1963	137 000	30 166	139 000
1968	142 100	74 000	167 000
1972	150 100	93 000	187 000

1) Ohne handwerkliche Nebenbetriebe.
2) Auch Gemischtbetriebe mit Klempnerei und Zentralheizungsbau.

Quellen: Statistisches Jahrbuch für die BRD 1964, a.a.O., S. 267;
Statistisches Jahrbuch für die BRD 1969, a.a.O., S. 237;
Statistisches Jahrbuch für die BRD 1974, a.a.O., S. 256;
Handwerkszählung 1968, Heft 3, a.a.O., S. 125;
Beckermann, Th.: Das Handwerk im Wachstum der Wirtschaft, a.a.O., S. 123;
Betriebe, Beschäftigte, Umsatz und Ausbildungsverhältnisse in der Sanitär- und Heizungsbranche 1973, Ausarbeitung des Zentralverbandes für Sanitär- und Heinzungstechnik, Bonn, 31.7.1974.

Tabelle 31: : Umsätze und Umsatz je Betrieb der Installationshandwerke in jeweiligen Preisen (nominal) und in Preisen von 1962 (real[1]) von 1955 bis 1972

Jahr	Gas- und Wasserinstallateure[3])		Zentralheizungs- und Lüftungsbauer		Elektroinstallateure	
	nominal	real	nominal	real	nominal	real
a) Umsatz[2]) in Mill.DM						
1955	1 684	2 159	273	350	1 523	2 086
1963	3 930	3 779	1 023	979	3 461	3 393
1968	4 701	3 885	3 589	2 848	4 871	4 428
1972	8 559	5 032	6 500	3 689	9 387	6 569
b) Umsatz je Betrieb in DM						
1955	96 993	124 352	218 051	279 553	78 513	107 536
1963	211 552	203 423	504 437	482 741	156 090	153 024
1968	262 626	217 039	763 617	605 957	214 044	194 577
1972	486 307	285 909	1 031 746	585 555	384 083	268 781

1) Berechnet mit den Preisindices der Tabelle 7b im Anhang.
2) Einschließlich der Umsatz-(Mehrwert-)Steuer.
3) Mit Gemischtbetrieben der Klempnerei und Heizungsbauer.

Quellen: Statistisches Jahrbuch für die BRD 1964, a.a.O., S. 267;
Statistisches Jahrbuch für die BRD 1969, a.a.O., S. 237;
Statistisches Jahrbuch für die BRD 1974, a.a.O., S. 256;
Handwerkszählung 1956, Heft 1, a.a.O., S. 160;
Handwerkszählung 1963, Heft 1, a.a.O., S. 93;
Tabelle 30 im Anhang.

Tabelle 32 : Nettoproduktionswerte und Arbeitsproduktivität der Installationshandwerke[2] in jeweiligen Preisen (nominal) und Preisen von 1962 (real[1]) von 1955 bis 1972

Jahr	Gas- und Wasser-installateure		Zentralheizungs- und Lüftungsbauer		Elektro-installateure	
	nominal	real	nominal	real	nominal	real
	a) Nettoproduktionswert in Mill. DM					
1955	684,3	877,3	110,9	142,2	512,6	702,2
1962	1 812,5	1 812,5	480,6	480,6	1 658,2	1 658,2
1967[3]	2 842,8	2 409,5	1 435,5	1 166,1	2 531,3	2 352,5
1972	4 468,8[4]	2 627,2	3 371,2[4]	1 913,3	5 090,0	3 561,9
	b) Arbeitsproduktivität in DM					
1955	5 609,0	7 190,9	7 278,3	9 332,5	4 133,9	5 662,9
1962	13 229,9	13 229,9	15 931,8	15 931,8	11 929,5	11 929,5
1967	20 005,6	16 956,4	19 398,6	15 758,1	15 157,5	14 086,8
1972	29 772,1	17 502,9	36 249,5	20 573,1	27 219,2	19 047,6

1) Berechnet mit Preisindices der Tabelle 7b im Anhang.
2) Mit Gemischtbetrieben der Klempnerei und der Heizungsbauer.
3) Für 1967 sind nach der Wirtschaftszweigsystematik von 1961 folgende Zweige genommen: 3100; 2409 und 3105.
4) Für 1972 ist vom Verf. der Nettoproduktionswert im Verhältnis 57 zu 43 auf Gas- und Wasserinstallation sowie Zentralheizungs- und Lüftungsbauer entsprechend der Umsatzanteile aufgeteilt worden.

Quellen: Handwerkszählung 1956, Sonderheft, a.a.O., S.45ff. und 206ff.;
Handwerkszählung 1963, Heft 7, a.a.O., S. 150 ff.;
Handwerkszählung 1968, Heft 1, a.a.O., S. 44 f. und 48 f.;
Beckermann, Th.: Das Handwerk im Wachstum der Wirtschaft, a.a.O., S. 113.

Tabelle 33: Verteilung der Betriebe der Installationshandwerke nach Umsatzgrößenklassen von 1955 bis 1967 in v.H.

Umsatzgrößenklassen	Gas- und Wasserinstallateure 1)			Zentralheizungs- und Lüftungsbauer			Elektroinstallateure		
von...bis unter DM	1955	1962	1967 2)	1955	1962	1967 2)	1955	1962	1967 2)
unter 20 000	22,0	6,2	5,2	12,0	1,3	2,3	23,4	10,6	10,2
20 000 - 50 000	28,5	15,2	8,4	15,2	5,2	3,3	30,4	15,6	10,9
50 000 - 100 000	25,1	23,0	20,2	18,4	7,8	7,6	26,0	20,3	19,8
100 000 - 250 000	17,5)	48,5	36,4	27,7)	50,7	24,1	16,0)	48,9	36,0
250 000 - 500 000	4,5)		18,2	15,7)		25,1	3,0)		14,9
500 000 - 1 Mill.	1,6	4,5	7,2	8,5	20,1	21,0	0,9	3,2	5,6
1 Mill. u.m.	0,7	2,5	4,3	2,5	14,9	16,6	0,3	1,6	2,6

1) Mit Gemischbetrieben der Klempnerei und der Zentralheizungsbauer;
2) Für 1967 gelten statt 20 000 - 50 000 und 50 - 100 000 die Größenklassen 20 000 - 40 000 und 40 000 - 100 000

Quellen: Handwerkszählung 1956, Sonderheft, a.a.O., S. 206 ff.;
Handwerkszählung 1963, Heft 5, a.a.O., S. 142 ff.;
Handwerkszählung 1968, Heft 3, a.a.O., S. 32

Tabelle 34: Investitionen, Bruttoanlagevermögen und Kapitalintensität der Installationshandwerke von 1955 bis 1972 in Preisen von 1962

Jahr	Wasserinstallateure u.Heizungstechniker insgesamt Mill. DM	Wasserinstallateure u.Heizungstechniker je Betrieb DM	Elektroinstallateure insgesamt Mill. DM	Elektroinstallateure je Betrieb DM
	a) Investitionen			
1955	81,0	4 352	34,0	1 753
1962	171,6	8 328	119,0	5 367
1967	195,2	8 637	135,0	5 932
1972	312,0	13 054	242,0	9 902
	b) Bruttoanlagevermögen			
1955	654,0	35 134	343,0	17 682
1962	1 128,0	54 744	655,0	29 540
1967	1 644,0	72 743	1 080,0	47 458
1972	2 416,0	101 088	1 668,0	68 249
	c) Kapitalintensität[1]			
1955	4 766		2 766	
1962	6 748		4 712	
1967	7 608		6 467	
1972	9 938		8 920	

1) Bruttoanlagevermögen je Beschäftigten in DM

Quellen: Beckermann, Th.: Das Handwerk im Wachstum der Wirtschaft, a.a.O., S. 123 f.; Tabelle 30

Tabelle 35: Verteilung des Dienstleistungsangebots der Elektroinstallationsbetriebe an Industrie und Staat nach Beschäftigtengrößenklassen 1974 in v.H.

Beschäftigtengrößenklassen von .... bis	Betriebe insges.	Dienstleistungsprogramm der Betriebe			
		I[1]	II[2]	III[3]	insgesamt
1 - 4	7,9	57,1	7,1	35,7	100
5 - 9	24,0	49,6	4,7	45,7	100
10 - 19	29,8	38,6	3,2	58,2	100
20 - 49	22,3	37,3	1,7	61,0	100
50 - 99	10,6	21,4	-	78,6	100
100 u.m.	5,5	20,7	-	79,3	100
Insgesamt	100	39,6	3,0	57,4	100

1) Anlageninstandhaltung;
2) Kundendienst;
3) Betriebe bieten Instandhaltung und Kundendienst an

Quelle: Eigene Auswertungen der Aufnahmeanträge zum "Dienstleistungskatalog - Elektrotechnik" Handwerk - Partner der Industrie, 1974/75

Tabelle 36: Verteilung des Dienstleistungsangebots der Elektroinstallationsbetriebe an Industrie und Staat nach Anteilsklassen des Handwerksumsatzes 1974 in v.H.

Anteil der Dienstleistungen am Handwerksumsatz von...bis in v.H.	Betriebe insges.	Dienstleistungsprogramm der Betriebe			
		I[1]	II[2]	III[3]	insgesamt
1 - 24	19,3	34,1	5,5	60,4	100
24 - 49	24,0	35,6	5,1	59,5	100
50 - 74	30,2	32,2	0,7	67,1	100
75 - 100	26,5	34,4	1,6	64,1	100
Insgesamt	100	33,9	2,9	63,1	100

Anmerkungen 1 bis 3, Tabelle 35

Quelle: Tabelle 35

Tabelle 37a : Kosten, Betriebsergebnis, Gewinn und Verlust der Gas- und Wasserinstallateure mit Zentralheizungs- und Lüftungsbau für 1962 und 1970

Größenklassen der Gesamtproduktion von... bis unter DM	Gesamtproduktion je Unternehmen	Kosten: Material und Wareneinsatz	Kosten: Personalkosten	Kosten: insgesamt	Betriebsergebnis	Kalkul. Kosten 1)	Gewinn oder Verlust 2)
	abs. DM	v.H. der Gesamtproduktion			absolut DM		
Gas- und Wasserinstallateure mit Zentralheizungs- und Lüftungsbau 1962							
50 000 - 250 000	119 946	59,2	13,1	87,8	14 655	12 508	+ 2 147
250 000 - 500 000	348 198	56,4	15,9	88,0	41 842	14 984	+26 858
500 000 - 1 Mill.	734 172	56,3	19,5	89,2	79 001	17 008	+61 993
Gas- und Wasserinstallateure mit Zentralheizungs- und Lüftungsbau 1970							
12 000 - 50 000	34 075	45,8	5,5	69,2	10 495	13 344	- 2 849
50 000 - 100 000	76 734	48,9	11,4	77,7	17 112	14 870	+ 2 242
100 000 - 250 000	168 385	52,9	16,6	82,6	29 299	16 344	+12 955
250 000 - 500 000	360 773	52,1	23,3	87,7	44 375	18 730	+25 645
500 000 - 1 Mill.	774 712	47,4	30,1	90,7	72 048	22 502	+49 546
1 Mill.- 2 Mill.	1 425 298	49,6	30,2	92,2	111 173	27 576	+83 597

1) Kal. Unternehmerlohn und kalk. Zinsen auf das Eigenkapital. Bei der Berechnung der kalk. Zinsen ist von den "Steuerlichen Abschreibungen" ausgegangen und eine Lebensdauer der Maschinen von 7 Jahren unterstellt. Der Zinssatz ist mit 6 v.H. angesetzt.

2) Gewinn oder Verlust ergibt sich aus der Differenz von Betriebsergebnis minus kalk.Kosten: Minuszeichen bedeutet Verlust.

Quellen: Tabelle 20a im Anhang

Tabelle 37b: Kosten, Betriebsergebnis, Gewinn und Verlust der Elektroinstallateure für 1962 und 1970

Größenklassen der Gesamtproduktion von... bis unter DM	Gesamtproduktion je Unternehmen	Kosten: Material- und Wareneinsatz	Kosten: Personalkosten	Kosten: insgesamt	Betriebsergebnis	Kalkul. Kosten 1)	Gewinn oder Verlust 2)
	abs.DM	v.H. der Gesamtproduktion			absolut DM		
Elektroinstallateure 1962							
20 000 - 50 000	37 395	44,4	9,0	74,5	9 525	11 534	- 2 009
50 000 - 100 000	76 588	54,5	12,1	83,0	13 058	12 178	+ 880
100 000 - 250 000	148 382	57,3	13,4	86,6	19 850	13 122	+ 6 728
250 000 - 500 000	293 197	54,3	16,0	85,9	41 207	14 348	+ 26 859
Elektroinstallateure 1970							
20 000 - 100 000	61 420	50,1	13,7	78,9	12 960	14 094	- 1 134
100 000 - 250 000	184 120	48,0	22,2	84,4	28 723	16 626	+ 12 097
250 000 - 500 000	356 839	51,9	23,7	89,1	38 895	18 400	+ 20 495
500 000 - 1 Mill.	713 481	47,9	29,7	90,2	69 921	22 094	+ 47 827
1 Mill.- 2 Mill.	1 441 956	44,3	33,0	90,2	141 312	28 902	+ 112 410

Anmerkungen 1 und 2, Tabelle 37a Anhang

Quellen: Tabelle 20a im Anhang

Tabelle 38: Marktanteile der Installationshandwerke an der jeweiligen Gesamtbranche nach Betrieben und Umsätzen von 1955, 1968 und 1972

Jahr	Betriebe abs.		Umsätze Mrd. DM	
	Gesamtbranche	dar.: Handwerk	Gesamtbranche	dar.: Handwerk
a) Zentralheizungs- und Lüftungsbau				
1955	1 928	1 226	0,787	0,270
1968	5 576	4 062	2,823	1,589
1972	7 498	5 894	7,200	4,130
b) Elektroinstallateure[1)]				
1955	21 113	16 802	1,637	1,292
1968	23 266	19 380	4,513	3,477
1972	25 459	20 800	9,198	7,319

1) Einschließlich Einzelhandel mit elektrotechnischen Geräten.

Quellen: Tabelle 28 im Anhang

Tabelle 39 : Betriebe und Beschäftigte ausgewählter Dienstleistungshandwerke mit dem Schwerpunkt Handelsleistungen für die gewerbliche Wirtschaft von 1956 bis 1972

Jahr	Büro-maschinen-mechaniker	Land-maschinen-mechaniker	Kraft-fahrzeug-mechaniker	Vulka-niseure
a) Betriebe				
1956	2 036	3 432	15 861	1 200
1963	2 203	3 606	17 433	1 140
1968	2 243	6 963	21 331	1 048
1972	2 211	4 047	22 020	740
b) Beschäftigte				
1956	7 000	19 000	137 000	8 000
1963	11 000	23 000	202 000	10 000
1968	7 500	23 200	218 200	12 000
1972	7 600	21 300	241 500	13 000

Quellen: Statistisches Jahrbuch für die BRD 1964,a.a.O.,S.267;
Statistisches Jahrbuch für die BRD 1969,a.a.O.,S.237;
Statistisches Jahrbuch für die BRD 1974,a.a.O.,S.256;
Handwerkszählung 1968, Heft 3, a.a.O., S. 122 ff.;
Beckermann, Th.: Das Handwerk im Wachstum der Wirtschaft, a.a.O., S. 103;
Bericht über die Lage des Handwerks im Jahr 1972, hrsg. v. Bundesminister für Wirtschaft, Bonn 1973, Anlage 1.

Tabelle 40 : Umsätze und Umsatz je Betrieb ausgewählter Dienstleistungshandwerke mit dem Schwerpunkt Handelsleistungen für die gewerbliche Wirtschaft in jeweiligen Preisen (nominal) und preisen von 1962 (real[1]) von 1955 bis 1972

a) Umsatz in Mill. DM

Jahr	Büromaschinen-mechaniker		Landmaschinen-mechaniker		Kraftfahrzeug-mechaniker		Vulkaniseure	
	nominal	real	nominal	real	nominal	real	nominal	real
1955	177,0	215,9	596,0	726,8	3 795,0	4 656,4	288,0	360,0
1963	490,0	485,1	1 503,0	1 488,1	11 510,0	11 396,0	650,0	637,3
1968	369,6	351,1	1 433,9	1 364,3	13 833,0	13 469,3	1 151,0	1 096,2
1972	618,6	503,3	2 139,1	1 740,5	24 220,5	20 200,5	1 542,3	1 307,0

b) Umsatz je Betrieb in DM

Jahr	Büromaschinen-mechaniker nominal	Büromaschinen-mechaniker real	Landmaschinen-mechaniker nominal	Landmaschinen-mechaniker real	Kraftfahrzeug-mechaniker nominal	Kraftfahrzeug-mechaniker real	Vulkaniseure nominal	Vulkaniseure real
1955	86 935	106 041	173 659	211 771	239 266	293 575	240 000	300 000
1963	222 423	220 199	416 805	412 673	660 242	653 702	570 175	559 035
1968	164 779	156 531	205 931	195 935	648 492	632 708	1 098 282	1 045 992
1972	279 782	227 634	528 564	430 071	1 099 931	917 370	2 084 189	1 766 216

1) Berechnet mit den Preisindices der Tabelle 7b im Anhang.

Quellen: Statistisches Jahrbuch für die BRD 1964, a.a.O., S. 267;
Statistisches Jahrbuch für die BRD 1969, a.a.O., S. 237;
Statistisches Jahrbuch für die BRD 1974, a.a.O., S. 256;
Tabelle 39 im Anhang.

Tabelle 41 : Verteilung der Betriebe ausgewählter Dienstleistungshandwerke mit dem Schwerpunkt Handelsleistungen für die gewerbliche Wirtschaft nach Umsatzgrößenklassen von 1955 bis 1967 in v.H.

Umsatzgrößenklassen von...bis unter DM	Büromaschinenmechaniker			Landmaschinenmechaniker		
	1955	1962	1967 1)	1955	1962	1967 1)
unter 20 000	31,1	14,0	11,9	21,9	8,8	8,6
20 000 - 50 000	25,5	24,9	11,5	20,6	12,6	7,3
50 000 - 100 000	19,5	20,7	28,4	16,8	18,6	23,1
100 000 - 250 000	15,4)	37,7	28,7	20,2)	38,9	29,9
250 000 - 500 000	4,7)		10,9	10,5)		16,3
500 000 - 1 Mill.	2,6	4,0	5,1	6,3	11,8	7,9
1 Mill. und mehr	1,2	2,8	3,6	3,7	9,3	6,9

Umsatzgrößenklassen von...bis unter DM	Kraftfahrzeugmechaniker			Vulkaniseure		
	1955	1962	1967 1)	1955	1962	1967 1)
unter 20 000	20,8	7,1	5,5	17,3	5,0	2,8
20 000 - 50 000	23,8	14,5	4,6	16,5	8,8	1,7
50 000 -- 100 000	18,7	19,5	21,4	15,2	11,4	14,1
100 000 - 250 000	17,7)	38,2	25,5	23,3)	45,6	20,2
250 000 - 500 000	8,3)		16,9	14,2)		21,7
500 000 - 1 Mill.	5,5	8,4	11,1	9,0	14,2	18,8
1 Mill. und mehr	5,2	12,3	15,0	4,5	15,0	20,7

1) Für 1967 gelten statt der Umsatzgrößenklassen 20 000 - 50 000 und 50 000 - 100 000 die Klassen 20 000 - 40 000 und 40 000 - 100 000.

Quellen: Handwerkszählung 1956, Sonderheft, a.a.O., S. 206 ff.; Handwerkszählung 1963, Heft 5, a.a.O., S. 142 ff.; Handwerkszählung 1968, Heft 3, a.a.O., S. 33 ff.

Tabelle 42 : Nettoproduktionswerte und Arbeitsproduktivität ausgewählter Dienstleistungshandwerke mit dem Schwerpunkt Handelsleistungen für die gewerbliche Wirtschaft in jeweiligen Preisen (nominal) und Preisen von 1962 (real[1]) von 1955 bis 1972

Jahr	Büromaschinen-mechaniker		Landmaschinen-mechaniker		Kraftfahrzeug-mechaniker		Vulkaniseure	
	nominal	real	nominal	real	nominal	real	nominal	real
a) Nettoproduktionswert in Mill.DM								
1955	60,5	73,8	143,0	174,4	1 111,0	1 363,1	88,7	110,9
1962	104,4	104,4	336,0	336,0	3 018,9	3 018,9	183,4	183,4
1967	-	-	446,9	430,5	4 475,0	4 387,2	277,0	266,0
1972	-	-	-	-	8 580,0	7 155,0	410,0	347,5
b) Arbeitsproduktivität[2] in DM								
1955	8 642	10 542	7 526	9 170	8 109	9 940	11 087	13 862
1962	9 490	9 490	14 600	14 600	14 945	14 945	18 340	18 340
1967	-	-	19 260	18 556	20 500	20 106	23 083	22 100
1972	-	-	-	-	35 527	29 627	30 082	26 120

1) Berechnet mit den Preisindices der Tabelle 7b im Anhang.
2) Nettoproduktionswert je Beschäftigten.

Quellen: Handwerkszählung 1956, Sonderheft, a.a.O., S. 44 ff. und 202 ff.;
Handwerkszählung 1963, Heft 7, a.a.O., S. 148;
Handwerkszählung 1968, Heft 1, a.a.O., S. 44 ff.;
Beckermann, Th.: Das Handwerk im Wachstum der Wirtschaft, a.a.O., S. 113;
Tabelle 39 im Anhang.

Tabelle 43 : Investitionen, Bruttoanlagevermögen und Kapitalintensität ausgewählter Dienstleistungshandwerke mit dem Schwerpunkt Handelsleistungen für die gewerbliche Wirtschaft von 1955 bis 1972 in Preisen von 1962

Jahr	Landmaschinen-mechaniker		Kraftfahrzeugmechaniker				
	Investitionen		Investitionen		Bruttoanlagevermögen		Kapital-intensität 1)
	insges. Mill.DM	je Betrieb DM	insges. Mill.DM	je Betrieb DM	insges. Mill.DM	je Betrieb DM	DM
1955	25,3	7 371	174,7	11 014	2 523	159 069	18 416
1962	22,6	9 317	372,4	21 361	3 980	228 302	19 702
1967	31,0	4 452	410,7	19 253	5 670	265 810	25 985
1972	-	-	735,0	33 378	7 831	355 631	32 426
	Veränderungen 1955 = 100						
1955	100	100	100	100	100	100	100
1962	133	126	213	194	158	144	107
1967	123	60	235	175	225	167	141
1972	-	-	421	303	310	224	176

1) Bruttoanlagevermögen je Beschäftigten.

Quellen: Schünemann, W.: Die Investitionen des deutschen Handwerks in den Jahren 1955, 1956 und 1957;
Studien und Berichte des Forschungsinstituts für Handwerkswirtschaft an der Universität Frankfurt. Bericht Nr. 34, Frankfurt 1960, Tabelle 4;
Handwerkszählung 1963, Heft 7, a.a.O., S. 148 ff.;
Handwerkszählung 1968, Heft 1, a.a.O., S. 50 ff.;
Beckermann, Th.: Das Handwerk im Wachstum der Wirtschaft, a.a.O., S. 109 ff.; Tabelle 39 im Anhang.

Tabelle 44: Ausgaben[1] für eigene Kraftfahrzeuge und Fahrräder ausgewählter privater Haushalte je Haushalt und Monat von 1964 bis 1973 in DM und Einkommenselastizität der Nachfrage nach Kraftfahrzeugen 1972/73

Jahr	Haushalte		
	Typ I[2]	Typ II[3]	Typ III[4]
1964	0,72	51,99	137,26
1965	0,74	62,27	203,27
1968	1,47	66,42	173,60
1970	3,65	92,36	223,39
1971	4,27	109,27	255,43
1972	2,74	104,78	267,17
1973	4,81	136,93	259,17
Elastizitätskoeffizient 1972/73	9,3	2,8	1,4[5]

1) Enthält Aufwendungen für eigene Kraftfahrzeuge und Fahrräder, Kraftstoffe; sonstige Ge- und Verbrauchsgüter für eigene Kraftfahrzeuge und Fahrräder; Dienstleistungen, fremde Reparaturen und Änderungen an eigenen Kraftfahrzeugen, Garagenmiete
2) 2-Personen-Haushalte von Renten- und Sozialhilfeempfängern mit niedrigem Einkommen
3) 4-Personen-Arbeitnehmerhaushalte mit mittlerem Einkommen
4) 4-Personen-Haushalte von Beamten und Angestellten mit höherem Einkommen
5) Für 1970/71

Quellen: Statistisches Jahrbuch für die BRD 1968, a.a.O., S. 472f.; Statistisches Jahrbuch für die BRD 1969, a.a.O., S. 474 f.; Statistisches Jahrbuch für die BRD 1974, a.a.O., S. 485 f.; Tabelle 19

Tabelle 45a: Kosten, Betriebsergebnis, Gewinn und Verlust der Landmaschinen- und Büromaschinenmechaniker für 1962 und 1970

Größenklassen der Gesamtproduktion von... bis unter DM	Gesamtproduktion je Unternehmen	Kosten: Material- und Wareneinsatz	Kosten: Personalkosten	Kosten: insgesamt	Betriebsergebnis	Kalk. Kosten[2]	Gewinn oder Verlust[3]
	abs. DM	v.H. der Gesamtproduktion			absolut DM		
a) Landmaschinenmechaniker[1] 1962							
20 000 - 250 000	132 290	74,3	3,9	90,7	12 300	12 111	+ 189
250 000 - 500 000	375 428	77,0	5,5	93,1	25 993	14 077	+ 11 916
500 000 - 2 Mill.	925 401	83,3	4,4	95,5	41 305	18 164	+ 23 141
Landmaschinenmechaniker[1] 1970							
100 000 - 1 Mill.	535 862	76,2	8,7	93,2	36 439	18 251	+ 18 188
1 Mill. - 2 Mill.	1 495 617	75,3	10,0	93,4	98 710	23 154	+ 75 556
2 Mill. - 5 Mill.	3 015 687	78,4	9,7	95,1	147 769	31 166	+116 603
b) Büromaschinenmechaniker[1] 1970							
50 000 - 100 000	72 613	61,6	4,3	79,3	15 031	14 488	+ 543
100 000 - 1 Mill.	495 189	65,0	12,6	88,5	56 947	18 703	+ 38 244
1 Mill. - 5 Mill.	2 592 711	65,6	17,1	93,8	160 748	29 978	+130 770

1) Mit überwiegend Handel.
2) Kalk. Unternehmerlohn und kalk. Zinsen auf das Eigenkapital; siehe Anmerkung 1, Tabelle 37a im Anhang.
3) Differenz zwischen Betriebsergebnis und kalk. Kosten, Pluszeichen bedeutet Gewinn.

Quelle: Tabelle 20a im Anhang

Tabelle 45b: Kosten, Betriebsergebnis, Gewinn und Verlust der Kraftfahrzeugmechaniker und Vulkaniseure für 1962 und 1970

Größenklassen der Gesamtproduktion von...bis unter DM	Gesamtproduktion je Unternehmen	Kosten: Material- und Wareneinsatz	Kosten: Personalkosten	Kosten: insgesamt	Betriebsergebnis	Kalk. Kosten[2]	Gewinn oder Verlust[3]
	abs. DM	v.H. der Gesamtproduktion			absolut DM		
a) Kraftfahrzeugmechaniker[1] 1962							
20 000 - 250 000	129 446	62,1	6,1	84,9	19 536	12 642	+ 6 894
250 000 - 1 Mill.	529 011	73,2	9,0	95,6	23 195	16 110	+ 7 085
1 Mill. - 2 Mill.	1 511 197	77,0	6,9	95,8	64 057	19 712	+ 44 345
Kraftfahrzeugmechaniker[1] 1970							
100 000 - 250 000	140 542	61,8	8,6	84,3	22 065	16 239	+ 5 826
250 000 - 500 000	338 703	64,6	12,7	92,1	26 757	17 422	+ 9 335
500 000 - 1 Mill.	745 191	66,7	12,9	91,2	65 577	20 443	+ 45 134
1 Mill. - 2 Mill.	1 555 428	71,1	11,5	92,6	115 102	23 880	+ 91 222
2 Mill. - 5 Mill.	3 194 196	73,6	10,9	93,6	204 429	27 391	+177 038
b) Vulkaniseure[1] 1970							
100 000 - 1 Mill.	454 820	73,3	9,0	92,0	36 386	19 439	+ 16 947
1 Mill. - 2 Mill.	1 444 636	70,4	10,9	91,7	119 905	26 601	+ 93 304
2 Mill. - 5 Mill.	3 192 797	73,3	12,4	96,5	111 748	43 978	+ 67 770

1) Mit überwiegend Handel.
2) Kalk.Unternehmerlohn und kalk. Zinsen auf das Eigenkapital, siehe Anmerkung 1, Tabelle 37a im Anhang.
3) Differenz zwischen Betriebsergebnis und kalk. Kosten. Pluszeichen bedeutet Gewinn.

Quelle: Tabelle 20a im Anhang

Tabelle 46 : Marktanteile ausgewählter Dienstleistungshandwerke mit dem Schwerpunkt Handelsleistungen für die gewerbliche Wirtschaft

Jahr	Betriebe abs.		Umsätze Mrd.DM	
	Gesamtbranche	dar.: Handwerk	Gesamtbranche	dar.: Handwerk
a) Landmaschinenmechaniker				
1968	4 291	2 455	2,99	1,22
1972	4 200	2 367	4,01	1,65
b) Büromaschinenmechaniker				
1968	2 027	518	1,57	0,22
1972	2 105	447	3,52	0,28
c) Kraftfahrzeugmechaniker				
1955	21 863	18 195	3,29	2,68
1968	25 854	18 147	25,66	13,47
1972	29 832	19 909	25,19	22,37
d) Vulkaniseure				
1955	991	742	0,24	0,13
1968	696	521	0,95	0,33
1972	618	486	1,23	0,40

Quelle: Tabelle 28 im Anhang

Tabelle 47 : Betriebe und Beschäftigte ausgewählter Dienstleistungshandwerke mit dem Schwerpunkt Handelsleistungen für die privaten Haushalte von 1956 bis 1972

Jahr	Radio- und Fernsehtechniker	Uhrmacher	Schuhmacher	Fotografen
		a) Betriebe		
1956	4 069	9 808	51 414	6 292
1963	4 737	9 637	40 130	5 434
1968	5 954	8 949	30 972	4 967
1972	6 400	7 490	21 140	4 350
		b) Beschäftigte		
1956	12 000	25 000	77 000	17 000
1963	20 000	24 000	63 000	18 000
1968	22 400	23 900	52 000	17 700
1972	24 200	23 400	41 100	15 300

Quellen: Siehe Tabelle 39 im Anhang;
Jahresbericht 1973, hrsg. v. Zentralverband des Deutschen Elektrohandwerks, Frankfurt 1974, S. 76.

Tabelle 48 : Umsätze und Umsatz je Betrieb ausgewählter Dienstleistungshandwerke mit dem Schwerpunkt Handelsleistungen für private Haushalte in jeweiligen Preisen (nominal) und Preisen von 1962 (real[1]) von 1955 bis 1972

Jahr	Radio- und Fernsehtechniker		Uhrmacher		Schuhmacher		Fotografen	
	nominal	real	nominal	real	nominal	real	nominal	real
	a) Umsatz in Mill. DM							
1955	307,0	377,1	452,0	579,5	685,0	913,3	191,0	251,3
1963	910,0	928,6	825,0	816,8	1 270,0	1 227,1	361,0	353,9
1968	1 096,7	1 290,2	1 072,5	1 007,0	1 297,9	1 109,3	537,9	493,5
1972	2 060,5	2 297,1	1 559,5	1 290,9	1 592,0	1 073,5	730,3	588,7
	b) Umsatz je Betrieb in DM							
1955	75 448	92 676	46 084	59 084	13 320	17 760	30 350	39 939
1963	192 100	196 030	85 600	84 750	31 600	30 570	66 433	65 100
1968	184 190	216 669	119 845	112 500	41 900	35 810	108 290	99 350
1972	321 900	358 920	208 200	172 300	75 300	50 700	167 880	135 333

1) Berechnet mit den Preisindices der Tabelle 7b im Anhang

Quellen: Tabelle 40 im Anhang;
Tabelle 47 im Anhang.

Tabelle 49 : Nettoproduktionswert und Arbeitsproduktivität ausgewählter Dienstleistungshandwerke mit dem Schwerpunkt Handelsleistungen an private Haushalte in jeweiligen Preisen (nominal) und in Preisen von 1962 (real[1])) von 1955 bis 1972

Jahr	Radio- und Fersehtechniker		Uhrmacher		Schuhmacher		Fotografen	
	nominal	real	nominal	real	nominal	real	nominal	real
a) Nettoproduktionswert in Mill.DM								
1955	94,8	116,4	116,4	220,9	260,1	346,8	94,0	123,7
1962	261,5	261,5	310,1	310,1	504,9	504,9	186,6	186,6
1967	378,0	448,4	406,0	385,1	637,0	551,9	249,0	230,6
1972	720,0	802,7	610,0	505,0	790,0	532,7	290,0	233,8
b) Arbeitsproduktivität in DM								
1955	7 900	9 700	6 890	8 836	3 377	4 504	5 520	7 276
1962	13 075	13 075	12 921	12 921	8 014	8 014	10 366	10 366
1967	16 875	20 017	16 980	16 110	12 250	10 613	14 068	13 028
1972	29 700	33 169	26 060	21 580	19 200	12 961	18 954	15 281

1) Berechnet mit den Preisindices der Tabelle 7b im Anhang.

Quellen: Handwerkszählung 1956, Sonderheft, a.a.O., S. 44 ff. und 202 ff.
Handwerkszählung 1963, Heft 7, a.a.O., S. 148.
Handwerkszählung 1968, Heft 1, a.a.O., S. 44 ff.
Beckermann, Th.: Das Handwerk im Wachstum der Wirtschaft, a.a.O., S. 113.

Tabelle 50 : Verteilung der Betriebe[1] ausgewählter Dienstleistungshandwerke mit dem Schwerpunkt Handelsleistungen für die privaten Haushalte nach Umsatzgrößenklassen von 1955 bis 1967 in v.H.

Umsatzgrößenklassen	Radio- und Fernsehtechniker			Uhrmacher		
von... bis unter DM	1955	1962	1967[2]	1955	1962	1967[2]
unter 20 000	29,8	15,5	13,7	41,2	21,8	20,7
20 000 - 50 000	24,0	11,8	17,4	30,5	24,3	5,0
50 000 - 100 000	23,1	16,8	20,7	17,4	26,2	39,4
100 000 - 250 000	17,3)	47,5	28,4	9,2)	26,3	25,5
250 000 - 500 000	4,2)		12,3	1,5)		7,2
500 000 - 1 Mill.	1,3	5,7	5,3	0,2	1,2	1,9
1 Mill. und mehr	0,3	2,6	2,3	-	0,2	0,4

Umsatzgrößenklassen	Schuhmacher			Fotografen		
von... bis unter DM	1955	1962	1967[2]	1955	1962	1967[2]
unter 20 000	84,5	68,9	10,8	62,1	33,6	27,3
20 000 - 50 000	10,0	17,1	56,4	22,3	26,7	8,5
50 000 - 100 000	3,8	7,9	24,9	9,8	20,5	35,5
100 000 - 250 000	1,5)	5,9	6,2	4,5)	18,1	20,7
250 000 - 500 000	0,2)		1,2	1,0)		5,7
500 000 - 1 Mill.	-	0,2	0,3	0,2	0,7	1,6
1 Mill. und mehr	-	0,1	0,1	0,1	0,4	0,7

1) 1967 einschließlich Nebenbetriebe.
2) Für 1967 gelten statt der Umsatzgrößenklassen 20 000 - 50 000 und 50 000 - 100 000 die Klassen 20 000 - 40 000 und 40 000 - 100 000.

Quellen: Handwerkszählung 1956, Sonderheft, a.a.O., S. 206 ff.
Handwerkszählung 1963, Heft 5, a.a.O., S. 142 ff.
Handwerkszählung 1968, Heft 3, a.a.O., S. 33 ff.

Tabelle 51 : Investitionen, Bruttoanlagevermögen und Kapitalintensität ausgewählter Dienstleistungshandwerke mit dem Schwerpunkt Handelsleistungen für die privaten Haushalte von 1955 bis 1972 in Preisen von 1962

Jahr	Radio- und Fernsehtechniker		Uhrmacher		Schuhmacher		Fotografen	
	insges. Mill.DM	je Betrieb DM	insges. Mill.DM	je Betrieb DM	insges. Mill.DM	je Betrieb DM	insges. Mill.DM	je Betrieb DM
a) Investitionen								
1955	6	1 474	12	1 223	15	291	-	-
1962	18	3 799	20	2 075	30	747	19,0	3 496
1967	24	4 030	16	1 787	19	613	18,0	3 623
1972	50	7 812	37	4 939	10	473	-	-
b) Bruttoanlagevermögen								
1955	80	19 660	-	-	107	2 081		
1962	142	29 976	263	27 290	196	4 884		
1967	216	36 278	306	34 193	227	7 329		
1972	358	55 937	391	52 202	201	9 508		
c) Kapitalintensität[1)]								
1955	7 333		-		1 389			
1962	7 100		10 958		3 111			
1967	9 642		12 803		4 365			
1972	14 793		16 709		4 890			

1) Bruttoanlagevermögen je Beschäftigen in DM

Quellen: Handwerkszählung 1963, Heft 7, a.a.O., S. 148 ff.; Handwerkszählung 1968, Heft 1, a.a.O., S.50 ff.; Beckermann, Th.: Das Handwerk im Wachstum der Wirtschaft, a.a.O., S. 112 ff.; Tabelle 47 im Anhang

Tabelle 52a: Kosten, Betriebsergebnis, Gewinn und Verlust des Schuhmacher- und Fotografenhandwerks für 1962 und 1970

Größenklassen der Gesamtproduktion von... bis unter DM	Gesamtproduktion je Unternehmen	Kosten			Betriebsergebnis	Kalk. Kosten[2]	Gewinn oder Verlust[3]
		Material und Wareneinsatz	Personalkosten	insgesamt			
	abs. DM	v.H. der Gesamtproduktion			absolut DM		
a) Schuhmacher[1] 1962							
2 000 - 20 000	12 012	72,6	-	83,5	1 977	10 520	- 8 543
20 000 - 50 000	38 512	70,9	1,3	85,6	5 548	11 275	- 5 727
50 000 - 100 000	71 530	69,0	4,8	89,2	7 738	11 891	- 4 153
100 000 - 250 000	141 912	70,1	5,5	89,0	15 637	12 775	+ 2 862
Schuhmacher[1] 1970							
6 000 - 20 000	13 820	65,4	-	72,1	3 856	12 012	- 8 156
20 000 - 50 000	37 274	68,4	1,8	82,7	6 448	13 125	- 6 677
50 000 - 100 000	66 151	66,2	4,9	82,8	11 378	14 361	- 2 983
100 000 - 250 000	154 668	69,9	5,6	86,2	21 344	15 779	+ 5 565
250 000 - 500 000	347 154	67,9	10,1	88,8	38 881	17 896	+ 20 985
b) Fotografen[1] 1970							
100 000 - 250 000	127 375	53,9	11,5	86,9	16 686	16 177	+ 509

1) Mit überwiegend Handel.
2) Kalk. Unternehmerlohn und kalk. Zinsen auf das Eigenkapital, siehe Anmerkung 1, Tabelle 37a im Anhang.
3) Differenz zwischen Betriebsergebnis und kalk. Kosten. Minuszeichen bedeutet Verlust.

Quelle: Tabelle 20a im Anhang

Tabelle 52b : Kosten, Betriebsergebnis, Gewinn und Verlust des Uhrmacher- sowie Radio- und Fernsehtechnikerhandwerks für 1962 und 1970

Größenklassen der Gesamtproduktion von... bis unter DM	Gesamtproduktion je Unternehmen	Kosten: Material- und Wareneinsatz	Kosten: Personalkosten	Kosten: insgesamt	Betriebsergebnis	Kalk. Kosten[3]	Gewinn oder Verlust[4]
	abs. DM	v.H. der Gesamtproduktion			absolut DM		
a) Uhrmacher[1] 1962							
20 000 - 50 000	36 028	57,0	1,8	76,9	8 336	11 242	- 2 906
50 000 - 100 000	72 489	56,6	4,6	80,5	14 139	11 957	+ 2 182
100 000 - 250 000	152 722	61,4	6,4	85,5	22 187	12 705	+ 9 482
Uhrmacher[1)2)] 1970							
12 000 - 50 000	37 651	59,4	2,7	79,2	7 831	13 174	- 5 343
50 000 - 100 000	74 424	58,7	4,3	79,7	15 108	14 407	+ 701
100 000 - 250 000	167 066	58,7	9,0	83,3	27 900	16 123	+ 11 777
250 000 - 500 000	366 306	55,9	10,1	80,6	71 063	17 846	+ 53 217
500 000 - 1 Mill.	735 160	57,4	15,2	88,1	87 484	19 779	+ 67 705
1 Mill. - 10 Mill.	2 096 853	57,6	16,6	88,8	234 847	25 545	+209 302
b) Radio- und Fernsehtechniker[1] 1970							
20 000 - 100 000	46 230	72,8	4,6	91,0	4 161	14 486	- 10 325
100 000 - 1 Mill.	462 357	69,4	12,4	92,5	34 677	19 929	+ 14 748
1 Mill. - 5 Mill.	2 324 014	68,6	15,9	94,3	132 469	31 665	+100 804

1) Mit überwiegend Handel; 2) Zusammen mit Gold- und Silberschmieden;
3) Kalk. Unternehmerlohn und kalk. Zinsen auf das Eigenkapital, siehe Anmerkung 1, Tabelle 37a im Anhang;
4) Differenz zwischen Betriebsergebnis und kalk. Kosten. Minuszeichen bedeutet Verlust

Quelle: Tabelle 20a im Anhang

Tabelle 53 : Marktanteile ausgewählter Dienstleistungshandwerke mit dem Schwerpunkt Handelsleistungen für die privaten Haushalte

Jahr	Betriebe abs.		Umsätze Mrd.DM	
	Gesamt-branche	dar.: Handwerk	Gesamt-branche	dar.: Handwerk
a) Schuhmacher				
1955	60 379	48 490	3,87	0,84
1968	24 628	16 526	7,86	1,45
1972	21 374	13 292	9,74	1,69
b) Uhrmacher				
1955	13 587	9 963	1,53	0,56
1968	12 094	7 453	3 33	1,11
1972	11 770	6 904	4,68	1,50
c) Fotografen				
1955	10 886	6 061	1,51	0,28
1968	7 016	3 884	4 96	0,59
1972	7 517	3 958	8,37	0,96
d) Radio- und Fernsehtechniker				
1955	7 270	1 983	2,64	0,29
1968	8 302	2 660	9,51	0,84
1972	8 795	2 727	21,28	1,44

Quelle: Tabelle 28 im Anhang

LITERATUR- UND QUELLENVERZEICHNIS

A. Bücher und Aufsätze:

Abel, W.: Zur Ortsbestimmung des Handwerks vor dem Hintergrund seiner Geschichte, in: Das Handwerk in der modernen Wirtschaft und Gesellschaft, hrsg. vom Deutschen Handwerksinstitut e.V. München (DHI), Bad Wörishofen 1966, S. 48-81

Ders.: Vorwort, in: Klein- und Mittelbetriebe in der wachsenden Wirtschaft. Göttinger Handwerkswirtschaftliche Studien, Bd. 21, hrsg. von W. Abel, Göttingen 1972

Bahrdt, H.P.: Wege zur Soziologie, München 1966

Batzer, E. und Laumer, H.: Das Handwerk als Konkurrent des Einzelhandels. Schriftenreihe des Ifo-Instituts für Wirtschaftsforschung, Nr. 34, Berlin und München 1958

Ders. und E. Greipl, H. Laumer, W. Meyerhöfer unter Mitarbeit von R. Geml: Marktstrukturen und Wettbewerbsverhältnisse im Einzelhandel, Struktur und Wachstum, Reihe Absatzwirtschaft, H. 3, hrsg. vom Ifo-Institut für Wirtschaftsforschung München, Berlin, München 1971

Bauer, P.T. und Yamey, B.S.: Economic Progress and Occupational Distribution, in: The Economic Journal, Bd. 61, London 1951, S. 741-755

Beckermann, Th.: Handwerkshandel und Einzelhandel mit technischen Gütern. Schriftenreihe des Rheinisch-Westfälischen Instituts für Wirtschaftsforschung Essen, N.F., Heft 21, Essen 1963

Ders.: Die Handwerkswirtschaft. Schriftenreihe des Rheinisch-Westfälischen Instituts für Wirtschaftsforschung, N.F. Heft 23, Essen 1965

Ders.: Das Handwerk im Wachstum der Wirtschaft. Schriftenreihe des Rheinisch-Westfälischen Instituts für Wirtschaftsforschung Essen, N.F. Heft 34, Berlin 1974

Beckmann, E.: Bestimmungsgründe, Möglichkeiten und Grenzen des Wachstums der "tertiären Produktion" im Rahmen der langfristigen Entwicklung der Wirtschaft, Diss., maschinenschriftlich, Münster 1954

Berekoven, L.: Der Dienstleistungsbetrieb, Wesen - Struktur - Bedeutung, Wiesbaden 1974

Ders.: Der Begriff "Dienstleistung" und seine Bedeutung für eine Analyse der Dienstleistungsbetriebe, in: Jahrbuch der Absatz- und Verbrauchsforschung, 12. Jg., Nürnberg 1966, S. 314-326

Bergmann, U.H.: Unternehmensgröße und technischer Fortschritt, Schriften zur Mittelstandsforschung, hrsg. vom Institut für Mittelstandsforschung, Bd. 59, Köln 1972

Bombach, G.: Quantitative und monetäre Aspekte des Wirtschaftswachstums, in: Finanz- und währungspolitische Bedingungen stetigen Wirtschaftswachstums, hrsg. von W.G. Hoffmann, Schriften des Vereins für Socialpolitik, N.F., Bd. 15, Berlin 1959, S. 154-230

Brauchli, M.: Die Entwicklung der Nachfrage als begrenzender Faktor des Branchenwachstums, Winterthur 1971

Bundesministerium des Innern (Hrsg.): Raumordnungsbericht 1970, Bundestagsdrucksache VI/1340, Bonn 1970

Bundesminister für Wirtschaft (Hrsg.): Perspektiven des Wirtschaftswachstums in der BRD bis zum Jahre 1985, in: Die wirtschaftliche Lage in der BRD, Vorabdruck, Vierteljahresbericht III, 1970, Bonn 1970

Clark, L.: The Condition of Economic Progress, 3. Aufl., London 1957

Dähne, E.: Die Bedeutung der Dienstleistungswirtschaft für die Arbeitsmarktentwicklung in der BRD, RKW-Schriftenreihe Technischer Fortschritt und struktureller Wandel, Frankfurt 1974

Decker, F.: Struktur der Dienstleistungsunternehmen, in: Betriebswirtschaftliche Forschung und Praxis, 24. Jg., Heft 7/8, Herne/Berlin 1972, S. 405-420

Dohrn, M.J.: Das Gebäudereinigerhandwerk, seine fachliche Beurteilung und handwerksrechtliche Einordnung, Bonn o.J. (1972)

Eick, J.: Dienstleistungen, in: Handwörterbuch der Sozialwissenschaften (HdSW), Bd. 12, Stuttgart, Tübingen, Göttingen 1965, S. 550-559

Euler, M.: Die Ausstattung privater Haushalte mit ausgewählten langlebigen Gebrauchsgütern im Januar 1973, in: Wirtschaft und Statistik, hrsg. vom Statistischen Bundesamt Wiesbaden, Stuttgart und Mainz 1974, S. 476-481

Fisher, A.G.B.: The Class of Progress and Security, London 1935

Ders.: A Note on Tertiary Production, in: The Economic Journal, Vol. 62, London 1952, S. 820-834

Flick, R.: Die Fluktuation im Handwerk. Göttinger Handwerkswirtschaftliche Studien, Bd. 24, hrsg. von W.Abel, Göttingen 1974

Fourastié, J.: Die große Hoffnung des 20. Jahrhunderts, Köln-Deutz 1954

Frankfurter Allgemeine Zeitung (Hrsg.): Börsen- und Wirtschaftshandbuch 1960, 97. Jg., Frankfurt 1960

Ders.: Börsen- und Wirtschaftshandbuch 1968, Frankfurt 1968

Frankfurter Allgemeine Zeitung (Hrsg.): Börsen- und Wirtschaftshandbuch 1973, Frankfurt 1973

Fricke, W., Lindner, H., Mohr, A., Stümpfig, G., Thelen, P., Weimer, K.-H.: Auf dem Wege zur Dienstleistungsindustrie? Bd. 4 des Forschungsprojekts des Rationalisierungskuratoriums der Deutschen Wirtschaft: Wirtschaftliche und soziale Aspekte des technischen Wandels in der Bundesrepublik Deutschland, Frankfurt 1971

Fritz, E.und Mitarbeiter: Der Einfluß der Technik auf die Aufgaben der handwerklichen Berufe, in: Das Handwerk in der modernen Wirtschaft und Gesellschaft, hrsg. vom Deutschen Handwerksinstitut e.V. München (DHI), Bad Wörishofen 1966, S. 133-148

Gieseler, H.P.: Konsumgüterwerbung und Marktstruktur, Absatzwirtschaft und Konsumforschung Bd. 2, hrsg. von P. Meyer-Dohm, Freiburg 1971

Graf, A.-G.: Der Einfluß des Einkommens auf die Struktur des Dienstleistungssektors. Export- und marktwirtschaftliche Studien, Bd. 8, St. Galler Diss., Zürich und St. Gallen 1968

Gutenberg, E.: Grundlagen der Betriebswirtschaftslehre, 1. Band, Die Produktion, 12. Aufl., Berlin, Heidelberg, New York 1966

Gutersohn, A.: Wohlstandsgesellschaft und gewerbliche Wirtschaft, in: Internationales Gewerbearchiv, 18. Jg., Berlin, München, St. Gallen 1970, S. 129-154

Hax, K.: Die Entwicklungsmöglichkeiten kleiner und mittlerer Unternehmungen: Betriebswirtschaftliche Grundlagen und Probleme, in: Internationales Gewerbearchiv, 10. Jg., o.O. 1962, S. 1-19

Heiland, H.: Absatzzusammenhänge zwischen Einzelhandels- und Handwerksleistungen und ihre Wirkung auf die Unternehmung, Diss., Hamburg 1968

Herrmann, D.L.: Existenzfähigkeit und Optimalität der Handwerksbetriebe. Gutachten im Auftrage des Ministers für Wirtschaft, Mittelstand und Verkehr des Landes Nordrhein-Westfalen, erstellt im Rheinisch-Westfälischen Institut für Wirtschaftsforschung (RWI), Handwerksabteilung, o.O., 1969

Ders.: Strukturdaten des Handwerks unter besonderer Berücksichtigung des Betriebsgrößenproblems, Diss., Köln 1972

Hirsch, R. und Meyer-Haitz, D.: Die Dienstleistungsbereiche in Baden-Württemberg, in: Jahrbücher für Statistik und Landeskunde von Baden-Württemberg, hrsg. vom Statistischen Landesamt Baden-Württemberg, 18. Jg., Heft 1, Stuttgart 1973, S. 5-46

Hoffmann, W.G.: Dienstleistungen als "neue Industrie"?, in: Volkswirtschaftliche Korrespondenz der Adolf-Weber-Stiftung, 8. Jg., Nr. 1, Frankfurt 1969

Ders.: Der tertiäre Sektor im Wachstumsprozeß, in: Jahrbücher für Nationalökonomie und Statistik, Bd. 183, Stuttgart 1969/70, S. 1-29

Ders. unter Mitarbeit von Grumbach, F. und Hesse, H.: Das Wachstum der deutschen Wirtschaft seit der Mitte des 19. Jahrhunderts, Berlin, Heidelberg, New York 1965

Institut für gewerbliche Strukturforschung (Hrsg.): Investitionen und Kapitalstruktur im Handwerk 1969, o.O., o.J.(1972)

Institut für Handwerkswirtschaft München (Hrsg.): Betriebsvergleich im Installateur-, Klempner- und Zentralheizungsbauerhandwerk, Handwerkswirtschaftliche Reihe Nr. 71, München 1964

Ders.: Betriebsvergleich im Friseurhandwerk des Bundesgebiets, Handwerkswirtschaftliche Reihe Nr. 87, München 1972

Jahresgutachten 1966 des Sachverständigenrates zur Begutachtung der gesamtwirtschaftlichen Entwicklung, Expansion und Statistik, Stuttgart und Mainz 1966

Ders.1967: Stabilität im Wachstum, Stuttgart und Mainz 1967

Ders.1969: Im Sog des Booms, Stuttgart und Mainz 1969

Ders.1973: Drucksache des Deutschen Bundestages 7/1273, Bonn 22.11.1973

Ders.1974: Drucksache des Deutschen Bundestages 7/2848, Bonn 25.11.1974

Kaufhold, K.H.: Das Handwerk der Stadt Hildesheim im 18. Jahrhundert. Göttinger Handwerkswirtschaftliche Studien, Bd. 13, hrsg. von W. Abel, Göttingen 1968

Keutmann, D. und Dieck, M.: Auswirkungen der Konzentrationstendenzen in der Wirtschaft. Schriften des Seminars für Genossenschaftswesen an der Universität Köln, Bd. 16, Göttingen 1972

Klatt, S.: Zur Theorie der Industrialisierung, Köln und Opladen 1959

Kleine, D., Marahrens, N. und Schmidt, K.-H.: Neue Ergebnisse von Strukturanalysen im Zuliefer- und Dienstleistungsbereich, in: Deutsches Handwerksblatt, 27. Jg., H. 5, Bonn 1975, S. 140-149

Kleinen, H.: Die Einzelhandelstätigkeit des Handwerks. Abhandlungen zur Mittelstandsforschung, Nr. 8, Köln und Opladen 1963

Kneschaurek, F.: Konsumprognosen in der Schweiz: Probleme, Methoden, konkrete Anwendungsmöglichkeiten und erste Ergebnisse, in: Schweizerische Zeitschrift für Volkswirtschaft und Statistik, 102. Jg., Bern 1966, S. 317-346

Knöchel, D.: Zur Entwicklung der Unternehmensgrößenstrukturen in der Wirtschaft, Unternehmen, Beschäftigte und Umsatz in kleinen, mittleren und großen Unternehmen 1960-1970, Institut für Mittelstandsforschung, hrsg. vom Bundesministerium für Wirtschaft (BMWi) Studien-Reihe 4, o.O., o.J. (1972)

Koch, G.A., Luxem, E., Meyer, F.W., Roos, C.A.,Sanfleber, H. und Uphus, P.: Veränderung der Produktions- und Instandhaltungstätigkeiten in der Industriellen Produktion. Forschungsprojekt des RKW e.V., Wirtschaftliche und soziale Aspekte des technischen Wandels in der Bundesrepublik Deutschland, Bd. 6, Frankfurt 1971

Kommission der Europäischen Gemeinschaft (Hrsg.): Auf dem Wege zu einer neuen energiepolitischen Strategie für die Gemeinschaft. Bulletin der Europäischen Gemeinschaft, Beilage 4, Luxemburg 1974

Kral, F.: Tourismus - Oase in der Konjunkturkrise, in: Frankfurter Rundschau vom 28.6.1975, S. 5

Krelle, W.: Produktionstheorie, Teil 1, Der Preistheorie, 2. Aufl., Tübingen 1969

Krengel, R.: Wirtschaftswachstum und Preisentwicklung - Anforderungen der Wirtschaftswissenschaften an die Preisstatistik, in: Allgemeines Statistisches Archiv, 55. Bd., Göttingen 1971, S. 1-9

Leibenstein, H.: Bandwagon-, Snob- und Veblen Effekt in der Theorie der Konsumentennachfrage, in: Konsum und Nachfrage, hrsg. von E. und M. Streissler, Neue Wissenschaftliche Bibliothek, Bd. 13, Köln und Berlin 1966, S.231-255

Lücke, W.: Produktions- und Kostentheorie, Würzburg, Wien 1969

Maleri, R.: Grundzüge der Dienstleistungsproduktion. Heidelberger Taschenbücher, Bd. 123, Berlin, Heidelberg, New York 1973

Mertens, D.: Gesellschaftlicher Wandel und Beschäftigtensystem, in: Beihefte der Konjunkturpolitik: Wirtschaftlicher und sozialer Wandel durch technischen Fortschritt, H. 18, Berlin 1971, S. 105-121

Menz, L.: Der tertiäre Sektor. Veröffentlichungen der Hochschule St. Gallen für Wirtschafts- und Sozialwissenschaften. Volkswirtschaftlich-wirtschaftsgeographische Reihe, Bd. 4, Diss. Zürich und St. Gallen 1965

Meyer, A.: Bedeutung und Besonderheit der Dienstleistungsbetriebe, in: Industrielle Organisation, Schweizerische Zeitschrift für Betriebswirtschaft, 27. Jg., Zürich 1968, S. 116-122

Niedersächsischer Ministerpräsident (Hrsg.): Landesentwicklungsprogramm Niedersachsen 1985, Stand Sommer 1973, Hannover 1973

Oehler, W.: Die Wandlungen des funktionellen Leistungsbildes des Handwerks unter besonderer Berücksichtigung des Technisierungsprozesses. Arbeitsbericht, als Manuskript gedruckt, Hannover 1954

O.V.: Die Autoindustrie bleibt eine Wachstumsbranche. Studie der IG-Metall. Auszug in: Frankfurter Rundschau vom 11.4.1975, S. 16

O.V.: Eigenheim wird zur Bau-Stütze, in: Frankfurter Rundschau vom 27.2.1975, S. 7

O.V.: Haushaltsgeld - wofür?, in: Süddeutsche Zeitung vom 24./25.5.1975, S. 31

O.V.: Schuhmacher sorgen sich um den Nachwuchs, in: Süddeutsche Zeitung vom 3.10.1975, S. 27

O.V.: Weg vom Fenster, in: Der Spiegel, Nr. 19, 29. Jg., Hamburg 1975, S. 137

O.V.: Zukunft im Rohr - Energieplanung, in: Der Spiegel, Nr. 53, 28. Jg., Hamburg 1974, S. 19-21

Pehl, G.: Wirtschaftspolitik zwischen den DGB-Bundeskongressen 1972 und 1975, in: Gewerkschaftliche Monatshefte, 26. Jg., Heft 4, Köln 1975, S. 219-230

Petry, H.: Technischer Fortschritt, Integration, internationale Wettbewerbsfähigkeit und Unternehmensgröße, in: Jahrbücher für Nationalökonomie und Statistik, Bd. 183, Stuttgart 1969/70, S. 271-299

Piest, H.: Die Technisierung der Landwirtschaft und ihre Auswirkungen auf einzelne Landhandwerke, Stuttgart 1953

Pohl, H.-J.: Kritik der Drei-Sektoren-Theorie, in: Mitteilungen aus Arbeitsmarkt- und Berufsforschung, 3. Jg., Nr. 4, Stuttgart, Berlin, Köln, Mainz 1970, S.313-325

Raisch, M.: Die Konzentration in der deutschen Automobilindustrie, Betriebspolitische Schriften, Bd. 12, Berlin 1973

Rationalisierungsgemeinschaft Handwerk Schleswig-Holstein e.V. (Hrsg.): Betriebsvergleich Friseur-Handwerk Schleswig-Holstein 1970, Kiel (1971)

Ders.: Betriebsvergleich Sanitär Schleswig-Holstein 1974, Kiel (1974)

Redl, F.: Die Zusammenhänge zwischen den Veränderungen der Nachfragestruktur und dem wirtschaftlichen Wachstum, 1. Teil, in: Zeitschrift für Nationalökonomie, Bd. 23, Wien 1964, S. 330-367

Rheinisch-Westfälisches Institut für Wirtschaftsforschung (Hrsg.): Die Konjunkturentwicklung des Handwerks 1958 und im Frühjahr 1959, 6.Jg., Essen 1959

Ders.: Die Konjunkturentwicklung des Handwerks 1960 und im Frühjahr 1961, 8. Jg., Essen 1961

Rheinisch-Westfälisches Institut für Wirtschaftsforschung (Hrsg.): Die Konjunkturentwicklung des Handwerks 1963 und im Frühjahr 1964, 9. Jg.,Essen 1964

Ders.: Konjunkturberichte über das Handwerk, die Entwicklung seit Anfang 1965, 13. Jg., Essen 1966

Ders.: Konjunkturberichte über das Handwerk, die Entwicklung seit Anfang 1966, Berlin 1967

Ders.: Konjunkturberichte über das Handwerk, die Entwicklung seit Anfang 1967, Berlin 1968

Ders.: Konjunkturberichte über das Handwerk, die Entwicklung seit Anfang 1968, Berlin 1969

Ders.: Konjunkturberichte über das Handwerk, die Entwicklung seit Anfang 1969, 17. Jg., Berlin 1970

Ders.: Konjunkturberichte über das Handwerk, die Entwicklung seit Anfang 1970, 18. Jg.,Berlin 1971

Ders.: Konjunkturberichte über das Handwerk, die Entwicklung seit Anfang 1971, 19. Jg., Berlin 1972

Ders.: Konjunkturberichte über das Handwerk, die Entwicklung seit Anfang 1972, 20. Jg., Berlin 1973

Ders.: Konjunkturberichte über das Handwerk, die Entwicklung seit Anfang 1973, 21. Jg., Berlin 1974

Schlaghecken, A.: Dienstleistungen und individueller Bedarf - Entwicklungschancen des Handwerks?, in: Mitteilungen des RWI Essen, Heft 3, Berlin 1968, S. 207-214

Ders.: Der ökonomische Differenzierungsprozeß im heutigen Handwerk. Schriftenreihe des Rheinisch-Westfälischen Instituts für Wirtschaftsforschung Essen, N.F., Heft 29, Berlin 1969

Schmidt, I.: Obsoleszenz und Mißbrauch wirtschaftlicher Macht, in: Wirtschaft und Wettbewerb, 21. Jg., Heft 11/12, Düsseldorf 1971, S. 868-877

Schmidt, K.: Regionale Verteilung des Handwerks, in: Wirtschaft und Statistik, hrsg. vom Statistischen Bundesamt Wiesbaden, H. 9, Stuttgart und Mainz 1969, S. 411-418

Schmidt, K.-H.: Gewerbeentwicklung und Gewerbepolitik. Göttinger Handwerkswirtschaftliche Studien, Bd. 23, hrsg. von W. Abel, Göttingen 1974

Schmücker, H.: Die langfristigen Strukturwandlungen des Verbrauchs der privaten Haushalte in ihrer Interdependenz mit den übrigen Bereichen einer wachsenden Wirtschaft, in: Strukturwandlungen einer wachsenden Wirtschaft, Schriften des Vereins für Socialpolitik, N.F. Bd. 30/I, hrsg. von F. Neumark, Berlin 1964, S. 106-183

Schneider, E.: Einführung in die Wirtschaftstheorie, 2. Teil, 7. verb. Aufl., Tübingen 1961

Schöbitz, A.: Die schwarze Zunft hat wieder Zukunft, in: Frankfurter Rundschau vom 28.12.1974, S. 6

Schüller, A.: Dienstleistungsmärkte in der BRD. Abhandlung zur Mittelstandsforschung, Nr. 25, Köln und Opladen 1967

Schwarz, A.: Neue Auffassungen über die Umschichtung der Berufe, in: Schweizerische Zeitschrift für Volkswirtschaft und Statistik, 94. Jg., Bern 1958, S. 68-75

Specht, K.G., Lenort, N.J. und Otto, K.: Das Verhältnis zwischen primären und sekundären Erwerbszweigen und seine Bedeutung für Wirtschaftspolitik und Landesplanung, Forschungsberichte des Landes Nordrhein-Westfalen Nr. 1055, Köln und Opladen 1962

Stäbler, W.: Der betriebliche Standort im Friseurhandwerk, Standortwahl-Standorteinflüsse-Standortrisiken, Kurzveröffentlichung Nr. 22 des Instituts für Handwerkswirtschaft München, München 1962

Stackelberg, H.v.: Grundlagen der theoretischen Volkswirtschaftslehre, 2. Aufl., Bern, Tübingen 1951

Statistisches Bundesamt Wiesbaden (Hrsg.): Struktur und Ausstattung der Wohnungen im Frühjahr 1972, Stuttgart und Mainz 1974, S. 508-510

Sundhoff, E.: Handel. Art. im Handwörterbuch der Sozialwissenschaften (HdSW), Bd. 4, Stuttgart, Tübingen, Göttingen 1965, S. 762-779

Sundhoff, E. und Ihle, H.-A.: Handwerksbetriebe als Lieferanten von Industrieunternehmungen. Göttinger Handwerkswirtschaftliche Studien, Bd. 5, hrsg. von W. Abel und E. Sundhoff, Göttingen 1964

Tietz, B.: Konsument und Einzelhandel, Strukturwandel in der Bundesrepublik Deutschland von 1960 bis 1985, Bd. 1, 2. neubearb. u. erw. Aufl., Frankfurt 1973

Triantis, S.G.: Economic Progress, Occupational Redistribution and International Terms of Trade, in: The Economic Journal, Vol. 63, London, S.627-637

Tuchtfeldt, E.: Strukturwandlungen im Handwerk, in: Wandlungen der Wirtschaftsstruktur in der Bundesrepublik Deutschland, hrsg. von H. König, Schriften des Vereins für Socialpolitik, N.F., Bd. 26, Berlin 1962, S. 469-491

Uhlmann, L. und Huber, G.: Gesamtwirtschaft. Zusammenfassung der Ergebnisse, Teil A, in: Wirtschaftliche und soziale Aspekte des technischen Wandels in der BRD, hrsg. von RKW, sieben Berichte, Bd. 1, Frankfurt 1970

Ders.: Technischer und struktureller Wandel in der wachsenden Wirtschaft. Forschungsbericht des Rationalisierungs-Kuratoriums der Deutschen Wirtschaft (RKW): Wirtschaftliche und soziale Aspekte des technischen Wandels in der Bundesrepublik Deutschland, Bd. 2, Frankfurt 1971

Wehnelt, Ch.: Abhängigkeit vom Öl bleibt lange, in: Frankfurter Rundschau vom 27.11.1973, S. 6

Wessels, Th.: Zur Problematik des tertiären Sektors in der modernen Volkswirtschaft, in: Gestaltungsprobleme der Weltwirtschaft. Festschrift für A. Predöhl, hrsg. von H. Jürgensen, Göttingen 1964. Dieser Band ist gleichzeitig Heft 3 des "Jahrbuchs für Sozialwissenschaft", Bd. 14, 1963, S. 303-311

Wolfe, M.: The Concept of Economic Sectors, in: Quarterly Journal of Economics, Vol. 69, S. 402 ff.

Wörner, H.: Die Anpassung des Handwerks an die industrialisierte Wirtschaft unter Berücksichtigung der zwischenbetrieblichen Kooperation, Diss., o.O., 1969

Zeiler, M.: Kundendienst des Handwerksbetriebes, dargestellt aus betriebswirtschaftlicher Sicht. Kurzveröffentlichung Nr. 31, hrsg. vom Institut für Handwerkswirtschaft München, München 1967

Zentralverband des Deutschen Baugewerbes (Hrsg.): Jahrbuch des deutschen Baugewerbes, Bd. 23, Köln 1973

Zentralverband des Deutschen Elektrohandwerks (Hrsg.): Jahresbericht 1964, Bad Dürkheim (1965)

Zentralverband des Deutschen Friseurhandwerks (Hrsg.): Jahresbericht 1971, Köln (1972)

Ders.: Jahresbericht 1972, Köln (1973)

Zöllner, W.-D.: Figaros klagen über lange Haare und Selbstbedienung, in: Frankfurter Rundschau vom 10.2.1973

B. <u>Statistisches Quellenverzeichnis:</u>

Bundesminister für Wirtschaft (Hrsg.): Bericht über die Lage des Handwerks im Jahr 1972, Bonn 1973

Schünemann, W.: Die Investitionen des deutschen Handwerks in den Jahren 1955, 1956 und 1957. Studien und Berichte des Forschungsinstituts für Handwerkswirtschaft an der Universität Frankfurt, Bericht Nr. 34, Bonn 1960

Statistisches Bundesamt Wiesbaden (Hrsg.): Arbeitsstättenzählung vom 27. Mai 1970, Fachserie C: Unternehmen und Arbeitsstätten, Heft 9, Nichtlandwirtschaftliche Arbeitsstätten (örtliche Einheiten), Unternehmen (Wirtschaftseinheiten) und Beschäftigte 1970, 1961, 1950 und 1939, Stuttgart und Mainz 1973

Ders.: Arbeitsverdienste im Handwerk Mai 1972, Fachserie M.: Preise, Löhne, Wirtschaftsrechnungen, Reihe 16, Stuttgart und Mainz 1972

Ders.: Handwerkszählung vom 30.9.1949, Statistik der Bundesrepublik Deutschland Bd. 11-16, Stuttgart-Köln 1951

Statistisches Bundesamt Wiesbaden (Hrsg.): Handwerkszählung 1956, Statistik der Bundesrepublik Deutschland, Bd. 203, Heft 1, Stuttgart 1958

Ders.: Handwerkszählung 1956, Statistik der Bundesrepublik Deutschland, Bd. 203, Heft 3, Stuttgart 1958

Ders.: Handwerkszählung 1956, Statistik der Bundesrepublik Deutschland, Bd. 203, Sonderheft: Strukturquoten des Handwerks, Stuttgart und Mainz 1959

Ders.: Handwerkszählung 1963 (Stichprobenerhebung), Fachserie D: Industrie und Handwerk, Heft 5, Stuttgart und Mainz 1969

Ders.: Handwerkszählung 1963 (Stichprobenerhebung), Fachserie D: Industrie und Handwerk, Heft 6, Stuttgart und Mainz 1969

Ders.: Handwerkszählung 1963 (Stichprobenerhebung), Fachserie D: Industrie und Handwerk, Heft 7, Stuttgart und Mainz 1969

Ders.: Handwerkszählung 1968, Fachserie D: Industrie und Handwerk, Heft 1, Stuttgart und Mainz 1972

Ders.: Handwerkszählung 1968, Fachserie D: Industrie und Handwerk, Heft 2, Stuttgart und Mainz 1972

Ders.: Handwerkszählung 1968, Fachserie D: Industrie und Handwerk, Heft 3, Stuttgart und Mainz 1972

Ders.: Input-Output-Tabelle 1970, Ab-Werk-Preisen, in: Wirtschaft und Statistik, Statistische Monatszahlen 1974, Stuttgart und Mainz 1974, S. 178^{x}-185^{x}

Ders.: Statistisches Jahrbuch für die Bundesrepublik Deutschland 1956, Stuttgart 1956

Statistisches Jahrbuch, Jahrgänge: 1957, 1963, 1964, 1965, 1968, 1970, 1972, 1973, 1974, 1975

Ders.: Kostenstruktur in der Wirtschaft, II. Handwerk 1962, Fachserie C: Unternehmen und Arbeitsstätten, Reihe 1, Stuttgart und Mainz 1966

Ders.: Kostenstruktur in der Wirtschaft, II. Handwerk 1970, Fachserie C: Unternehmen und Arbeitsstätten, Reihe 1, Stuttgart und Mainz 1973

Ders.: Die Umsätze der Umsatzsteuerpflichtigen und deren Besteuerung (Ergebnisse der Statistik über die Umsatzsteuerveranlagung für 1950) Statistik der Bundesrepublik Deutschland, Bd. 112, Stuttgart-Köln 1955

Ders.: Die Umsätze der Umsatzsteuerpflichtigen und deren Besteuerung (Ergebnisse der Umsatzsteuerstatistik 1955), Statistik der Bundesrepublik Deutschland, Bd. 184, Stuttgart 1957

Statistisches Bundesamt Wiesbaden (Hrsg.): Umsatzsteuer 1960 (Ergebnisse der Umsatzsteuerstatistik 1960), Fachserie L: Finanzen und Steuern, Reihe 7, Stuttgart und Mainz 1962

Ders.: Umsatzsteuer 1968 (Ergebnisse der Umsatzsteuerstatistik), Fachserie L: Finanzen und Steuern, Reihe 7, Stuttgart und Mainz 1970

Ders.: Umsatzsteuer 1970 (Ergebnisse der Umsatzsteuerstatistik), Fachserie L: Finanzen und Steuern, Reihe 7, Stuttgart und Mainz 1972

Ders.: Umsatzsteuer 1972 (Ergebnisse der Umsatzsteuerstatistik), Fachserie L: Finanzen und Steuern, Reihe 7, Stuttgart und Mainz 1974

Zentralverband des Deutschen Handwerks; Gesellschaft für Handwerksausstellungen und -messen (Hrsg.): Dienstleistungsangebot der Elektrohandwerke 1974/75, Handwerk - Partner der Industrie, o.O., o.J. (1974)

Zentralverband der Elektrotechnischen Industrie e.V.(Hrsg.): Die Elektrotechnische Industrie, Statistischer Bericht 1972, o.O., 1973

GÖTTINGER HANDWERKSWIRTSCHAFTLICHE STUDIEN

Herausgegeben von Prof. Dr. W. Abel

Band 1: **Operations Research als modernes Führungsinstrument und Hilfe handwerklichen Wirtschaftens**
von Dipl.-Ing. Dr. rer. pol. Bernd Peters
1962. VIII / 64 Seiten. Kartoniert. DM 14,—. ISBN 3 509 00106 0

Band 2: **Das Handwerk im Haushalt der Sozialversicherung**
von Dipl.-Landwirt Dr. rer. pol. Friedrich-Bernhard Hausmann
1962. VIII / 200 Seiten. Kartoniert. DM 19,80. ISBN 3 509 00103 6

Band 3: **Handwerksbetriebe im Urteil ihrer Kunden**
von Dipl.-Kfm. Hermann-Adolf Ihle
1963. VIII / 72 Seiten. Kartoniert. DM 11,80. ISBN 3 509 00123 0

Band 4: **Standorttypen des Handwerks**
von Dr. Gerhard Stavenhagen
1963. X / 204 Seiten. Kartoniert. DM 19,60. ISBN 3 509 00129 X

Band 5: **Handwerksbetriebe als Lieferanten von Industrieunternehmungen**
von Prof. Dr. Edmund Sundhoff unter Mitarbeit von Dipl.-Kfm. Hermann-Adolf Ihle
1964. VI / 120 Seiten. 12 Tabellen im Anhang. Kartoniert. DM 19,50
ISBN 3 509 00160 5

Band 6: **Landhandwerk und Landwirtschaft**
von Prof. Dr. Wilhelm Abel
mit Beiträgen von Dipl.-Landwirt Dr. rer. pol. Friedrich-Bernhard Hausmann, Dipl.-Landwirt Dr. Reinhard Adelhelm, Dipl.-Kfm. Christian Behrends, Dipl.-Kfm. Hermann-Adolf Ihle und Dr. Gerhard Stavenhagen
1964. VIII / 104 Seiten. Kartoniert. DM 13,60. ISBN 3 509 00135 4

Band 7: **Die Fluktuation handwerklicher Arbeitnehmer**
von Dipl.-Landwirt Dr. rer. pol. Friedrich Bernhard Hausmann
1964. 48 Seiten. Kartoniert. DM 7,60. ISBN 3 509 00146 X

Band 8: **Strukturwandlungen im Huf- und Wagenschmiedehandwerk**
von Dipl.-Kfm. Hermann Göring
1965. VIII / 128 Seiten. Kartoniert. DM 14,80. ISBN 3 509 00176 1

Band 9: **Die regionale Verteilung des Handwerks im Ballungsraum**
von Dipl.-Volkswirt Dr. rer. pol. Karl-Heinz Schmidt
1966. XII / 243 Seiten. Kartoniert. DM 25,80. ISBN 3 509 00215 6

Band 10: **Das Handwerk im Zonenrandgebiet**
von Dipl.-Volkswirt Dr. rer. pol. Karl-Heinz Schmidt
1966. 122 Seiten. Kartoniert. DM 6,50. ISBN 3 509 00216 4

Band 11: **Regionales Wirtschaftswachstum und Handwerksentwicklung im Zonenrandgebiet der Bundesrepublik Deutschland**
von Dipl.-Volkswirt Dr. rer. pol. Karl-Heinz Schmidt
1967. X / 222 Seiten. Kartoniert. DM 9,20. ISBN 3 509 00251 2

Band 12: **Der selbständige gewerbliche Mittelstand in Niedersachsen**
von Dr. Gerhard Stavenhagen und Dr. Karl-Heinz Schmidt
1967. 250 Seiten. Kartoniert. DM 10,30. ISBN 3 509 00252 0

GÖTTINGER HANDWERKSWIRTSCHAFTLICHE STUDIEN

Band 13: **Das Handwerk der Stadt Hildesheim im 18. Jahrhundert**
von Dr. Heinrich Kaufhold
vergriffen

Band 14: **Das Handwerk 1975**
von Dipl.-Volkswirt Dr. rer. pol. Karl-Heinz Schmidt
vergriffen

Band 15: **Handwerkereinkommen am Vorabend der industriellen Revolution**
von Dipl.-Volkswirt Dr. Klaus Aßmann und Dr. Gerhard Stavenhagen
1969. XIII / 143 Seiten. Kart. DM 8,50. ISBN 3 509 00286 5

Band 16: **Handwerksgeschichte in neuer Sicht**
von Prof. Dr. Wilhelm Abel und Mitarbeitern
vergriffen

Band 17: **Regionalpolitik und Betriebsgrößenstruktur**
unter besonderer Berücksichtigung des Handwerks
von Dipl.-Volkswirt Dr. rer. pol. Karl-Heinz Schmidt
1970. X / 365 Seiten. Kart. DM 14,50. ISBN 3 509 00514 7

Band 18: **Zustand und Entwicklung des städtischen Handwerks in der ersten Hälfte des 19. Jahrhunderts**
dargestellt am Beispiel der Städte Lüneburg, Celle, Göttingen und Duderstadt
von Dipl.-Volkswirt Dr. Klaus Aßmann
1971. XII / 320 Seiten. Kart. DM 14,40. ISBN 3 509 00541 4

Band 19: **Struktur und Entwicklungsmöglichkeiten der Industrielieferungen des Handwerks**
dargestellt am Beispiel des Raumes Lübeck
von Dr. Siegfried Hoffmann
1971. VIII / 196 Seiten. Kart. DM 10,80. ISBN 3 509 00549 X

Band 20: **Kooperation im Handwerk**
dargestellt an Beispielen aus Niedersachsen
von Dr. Ludolf von Wartenberg
1972. XVI/214 Seiten mit 28 Übersichten und 2 Schaubildern.
Kart. 12,50 DM. ISBN 3 509 00579 1

Band 21: **Klein- und Mittelberiebe in der wachsenden Wirtschaft**
Bearbeitet von Klaus Aßmann, Rüdiger Flick, Siegfried Hoffmann, Dieter Kleine, Norbert Marahrens, Karl-Heinz Schmidt und Ludolf von Wartenberg
1972. VIII / 298 Seiten. Kart. DM 15,—. ISBN 3 509 00611 9

Band 22: **Struktur und Angebot von Klein- und Mittelbetrieben im Zulieferbereich**
von Dipl.-Kaufmann Norbert Marahrens
1973. VIII/305 Seiten. Kart. 15,50 DM. ISBN 3 509 00641 0

Band 23: **Gewerbeentwicklung und Gewerbepolitik**
von Dr. rer. pol. Karl-Heinz Schmidt
1974. X/248 Seiten. Kart. 15,— DM. ISBN 3 509 00664 X

VERLAG OTTO SCHWARTZ & CO · GÖTTINGEN

GÖTTINGER HANDWERKSWIRTSCHAFTLICHE STUDIEN

Band 24: **Die Fluktuation im Handwerk**
von Dr. rer. pol. Rüdiger Flick
1974. X/322 Seiten. Kart. DM 18,—. ISBN 3 509 00740 9

Band 25: **Handwerkliche Versorgungsstruktur in Stadt und Land**
von Norbert Marahrens
1975. XII/144 Seiten. Kart. DM 18,—. ISBN 3-509-00832-4

Band 26: **Die Konjunkturabhängigkeit der Klein- und Mittelbetriebe**
von Prof. Dr. K. Aßmann und Dr. K.-H. Schmidt
1975, XVIII/236 Seiten. Kart. DM 19,—. ISBN 3-509-00883-9

Bibliographie des Handwerks und Gewerbes
(einschließlich Small Business)

Jahresverzeichnis der Neuerscheinungen 1967
1970. IV/90 Seiten. Kart. 8,— DM. ISBN 3 509 00523 6

Jahresverzeichnis der Neuerscheinungen 1968
1971. 108 Seiten. Kart. 8,— DM. ISBN 3 509 00542 2

Jahresverzeichnis der Neuerscheinungen 1969
1971. 90 Seiten. Kart. 8,— DM. ISBN 3 509 00543 0

Jahresverzeichnis der Neuerscheinungen 1970
1972. 118 Seiten. Kart. 8,50 DM. ISBN 3 509 00602 X

Jahresverzeichnis der Neuerscheinungen 1971
1973. 136 Seiten. Kart. 8,50 DM. ISBN 3 509 00648 8

Jahresverzeichnis der Neuerscheinungen 1972
1975. 150 Seiten. Kart. 8,50 DM. ISBN 3 509 00802 2

VERLAG OTTO SCHWARTZ & CO · GÖTTINGEN